Anne Honer

Kleine Leiblichkeiten

AF153008

Wissen, Kommunikation und Gesellschaft.
Schriften zur Wissenssoziologie

Herausgegeben von

Hans-Georg Soeffner
Ronald Hitzler
Hubert Knoblauch
Jo Reichertz

Wissenssoziologinnen und Wissenssoziologen haben sich schon immer mit der Beziehung zwischen Gesellschaften, dem in diesen verwendeten Wissen, seiner Verteilung und der Kommunikation (über) dieses Wissen(s) befasst. Damit ist auch die kommunikative Konstruktion von wissenschaftlichem Wissen Gegenstand wissenssoziologischer Reflexion. Das Projekt der Wissenssoziologie besteht in der Abklärung des Wissens durch exemplarische Re- und Dekonstruktionen gesellschaftlicher Wirklichkeitskonstruktionen. Die daraus resultierende Programmatik fungiert als Rahmen-Idee der Reihe. In dieser sollen die verschiedenen Strömungen wissenssoziologischer Reflexion zu Wort kommen: Konzeptionelle Überlegungen stehen neben exemplarischen Fallstudien und historische Rekonstruktionen stehen neben zeitdiagnostischen Analysen.

Anne Honer

Kleine Leiblichkeiten

Erkundungen in Lebenswelten

VS VERLAG

Bibliografische Information der Deutschen Nationalbibliothek
Die Deutsche Nationalbibliothek verzeichnet diese Publikation in der
Deutschen Nationalbibliografie; detaillierte bibliografische Daten sind im Internet über
<http://dnb.d-nb.de> abrufbar.

1. Auflage 2011

Alle Rechte vorbehalten
© VS Verlag für Sozialwissenschaften | Springer Fachmedien Wiesbaden GmbH 2011

Lektorat: Frank Engelhardt | Cori Mackrodt

VS Verlag für Sozialwissenschaften ist eine Marke von Springer Fachmedien.
Springer Fachmedien ist Teil der Fachverlagsgruppe Springer Science+Business Media.
www.vs-verlag.de

Das Werk einschließlich aller seiner Teile ist urheberrechtlich geschützt. Jede
Verwertung außerhalb der engen Grenzen des Urheberrechtsgesetzes ist
ohne Zustimmung des Verlags unzulässig und strafbar. Das gilt insbesondere
für Vervielfältigungen, Übersetzungen, Mikroverfilmungen und die Einspei-
cherung und Verarbeitung in elektronischen Systemen.

Die Wiedergabe von Gebrauchsnamen, Handelsnamen, Warenbezeichnungen usw. in diesem
Werk berechtigt auch ohne besondere Kennzeichnung nicht zu der Annahme, dass solche
Namen im Sinne der Warenzeichen- und Markenschutz-Gesetzgebung als frei zu betrachten
wären und daher von jedermann benutzt werden dürften.

Umschlaggestaltung: KünkelLopka Medienentwicklung, Heidelberg
Gedruckt auf säurefreiem und chlorfrei gebleichtem Papier
Printed in Germany

ISBN 978-3-531-18147-9

Vorwort

Der 60. Geburtstag von Anne Honer ist – angesichts der besonderen Umstände, unter denen er stattfindet – mehr als viele andere 60. Geburtstage ein ebenso guter wie dringlicher Grund, Beispiele dessen, was sie initiiert und auf den Weg gebracht hat, nochmals in versammelter Form zur Lektüre und zur Diskussion zu stellen.[1]

Anne Honer ist nach einer aus einem geplatzten Aneurysma resultierenden Hirnblutung und einem auf ein Coiling reagierenden Gefäß-Spasmus am 24. Februar 2009 in den Zustand „Wachkoma" gekommen. Nach allem, was wir derzeit wissen können, wird sie nicht mehr ins kognitive (Selbst-)Bewusstsein zurückfinden. Gewiss wird sie nicht mehr wissenschaftlich arbeiten können. Als ‚Herausgeber' dieses Bandes sehe ich mich mithin in der Situation, eine Art „Hinterlassenschaft zu Lebzeiten" von Anne Honer zu publizieren. Dafür habe ich – neben einleitend ihre allgemeine Forschungsidee transportierenden, methodologisch-methodischen Schriften – solche (zwischen 1985 und 2011 publizierte) Texte ausgewählt[2], in denen die Autorin sich mit Aspekten leiblichen Erlebens und körperbezogenen Wissens befasst.

Anne Honer wünsche ich zu ihrem 60. Geburtstag, dass das, was sie uns gegeben hat, ebenso wenig vergessen wird, wie sie, die sie heute im „Haus Königsborn", einer Modell-Pflege-Einrichtung des Landes Nordrhein-Westfalen in Unna, lebt. Ihr *und* uns wünsche ich, dass das, was sie mit ihren Arbeiten angestoßen hat, weitergeführt und weiterentwickelt wird.

Ronald Hitzler, Dortmund und Unna 2011

---

1   Zum Lebenslauf und zu den Veröffentlichungen von Anne Honer siehe http://www.hitzler-soziologie.de/vernetzung.html.

2   Für ihre überaus umsichtige Arbeit bei der Redaktion der in dem Band zusammengestellten Texte danke ich Dörte Gröger und Romy Siebert. Für seine kompetente technische Unterstützung danke ich Heiko Kirschner.

Inhalt

Methodologie und Methode

Bausteine zu einer lebensweltorientierten Wissenssoziologie

Obwohl Alfred Schütz zumindest seit den frühen siebziger Jahren auch in der deutschsprachigen Soziologie in zunehmendem Maße als Klassiker des Faches verhandelt wird, ist die in seiner Tradition stehende mundanphänomenologische Rekonstruktion der *Lebenswelt,* v.a. im Hinblick auf die sich in speziellen Erfahrungsstilen und Bewusstseinsspannungen konstituierenden Wirklichkeitsbereiche und (Sub-)Sinnwelten, bis jetzt auch in den sozialwissenschaftlichen Konstruktivismus-Debatten kaum systematisch berücksichtigt worden. In diesem Beitrag geht es deshalb lediglich darum, im Rahmen der Lebensweltanalyse nochmals auf einige bekannte (phänomenologische) *Grundprobleme* der wissenssoziologischen Rekonstruktion sozialer Wirklichkeitskonstruktionen hinzuweisen.[1]

1. Die Idee der Lebenswelt

Lebenswelt im Sinne Edmund Husserls (vgl. 1954) ist ein egologisches Gebilde.[2] In ihren konkreten Ausformungen ist sie in unendlicher Vielfalt den jeweiligen Subjekten zugeordnet als deren einzig wirkliche Welt,

> „in welcher Subjekt und Objekt sich derart verschränken, dass es weder ein reines und objektloses, also auch welt- und geschichtsloses Subjekt, noch eine reine, nämlich subjektfrei vorfindbare Objektivität – das Idol neuzeitlicher Wissenschaft – gibt, sondern nur deren gegenseitige Bedingung die Ganzheit unserer konkreten Verständniswelt bildet" (Coreth 1986, S. 47).

Diese soziohistorisch mehr oder minder ähnlichen Variationen bauen sich auf aus allgemeinen, unwandelbaren Grundstrukturen, dem ‚Reich ursprünglicher Evidenzen‘, dem Apriori der Geschichte. Alfred Schütz hat diese Idee Husserls aufgenommen und versucht, die allgemeinsten Wesensmerkmale der Lebenswelt zu beschreiben: Invariante Merkmale von Phänomenen werden mit der Methode ei-

---

1   Dabei übernehme ich im wesentlichen die Argumentation in Honer 1993, Kap. I, 2.1.
2   Ulf Matthiesen, der ja schon früher versucht hat, das ‚Dickicht‘ der Lebenswelt zu lichten (vgl. Matthiesen 1983), vertritt sogar die Meinung, dass „dem Lebensweltbegriff ... neben der dominanten lebensphilosophischen Grundierung früh schon ein zunächst weniger deutliches, gleichsam ‚protestantisches Urwesen‘ innezuwohnen" scheint (Matthiesen 1991, S. 38).

detischer Reduktion so, wie sie dem subjektiven Bewusstsein unter Ausklamme-
rung sowohl soziohistorischer Variationen als auch der Frage nach ihrem Wirk-
lichkeitsstatus erscheinen, herausgearbeitet. Dabei geht es darum, auf dem Wege
kontrollierter Abstraktion zu den fundierenden Schichten von Bewusstseinspro-
zessen vorzudringen und die universalen Strukturen subjektiver Konstitutionsleis-
tungen aufzudecken (vgl. dazu auch Hitzler/ Honer 1984).

Der darin implizierte Anspruch, eine Universalmatrix für die Sozialwissenschaften bereitzustellen, welche die Analyse der sich im Bewusstsein des Subjekts
konstituierenden Erfahrungswelt ermöglicht, geht von der Grundannahme aus, dass
eben alle gesellschaftlich konstruierte Wirklichkeit (vgl. Berger/ Luckmann 1969)
aufruht auf der subjektiven Orientierung *in* der Welt und dem sinnhaften Aufbau
der *sozialen* Welt (vgl. Schütz 1974). Mithin ist die Mundanphänomenologie von
Schütz und in der Nachfolge von Schütz, die sich um die Aufdeckung der inva-
rianten Strukturen der Lebenswelt bemüht[3], kein soziologischer Ansatz, sondern
eine *proto*-soziologische Unternehmung, die der eigentlichen soziologischen Arbeit
zugrunde liegt (vgl. dazu Luckmann 1979; 1980, S. 9-55; 1983; 1990b; vgl. auch
Eberle 1991b). Ausgearbeitet wurde dieses Konzept einer ‚mathesis universalis'
der Sozialwissenschaften nach Entwürfen und Notizen von Schütz durch Thomas
Luckmann (vgl. hierzu Schütz/ Luckmann 1979 und 1984).

Immer wieder ist zu betonen, dass nach Schütz und Luckmann (trotz einiger terminologischer Inkonsistenzen speziell bei Schütz) die Lebenswelt *nicht* mit
der Alltagswelt zusammenfällt. Die Alltagswelt, auf die sich das Augenmerk der
Sozialwissenschaften *hauptsächlich* richtet, ist ‚lediglich' der aus pragmatischen
Gründen ‚ausgezeichnete' Wirklichkeitsbereich der Lebenswelt. Und wegen dieser besonderen pragmatischen Bedeutung setzt die mundanphänomenologische
Beschreibung der Lebenswelt auch an bei der *alltäglichen* Welterfahrung, bei der
dem Alltagsverstand eignenden relativ-natürlichen Einstellung. Von dieser Einstellung aus schichtet sich die alltägliche Lebenswelt räumlich, zeitlich und sozial aufgegliedert nach je subjektiven, biographisch sich konstituierenden Relevanzstrukturen. Die Lebenswelt setzt sich zusammen aus aktuellem Erleben und
aus Sedimenten früheren Erlebens sowie aus mehr oder minder genauen Erwartungen zukünftig möglicher Erlebnisse. Sein konkretes Hier-und-Jetzt ist mithin
für jeden Menschen das Zentrum seiner alltäglichen Lebenswelt.

---

3   Berger/ Kellner (1984, S. 69) weisen darauf hin, „dass diese Ebene der conditio humana sehr
     abstrakt ist. Sie transzendiert Zeit und Raum und bringt daher die historisch konkreten Bedeu-
     tungssysteme in ihrer Relativität nicht zum Ausdruck."

2. Wissensstrukturen in der Lebenswelt

Die Orientierung in der Lebenswelt erfolgt im Rekurs auf einen ‚typologisch‘ strukturierten, *subjektiven* Wissensvorrat, der wiederum in einer komplexen Beziehung steht zu ebenfalls typologisch angelegten *gesellschaftlichen* Wissensvorräten (vgl. hierzu Schütz/ Luckmann 1979, S. 133ff): Der *subjektive* Wissenvorrat eines Menschen setzt sich strukturell (d.h.: *jedem* konkreten Wissensbestand inhärent) zusammen aus 1. *Grundelementen des Wissens*, die jeder Erfahrung mitgegeben sind, und die die Begrenztheit der Situation[4] und die unumstößlichen Bedingungen subjektiver Erfahrungen[5] betreffen; 2. *Routinewissen*, das anknüpft an die Grundelemente und sich weder gegen diese noch im Hinblick auf seine verschiedenen Bestandteile klar abgrenzen lässt[6], das ‚beiläufig‘ angewandt werden kann und von einer ständigen aber marginalen Relevanz ist; und 3. *explizitem Wissen*, dessen Elemente nach Kriterien der Vertrautheit[7], der Bestimmtheit[8] und der Glaubwürdigkeit[9] ‚dimensioniert‘ sind, und das in der Regel eben auch *als Wissen* gewusst wird. Außerdem verfügt jeder Mensch auch noch über *potentielles*

---

4   Man hat stets nur begrenzte Zeit zur Verfügung, und man muss deshalb die wie auch immer als ‚am wichtigsten‘ definierten Dinge zuerst tun; man kann nicht an zwei Orten zugleich sein, und man ist darauf angewiesen, dass der eigene Körper hinlänglich ‚wie gewohnt‘ funktioniert.

5   Man unterliegt immer (irgendwelchen) Beschränkungen seiner Reichweiten und Wirkzonen; man lebt stets in der Gegenwart, aber mit Erinnerungen und Erwartungen; man lebt mit (wie auch immer anonymisierten) ‚Anderen‘, die jetzt sind, früher waren oder später sein werden.

6   Routinewissen lässt sich analytisch nochmals unterteilen in a) Fertigkeiten (d.h., man beherrscht bestimmte körperliche Fähigkeiten ‚gewohnheitsmäßig‘: z.B. Gehen für jeden Nichtbehinderten), b) Gebrauchswissen (d.h., manche einmal erlernten körperlichen Fähigkeiten sind unproblematisch geworden: z.B. Rauchen für einen Raucher), c) Rezeptwissen (d.h., bestimmte (körperliche) Fähigkeiten sind jederzeit völlig unproblematisch aktualisierbar: z.B. einen Nagel einschlagen für einen geübten Heimwerker).

7   Die Frage, als wie vertraut man ein Phänomen empfindet, hängt davon ab, wie stark das, was man aktuell erfährt, mit vorangegangenen Erfahrungen übereinstimmt und wie ‚gut‘ diese vorangegangenen Erfahrungen schon ausgelegt sind. Welche Aspekte eines Phänomens hierbei relevant werden, hängt davon ab, was als notwendig empfunden wird zur Bewältigung der je aktuellen Situation.

8   Man empfindet etwas dann als ‚bestimmt‘, wenn es bei einigermaßen ähnlichen Erfahrungsabläufen in ähnlichen Situationen keine Überraschungen mehr bietet („Das ist ein Tisch“). Die meisten ‚Bestimmungen‘ von Phänomenen trifft man nicht selber, sondern übernimmt sie als ‚gültig‘ von anderen.

9   Ein Wissenselement ist umso glaubwürdiger, je umfassender es ausgelegt ist, ohne dass die einmal getroffene ‚Bestimmung‘ von weiteren Erfahrungen in Frage gestellt wurde. (Vorzeitig abgebrochene Auslegungen haben einen entsprechend niedrigen Glaubwürdigkeitsgrad.) Als besonders glaubwürdig gelten sogenannte ‚empirische Gewißheiten‘ und aus als ‚sicher‘ empfundenen Quellen stammende ‚Kenntnisse‘. Beide können aber ebenso wie alle anderen Wissenselemente auch prinzipiell (und ‚jederzeit‘) durch neue Erfahrungen und weitere Auslegungen revidiert werden. (Ein gewichtiges wissenssoziologisches Argument m.E. sowohl gegen ‚positivistische‘ als auch gegen ‚ideologische‘ Positionen.)

Wissen, das sich auf Elemente des expliziten Wissens und des Routinewissens, im Normalfall aber nicht auf Grundelemente des Wissens beziehen kann, und das sich differenzieren lässt in ‚wiederherstellbares', weil (irgendwie) verlorengegangenes oder von anderem Wissen verdecktes[10], und in ‚erlangbares', weil noch nie im Wissensvorrat vorhanden gewesenes[11], Wissen.

Der *gesellschaftliche* Wissensvorrat einer Kultur oder Teil-Kultur lässt sich strukturell unterteilen in 1. *Allgemeinwissen*, das relativ stabil ist, jedes Mitglied der Kultur angeht und von jedem auch an jedes andere weitergegeben wird, und 2. *Sonderwissen,* das nur für manche Menschen in manchen Kontexten relevant und für andere zum Teil gar nicht mehr einsichtig (zu machen) ist, das in der Regel ziemlich umständlich, manchmal über spezielle Wissensvermittler erworben werden muss, und das im Verhältnis zum Alltagswissen relativ systematisiert ist. Je mehr diese Systematisierung fortschreitet, umso mehr entsteht ein abgegrenzter, eigenständiger Wissensbereich mit eigener ‚Logik', eigener Methodik, eigener ‚Pädagogik'. Das Sonderwissen wird so im engeren Sinne ‚theoretisch'. „Es muss aber betont werden, dass die ‚Anwendbarkeit' theoretischen Wissens prinzipiell vorausgesetzt bleibt, auch wenn eine Reihe von institutionalisierten Stufen zwischen Wissen und Anwendung (...) geschaltet sein mag." (Schütz/ Luckmann 1979, S. 361) Denn aus den wissensgeleiteten Grundformen *sozialen* Handelns baut sich, über mannigfaltige Institutionalisierungsvorgänge, der komplexe Bereich menschlicher *Praxis* auf, der auf erfahrbare und nur bedingt überschreitbare *Grenzen* stößt: Erfahrungen sind immer auch *Transzendenz*-Erfahrungen. Und Transzendenz-Erfahrungen wirken umgekehrt auf die subjektive, intersubjektive und soziale Praxis zurück.

3. Das Problem der Geltung

Menschliche Praxis ist unumgänglich eine *interpretative,* eine Zeichen und Symbole deutende, wesentlich *kommunikative* (und hierin insbesondere sprachlich verfasste) Praxis (vgl. dazu Luckmann 1980, S. 93-122, Gross 1979a). Das bedeutet auch, dass die Lebenswelt eines jeden Menschen sinnhaft, ‚offen' und damit auch erweiterungsfähig ist. Man könnte sogar sagen, dass die Lebenswelt grundsätzlich

---

10   Verlorengehen kann z.B. das Wissen, wie ein bestimmtes Wissen (einst) erworben worden ist, oder auch das Wissen, welche Beziehungen zwischen verschiedenen Wissenselementen bestehen. Verdeckt werden können z.B. frühere ‚Ansichten' zu einem Thema durch Neubewertungen.

11   Dabei spielt die Frage eine Rolle, wie wahrscheinlich es ist, ein bestimmtes Wissen zu erlangen, bzw. die, als wie dringlich bzw. interessant der entsprechende Wissenserwerb angesehen wird. Das wiederum hängt auch damit zusammen, als wie undurchschaubar ein Wissensbereich grundsätzlich gilt.

zu jedem Zeitpunkt weit mehr Erfahrungsmöglichkeiten eröffnet, als ein Subjekt tatsächlich thematisch fokussieren kann. Jeder Mensch selegiert deshalb ständig und zwangsläufig unter den ihm jederzeit prinzipiell möglichen Erfahrungen. Dass mithin unser Erleben und Handeln stets das Ergebnis von Auswahlvorgängen ist, wird uns aber im allgemeinen nicht zum Thema, weil wir unentwegt damit beschäftigt sind, unser tatsächliches Erleben sinnhaft zu vervollständigen, bzw., anders ausgedrückt: jede je ausgewählte Wahrnehmung gestalthaft zu ‚komplettieren'.[12]

Dieses Erleben kann natürlich gegenüber dem ‚objektiven' Sachverhalt ‚täuschen' (vgl. dazu das sogenannte Carneades-Beispiel in Schütz/ Luckmann 1979, S. 224ff). Trotzdem bestimmt es, und darauf kommt es hier an, *objektiv* unser Handeln: Unser *Erleben* ist maßgeblich für unsere Situationsdefinition, und eben nicht ein ‚objektiver' Sachverhalt (vgl. Thomas 1978). Anders ausgedrückt: In unserer Alltagswelt gibt es keine ‚brute facts', sondern ‚nur' Bedeutungen. Nicht nur ist unser Bewusstsein notwendigerweise intentional (‚von etwas'), die Korrelate dieser Intentionalität sind auch – zumindest in der alltäglichen Erfahrung – *sinnhaft* (vgl. hierzu Schütz 1974).

Im Rekurs auf die Sinnhaftigkeit von Erfahrungen differenzieren wir, entsprechend unseren je subjektiven Relevanzen, zwischen Wichtigem und Unwichtigem, zwischen Beliebigem und Nichtbeliebigem. Diese Sinnhaftigkeit kann ausgesprochen situationsspezifisch und kurzlebig, sie kann aber auch (fast) völlig situationsunabhängig und dauerhaft sein; sie kann rein subjektiv, sie kann aber auch (in einem jeweils zu bestimmenden Ausmaß) sozial ‚gelten'. Denn natürlich lebt, genau genommen, jeder Mensch in seiner eigenen (Lebens-)Welt, als dem Insgesamt *seines* konkreten Erfahrungsraumes. Aber alle Konkretionen lebensweltlicher Strukturen sind auch intersubjektiv geprägt. D.h. dass wir – nicht nur, aber vor allem – zur Bewältigung unseres ganz normalen Alltagslebens über eine große Anzahl gemeinsamer Deutungsschemata verfügen bzw. dass sich unsere je subjektiven Relevanzsysteme vielfach überschneiden.

Soziale Geltung von Sinnzuweisungen resultiert also aus der Annahme, dass andere Menschen die Dinge ‚im wesentlichen' gleich sehen, bzw. dass sie sie zumindest gleich sehen *können*. Da wir diese Annahme im Alltag ganz selbstverständlich machen, während es uns zugleich ebenso selbstverständlich erscheint, dass

---

12 Gemeint sind damit natürlich apperzeptive und appräsentative Bewusstseinsleistungen. (Vgl. hierzu z.B. Schütz/ Luckmann 1984, S. 178ff, Luckmann 1980, S. 93ff.) Dabei geht es in einfachen Fällen um das Ganze von Gegenständen. D.h., wir nehmen Gegenstände in aller Regel *als* Gegenstände wahr. Genau genommen aber sehen wir immer nur die uns zugewandten Teile der Gegenstände, sozusagen ihre jeweiligen ‚Fassaden'. Die (jedenfalls im Augenblick) nicht sichtbaren Rückseiten sind uns anschaulich ‚mitgegeben', zwar nicht als konkrete, aber eben in einer durch die Vorderansicht appräsentierten Typik.

jeder Mensch seinen spezifischen Standpunkt, seine individuelle Sicht und seine
je eigenen Interessen hat, spricht Schütz (z.B. in 1971, S. 12ff) von einer *Idealisierung der Reziprozität der Perspektiven.*

‚Reziprozität' meint erstens die Annahme, man könne die jeweiligen Standpunkte vertauschen, und zweitens die Annahme, dass, solange sich keine schwer-
wiegenden Widersprüche ergeben, die jeweiligen Relevanzsysteme hinlänglich
kongruent, d.h., dass mögliche Perspektivendifferenzen für die jeweiligen aktuellen Absichten unwichtig sind. Wir glauben (fraglos) „dass die Gegenstände der
äußeren Umwelt für meinen Mitmenschen prinzipiell die gleichen sind wie für
mich" (Schütz/ Luckmann 1979, S. 26). Aufgrund dieser Idealisierung tun wir alle
also im Alltag (mehr oder weniger) so, als ob die Differenzen der jeweiligen subjektiven Sicht der Welt irrelevant seien. Und dieses ‚als ob' genügt normalerweise offensichtlich, um den ganz normalen Alltag auch hinlänglich normal ‚funktionieren' zu lassen.

4. Die soziale Konstruktion der Wirklichkeit

Der Bestand an gemeinsamen Überzeugungen erst ermöglicht und bestimmt unser Alltagsleben, das immer ein *Zusammenleben* ist. In gewisser Weise also ‚teilt'
das Subjekt seine je konkrete Lebenswelt mit anderen. Genauer gesagt: Die Korrelate seines Erlebens entsprechen ‚typisch' den Korrelaten des Erlebens anderer.
Auf diese Weise können sich von verschiedenen Subjekten geteilte, also sozusagen intersubjektiv gültige Deutungsschemata herausbilden, die mit den je individuellen, biographisch bedingten Sinnstrukturen mehr oder weniger stark korrelieren. Während *prinzipiell* also jedem Menschen tatsächlich seine eigene, einmalige
Lebenswelt gegeben ist, erscheinen *empirisch* gesehen die je subjektiven Lebens-
welten nur *relativ* originell, denn die Menschen greifen bei ihrer Orientierung in
ihrer Welt typischerweise auf vielerlei je soziohistorisch ‚gültige' Deutungsschemata zurück. Sie stimmen ständig in interaktiven und kommunikativen Prozessen
ihre Lebenswelten, ihre Welt-*Wahr*-Nehmungen aufeinander ab.

Es geht deshalb wesentlich darum, zu verstehen, wie Wirklichkeit entsteht und
fortbesteht, warum sie ‚objektiv' genannt werden kann, und wie sich der einzelne
Mensch die gesellschaftliche Wirklichkeit *deutend* aneignet, wie er aus ihr, wie
aus einem Steinbruch, seine ‚subjektive' Wirklichkeit herausbricht und dadurch
wiederum an der Konstruktion der ‚objektiven Wirklichkeit' mitwirkt (vgl. Hitzler 1988). Die Grundfrage dabei ist: Wie ist es möglich, dass subjektiv gemeinter
Sinn zu objektiver Faktizität wird?

Berger/ Luckmann antworten darauf mit der ‚konstruktivistischen' Figur von Externalisierung, Objektivation und Internalisierung: „Gesellschaft ist ein menschliches Produkt. Gesellschaft ist eine objektive Wirklichkeit. Der Mensch ist ein gesellschaftliches Produkt." (1969, S. 65) Daraus folgt, dass sich unter ähnlichen Lebens-Bedingungen auch die Lebenswelten der Menschen ähneln. Mit zunehmender zeitlicher, räumlicher und sozialer Entfernung nehmen allerdings auch die Ähnlichkeiten, die Gemeinsamkeiten der je konkreten Lebenswelten ab. Mit *allen* Menschen ‚teile' ich letztlich doch nur noch die unveränderlichen Grundstrukturen der Lebenswelt.

Wie es scheint, hängt also die Verschiedenheit von Lebenswelten wesentlich damit zusammen, dass Menschen auf unterschiedliche Weise an unterschiedlichen sozialen Wissensvorräten partizipieren. Diese Ungleichheit zwischen den Menschen hinsichtlich ihrer Partizipation (und ihrer *Chancen* zur Partizipation) am kulturell je verfügbaren Wissen beginnt, strukturell gesehen, bereits im vorsozialen Bereich mit der Heterogenität physischer Ausstattungen und unvermeidlichen biographischen Differenzierungen.

5. Die Entstehung heterogener Wissensvorräte

Nicht alle Probleme betreffen alle Menschen (einer Kultur) gleichermaßen; keineswegs alles subjektive Wissen jedes Einzelnen ist sozial relevant; Wissen und vor allem die Bedeutung von Wissen verändert sich dadurch, dass es weitergegeben wird; usw. Kurz: Völlig gleichmäßige Wissensverteilung ist, unabhängig von den je gegebenen Machtstrukturen und Herrschaftsverhältnissen in einer Gesellschaft, schlicht *nicht möglich*. Gleichwohl gibt es natürlich *beträchtliche Unterschiede* in der Wissensverteilung verschiedener Gesellschaftstypen:

> „Nur in Gesellschaften mit äußerst einfacher Arbeitsteilung und ohne verfestigte soziale Schichten stellen sich die ‚jedermann' auferlegten Probleme jedermann auch in wesentlich gleichen Auffassungsperspektiven und Relevanzzusammenhängen dar." (Schütz/ Luckmann 1979, S. 372)

Solche als ‚archaisch' bezeichneten Gesellschaften sind dadurch gekennzeichnet, dass sich das soziale Wissen sehr langsam verändert und vermehrt, dass alles im sozialen Wissensvorrat abgelagerte Wissen jedem Gesellschaftsmitglied routinemäßig vermittelt wird und zugänglich ist, und dass es kaum besondere, für bestimmte Rollen ‚exklusive' Wissensbestände gibt. Das bedeutet, dass in solchen Gesellschaften mehr oder weniger *jeder* normale Erwachsene über das gesamte Allgemeinwissen verfügen und normale Alltagsprobleme lösen kann, und dass auch jeder weiß, wann, wo und wie man sich an die wenigen Experten (z.B. Schama-

nen) wendet, die es hier gibt (vgl. dazu auch Luckmann 1980, S. 123-141, sowie
Hitzler 1988a, S. 109ff).[13]

Vor allem in ihrem Aufsatz ‚Über einige primitive Formen von Klassifikation'
haben nun Emile Durkheim und (sein Schwiegersohn) Marcel Mauss (vgl. 1987)
aufgezeigt, dass die Weltdeutungschemata *archaischer* Gesellschaften Ausdruck
sind einer jeweils basalen *sozialen* Organisation. Und dass das Fundierungsver-
hältnis nicht umgekehrt sein kann, lässt sich Durkheim und Mauss zufolge daran erkennen, dass unter sehr unterschiedlichen Natur- (d.h. geographischen, kli-
matischen, demographischen usw.) Gegebenheiten bestimmte Gesellschaftstypen
trotzdem strukturell sehr ähnliche, verwandtschaftsanaloge Ordnungsmuster zur
Organisation des Kosmos ausbilden. Die wissenssoziologische Grundidee besteht
also darin, dass alle kategorialen *Ordnungen,* derer sich Menschen bedienen, sich
letztlich an deren sozialen Organisationsformen orientieren, dass gesellschaftliche
Kategorien die Basis des menschlichen Umgangs mit Welt überhaupt darstellen.

Vor allem in modernen Gesellschaften tritt nun schon das Allgemeinwissen,
korrelierend in der Regel mit ‚sozialen Ungleichheiten' (vgl. zu deren ‚neuen' Formen exemplarisch Beck 1987), in sozial differenzierten ‚Versionen' auf, was sich
z.B. in divergenten Sprach- und Sprechmilieus manifestiert. Wobei nach Auffassung der Durkheim-Tradition eben die je gültige Klassifikation von Dingen sozusagen die hier gebräuchliche Klassifikation von Menschen reproduziert, dass also
soziale Ordnungsvorstellungen sich im Wissen generell niederschlagen, und dass
mithin die soziale Kompetenz verschiedener Menschen (und gesellschaftlicher
Gruppen), sozusagen sozialstrukturell ‚bedingt', sehr unterschiedlich ausgeprägt ist.

Daraus resultiert vor allem, dass die Relevanzstrukturen verschiedener Ge-
sellschaftsmitglieder nur noch sehr bedingt und ‚vorläufig' die gleichen sind. Darauf hat z.B., im Anschluss an Durkheim/ Mauss, auch David Bloor (1980) aufmerksam gemacht: Am Beispiel der Auseinandersetzung um eine atomistische bzw.
mechanistische Weltsicht in der *neuzeitlichen* Gesellschaft des 17. Jahrhunderts
zeigt er, dass in den Auseinandersetzungen der beiden dabei relevanten Gruppierungen diese ihr ‚Naturwissen' jeweils so *klassifiziert* haben, dass die Klassifika-
tionen „auf kunstvolle Weise mit ihren sozialen Zielen in Einklang gebracht waren. Der politische Kontext wurde dazu benutzt, verschiedene Vorstellungen von
der physischen Welt aufzubauen." (Bloor 1980, S. 39)

Hinzu kommt, dass sich im Zusammenhang mit der fortschreitenden Arbeits-
teilung die Proportionen des Allgemeinwissens und des Sonderwissens zueinander

---

13   Aber auch in solchen Gesellschaften gibt es natürlich einige grundlegende Differenzierungen
        der Partizipation am sozialen Wissensvorrat: etwa den zwischen den Geschlechtern und den
        zwischen den Altersgruppen.

verschieben: Die Sonderwissensbestände nehmen zu, werden immer stärker spezi-
alisiert, müssen oft in langwierigen ‚sekundären‘ Sozialisationsprozessen erworben werden und *entfernen* sich zunehmend vom Allgemeinwissen.

6. Die ‚großen‘ Sonderwissensbestände

Max Scheler (vgl. 1980) vor allem hat sich mit besonderen Formen der Wirklichkeitsdeutung befasst, die seiner Meinung nach ‚über‘ der relativ-natürlichen Weltanschauung stehen und von besonderen gesellschaftlichen Gruppierungen getragen werden.[14] Diese ‚obersten Wissensarten‘ differenziert er in *Herrschafts- und
Leistungswissen* (womit er die Techniken der Natur- und Sozialbewältigung an-
spricht, welche sich am Lebenswerten, Angenehmen und Nützlichen orientieren),
Bildungswissen (womit wesensdeskriptive Aussagen über frag-würdige Phänomene gemeint sind, die auf geistige Werte abzielen) und *Heils- und Erlösungswissen*
(das konkrete Erfahrungen in ‚bergende‘ transzendente Bezüge einbettet und somit ‚das Heilige‘ thematisiert).

Leistungs- und Herrschaftswissen heißt demnach jenes Wissen, das, geleitet
vom Motiv der Machtgewinnung über Natur, Gesellschaft und Geschichte, die Gesetze der Erscheinungen (des Jetzt-Hier-So) in den Griff zu bekommen versucht.
Es ist die für die *praktisch-theoretische Intelligenz* symptomatische Wissensart,
und ihre entfaltetste Form ist die *positive Wissenschaft*. Getragen wird Leistungs-
und Herrschaftswissen vor allem vom Stand ‚freier kontemplativer Menschen‘ (die
eine theoretische Erkenntnishaltung haben) einerseits, und vom Stand der ‚Handwerker‘ (die daran interessiert sind, Bewegungsvorgänge kalkulierbar zu machen
und damit den Arbeitsprozess zu regeln) andererseits.

Bildungswissen hingegen heißt bei Scheler jenes Wissen, das die ‚Warumfra-
ge‘ stellt. Das beginnt mit der Gemütsbewegung des ‚Verwunderns‘. Bildungswissen ist der Versuch der Teilhabe am ‚Wesentlichen‘, durch die der Mensch auch
sein eigenes Sein zu verwesentlichen sucht. Der Erwerb von Bildungswissen bedingt eine besondere (‚ausgezeichnete‘) Geisteshaltung des Fragenden, die gerade
das ausschaltet, was für das Leistungs- und Herrschaftswissen zentral ist, nämlich
das ‚Triebleben‘ und die vitalen (persönlichen) Interessen. Getragen wird das Bildungswissen vor allem von den *Wesens-Philosophen* bzw. von denen, die in einer
kongenialen Verbindung mit ihnen stehen.

---

14 Die Wissenssoziologie Schelers ist eine *apriorische*, also nicht empirische Theorie der menschlichen Bewusstseinsinhalte in Interdependenz zu sozialen Organisationsformen, die diese Bewusstseinsinhalte ‚widerspiegeln‘.

Heils- und Erlösungswissen schließlich heißt jenes Wissen, das auf Anteilnahme am absolut Seienden abzielt, am Urgrund allen Seins. Scheler unterscheidet dabei positive Religion („Glaube und Gefolgschaft gegenüber einer Person, der man besondere Erfahrungskontakte mit der Gottheit: Offenbarung, Gnade, Erleuchtung oder gar irgendein besonderes Verhältnis zur Gottheit zuschreibt" 1980, S. 87) und (spekulative) Metaphysik (die Heilswissen im „ausdrücklichen Verzicht auf alle sogenannten ‚übernatürlichen' Quellen der Erkenntnis" (ebenda) zu erlangen vermag). Getragen wird Heils- und Erlösungswissen stets von heterogenen *metaphysischen Eliten.*

Zum Allgemeinwissen des modernen Menschen gehört nun zwar noch das Wissen, *dass* es sehr viel nicht nur derartig ‚globales', sondern sehr viel sehr spezialisiertes, sehr verschiedenes und verschiedenartiges Sonderwissen gibt. Dessen faktische soziale Verteilung aber weiß ‚man' durchaus nicht mehr, wenn man nicht wiederum ein Experte für Wissensbestände ist: Die Zusammenhänge zwischen den heterogenen Wissensgebieten lösen sich auf.

Dadurch, dass insgesamt der soziale Wissensvorrat immer unübersichtlicher wird und diese Unübersichtlichkeit selber auch wieder unterschiedlich verteilt ist, wachsen symptomatischerweise die Abstände zwischen Experten und Laien, wobei jedermann zugleich Laie ist auf den meisten und Experte auf ganz wenigen bzw. nur einem der (institutionell immer stärker spezialisierten) Gebiete des Sonderwissens. So entstehen vielschichtige Gemengelagen von Wissen, Halbwissen und Nichtwissen. Als Laien werden die Menschen auch bei der Lösung von Alltagsproblemen zunehmend abhängig von den Experten, und zugleich werden manche Spezialisten (für ‚irgendwas') sozial nahezu unsichtbar: „Wenn, im Grenzfall, der Bereich des gemeinsamen Wissens und der gemeinsamen Relevanzen unter einen kritischen Punkt zusammenschrumpft, ist Kommunikation innerhalb der Gesellschaft kaum noch möglich. Es bilden sich ‚Gesellschaften innerhalb der Gesellschaft' heraus." (Schütz/ Luckmann 1979, S. 378)

Für jede soziale Gruppierung innerhalb einer Gesellschaft sind somit andere *Arten* von Wissen und vor allem andere *Hierarchien* von Wissensarten relevant.[15]

---

15   Georges Gurvitch, der Nachfolger von Emile Durkheim an der Sorbonne, spricht von ‚funktionellen Korrelationen' (vgl. Gurvitch 1971). Das von Gurvitch dabei vorgeschlagene, hochelaborierte (und komplizierte) Klassifikationssystem ist sicherlich zu mechanisch und zu vielen zumindest problematischen Vorannahmen belastet, als dass es für eine direkte Anwendung im Rahmen einer aktuellen, *empirischen* Wissenssoziologie dienlich sein könnte. Im Hinblick auf mein Plädoyer für eine ‚ethnologische' Einstellung des Soziologen zur eigenen Gesellschaft ist es aber wichtig, bereits hier festzuhalten, dass Gurvitch den wissenssoziologischen Blick für die *Vielfalt* sozialer ‚Gesellungsgebilde' und die für diese jeweils typischen, höchst heterogenen Relevanzstrukturen geöffnet hat. Gurvitch, in der Durkheim-Tradition stehend, aber auch auf Scheler rekurrierend, erscheint mir im Hinblick auf die aktuelle Zuwendung zu ‚neuen' sozialen Ungleichheiten deshalb wesentlich *moderner* als

Und das (alles) hat, wie wir im Folgenden sehen werden, gravierende Folgen für die Orientierung in der Sozialwelt und für die Selbst- und Fremdeinschätzung. Vereinfacht ausgedrückt können wir aber soviel bereits festhalten: Die Teilhabe an einem besonders einfachen, wohlgeordneten, in sich stimmigen und auf wenigen grundsätzlichen Gewissheiten basierenden Wissensvorrat schlägt sich auch in relativ stark übereinstimmenden subjektiven Lebenswelten nieder, während die Teilhabe an komplexen, also sehr unterschiedlich verteilten, heterogenen und mit konkurrierenden Gewissheitsannahmen durchsetzten Wissensvorräten eben auch deutlich divergente Lebenswelten nach sich zieht.

7. Besonderheiten des modernen Lebens

Ganz summarisch gesprochen war in vormodernen Gesellschaften das Leben der Menschen durch eine Vielzahl traditioneller Bindungen bestimmt: von der Familienwirtschaft und der Dorfgemeinschaft, von der Heimatorientierung und der Religionsgemeinschaft bis hin zu ständischen Normen und Verwandtschafts- bzw. Abstammungsbindungen. Zentrum des Lebens waren die ‚small communities‘, die territorial relativ klar begrenzt waren und in denen man seinen festen räumlichen *und* sozialen Platz hatte, in denen man sich also (in aller Regel) ganz fraglos ‚zu Hause‘ fühlte (vgl. Luckmann 1970/1978). Derlei Bindungen schränkten somit einerseits die Wahlmöglichkeiten, die Optionen des einzelnen Menschen für ein ‚individuelles‘ Leben ein, andererseits boten sie aber auch Vertrautheit und Schutz. Wo sie (noch) funktionieren, ist der Mensch nie allein, nie nur auf sich selber gestellt, sondern stets aufgehoben sozusagen ‚in einem größeren Ganzen‘ (vgl. dazu auch Luckmann 1991). Mit dem Übergang zur modernen Gesellschaft aber hat ein grundlegender Wandel im Verhältnis von Individuum und Gesellschaft eingesetzt, den man heute „Individualisierung" nennt (vgl. dazu v.a. Beck 1983 und 1986). Gemeint ist damit die Herauslösung der Menschen aus traditionellen sozialen Bindungen und Glaubensvorstellungen.

Dieser Prozess beginnt, wie Max Weber in der ‚Protestantischen Ethik‘ (1978) ausgeführt hat, bereits mit den Lehren der Reformation, die die Heilsgewissheit früherer Epochen aufheben und den Menschen in eine Art ‚innere Vereinsamung‘ entlassen. In dessen Gefolge kommt es zur Ausgliederung privater Freiheitszonen aus institutionell festgelegten Lebenszusammenhängen. Dieser Prozess setzt sich in den folgenden Jahrhunderten fort, erfasst immer weitere Schichten und erreicht zur Gegenwart hin ein historisch einmaliges Ausmaß. Das Ergebnis ist, dass sich

---

etwa Karl Mannheim (z.B. 1964 und 1969), der auf einige wenige gesellschaftliche ‚Großlagen‘ fixiert war.

allmählich *ein Anspruch und ein Zwang zum eigenen Leben* (vgl. Beck-Gernsheim 1989) jenseits traditionaler Vergemeinschaftungen und überkommener sozial-moralischer Milieus – herauszubilden beginnt.

Zumindest innerhalb dessen, was man heute ‚Privatsphäre' nennt, ist man frei, selbst zu entscheiden, was man tun, denken und glauben will, denn im Zuge der Entwertung traditioneller Glaubensinhalte und der damit entstehenden Konkurrenz von Werten und neuen Glaubenssystemen werden Bezüge aufgelöst, die bislang in der Lage waren, den Menschen ein einheitliches und stimmiges Weltbild zu vermitteln, einen sinnstiftenden Zusammenhang, eine Verankerung der eigenen Existenz in einem größeren Kosmos. Mit dieser Entzauberung der Welt beginnt ein Zustand der ‚inneren Heimatlosigkeit' symptomatisch zu werden für die geistig-seelische Verfassung der Menschen.

Menschen in modernen Gesellschaften sind, aufgrund der besonderen sozialstrukturellen Bedingungen dieser modernen Gesellschaften (vgl. dazu Berger/Berger/Kellner 1975, Luckmann/ Berger 1980), typischerweise in eine Vielzahl von *disparaten* Beziehungen, Orientierungen und Einstellungen verstrickt. Sie müssen tagtäglich an höchst verschiedenen sozialen ‚Veranstaltungen' teilnehmen, die zwar jeweils in sich sinnvoll erscheinen, aber kaum Rezepte für die Orientierung in anderen sozialen Zusammenhängen bereitstellen. Sie müssen also ständig mit heterogenen Deutungsschemata umgehen und nicht aufeinander abgestimmte Um-Orientierungen vornehmen, um am sozialen Leben teilhaben zu können.

Sie müssen ihr Leben sozusagen zusammenbasteln aus Partizipationen an verschiedenen ‚single purpose communities', in denen oft völlig heterogene Relevanzsysteme ‚gelten', von denen jedes lediglich einen *begrenzten* Ausschnitt ihrer Erfahrungen betrifft. Auf, ihre verschiedenen Teilzeit-Engagements übergreifende und ordnende, symbolische Sinnsysteme können sie zwar ‚privat' rekurrieren, aber keines der bereitstehenden Weltdeutungsangebote kann *allgemeine* soziale Verbindlichkeit beanspruchen. In jeder der vielen und vielfältigen Sinnwelten herrschen eigene Regeln und Routinen, mit prinzipiell auf die jeweiligen Belange beschränkter Geltung (vgl. Hitzler 1988, vgl. auch Shibutani 1955, bes. S. 567).

8. Die kleinen sozialen Lebens-Welten

Der moderne Mensch trifft auf eine Vielfalt von Sinnangeboten, unter denen er mehr oder weniger frei wählen kann und wählen *muss* (vgl. dazu Gross 1994). Er versucht deshalb, seine komplexe Wirklichkeit dadurch zu bewältigen, dass er dieser Wirklichkeit zuhandene Elemente entnimmt und daraus eine subjektiv einigermaßen stimmige kleine Welt konstruiert.

Werner Marx zufolge (1987, S. 128ff) ist die Lebenswelt ohnehin zu verstehen als eine Pluralität von teils klar konturierten, teils unbestimmten, zweckhaften Sonderwelten. Marx argumentiert, dass Husserl die Lebenswelt von den Sonderwelten dadurch unterscheide, dass erstere vorgegeben und nicht absichtsvoll konstituiert sei, während letztere auf Zwecke ausgerichtet seien (z.B. Welt des Berufstätigen, des Familienmitgliedes, des Bürgers usw.). *Jede* aktuelle Erfahrung, jede gegenwärtige Welt aber hat, so Marx, „den Gehalt einer Sonderwelt" (S. 129). Und über sich hinaus verweist jede Sonderwelt wiederum auf andere (potentielle) Sonderwelten.

Dem ist zuzustimmen, wenn man, wie oben angedeutet, Lebenswelt als Insgesamt von (Sub-)Sinnwelten in dem von Schütz gemeinten Verstande „mannigfaltiger Wirklichkeiten" (1971) begreift. *Gegen* Marx allerdings ist einzuwenden, dass allenfalls dann jede aktuelle Erfahrung als bezogen auf eine *Zweckwelt* erscheint, wenn man Erfahrung schlechthin auf *alltägliche* Erfahrungen beschränkt, wenn man Lebenswelt mit *alltäglicher* Lebenswelt gleichsetzt. (Aber auch hier ist es keineswegs sicher, dass alle Erfahrungen zweckbezogen statthaben). Das Insgesamt von Erfahrungen aber umfasst zweifellos mehr als das Alltagsleben. Und hinsichtlich unserer Träume und Phantasien von ‚Zweckwelten' zu reden, erscheint wenig plausibel.

Ich schlage deshalb vor, Lebenswelt weiterhin als das Insgesamt von *Sinnwelten* zu bezeichnen. Und ich schlage außerdem vor, als *Zweckwelten* lediglich *das sozial Vor-Konstruierte* dessen zu bezeichnen, was wir im Anschluss an Benita Luckmann (1970/1978) ‚*kleine soziale Lebens-Welten*' nennen. Denn alltägliche, pragmatische Orientierungen lassen sich immer als bezogen auf bestimmte (sozial vor-konstruierte) Zweckwelten beschreiben. Aber Zweckwelten können auch über die alltägliche Erfahrung hinausverweisen in phantastische Sinnwelten. Außerdem kann alltägliches, pragmatisches Handeln begleitet sein von außeralltäglichen Orientierungen (z.B. Tagträumereien).

Eine kleine soziale Lebens-Welt hingegen meint ein in sich strukturiertes *Fragment* der Lebenswelt, innerhalb dessen Erfahrungen in Relation zu einem speziellen, verbindlich bereitgestellten intersubjektiven Wissensvorrat statthaben. Eine kleine soziale Lebens-Welt ist das Korrelat des subjektiven Erlebens der Wirklichkeit einer Teil- bzw. Teilzeit-Kultur. ‚Klein' ist eine solche Lebens-Welt aber nicht etwa deshalb, weil sie grundsätzlich nur kleine Räume beträfe oder nur aus wenigen Mitgliedern bestünde. (Das ‚klein' betrifft *nicht* diese Dimensionen.) ‚Klein' nennen wir eine kleine soziale Lebens-Welt deshalb, weil in ihr die Komplexität *möglicher* Relevanzen reduziert ist auf ein *bestimmtes* Relevanzsystem.

‚Sozial' nennen wir eine kleine soziale Lebens-Welt deshalb, weil dieses Relevanzsystem intersubjektiv verbindlich ist für gelingende Partizipationen. Dementsprechend bezeichnen kleine soziale Lebens-Welten also Partizipationen an Ausschnitten aus der sozial konstruierten und produzierten Welt des (Er-)Lebens einer Gesellschaft. Sie heben sich im System individueller lebensweltlicher Relevanzen thematisch, interpretativ und motivational ab als Korrelate spezifischer Interessen und Interessenbündel. Diesen Korrelaten eignen jeweils spezifische, sozial vordefinierte Zwecksetzungen, die der einzelne Mensch, seinen Relevanzen und Interessen entsprechend, mehr oder minder nachdrücklich internalisiert. D.h., die Gültigkeit dieser sozialen Zwecksetzungen *für ihn* korreliert mit dem Ausmaß seiner Identifikation mit dem jeweils vorfindlichen Sinnsystem.

Die intersubjektiv gewussten ‚Zwecke' kleiner sozialer Lebens-Welten konstituieren sich im individuellen Bewusstsein somit als temporäre thematische Kerne, die unter anderem den individuellen Lebensvollzug strukturieren. Der Sinn der je aktuellen Partizipation konstituiert sich in der vergleichenden Erinnerung an frühere (gleiche, ähnliche, andere und ganz andere) Partizipationen bzw. Partizipations-‚Typen'. Aktuelle Erfahrungen gewinnen Sinn durch den Rückgriff auf den biographisch erhandelten subjektiven Wissensvorrat, der natürlich vor allem einen individuellen Ausschnitt aus dem jeweils verfügbaren sozialen Wissensvorrat darstellt. D.h.: Der *subjektive* Sinn einer kleinen sozialen Lebens-Welt konstituiert sich im Rekurs auf gehabte individuelle Erfahrungen. Die *intersubjektive* Bedeutung einer kleinen sozialen Lebens-Welt hingegen erscheint dem Einzelnen als interaktives und kommunikatives Konstrukt.

Literatur

Beck, Ulrich (1986): Risikogesellschaft. Frankfurt am Main: Suhrkamp

Beck, Ulrich (1983): Jenseits von Stand und Klasse? In: Kreckel, Reinhard (Hrsg.): Soziale Ungleichheit (SB von ‚Soziale Welt'). Göttingen: Schwartz

Beck-Gernsheim, Elisabeth (1989): Freie Liebe, freie Scheidung. In: Weymann, Ansgar (Hrsg.): Handlungsspielräume. Stuttgart: Enke, S. 105-119

Berger, Peter L./ Berger, Brigitte/ Kellner, Hansfried (1975): Das Unbehagen in der Modernität. Frankfurt am Main/ New York: Campus Verlag

Berger Peter L./ Kellner, Hansfried (1984): Für eine neue Soziologie. Frankfurt am Main: Fischer Taschenbuch Verlag

Berger Peter L./ Luckmann, Thomas (1969): Die gesellschaftliche Konstruktion der Wirklichkeit. Frankfurt am Main: S. Fischer

Bloor, David (1980): Klassifikation und Wissenssoziologie. In: Stehr, Nico/ Meja, Volker (Hrsg.): Wissenssoziologie (SH 22 der KZfSS). Opladen: Westdeutscher Verlag, S. 20-51

Coreth, Emerich (1986): Was ist der Mensch? Innsbruck/Wien: Tyrolia-Verlag

Durkheim, Emile/ Mauss, Marcel (1987): Über einige primitive Formen von Klassifikation. In: Durkheim, Emile/ Joas, Hans (Hrsg.): Schriften zur Soziologie der Erkenntnis. Frankfurt am Main: Suhrkamp, S. 169-256

Eberle, Thomas (1991): Rahmenanalyse und Lebensweltanalyse. In: Hettlage, Robert/ Lenz, Karl (Hrsg.): Erving Goffman – ein soziologischer Klassiker der zweiten Generation? Bern/Stuttgart: Haupt, S. 157-210

Gross, Peter (1994): Die Multioptionsgesellschaft. Frankfurt am Main: Suhrkamp

Gross, Peter (1979): Die unmittelbare Beziehung als Problem sozialwissenschaftlicher Analyse. In: Soeffner, Hans-Georg (Hrsg.): Interpretative Verfahren in Sozial- und Textwissenschaften. Stuttgart: Metzler, S. 188-208

Gurvitsch, George (1971): The Social Frameworks of Knowledge. Oxford: Basil Blackwell

Hitzler, Ronald (1988): Sinnwelten. Opladen: Westdeutscher Verlag

Hitzler, Ronald/ Honer, Anne (1984): Lebenswelt – Milieu – Situation. In: Kölner Zeitschrift für Soziologie und Sozialpsychologie Jg. 36. 1, S. 56-74

Honer, Anne (1993): Lebensweltliche Ethnographie. Wiesbaden: Deutscher Universitätsverlag

Husserl, Edmund (1954): Die Krisis der europäischen Wissenschaften und die transzendentale Phänomenologie. Den Haag: Martinus Nijhoff

Luckmann, Benita (1970): The Small Life-Worlds of Modern Man. In: Social Research Jg.37. 4, S. 580-586. Wiederabgedruckt in: Luckmann, Thomas (Hrsg.) (1978): Pänomenology and Sociology. Harmondsworth: Penguin, S. 275-290

Luckmann, Thomas (1991): Die unsichtbare Religion. Frankfurt am Main: Suhrkamp.

Luckmann, Thomas (1990): Towards a Science of the Subjective Paradigma: Protosociology. In: Koev, Kol'o (Hrsg.): Phenomenology as a Dialogue (Special Issue of 'Critique and Humanism' Vol.1), S. 9-15

Luckmann, Thomas (1983): Eine phänomenologische Begründung der Sozialwissenschaften? In: Henrich, Dieter (Hrsg.): Kant oder Hegel? Stuttgart: Klett-Cotta, S. 506-518

Luckmann, Thomas (1980): Lebenswelt und Gesellschaft. Paderborn/ München/Wien/ Zürich: Schöningh

Luckmann, Thomas (1979): Phänomenologie und Soziologie. In: Sprondel, Walter M./ Grathoff, Richard (Hrsg.): Alfred Schütz und die Idee des Alltags in den Sozialwissenschaften. Stuttgart: Enke, S. 196-206

Luckmann, Thomas/ Berger, Peter L. (1980): Soziale Mobilität und persönliche Identität. In: Luckmann, Thomas: Lebenswelt und Gesellschaft. Paderborn/ München/ Wien/ Zürich, S. 142-160

Mannheim, Karl (1969[5]): Ideologie und Utopie. Frankfurt am Main: Schulte-Bulmke

Mannheim, Karl (1964): Wissenssoziologie. Berlin/ Neuwied: Luchterhand

Marx, Werner (1987): Die Phänomenologie Edmund Husserls. München: Fink

Matthiesen, Ulf (1991): Lebenswelt/ Lebensstil. In: Sociologia Internationalis Jg. 29. 1, S. 31-56

Matthiesen, Ulf (1983): Das Dickicht der Lebenswelt und die Theorie des kommunikativen Handelns. München: Fink

Scheler, Max (1980[3]): Probleme einer Soziologie des Wissens. In: Ders.: Die Wissensformen und die Gesellschaft. Bern/ München: Francke, S. 15-190

Schütz, Alfred (1974): Der sinnhafte Aufbau der sozialen Welt. Frankfurt am Main: Suhrkamp

Schütz, Alfred (1971): Gesammelte Aufsätze. Band 1. Den Haag: Martinus Nijhoff

Schütz, Alfred/ Luckmann, Thomas (1979/ 1984): Strukturen der Lebenswelt. Band 1 und 2. Frankfurt am Main: Suhrkamp

Shibutani, Tamotsu (1955): Reference Groups as Perspectives. In: American Journal of Sociology Vol.60. 6, S. 562-568

Thomas, William I. (1978): The Definition of the Situation. In Manis, Jerome G./ Meltzer, Bernhard (Hrsg.): Symbolic Interaction. Boston: Allyn and Bacon, S. 254-257

Weber, Max (1978[7]): Die protestantische Ethik und der Geist des Kapitalismus. In: Ders.: Gesammelte Aufsätze zur Religionssoziologie. Band 1. Tübingen: Mohr, S. 17-206

Das Perspektivenproblem in der Sozialforschung
Bemerkungen zur lebensweltlichen Ethnographie

> *„Das Festhalten an der subjektiven Perspektive ist die einzige, freilich auch hinreichende Garantie dafür, dass die soziale Wirklichkeit nicht durch eine fiktive, nicht existierende Welt ersetzt wird, die irgendein wissenschaftlicher Beobachter konstruiert hat. "*
>
> (Schütz, in: Schütz/ Parsons 1977, S. 65)

1. Ethnographie als ‚hemdsärmelige' Praxis

Wenn man sich die auch in der aktuellen soziologischen Ethnographie gebräuchlichen, reportageartigen Untersuchungen, wie sie gleichsam exemplarisch von Roland Girtler (z.B. 1980a, 1980b, 1985, 1987, 1988, 1989, 1991) vorgelegt werden, anschaut (vgl. dazu auch Hartmann 1988), dann erkennt man unschwer teils explizite, teils implizite ‚Verwandschaften': etwa zu Robert E. Parks Methode des ‚nosing around' (vgl. Lindner 1990) oder zur ‚vitalen Ethnographie', wie sie insbesondere von Clifford Geertz (1990) protegiert wird. Ich halte dergleichen Studien (nicht nur, aber ganz besonders die von Roland Girtler) in ihrer großen Mehrzahl nicht nur für höchst unterhaltsam und lehrreich, sondern auch für soziologisch außerordentlich fruchtbar. Gleichwohl erscheint mir klärungsbedürftig, was die derlei Reportagen gemeinhin ‚garnierende' Behauptung, man rekonstruiere dabei Ausschnitte sozusagen des Lebens, ‚wie es gelebt wird', des gelebten Lebens (und damit der Lebenswelt, wie sie Schütz und Luckmann 1979, 1984 beschreiben), eigentlich forschungstechnisch für Konsequenzen zeitigt bzw. zeitigen soll. Denn wenn dieser Anspruch, den man als Soziologe ja durchaus nicht erheben muss, warum auch immer aufrechterhalten werden soll, sozusagen als unerreichbares, gleichwohl beständig anzustrebendes ‚Forschungsideal', dann, so meine ich, muss das Betreiben von Ethnographie heutzutage einiger methodologisch-methodischer Naivitäten entkleidet werden, wie sie manche einschlägige Untersuchungen bis dato unübersehbar prägen – und zwar, bei aller ehrfurchtsvollen Wertschätzung der Arbeit jener Pioniere, seit den ‚archaischen' Zeiten der sogenannten Chicagoer Schule.

Das war damals, als die Ethnographie sich gerade aus dem Geist der journalistischen Sozialreportage zu entwickeln begann (vgl. nochmals Lindner 1990), auch durchaus in Ordnung. Es gab zu jener Zeit einfach zu vieles (neu) zu entdecken in Chicago, als dass es angebracht gewesen wäre, wertvolle Zeit an ja prinzipiell ein wenig ‚beckmesserische' Methodologie- und Methodenfragen zu verschwenden: Die ‚Gold Coasts' und die ‚Slums', die ‚Gangs' und die ‚Hobos', die ‚Immigrants' und die ‚Jack-Rollers', die Bewohner der ‚Skyscrapers', die Leute in den ‚Taxi-Dance Halls' und nicht zuletzt die oft korrupten Beamten in ihren Ämtern, all das sind nur kleine Ausschnitte aus dem, was von den jungen Forschern um Robert E. Park, Ernest W. Burgess und William J. Thomas zutage gefördert wurde. ‚The City as a Laboratory' war gleichsam das Paradigma, ‚Urbanität' das Thema der Chicagoer Forscher, die sich damit grundsätzlich für alles interessierten, was die Menschen um sie herum existentiell bewegte.

Dass abstrahierende Basistheorien in diesem experimentierfreudigen Milieu kaum gediehen, heißt aber, so Martin Bulmer (1984), keineswegs, dass es kein Interesse an Theorie gegeben hätte. Emile Durkheim und Georg Simmel, John Dewey, William James und George Herbert Mead waren für die Chicagoer Schule wichtige Adressen. Aber die eigene Arbeit konzentrierte sich eben vor allem auf (manchmal mehr, manchmal weniger gelungene) Versuche, derlei Theorien mit empirischer Forschung zu *verbinden*. So gesehen – und im Hinblick auf die für die heutige Ethnographie relevanten Fragen – war die Chicagoer Schule, entgegen der Einschätzung Bulmers, doch so etwas wie ein ‚primitiver' Vorläufer des interpretativen Paradigmas: Die empirische Forschung wurde im großen und ganzen methodisch und theoretisch eben recht ‚hemdsärmelig' betrieben.

Und wenn man nun noch einem kongenialen *zeitgenössischen* Nachfolger dieser Forschungsmentalität sucht, dann braucht man durchaus nicht weit zu gehen bzw. lange zu suchen. Man findet ihn – mit allen damit verbundenen Vor- und Nachteilen, wie schon erwähnt, bei Roland Girtler: Seine Berichte von Polizisten (1980 b) und Wilderern (1988), von Huren (1985) und Bergbauern (1987), von Sandlern (1980 a) und feinen Leuten (1989) – neuerdings auch aus der ‚Herrenreiter'-Perspektive vom Fahrradsattel herunter (1991) – sind üppige, lebendige, spannende Geschichten, die er in der Regel erzählt bekommen, geordnet und aufgeschrieben hat. Wo und wenn aber die eigentliche soziologische Schreibtischtäterschaft beginnt (und meines Erachtens beginnen muss), nämlich bei der nicht mehr nur ‚impressionistischen' Adhäsion, sondern bei der systematischen Reflexion des je aktuellen methodologisch-theoretischen Wissenstandards der Profession, da macht sich Girtler, in der Regel unter Hinterlassung eines neuen Buches, eben lieber wieder auf zu neuen ‚Abenteuern gleich um die Ecke' (Bruckner/ Finkielkraut 1981). Ihn diskursiv ins Studierzimmer oder gar in die endlosen Methodenkontroversen unseres Faches zwingen zu wollen wäre – nicht nur für ihn, sondern wohl auch für die Disziplin – kontraproduktiv. Dass Girtler also meistens ‚unterwegs' ist in unserem Alltag und vor allem auch an den Rändern unseres Alltags, scheint mir mithin höchst sinnvoll, denn seine Stärke, auch seine soziologische Stärke, ist natürlich die Reportage.

Aufbauend auf dieser (in der Gestalt von Roland Girtler sozusagen prototypisch personifizierten) Rustikal-Ethnographie, behaupte ich also: Qualitative, interpretative, verstehende Sozialforschung heute muss, will sie dem Stand der einschlägigen Grundlagenforschung entsprechen, nachhaltig geprägt sein von einer grundsätzlichen Skepsis gegenüber der Qualität von Daten, die von anderen übermittelt werden. Zumindest scheint es fragwürdig, ob Mitteilungen anderer über soziale Phänomene als Daten der Phänomene selber gelten dürfen. Zunächst und zweifelsfrei jedenfalls sind sie einfach Daten der Mitteilung, Daten darüber, wie ein Sachverhalt (von wem auch immer) situativ *dargestellt* wird (vgl. Bergmann 1985, Reichert 1988). Dieses prinzipielle, auf der Unüberschreitbarkeit ‚mittlerer Transzendenzen‘ (vgl. Schütz/ Luckmann 1984) beruhende Dilemma, dass das subjektive Wissen des anderen nicht ‚wirklich‘ direkt zugänglich ist, dass es aber gleichwohl die wichtigste Datenbasis sozialwissenschaftlicher Untersuchungen darstellt, lässt sich zwar nicht lösen, aber es lässt sich meiner Meinung nach idealer Weise ‚kompensieren‘ dadurch, dass der Feldforscher versucht, mit der zu erforschenden Welt hochgradig vertraut zu werden, indem er an dem in Frage stehenden sozialen Geschehen praktisch teilnimmt, in dem er so etwas wie ein temporäre Mitgliedschaft erwirbt.

2. Die Bedeutung existentiellen Engagements

In der Benotung dieser Mitgliedschaft, dieses existentiellen Engagements liegt der *phänomenologische* Beitrag zur Erschließung und Erhebung von Felddaten. Darin liegt Berechtigung dafür, hier von einer *lebensweltlichen* Ethnographie zu sprechen und für eine *lebensweltliche* Ethnographie zu plädieren. Denn was unterscheidet denn das Betreiben von Phänomenologie so nachhaltig vom Betreiben anderer wissenschaftlicher Unternehmen? Nun, doch wohl dies, dass der Phänomenologe ansetzt – und zwar erkenntnistheoretisch begründet *exklusiv* ansetzt – bei seinen eigenen subjektiven Erfahrungen (vgl. z.B. Schütz 1971 a, Teil II; 1971 b). Was immer dann an phänomenologischen ‚Operationen‘ auf welches Erkenntnisinteresse hin auch vollzogen wird, die alleinige, weil allein evidente Datenbasis des Phänomenologen sind (und bleiben) seine eigenen, subjektiven Erfahrungen. Andere wissenschaftliche Unternehmen, unter anderem auch die Soziologie, sind hingegen, so Luckmann (1980, 1983), *kosmologisch* orientiert; was in diesem Falle heißen soll, dass sie sich, sozusagen epistemologisch naiv, aber erfolgreich, auf Daten vom ‚Hörensagen‘ stützen; dass sie das, was die Forscher lesen, beob-

achten und – in der Soziologie vor allem – gesagt bekommen, als Basis ihrer Se-
kundärkonstruktionen von Wirklichkeit (vgl. Schütz 1971 a, S. 3-53) verwenden.
Nun meine ich *nicht* etwa, man solle den Kanon feldadäquater Erhebungsverfahren, wie er insbesondere im Rahmen des sogenannten ‚interpretativen Paradigmas' bereitsteht, durch die phänomenologische Methode *ersetzen*. Ich meine auch *keineswegs*, dass man *statt* praktischer Feldforschung – also den Leuten
zuschauen, über die Schulter sehen, mit den Leuten reden und ihre ‚Dokumenta-
tionen' studieren – nunmehr ‚Introspektion' betreiben sollte. Ich meine lediglich,
dass man das, was der Phänomenologe, meines Erachtens mit Erfolg, tut, nämlich
seine eigenen Erfahren reflektieren, stärker in die empirische Sozialforschung integrieren sollte, ja dass man, wenn man sich für die *Konstruktion* von Wirklichkeit interessiert, dieses Prinzip sogar integrieren *muss*.
Da man aber, der phänomenologischen Auffassung zufolge, nur über Erfahrungen reflektieren kann, die man (gemacht) hat, muss man als Ethnograph demnach stets systematisch mitbedenken, welche (Art von) Erfahrung man – bezogen
auf eine bestimmte Thematik – denn nun tatsächlich *selber* (gemacht) hat: Wenn
man über eine Thematik (wieviel auch immer) gelesen hat, dann hat man eine Le-
seerfahrung; wenn man mit einschlägig befassten bzw. mit einschlägig involvierten Leuten (wie auch immer) geredet hat, dann hat man eine Kommunikationser-
fahrung; und wenn man solchen Leuten zugeschaut hat, dann hat man eben eine
Beobachtungserfahrung (gemacht). Wenn man diese Verfahren der Datenerhebung
kombiniert, dann hat man das, was man gemeinhin einen ‚methodenpluralen', einen ethnographischen Zugang zu einer Thematik nennt. Gleichwohl hat man, im
strengen phänomenologischen Sinne, keine Erfahrung der in Frage stehenden Thematik *von innen*. Eine solche lässt sich in der Tat nur gewinnen, wenn man sich auf
ein Thema (auch) *existentiell* einlässt, wenn man das Thema wenigstens für eine
gewisse Zeit selber (alltags-)praktisch ‚bearbeitet'. Das bedeutet forschungspraktisch, dass man versucht, im Feld idealer Weise ‚einer zu werden, wie ...'
Im Rahmen eines solchen existentiellen Engagements, einer solchen Mitgliedschaft, die vor allem eben eine grundlegend andere, zusätzliche *Qualität* von Daten konstituiert – welche meines Erachtens für das *Verstehen* menschlichen (Sozi-
al-)Handelns von nicht zu überschätzender Bedeutung ist , lassen sich im übrigen
nicht nur mannigfaltige ‚natürlich' Beobachtungen anstellen. Es lassen sich auch
aufgrund der intimen Feldkenntnis Mitteilungen anderer besser evozieren und organisieren, und mitgeteilte Daten lassen sich zuverlässiger evaluieren. Anders ausgedrückt: Der Anspruch zu verstehen erfordert vom Sozialforscher zwingend, sich
die Perspektive dessen, den er zu verstehen trachtet, wenigstens *typisch* anzueignen
(vgl. auch Hitlzer 1993). Und genau dies ist eine *praktisch* zumeist höchst prob-

lematische Prämisse, denn der von uns so genannte ‚lebensweltliche Forschungsansatz' (vgl. etwa Hitzler/ Honer 1988 und 1991, Honer 1989 und 1993), der, wie gesagt, das Perspektivenproblem ins Zentrum der methodologisch-methodischen Überlegungen rückt, ist immer wieder mit der Schwierigkeit konfrontiert, dass die Übernahme bestimmter Perspektiven empirisch – aus unterschiedlichen, die Felderschließung beschränkenden Gründen – nicht möglich ist (vgl. etwa Honer 1987, Gross/ Honer 1991).

Was aber heißt es für einen sich als ‚lebensweltlich' verstehenden Forschungsansatz, für einen Ansatz also, der Wirklichkeiten möglichst so zu erfassen sucht, wie sie von Mitgliedern typischerweise erfahren, erlitten und erhandelt werden, wenn man eben *keine* Mitgliedschaft erwerben kann? Nun, es bedeutet dass man die in Frage stehende Welt wirklich nur *von außen*, eben aus einer *anderen* Perspektive, und das heißt vor allem: nur *vermittelt* über die *Darstellungen*, über die (zeichenhaften und anzeichenhaften) Objektivationen und Repräsentationen der dort tatsächlich gemachten Erfahrungen kennenlernen kann. Dies ist natürlich eine triviale Einsicht, und sie wäre auch kaum erwähnenswert, würde sie nicht in aller Regel allenfalls proklamiert, fände aber gleichwohl kaum Berücksichtigung in der hermeneutischen *Praxis* der Dateninterpretation: Üblicherweise neigen auch sogenannte ‚qualitative' Forscher dazu, Darstellungen von Erfahrungen nicht zunächst einmal als *Darstellungen* von Erfahrungen, sondern sogleich und vor allem als Darstellungen von *Erfahrungen* zu deuten – und sie selber dann wieder wie Erfahrungen (statt wie Darstellungen) darzustellen. Solche Kurzschlüsse aber tragen nicht unwesentlich dazu bei, jene Pseudo-Objektivität zu perpetuieren, mit der Sozialwissenschaftler so gerne, vermeintlich ‚positionslos' alles gesellschaftliche Geschehen beobachtend, menschliche Wirklichkeit beschreiben oder gar ‚erklären' zu können glauben. Meinen Erfahrungen nach lassen sich auch weder die Pluralität der angewandten Verfahren noch gar die Erlangung eines Teilnehmerstatus durch den Forscher ohne Verlust von Interpretations- und Rekonstruktionskompetenz ersetzen. Gerade *elementare* Bestandteile menschlicher Wirklichkeitskonstruktionen sind durch Befragungen, gleich welcher Art, kaum eruierbar. Sehr vereinfacht gesprochen: Während sich die Beobachtungen, ob sie nun verdeckt oder offen, ob sie mehr oder ob sie weniger teilnehmend stattfindet, ausgezeichnet dafür eignet, *Handlungsschemata* zu registrieren, lassen sich durch Interviews vor allem subjektiv verfügbare (abrufbare) *Wissensbestände* rekonstruieren. Ich selbst verwende – aufgrund der Erfahrungen aus meinen bisherigen Projekten – für ethnographische Zwecke bislang vorzugsweise eine Form des *Intensivinterviews*, das *prinzipiell* drei zeitlich distinkte Phasen umfasst, das ich jedoch *forschungs-*

praktisch stets den jeweiligen Situationserfordernissen bzw. Feldgegebenheiten
entsprechend modifiziere.

Vor der simplen, hintergründigen Einsicht also, dass es ein Jenseits der Perspektive nicht geben kann, dass mithin die je eingenommene Perspektive stets mit-
zubedenken und kenntlich zu machen sei, erscheint es uns, wenn man (warum auch
immer) sich eben nicht existentiell einlassen kann auf eine Thematik, oft noch am
sinnvollsten und ergiebigsten, grundsätzlich die Perspektive eines ‚gut informierten Bürgers‘ (Schütz 1972, S. 85-101) einzunehmen, denn für einen Bürger, der
sich gut informieren will, gibt es zumindest keine apriorischen (maximalen und
minimalen) Beschränkungen (außer seiner individuellen Verarbeitungskapazität)
hinsichtlich des Umfang, der Art und der Herkunft der Daten, die ihm verfügbar
sind bzw. die er sich verfügbar macht. Was uns soziologische Beobachter allerdings von normalen gut informierten Bürger unterscheidet, das ist, dass wir uns
weltanschaulichen Räsonierens tunlichst enthalten sollten und statt dessen das Wissen, das man zu einem Thema als gut informierter Bürger optimaler Weise haben
kann, zu sammeln, zu ordnen und zu beschreiben, um so eine ‚begründete‘ Theoriebildung (im Sinne von Glaser/ Strauss 1967, Strauss 1991) zu ermöglichen.

Aus der bei der Daten*erhebung* (nicht bei der Daten*interpretation*) voluntativ eingenommenen Sicht des gut informierten Bürgers sehen wir die Welt mithin weder mit den Augen eines Experten noch mit denen eines Ignoranten. Wenn
wir uns also einem thematischen Komplex mit *lebensweltlichen* Interesse nähern,
dann klammern wir einige konventionell, vom Normalsoziologen üblicherweise als
bedeutsam erachtete Vorab-Forschungsfragen erst einmal aus und versuchen statt
dessen, unter Einsatz möglichst vielfältiger Methoden die Relevanzen derer, deren Perspektive wir einzuholen trachten, aufzuspüren und zu rekonstruieren. Denn
grundsätzlich: Nur wenn wir *nicht* davon ausgehen, dass wir alles, was uns nicht
auf Anhieb außerordentlich befremdlich erscheint, damit auch schon unzweifelhaft
begriffen haben, wird ‚Lebensweltanalyse‘ in der Soziologie sinnvoll. Nur wenn
wir uns darauf verständigen können, das der ‚Vorteil‘ der soziologischen gegenüber
der alltäglichen Weltsicht vor allem in ihrer „künstlichen Dummheit" besteht (vgl.
Hitzler 1986 und 1991), darin also, nicht immer schon ‚selbstverständlich‘ davon
auszugehen, dass man ohnehin ‚Bescheid weiß‘, und mithin das, was dem *anderen* wichtig ist, erst einmal (vorsichtig, umsichtig, nachsichtig) zu explorieren, nur
dann verstehen wir auch, was der lebensweltliche Ansatz überhaupt wollen kann.

3. Techniken ethnographischen Arbeitens

Die ideale Einstellung, mit der man ‚ins Feld' gehen kann, ist demnach die, sich auf alles Mögliche möglichst weitgehend einzulassen und – bis auf (theoretisch begründetes) weiteres – anzunehmen, dass erst einmal *alles* beachtenswert ist, bzw. dass man einfach nicht vorher wissen kann, was sich im Verlauf der Untersuchung womöglich als nicht beachtenswert ausscheiden lässt. Damit knüpfe ich natürlich an die Prinzipien der sogenannten ‚Grounded Theory' an (Glaser/ Strauss 1967), zu der Glaser (1978) eine terminologisch-methodologische und Strauss (1991) eine methodisch-technische Ergänzung vorgelegt hat. Praktisch heißt dies, dass im ersten Stadium der Feldarbeit zunächst einmal *alle* Informationen, welcher Art und auf welche Art auch immer, aufgesammelt werden. Die Daten, die aus der Arbeit in diesem Stadium resultieren, haben folglich einen im wesentlichen ‚impressionistischen' Charakter. Sie werden aber auch schon methodisch und – im Rekurs auf einschlägige Literatur – theoretisch reflektiert, so dass hier bereits erste *Kategorien* (vgl. dazu Reichertz 1990 und 1991) entstehen. Anhand dieser Kategorien werden die vorliegenden Daten dann geordnet und in einem sogenannten ‚Memo' neu vertextet. Auf der Grundlage des ‚Memos' werden nunmehr Arbeitshypothesen für das jeweils nächste Untersuchungsstadium gewonnen, das wiederum in einem weiteren, theoretisch stringenteren ‚Memo' verarbeitet wird, usw., bis sich *typische Fallstrukturen* zeigen. Dadurch lässt sich (und darin liegt sozusagen der forschungs*ökonomische* Gewinn dieses qualitativen Designs) die Feldarbeit zunehmend *fokussieren und strukturieren*, bleibt aber zugleich auch offen für Explorationen neuer, unerwarteter Ereignisse, Handlungsabläufe und Interaktionskonstellationen.

Auf diesem ‚Trichterprinzip' der ‚begründeten Theoriebildung' basiert nun eben auch das Verfahren des bereits erwähnten ‚mehrphasigen Intensivinterviews' (ausführlicher dazu Honer 1993, S. 82 ff.): Zunächst trage ich dem Umstand, dass das Interview eine *gemeinsame, wechselseitige* Situation von wenigstens zwei Kommunikationsteilnehmern darstellt, dadurch Rechnung, dass ich mein je bereits vorhandenes, problemspezifisches Wissen und meine thematischen Interessen im Verlauf der ersten, *offenen* Gesprächsphase durchaus artikuliere, wenn, nach Kriterien alltäglicher Kommunikationskompetenz, sequentiell angebracht erscheint (vgl. hierzu Douglas 1985). Zwar soll selbstverständlich vor allem der Befragte zur Darstellung und Erörterung seiner subjektiven Sicht der anstehenden Problematik angeregt, aber nicht wie etwa bei Schütze (z.B. 1977, 1983) in eine völlig künstliche, ‚nondirektive' Kommunikationssituation gelockt werden. Ich habe nämlich den Eindruck, dass das Interesse der Befragten am Gespräch und im Gespräch besser dadurch geweckt und aufrechterhalten werden kann, dass der Forscher auch explizit deutlich macht, dass er ihre Sicht der Dinger *ernst* nimmt, dass er sein sachliches Engagement bekundet und sich lern- und wissbegierig zeigt.

Durch ein solches *quasi-normales Gespräch* der ersten Phase wird nicht zuletzt – und neben vielem anderen – die notwendige Vertrauensbasis für weitere Kontakte geschaffen: Fragen, Nachfragen, Be- und Anmerkungen, deutlich Zustimmung, kleine Geschichten, ja sogar gelegentlicher verhaltener Widerspruch wirken meiner Erfahrung nach keineswegs gesprächshemmend, sonder erzählgenerierend. Ein solches quasi-normales Gesprächsverhalten des Forschers scheint auch hervorragend geeignet, um ‚natürliche' Interaktionsbarrieren, wie sie zwischen Fremden grundsätzlich üblich sind, abzubauen und die nach wie vor relativ außergewöhnliche Kommunikationssituation des Interviews zu veralltäglichen. Es ist wohl trivial, darauf hinzuweisen, dass die besondere Qualität dieser Interviewform, die gerade darin liegt, so zu reden, wie gewöhnliche, nicht intim bekannte Leute eben normalerweise miteinander reden, natürlich durch den Versuch an einem gestimmten Leitfaden festzuhalten, stark vermindert würde (vgl. hierzu Hopf 1978).

Die zweite Phase des Intensivinterviews zielt in der Regel vor allem auf (biographische) *Narrationen* ab und orientiert sich deshalb stärker an dem von Schütze entwickelten Gesprächsverfahren (vgl. zu dessen Anwendung etwa auch Dornheim 1984). Ich plädiere für diese Interviewtechnik (als Teil der Befragung) deshalb, weil sich damit subjektive Weltdeutungen des Gegenübers meines Erachtens methodisch noch am adäquatesten rekonstruieren lassen (vgl. aber auch die kritischen Einwände etwa bei Bude 1985). Außerdem können dadurch z.B. auch *Diskrepanzen der Artikulationskompetenz* in verschieden strukturierten Kommunikationssituationen aufgedeckt werden (vgl. hierzu Fischer 1978).

In der Komparation und Kombination der quasi-normalen Gespräche und der biographischen Interviews lässt sich ein ‚dichtes' kategoriales Raster gewinnen, mit dem in der dritten Phase eine homogenisierende Befragung im Sinne eines fokussierten Interviews (vgl. Merton/ Kendall 1946/45) vorgenommen werden kann. Das heißt, aus den thematisch relevanten Topoi der Interviews der bisherigen beiden Phasen wird nun ein offener, auf das gemeinsame Thema bzw. auf gemeinsame (Interaktions-) Erfahrungen bezogener Leitfaden gebildet, mit dem die in den bisherigen Ausführungen verbliebenen bzw. durch sie aufgekommenen Fragen exploriert werden. Damit lässt sich einerseits vermeiden, irgendwelche lediglich vom Forscher vorgegebenen Prädikatoren zu operationalisieren, und trotzdem erhalten wir andererseits, ohne in der Aufbereitung und Darstellung des Materials die Besonderheiten des Einzelfalles vernachlässigen zu müssen, eine zuverlässige Basis zum Aufbau differenzierter Typologien von Handlungsabläufen, von Einstellungs- und Darstellungsschemata.

Das mehrphasige Intensivinterview ist also ein kumulatives Verfahren, das sowohl die Besonderheiten des Einzelfalles erhält als auch intersubjektiv geteilte ‚Deutungsmuster‘ (vgl. Dewe 1984, Lüders 1991) kategorial erfasst. Das Konzept der prinzipiellen Mehrphasigkeit hat den Vorteil hochgradiger Flexibilität und technischer Pragmatik: Kategorien und Hypothesen werden – entsprechend der Technik der ‚konstanten Komparation‘ (vgl. Glaser/ Strauss 1967) – im Verlauf der Gespräche, theoretisch reflektiert, aus dem Material selber gewonnen und dienen so stets auch der Sensibilisierung für die nachfolgenden Gesprächseinheiten.

Die Datengenerierung nimmt also, von ‚Ausreißern‘ abgesehen, zunehmend ‚Trichterform‘ an. Das bedeutet natürlich konsequenterweise, dass das Sample nicht etwa – nach irgendwelchen externen Kriterien – vorab festgelegt, sondern im Verlauf der Untersuchung selbst theoretisch definiert wird (in Anlehnung an Glaser 1978). Anders ausgedrückt: was und wieviel im Hinblick worauf erhoben wird, richtet sich nach den theoretischen Fragestellungen, die im Verlauf des Forschungsprozessen sich ergeben und zugleich die Datenerhebung auch wieder ‚kontrollieren‘ (vgl. auch Bulmer 1979) Diese Technik der ‚konstanten Komparation‘ von Daten und Theorie ordnet einerseits das aus dem offenen Zugang resultierende und zur Sensibilisierung für das Feld ja zunächst erwünschte ‚Chaos des Erlebens‘ des Forschers, und sie verhindert andererseits ungesicherte theoretische Spekulationen ‚im leeren Raum‘, bindet die Theorie zurück ans empirische Material.

4. Hermeneutische Dateninterpretation

Zur Analyse des Materials bzw. der erhobenen Daten verfügen wir heute bekanntlich über eine beträchtliche Zahl ‚qualitativer‘ Methoden, die zur Auswertung von Texten samt und sonders geeignet sind, von denen aber keine einzelne beanspruchen kann (und dies– mit Einschränkungen – auch nicht will), *die* Methode schlechthin zu sein. Jede einzelne Methode gibt vielmehr Antwort auf einen *spezifischen* Typ von Fragen, die an den Text gestellt werden. Welche Frage zu stellen ist, das wiederum lässt sich nur auf der Grundlage des gegebenen *theoretischen* Interesses klären. Grundsätzlich, um dies zumindest aufzulisten, stehen uns heute so unterschiedliche, mehr oder weniger ausgearbeitet Interpretationsverfahren zur Verfügung wie objektive Hermeneutik, historisch-rekonstruktive Hermeneutik, ethnographische Semantikanalyse, Konversationsanalyse, Gattungsanalyse, Rhetorikanalyse, Narrationsanalyse usw., die, wie gesagt, jeweils ganz unterschiedliche theoretische Interessen verfolgen und damit auch ganz unterschiedliche Fragetypen an einen Text herantragen (ausführlicher dazu Honer 1993, S. 107 ff.; vgl. auch Hitzler 1993, Anm. II). Wir meinen aufgrund bisheriger Erfahrungen, dass *unseren* Frageinteressen und Forschungsabsichten in der Regel eine ‚pragmatische‘ Variante der historisch-rekonstruktiven Hermeneutik, wie sie vor allem von Hans-Georg Soeffner (vgl. 1989 und 1992) entwickelt worden ist, am besten entspricht.

Deutung fremden Sinne, so die einschlägige sozialwissenschaftlich-hermeneutische Prämisse, kann nur näherungsweise gelingen. Wichtige ‚Hilfsmittel‘ der Annäherung an den (prinzipiell verschlossenen) *subjektiv gemeinten Sinn des anderen* sind dessen – wie auch immer geartete – Objektivationen. Um Objektivationen also näherungsweise bzw. ihrem typischen Sinngehalt nach verstehen zu können, müssen sie dem Interpreten zunächst einmal relevant genug erscheinen, dass er sich ihnen überhaupt (mit welchem pragmatischen Interessen auch immer) zuwendet. Hermeneutisch gesprochen: Man muss seine so ungefähr zwischen lebenspraktischen Vordringlichkeiten und ‚freigesetzen‘ kognitiven ‚Spielereien‘ angesiedelten situativen Relevanzen klären. Der Interpret strebt Wissen über den sich (ent-)äußernden anderen an. Hermeneutisch gesprochen: Man muss seine Vor-Urteile über den anderen reflektierend in die Deutung mit einbeziehen. Das kann unter Umständen auch bedeuten, dass man im Hinblick auf bestimmte Fragestellungen versucht, sie möglichst vollständig auszuklammern. Und der Interpret muss eruieren, was die in Frage stehenden Objektivationen ‚objektiv‘ bedeuten bzw. bedeuten können. Hermeneutisch gesprochen: Man muss den kulturellen Zusammenhang, auf den der sich (Ent-)Äußernde bezieht, erkennen können und hinreichend – was auch immer das heißt – kennen, und man muss die Differenzen zwischen diesem und seinem eigenen kulturellen Kontext reflektieren und bei seinen Deutungen mit berücksichtigen.

Unter Beachtung solcher apriorischer Verfahrensregeln kann dann die eigentliche hermeneutische Operation der Rekonstruktion eines Textsinnes beginnen. Diese beruht, als ‚Kunstlehre‘, auf der Prämisse, dass Menschen versuchen, ihren (Ent-)Äußerungen einen einheitlichen Sinn zu geben, weil sie grundsätzlich bestrebt sind, mit sich selber eins zu sein, weil sie *ihre* Sichtweisen als Teil ihrer selbst betrachten. Dem Interpreten gelingt natürlich allenfalls die Annäherung an den *typischen* subjektiven Sinn eines anderen, denn zugänglich ist, wie gesagt, evidentermaßen *nicht* das andere Bewusstsein, zugänglich, erfassbar und damit interpretierbar sind lediglich intersubjektiv wahrnehmbare – gewollte wie ungewollte, bewusste wie nicht bewusste – Äußerungen des anderen.

Das Verfahren der ‚pragmatischen‘ Hermeneutik sieht zur Fallrekonstruktion prinzipiell drei Analyseebenen vor: Auf der Ebene I erfolgt eine interpretierende Übernahme der idealisierten Perspektive des anderen durch den Interpreten in der Absicht, den egologisch-monothetischen Sinn zu rekonstruieren. Auf der Ebene II wird versucht, eine interaktionsadäquate Perspektive zu gewinnen; das heißt,

es geht darum, Inkonsistenzen aufzusuchen, die interpretative Nachfragen provozieren. Auf der Ebene III schließlich geht es um ‚Sinnschließung‘, also darum, sozusagen die herausgelösten Elemente wieder zusammenzufügen zu einer sinnstiftenden Einheit. Mit Hilfe solcher hermeneutischer Grundoperationen, also über
die unsere kleinen und großen Vor-Urteile mitbedenkende Rekonstruktion möglichst vieler empirisch erschließ- und material dokumentierbarer Erscheinungsweisen eines Phänomens, hoffen wir, dessen *strukturelle Qualitäten* ‚extrahieren‘
und wenigstens *typisch* verstehen zu können. Dass ein solcher Auslegungsprozess
prinzipiell ‚unendlich‘ ist dass man also ‚irgendwann‘ aus irgendwelchen (pragmatischen) Gründen die Interpretation beendet, ohne sie je tatsächlich abgeschlossen
zu haben, ist wohl hinlänglich bekannt (vgl. dazu auch Soeffner/ Hitzler 1993).

5. Zum ‚Doppelgängertum‘ des Ethnographen

Ich gehe also beim methodologisch-methodischen Design meiner Arbeit ganz dezidiert von einer sinnweltlichen *Zweiteilung* des Forschungsprozesses aus: vom
existentiell involvierten bzw. sich seiner existentiellen Involviertheit bewussten
und diese perspektivisch nutzenden Forscher im Feld einerseits (wobei ich mich
insbesondere auf die von Kurt H. Wolff herkommende Tradition der ‚Existential
Sociology‘ berufe – vgl. Wolff 1976, Douglas 1976, Douglas/ Johnson 1977, Ko-
tarba/ Fontana 1984), und vom pragmatisch distanzierten, rein kognitiv interessierten, werturteilsenthaltsamen Wissenschaftler in der (einsamen) theoretischen
Einstellung andererseits (wobei ich mich auf die Tradition der ‚verstehenden Soziologie‘ berufe, wie sie von Alfred Schütz unter Bezugnahme auf Max Weber
programmatisch ausgearbeitet worden ist und neuerdings insbesondere von Hans-
Georg Soeffner vertreten wird – vgl. Weber 1973, Schütz 1974, 1971a, Luckmann
1981, Soeffner 1989, Hitzler 1993). Dass damit eher ein rhythmisches Wechsel-
spiel als eine klare zeitliche Aufeinanderfolge, eher ein mehr oder weniger häufi-
ges, mehr oder weniger kurzzeitiges ‚Springen‘ zwischen den Subsinnwelten des
Alltags und der Theorie (vgl. Schütz 1971a, Teil III), dass also eher ein ‚zirkulärer‘ als ein ‚linearer‘ Erkenntnisprozess (vgl. hierzu Spradley 1979 und 1980) gemeint ist, dürfte vor dem Hintergrund der vorhergehenden verfahrenstechnischen
Bemerkungen deutlich geworden sein.
    Gleichwohl: *Im* Feld sollte der Forscher meines Erachtens idealer Weise ‚ei-
ner werden (können), wie...‘, in der theoretischen Einstellung hingegen sollte er
sich absichtsvoll ‚dumm‘ stellen gegenüber *allen* (auch und insbesondere seinen
eigenen) Alltagsgewissheiten – und deren normativen Folgewirkungen. Gerade
aus dieser beabsichtigten und absichtsvollen ‚professionellen Schizophrenie‘, aus

diesem pointierten ‚Springen' zwischen Sub-Sinnwelten nämlich resultiert jene
analytisch so fruchtbare Position des ‚marginal man', wie ihn Stonequist (1961)
so eindringlich und eindrucksvoll propagiert hat: Diesem ‚Randgänger' sind Einsichten möglich, die dem ‚Eingeborenen', der keine Alternativen kennt oder wahrnimmt oder zur Kenntnis zu nehmen bereit ist, verschlossen sind (vgl. hierzu auch
Park 1950; Schütz 1972, S. 53-69). Ambitionierter ausgedrückt: Im reflektierten
Wechsel der Bezugsrahmen, der Relevanzsysteme, der Weltsichten kommt *das
grundstrukturelle ‚Doppelgängertum' des Menschen* (im Sinne von Plessner, z.B.
1985) methodologisch zum Tragen: Das (möglichst uneingeschränkte) Erheben
von Daten erfordert eine andere Art der Zuwendung zur Wirklichkeit als das (möglichst systematische) Auswerten einmal konstituierter (und konservierter) Daten!
– So gesehen ist die ganze lebensweltliche Ethnographie im Grunde eine ‚unend-
liche Geschichte', eine ein wenig sysiphoide Geschichte aus immer neuen Anläu-
fen zum ‚Sprung' in fremde Welten – wie gesagt: zumeist ‚gleich um die Ecke'.

Literatur

Bergmann, Jörg R. (1985): Flüchtigkeit und methodische Fixierung sozialer Wirklichkeit. In: Bonß,
    Wolfgang/ Hartmann, Heinz (Hrsg.): Entzauberte Wissenschaft. Göttingen: Schwartz, S. 299-320
Bruckner, Pascal/ Finkielkraut, Alain (1981): Das Abenteuer gleich um die Ecke. München/ Wien: Hanser
Bude, Heinz (1985): Der Sozialforscher als Narrationsanimateur. In: Kölner Zeitschrift für Soziologie
    und Sozialpsychologie Jg.37. 2, S. 327-336
Bulmer, Martin (1984): The Chicago School of Sociology. Chicago/London: University of Chicago Press
Bulmer, Martin (1979): Concepts in the Analysis of Qualitative Data. In: The Sociological Review,
    Jg.27. 4, S. 653-677
Dewe, Bernd (1984): Deutungsmuster. In: Kerber, Harald/ Schmieder, Arnold (Hrsg.): Handbuch der
    Soziologie. Reinbek bei Hamburg: Rowohlt, S. 76-81
Dornheim, Jutta (1984): Ich kann nicht sagen: Das kann ich nicht. In: Jeggle, Utz (Hrsg.): Feldfor-
    schung. Tübingen: Vereinigung für Volkskunde, S. 129-157
Douglas, James D. (1985): Creative Interviewing, Beverly Hills/London: Sage
Douglas, James D. (1976): Investigative Social Research. Beverly Hills/London: Sage
Douglas, James D. / Johnson, John M. (Hrsg.) (1977): Existential Sociology. Cambridge: Cambridge
    University Press
Fischer, Wolfram (1978): Struktur und Funktion erzählter Geschichten. In: Kohli, Martin (Hrsg.): So-
    ziologie des Lebenslaufs. Darmstadt/Neuwied: Luchterhand, S. 311-336
Geertz, Clifford (1990): Die künstlichen Wilden. München/Wien: Hanser
Girtler, Roland (1991): Über die Grenzen. Frankfurt/New York: Campus
Girtler, Roland (1989): Die feinen Leute. Linz: Veritas
Girtler, Roland (1988): Wilderer. Linz: Landesverlag
Girtler, Roland (1987): Aschenlauge. Linz: Landesverlag

Girtler, Roland (1985): Der Strich. Wien: L'Age d'homme

Girtler, Roland (1980a): Vagabunden der Großstadt. Stuttgart: Enke

Girtler, Roland (1980b): Polizei-Alltag. Opladen: Westdeutscher Verlag

Glaser, Barney (1978): Theoretical Sensitivity. San Francisco: Sociology Press

Glaser, Barney/ Strauss, Anselm (1967): The Discovery of Grounded Theory. Chicago: Weidenfeld and Nicolson

Gross, Peter/ Honer, Anne (1991): Das Wissen der Experten (Forschungsbericht Nr.I des Soziologischen Seminars der HSG). St. Gallen: Universitätsdruck

Hartmann, Heinz (1988): Sozialreportagen und Gesellschaftsbild. In: Soeffner, Hans Georg (Hrsg.): Kultur und Alltag. Göttingen: Schwartz, S. 341-352

Hitzler, Ronald (1993): Verstehen – Alltagspraxis und wissenschaftliches Programm. In: Jung, Thomas/ Müller-Doohm, Stefan (Hrsg.): ‚Wirklichkeit' im Deutungsprozess. Frankfurt am Main: Suhrkamp, S. 223-240

Hitzler, Ronald (1991): Dummheit als Methode. In: Garz, Detlef/ Kraimer, Klaus (Hrsg.): Qualitativ-empirische Sozialforschung. Opladen: Westdeutscher Verlag, S. 295-318

Hitzler, Ronald (1986): Die Attitüde der künstlichen Dummheit. In: Sozialwissenschaftliche Informationen (SOWI) Jg. 15. 3, S. 53-59

Hitzler, Ronald/ Honer, Anne (1991): Qualitative Verfahren zur Lebensweltanalyse. In: Flick, Uwe u.a. (Hrsg.): Handbuch Qualitative Sozialforschung. München: Psychologie Verlagsunion, S. 382-385

Hitzler, Ronald /Anne Honer (1988): Der lebensweltliche Forschungsansatz. In: Neue Praxis Jg.18. 6, S. 496-501

Honer, Anne (1993): Lebensweltliche Ethnographie. Wiesbaden: Deutscher Universitätsverlag

Honer, Anne (1989): Einige Probleme lebensweltlicher Ethnographie. In: Zeitschrift für Soziologie Jg. 18. 4, S. 297-312

Honer, Anne (1987): Helfer im Betrieb. In: Lipp, Wolfgang (Hrsg.): Kulturtypen, Kulturcharaktere. Berlin: Reimer, S. 45-60

Hopf, Christel (1978): Die Pseudo-Exploration. In: Zeitschrift für Soziologie, Jg. 7. 2, S. 97-115

Kotarba, Joseph A./ Fontana, Andrea (Hrsg.) (1984): The Existential Self in Society. Chicago/ London: University of Chicago Press

Lindner, Rolf (1990): Die Entdeckung der Stadtkultur. Frankfurt am Main: Suhrkamp

Luckmann, Thomas (1983): Eine phänomenologische Begründung der Sozialwissenschaften? In: Henrich, Dieter (Hrsg.): Kant oder Hegel? Stuttgart: Klett- Cotta, S. 506-518

Luckmann, Thomas (1981): Einige Überlegungen zu Alltagswissen und Wissenschaft. In: Pädagogische Rundschau Jg. 35. S. 91-109

Luckmann, Thomas (1980): Philosophie, Sozialwissenschaft und Alltagsleben. In: Ders.: Lebenswelt und Gesellschaft. Paderborn: Schöningh, S. 9-55

Lüders, Christian (1991): Deutungsmusteranalyse: In: Garz, Detlef/ Kraimer, Klaus (Hrsg.): Qualitativ-empirische Sozialforschung. Opladen: Westdeutscher Verlag, S. 377-408

Merton, Robert K./ Kendall, Patricia L. (1945/46): The Focused Interview. In: American Journal of Sociology, Jg. 51. 6, S. 541-557

Park, Robert E. (1950): Human Migration and the Marginal Man. In: Ders.: Race and Culture. Glencoe, Illinois: Free Press, S. 345-356

Plessner, Helmuth (1985): Soziale Rolle und menschliche Natur. In: Ders.: Gesammelte Schriften. Frankfurt am Main: Suhrkamp, Bd. 10, S. 227-240

Reichertz, Jo (1991): Aufklärungsarbeit. Stuttgart: Enke

Reichertz, Jo (1990): Meine Schweine erkenne ich am Gang. In: Grounded. 2, S. 21-37

Reichertz, Jo (1988): Hermeneutische Auslegung von Feldprotokollen? In: Grounded. 5, S. 1-28

Schütz, Alfred (1974): Der sinnhafte Aufbau der sozialen Welt. Frankfurt am Main: Suhrkamp

Schütz, Alfred (1972): Gesammelte Aufsätze. Bd. 2, Den Haag: Nijhoff

Schütz, Alfred (1971a): Gesammelte Aufsätze. Bd. I, Den Haag: Nijhoff

Schütz, Alfred (1971b): Gesammelte Aufsätze. Bd. 3, Den Haag: Nijhoff

Schütz, Alfred/ Luckmann, Thomas (1979 und 1984): Strukturen der Lebenswelt. 2 Bde., Frankfurt
      am Main: Suhrkamp

Schütz, Alfred/ Parsons, Talcott (1977): Zur Theorie sozialen Handelns. Frankfurt am Main: Suhrkamp

Schütze, Fritz (1983): Biographieforschung und narratives Interview. In: Neue Praxis, Jg. 13. 3, S. 283-293

Schütze, Fritz (1977): Die Technik des narrativen Interviews. Bielefeld, unveröffentlichtes Manuskript

Soeffner, Hans-Georg (1992): Die Ordnung der Rituale. Frankfurt am Main: Suhrkamp

Soeffner, Hans-Georg (1989): Auslegung des Alltags – Der Alltag der Auslegung. Frankfurt am Main:
      Suhrkamp

Soeffner, Hans-Georg/ Hitzler, Ronald (1993): Qualitatives Vorgehen – Interpretation. In: Theo Herr-
      mann/ Tack, Werner H. (Hrsg.): Enzyklopädie der Psychologie. Themenbereich B, Serie I, Band
      I (Methodologische Grundbegriffe der Psychologie), Göttingen: Hogrefe, S. 98-136

Spradley, James P. (1980): Participant Observation. New York: Holt, Rinehart and Winston

Spradley, James P. (1979): The Ethnographic Interview. New York: Holt, Rinehart and Winston

Stonequist, Everett V. (1961): The Marginal Man. New York: Russell and Russell

Strauss, Anselm L. (1991): Grundlagen qualitativer Sozialforschung. München: Fink

Weber, Max (1973): Der Sinn der „Wertfreiheit" der soziologischen und ökonomischen Wissenschaf-
      ten. In: Ders.: Gesammelte Aufsätze zur Wissenschaftslehre. Tübingen: Mohr, S. 489-540

Wolff, Kurt H. (1976): Surrender and Catch. Dordrecht/ Boston: Reidel

Das explorative Interview

Zur Rekonstruktion der Relevanzen von Expertinnen und anderen Leuten

Zusammenfassung:

Das Interview wird hier verstanden als eine seiner Struktur nach asymmetrische, funktionsorientierte Kommunikationsform. Die explorative Variante unterscheidet sich von anderen Interviewtypen dadurch, dass sie verfahrenstechnisch vollständig darauf ausgerichtet ist, innerhalb der die Forscherin interessierenden Thematik, möglichst weite, ,unbekannte', auch latente Wissensgebiete der Befragten zu erschließen. Das explorative Interview, das prinzipiell in drei fragetechnisch divergenten Phasen ver-läuft – quasi-normales Gespräch, narratives und/oder Experteninterview, reflexive Fokussierung –, eignet sich aufgrund seiner Komplexität eher als Instrument zur Erfassung subjektiv-typischer als zur Erzeugung objektiv-repräsentativer Daten und mithin eher zum Theorie-Aufbau als zur Hypothesen-Prüfung. Aufgrund seiner situativen Flexibilität kann es sowohl zur Rekonstruktion biographischer Deutungsschemata als auch zur Rekonstruktion von Sonderwissensbeständen eingesetzt werden.

1. Eine besondere Kommunikationsform

Nicht erst das Auslegen von wie auch immer ,vorgefundenen' oder ,erzeugten' Texten, auch das *Reden* mit Menschen ist eine ,Kunst', auf die man sich als Sozialwissenschaftlerin vielleicht nicht ganz voraussetzungslos einlassen sollte, auch wenn das Miteinanderreden im Alltag typischerweise wie eine selbstverständliche Befähigung (mehr oder weniger) einer jeden von uns erscheint, denn „im Interview sprechen nicht einfach nur Menschen zu Menschen, sondern geben auf einigermaßen gezielte Fragen von Menschen einer bestimmten Art – Menschenwissenschaftler –Antwort" (Luckmann 1988a, S. 3).

Das Interview lässt sich somit beschreiben als relativ diffizile, prinzipiell *asymmetrische* Kommunikationsform, die aber gleichwohl immer von *beiden* Beteiligten gemeinsam hergestellt und unterhalten wird, weil z.B. *beide* versuchen (müssen), während der Interviewsituation herauszufinden, was die jeweils andere ‚eigentlich will‘ (was ihre tatsächlichen Interessen sind, wie sie die Situation sieht, wie sie ihr Gegenüber einschätzt, usw. – vgl. dazu auch Denzin 1978, S. 130f.). Hierin ähnelt das Interview also wieder durchaus dem Alltagsgespräch.

Interviews evozieren aber – gelingenderweise – das, was die Linguistin Elisabeth Gülich ‚funktionale‘ Erzählungen nennt: Erzählungen, die in einem übergeordneten Handlungsschema eine bestimmte Funktion erfüllen. Diese grenzt sie ab von ‚nicht-funktionalen‘ Erzählungen, also solchen, die in Bezug auf Gesprächsinhalte keine, wohl aber in Bezug auf die *Beziehung zwischen den Kommunikationspartnerinnen* eine Funktion haben: „Beide Arten von Erzählungen unterscheiden sich deutlich in ihrer Struktur und in der sprachlichen Form. In ‚nicht-funktionalen‘ Erzählungen ist vor allem eine andere Art der Detaillierung und der Relevanzsetzung als in ‚funktionalen‘ zu beobachten, und es wird in besonderem Maße von konventionellen sprachlichen Mustern Gebrauch gemacht, die auf ein bewusstes Bemühen des Erzählers um die sprachliche Gestaltung schließen lassen." (Gülich 1980, S. 335)

In ‚nicht-funktionalen‘ Erzählungen lässt sich z.B. ein ‚relativ gleichmäßiges Detaillierungsniveau‘ erkennen. Die Frage der Relevanzfestlegung und Kondensierung orientiert sich am Thema der Geschichte und daran, wie die Erzählung überhaupt ausgelöst wird. Erzählt wird hier weniger parallel zum tatsächlichen Ereignisablauf, als vielmehr nach ‚dramaturgischen‘ Gesichtspunkten (z.B. in Form von zwischengeschalteten ‚Rückblenden‘ und von ‚Ausschmückungen‘). Am Ende der erzählten Geschichte bzw. Geschichten steht häufig eine Pointe. D.h., es geht in ‚nicht-funktionalen‘ Erzählungen weniger um Tatsachenvermittlung als um sprachliche Gestaltungen.

In ‚funktionalen‘ Erzählungen hingegen wird das Erzählte typischerweise nur soweit detailliert, wie es für die „Gesamtaussage und für den übergeordneten Handlungszusammenhang notwendig ist" (Gülich 1980, S. 339). Informationen, die für diesen übergeordneten Handlungszusammenhang nicht relevant erscheinen, werden weggelassen. Die Reihenfolge beim Erzählen ist dem Ablauf der Ereignisse parallel. D.h., das Prinzip des first-things-first wird, um die Glaubwürdigkeit der Erzählung zu festigen, von der Handlungspragmatik in die Erzählpragmatik übernommen. Dadurch entsteht der Eindruck, die Ereignisse hätten sich so, wie sie berichtet werden, tatsächlich abgespielt. Und außerdem wird die ‚funktionale‘ Erzählung typischerweise damit abgeschlossen, dass das, was erzählt wurde, in einen ‚sinnhaften‘ Zusammenhang mit dem übergeordneten Handlungszusammenhang gebracht wird.

2. Das Interesse an der Perspektive der anderen

Deshalb ist im Design des explorativen Interviews das, was *die Befragten* selber als Rekonstruktionen ihrer thematisch einschlägigen Wissensbestände anbieten,

> „von besonderer Wichtigkeit. Denn als wirklichkeits-feststellende Formulierungen wirken (solche Rekonstruktionen – A.H.) entweder offenkundig oder zumindest unterschwellig als Wirklichkeits-Festlegungen. Dieser grundlegend normative Charakter rekonstruktiver kommunikativer Vorgänge verleiht ihnen eine besondere Bedeutung in der Vermittlung handlungsorientierenden Wissens – noch unter der Schwelle expliziter Handlungsanleitungen in der Form von Geboten und Verboten, Rezepten, Maximen und Katechismen." (Luckmann 1986, S. 200f.)

Das im explorativen Interview Dargestellte dokumentiert so, was *den Gesprächspartnerinnen* in Bezug auf die angesprochenen Themen jeweils als mitteilungsfähig und mitteilungswürdig, und was ihnen eben als nicht erwähnenswert erschienen ist.[1]

Was ihnen, den Rekonstrukteurinnen ‚ersten Grades‘, den Befragten selber aber je thematisch wichtig ist, das hängt einerseits von Zufälligkeiten der Interaktionssituation ‚Interview‘ ab, und das verweist zum anderen ebenso auf ihre biographisch, in mannigfaltigen Prozessen der Erlebens- und Erfahrungsverarbeitung, gewachsenen Relevanzen: „Themen (sind) sowohl Komponenten der Rekonstruktion des Ereignisses im Interview als auch, in ihrer *Bedeutung,* Komponenten des rekonstruierten Ereignisses." (Luckmann 1988a, S. 27)

Worauf ist also besonders zu achten? Nun, zunächst einmal auf die ‚sprechstrukturelle‘ Frage, warum ein Thema angesprochen, warum es relevant geworden ist. Das kann, Schütz/Luckmann (1979) zufolge, z.B. geschehen „infolge eines Bruchs in den automatischen Erwartungen (allgemeiner: infolge einer Stockung in den lebensweltlichen Idealisierungen) ... Das neue Thema drängt sich in der Form eines hervorstechenden Unvertrauten auf" (S. 232), durch einen ‚Sprung‘ aus einem Wirklichkeitsbereich geschlossener Sinnstruktur in einen anderen, der durch die radikale Veränderung der Bewusstseinsspannung und des Erlebnis- bzw. Erkenntnisstils veranlasst ist, infolge nicht motivierter Veränderungen in der Bewusstseinsspannung innerhalb der gleichen Wirklichkeitssphäre, oder im Kontext bestimmter Handlungsabläufe und -resultate.

Diese thematische Relevanz verweist auf ihre Verflochtenheit mit motivationaler Relevanz durch die Frage nach dem Zeitpunkt der Zuwendung zu einem Thema (d.h., es ist aus irgendwelchen Gründen *jetzt* oder jetzt *nicht* wichtig, sich dem Thema zuzuwenden). Der Zeitpunkt wiederum korreliert mit dem ‚Gewicht‘ des Themas (das Thema bestimmt den Zeitpunkt, aber umgekehrt kann auch der

---

1   Vgl. dazu auch generell die von Bohnsack (1983 und 1991) weiterentwickelte, auf Mannheim und Garfinkel rekurrierende ‚Dokumentarische Methode der Interpretation‘.

Zeitpunkt einem Thema ‚Gewicht' verleihen). Motivationsrelevanz verweist also einerseits auf die Situation, in der gehandelt wird (im Hinblick auf den Handlungsentwurf), und andererseits auf die *Biographie* (die Einstellung) der Handelnden. Deren Entscheidung orientiert sich an in ihrem Wissensvorrat enthaltenen Typisierungen über die Eintrittswahrscheinlichkeit bestimmter Ereignisse (vgl. Schütz/ Luckmann 1979, S. 257) und an „übergeordneten Plänen", die – und dies ist eben bedeutsam für die Frage nach der Qualität von Interview-Daten – *nicht ausdrücklich formuliert werden müssen,* und die deshalb interpetativ zu rekonstruieren sind.

Das Interview ist also typischerweise dadurch motiviert, dass eine der Beteiligten versucht, bei der anderen ‚funktionale' Erzählungen hervorzulocken, d.h.: *über* die andere oder *durch* die andere etwas Bestimmtes in Erfahrung zu bringen, etwas, was in der Interviewsituation selber schon vergangen ist, was also durch die Methode –des Interviewens – rekonstruiert werden *muss,* ohne dass mit Sicherheit geklärt werden könnte, wie genau die ursprüngliche Situation dabei repräsentiert und rekonstruiert wird.[2]

3. Zur Auswahl von Gesprächspartnerinnen

Damit aber wird in Interviews (gleich welcher Art) eben doch – jedenfalls grundsätzlich – *der Befragten* die Aufgabe aufgebürdet *aktiv* Ereignisse, Erfahrungen, Handlungen und Wissen zu rekonstruieren. Mithin geht die Forscherin bereits bei der *Auswahl d*er Gesprächspartnerinnen – mehr oder weniger verfahrenstechnisch armiert, also mehr oder weniger – naiv davon aus, dass sie zum jeweiligen Thema in einer für das gegebene Forschungsinteresse relevanten Beziehung stehen.[3]

Diese Feststellung gilt auch für konventionelle Massenbefragungen: Hier besteht die ‚relevante Beziehung' der ausgewählten Interviewpartnerinnen zum Forschungsthema eben in ihren repräsentativen Qualitäten in Relation zur Stichprobenkonstruktion. Diese Feststellung gilt aber natürlich vor allem für das explorative Interview, bei dem man die Interviewpartnerinnen eben *nicht* unter Aspekten sta-

---

2   Hierin ähnelt das Interview z.B. dem Verhör (vgl. Reichertz 1991, Schröer 1992).

3   Interviews dokumentieren nicht nur Elemente aus dem – in der Regel für die Interpretin ‚eigentlich' thematisch relevanten – Wissensvorrat der Interviewten, sondern natürlich auch – zumeist interpretativ ignorierte – Elemente aus dem Wissensvorrat der Interviewerin. Und Interviews stellen darüber hinaus eben auch Dokumente des kommunikativen Handlungsablaufs dar. Mit diesem dokumentarischen Aspekt beschäftigten sich *innerhalb der Soziologie* insbesondere die Konversations-, Gesprächs- und Gattungsanalyse: „Das ‚Mittel', nämlich das kommunikative Geschehen des Interviews und das ‚Vermittelte', nämlich die Ereignisrekonstruktion, bedingen sich wechselseitig (...) Weder ist das eine reine ‚Form', noch ist das andere reiner ‚Inhalt'." (Luckmann 1988a, S. 7) Das Interview ist also Zugangsmittel zur sozialen Wirklichkeit einerseits und konstituiert andererseits selbst einen spezifischen Wirklichkeitsausschnitt.

tistischer *Repäsentativität* auswählt, sondern im Hinblick auf ihre – zunächst unterstellte, im Untersuchungsverlauf dann theoretisch begründete – perspektivische
Typizität. Die Unterstellung perspektivischer Typizität gegenüber potentiellen Gesprächspartnerinnen erfolgt z.B. im Hinblick auf *Kompetenz*-Kriterien aufgrund
von Ausbildung, Funktion, Position oder von welchen anderen sozialen Zuschrei-
bungen auch immer, oder aufgrund der (stets bis auf weiteres gemachten, also re-
versiblen) Annahme, dass sie über direkte, persönliche, ‚spezielle‘ Erfahrungen
zu einem in Frage stehenden Thema verfügen.

   Da folglich grundsätzlich *alles,* was man von einer und über eine Interviewpartnerin in Erfahrung bringen kann, grundsätzlich auch dazu beitragen kann,
diesen Menschen, auch als Typus, *zu verstehen,* muss das im Bereich ‚qualitativer‘ Sozialforschung inzwischen weitgehend etablierte Prinzip des sich erst
allmählich nach theoretischen Gesichtspunkten spezifizierenden ‚Datenfischens‘
auch interviewtechnisch umgesetzt werden.

   Diese Technik des ‚theoretischen Sampling‘, wie sie insbesondere Glaser
(1978) entwickelt hat, besagt ja bekanntlich, dass – anstelle der in der konventionellen Sozialforschung üblichen Vorabfestlegung der Untersuchten- bzw. Befrag-
tenpopulation – die Auswahl der zu untersuchenden Fälle im Verlauf der Feldforschung selber – eben auf der Grundlage des sich entwickelnden *theoretischen*
Interesses – zu treffen ist. Dadurch lässt sich (und darin liegt sozusagen der for-
schungs-*ökonomische* Gewinn dieses Desings) die Datengenerierung zunehmend
fokussieren und strukturieren, bleibt aber zugleich auch offen für Explorationen
neuer, unerwarteter Ereignisse, Handlungsabläufe und Interaktionskonstellationen. Das Sampling hat sich dabei an theoretischen Fragen zu *orientieren,* und zugleich hat die zu entwickelnde Theorie die Datenerhebung zu *kontrollieren* (vgl.
auch Bulmer 1979).

   Die Theoriebildung erfolgt also im wesentlichen in zwei Stufen: Aus dem
Umgang mit je konkretem Material heraus werden *Theorien mittlerer Reichweite* gebildet, also Theorien, die sich auf den untersuchten Gegenstandsbereich beziehen. Auf der zweiten Stufe dann werden *formale Theorien* gebildet, die auf der
Komparation von Theorien mittlerer Reichweite beruhen. Diese Technik der ‚konstanten Komparation‘ von Daten und Theorie, die von Glaser und Strauss favo-
risiert wird, ordnet einerseits das aus dem offenen Zugang resultierende, thematisch sensibilisierende und deshalb (zunächst) erwünschte ‚Chaos des Erlebens‘
der Forscherin, und sie verhindert andererseits ungesicherte theoretische Spekulationen, bindet die Theorie zurück ans empirische Material. D.h. metaphorisch

ausgedrückt: Die Datenerhebung verläuft wesentlich ‚trichterförmig' (vgl. dazu ausführlicher Honer 1989 und 1993).[4]

Auf diesem ‚Trichterprinzip' basiert auch das explorative Interview, das sich strukturell (also in unterschiedlich präzise voneinander abgesetzten Distinktionsgraden) durch mehrere kommunikationsstrategisch variierende Gesprächsphasen kennzeichnen lässt. Das Konzept der Mehrphasigkeit hat m.E. den Vorteil hochgradiger Flexibilität und technischer Pragmatik: Typisierungen und Hypothesen werden –entsprechend der Technik der ‚konstanten Komparation' – im Verlauf der Gespräche, theoretisch reflektiert, aus dem Material selber gewonnen und dienen so stets auch der Vorbereitung auf und der Sensibilisierung für die nachfolgenden Gesprächseinheiten.

4. Sich gut unterhalten

„... ich werde niemals begreifen, warum Sie dies oder jenes sagen. – Sehr einfach. Um die Leute zum reden zu bewegen. – Und wenn sie nicht wollen? – Jeder liebt es, von sich zu sprechen. Aus dieser Erkenntnis schlägt auch mancher Quacksalber Kapital. Er ermutigt die Patienten, zu ihm zu kommen, sich hinzusetzen und im allerlei zu erzählen. Wie sie als Zweijährige aus dem Kinderwagen fielen, wie ihre Mutter eine Birne aß und der Saft auf das gelbe Seidenkleid tropfte und wie sie als Baby den Vater am Barte zupften. Und dann sagt er zu ihnen, in Zukunft werden sie nicht mehr an Schlaflosigkeit leiden und nimmt ihnen zwanzig Shilling ab, die sie ihm gern zahlen, *denn sie haben sich ja so gut, so ungewöhnlich gut unterhalten.* Und vielleicht schlafen sie danach. – Wie lächerlich, Monsieur Poirot! – Nein, es ist gar nicht so lächerlich, wie sie denken, Mademoiselle Jane. *Es basiert auf einem grundlegenden Bedürfnis der menschlichen Natur: dem Bedürfnis, zu sprechen, sich zu offenbaren."* (Christie 1987, S. 127)

In diesem kleinen Dialog hat die große Agatha Christie sozusagen beiläufig formuliert, was ich die Prämisse explorativen Interview-Verhaltens schlechthin nennen würde: dass Menschen sich in aller Regel gerne mitteilen, wenn man ihnen eine ‚gute' Gelegenheit dazu gibt, d.h., wenn man sie an *ihren eigenen* Relevanzen orientiert und in *ihrer eigenen* Sprache zu Wort kommen lässt.[5] Idealerwei-

---

4   Der damit implizierte Forschungsprozess entspricht in seinen wesentlichen Grundzügen der von Glaser und Strauss (1967) entwickelten Konzeption der ‚Grounded Theory' (vgl. hierzu z.B. auch Brown 1973, Charmaz 1983). Anselm Strauss hat dazu (1987 bzw. 1991) eine methodischverfahrenstechnische Ergänzung bzw. Präzisierung sowie zusammen mit Juliet Corbin (1990) ein didaktisches ‚Rezeptbuch' vorgelegt.

5   Menschen reden aber auch z.B. weil sie hilfsbereit sind oder/und weil sie dafür bezahlt werden. Beeinträchtigt hingegen wird die Bereitschaft, zu reden, z.B. dadurch, dass Menschen nicht verstehen, was man überhaupt von ihnen (wissen) will, dass sie sich unter (Zeit-)Druck gesetzt fühlen, dass sie sich an Dinge, die sie gefragt werden, nicht (gut) erinnern können und/oder dass es um Dinge geht, deren Thematisierung ihnen unangenehm ist (vgl. dazu Gordon 1980, S. 88ff.). Derlei ist bei der Interviewführung natürlich füglich zu berücksichtigen.

se sollte deshalb in der ersten Phase eines explorativen Interviews in einem *quasi-normalen* Gespräch zunächst der gemeinsame thematische Gesprächsrahmen grob umrissen werden:

> „Die Fragestellung ... soll möglichst offen sein, sodass der Befragte die Kommunikation weitestgehend selbst strukturiert und damit die Möglichkeit hat, zu dokumentieren, *ob* ihn die Fragestellung überhaupt interessiert, ob sie in seiner Lebenswelt – man sagt auch: seinem Relevanzsystem – einen Platz hat und wenn ja, *unter welchem Aspekt* sie für ihn Bedeutung gewinnt." (Bohnsack 1991, S. 19)

Da explorative Interviews typischerweise entweder über vorgängige Interaktionen ‚im Feld' oder durch schriftliche und/oder telefonische Kontaktaufnahme der – interessiert – Forscherin mit der – für das Anliegen der Forscherin erst hinlänglich zu interessierenden – nachmaligen Gesprächspartnerin zustande kommen, hat sich die zu Interviewende in aller Regel anhand der ihr zugänglichen Vor-Informationen schon (jedenfalls bis auf weiteres) *für d*as Gespräch entschieden. Infolgedessen kann die Interviewerin erfahrungsgemäß damit rechnen, dass sich ihr Gegenüber zwischenzeitlich einschlägig Gedanken gemacht hat und – nach dem einleitend wiederholten und vielleicht präzisierten Themeninteresse durch die Forscherin – bereitwillig ihren von ihr mehr oder minder vorbereiteten Part übernimmt.

5. Das quasi-normale Gespräch

Da sich die befragten Menschen – ebenso wie die konventionell arbeitenden Sozialforscherinnen – ein Interview typischerweise jedoch als einseitiges Frage-Antwort-Verhältnis vorstellen, tendieren sie dazu, ihre anfänglichen Äußerungen überblicksartig kurz zu halten, auch wenn man als explorative Interviewerin normalerweise zu verdeutlichen versucht, dass sich das Informationsinteresse auf die persönlichen Erfahrungen und/oder die besonderen Relevanzen der Befragten richtet, weshalb sich erst im Gesprächsverlauf (Nach-)Fragen entwickeln würden. Die hiermit möglicherweise einhergehenden Irritationen der Interviewpartnerin lassen sich erfahrungsgemäß über eine Entdramatisierung, eine Veralltäglichung der Situation des Miteinander-Redens auffangen und abbauen (vgl. auch Burgess 1982).

Diese ‚Normalisierung' kann z.B. dadurch geschehen, dass die Forscherin in dem Maße und in der Weise ihr problemspezifisches Wissen und ihre thematischen Interessen artikuliert, wie es den im jeweiligen Kontext kulturell üblichen Gewohnheiten des Miteinander-Redens entspricht, also wie es nach Kriterien alltäglicher Kommunikationskompetenz sequentiell angebracht erscheint. Denn ein Gespräch ist ja formal dadurch gekennzeichnet, dass *jede* Beteiligte sowohl den

Part der Sprecherin als auch den der Hörerin übernimmt. Diese ‚Rollen' sind dabei grundsätzlich reziprok und normalerweise nach dem Prinzip ‚immer eine nach
der anderen' verteilt. Das heißt aber nicht nur, dass (in der Regel) immer nur *eine*
spricht, sondern es heißt auch, dass tatsächlich eine auch immer *spricht*.[6] Wer je
gerade den Part der Sprecherin übernimmt, *darf* also nicht nur, sie *muss* vielmehr
sprechen. Andererseits verpflichtet der Sprecherinnenwechsel die bisherige Sprecherin nicht nur zum Schweigen, er entlastet sie zugleich auch von der Verpflichtung, etwas zu sagen. Er verschafft ihr also, und das ist für diese Interviewtechnik
der quasi-normalen Gesprächsführung eben sehr bedeutsam, eine Gelegenheit, sich
zu sammeln und sich auf ihren nächsten Redezug vorzubereiten (vgl. dazu Haubl
1982, S. 74 ff.; vgl. auch Bergmann 1982).

Dadurch also, dass auch die Interviewerin ‚etwas zum Besten' gibt, dass sie
Fragen, Nachfragen, Be- und Anmerkungen, deutliche Zustimmung, kleine Geschichten, ja sogar gelegentlich einmal verhaltenen Widerspruch formuliert, dass
sie ihr sachliches Engagement bekundet und sich als lern- und wissbegierig zeigt,
stimuliert sie ihr Gegenüber so gut wie mit keiner anderen Interviewtechnik dazu,
‚aus sich herauszugehen', sozusagen ‚existenzielles' Interesse am Thema zu entwickeln und – nicht zuletzt – für weitere Kontakte und ‚ungewöhnlichere' Arten
des Miteinander-Redens aufgeschlossen zu sein. Denn wer, wie die Schweizerinnen
sagen: einen ‚Plausch' hat, wer sich bei einer Unterhaltung mit einer anderen auch
selbst ‚gut unterhalten' fühlt, ist in aller Regel sehr viel lieber bereit, auch nochmals ‚mit sich reden zu lassen', als die, die sich abgefragt und ‚ausgeholt' wähnt.[7]

In der ersten Phase des explorativen Interviews soll also sowohl vermieden
werden, die Gesprächspartnerin gleich in ein für sie externes Relevanzsystem zu

---

6   Die Momente gemeinsamen Schweigens stellen normalerweise höhere ‚Management'-Anforde-
     rungen an die Beteiligten als die Gelegenheiten, bei denen man sich gegenseitig ‚ins Wort fällt'
     bzw. bei denen man eben gleichzeitig spricht.

7   Für die Interviewerin allerdings, das sollte man nicht vergessen und auch nicht vernachlässigen,
     ist diese (pseudo-) gemütliche Atmosphäre natürlich keineswegs gegeben. Sie ist vielmehr –
     gesprächstechnisch gesehen – ausgesprochen stark gefordert, wenn sie mehr will als einfach
     ‚den Dingen ihren Lauf zu lassen'. Interviewtechnisch ist ein solches quasi-normales Gespräch
     nämlich deshalb so schwierig, weil man dabei tatsächlich in ein Gespräch ‚*verwickelt*' wird und
     infolgedessen stets ‚Zug um Zug' und unter dem (Zeit-)Druck, sich dem ‚normalen' Kommu-
     nikationsablauf anzupassen, agieren und reagieren muss: Jedes Gespräch entwickelt sozusagen
     seinen eigenen Rhythmus. D.h., es entstehen implizite Erwartungen über die Dauer von Rede-
     zügen und die Geschwindigkeit von Sprecherinnenwechseln, die, wenn sie spürbar über- oder
     unterschritten werden, zumindest von den Beteiligten als irritierend empfunden werden, und die
     unter Umständen das Gespräch destruieren können. Das bedeutet, dass Planung und Realisierung
     kommunikativer Sequenzen ständig ineinandergreifen, und dass man während des Gesprächs
     auch als Interviewerin wenig Chancen hat, auf nicht-routinisierte Verfahrenswissensbestände
     zu rekurrieren. Quasi-normale Gespräche zu führen, lernt man mithin vor allem dadurch, dass
     man sie eben führt.

pressen, als auch soll vermieden werden, sie unvermittelt in eine völlig künstliche, ‚non-direktive' Kommunikationssituation zu zwingen. D.h., der Zweck des
quasi-normalen Gesprächs besteht unter anderem darin, ‚natürliche' Interaktionsbarrieren, wie sie zwischen Fremden grundsätzlich üblich sind[8], abzubauen und
so die (trotz der kulturell durchgesetzten lutheranisch-freudianischen Tradition der
Gewissenserforschung – Soeffner 1992) nach wie vor relativ außergewöhnliche
Kommunikationssituation des Interviews zu veralltäglichen.[9] Selbstverständlich
soll aber auch mittels dieser Interviewtechnik vor allem die Befragte zur Darstellung und Erörterung ihrer subjektiven Sicht der anstehenden Thematik angeregt
werden. Denn auch das quasi-normale Gespräch ist kein wirklich *normales* Gespräch, weil eben immer ein situationstranszendierendes (Informations-)-Interes-
se der Interviewerin besteht[10], aber es trägt strukturell in besonderem Maße dem
Umstand Rechnung, dass das Interview eine *gemeinsame, wechselseitige* Situation von wenigstens zwei Kommunikationsteilnehmerinnen darstellt (vgl. dazu
auch Witzel 1982).

6. Spezielle Interviewtechniken

Die zweite Phase des explorativen Interviews kann – je nach Forschungsbedin-
gungen und Interaktionssituationen – entweder deutlich (durch zeitliche Distanz
und oder explizite kommunikative ‚Markierungen') von der quasi-natürlichen Gesprächsführung abgesetzt oder in einer Art von fließendem Übergang mit der ersten Phase verwoben bzw. aus ihr heraus entwickelt werden. In dieser zweiten Phase rekurriert die Forscherin, je nach Erkenntnisinteresse, typischerweise entweder

---

8   Zwar ist typischerweise jeder von uns bekannt, dass es auch Situationen gibt, in denen wir be-
    reit sind, gerade einer völlig Fremden Dinge von uns anzuvertrauen, deren Thematisierung uns
    selbst gegenüber engen Freundinnen und Vertrauten unmöglich wäre. Dieses Sich-Offenbaren
    geschieht jedoch gerade unter der Prämisse, dass die Gesprächssituation einmalig ist, und dass
    man folglich erwarten kann, der Fremden nicht mehr zu begegnen. Für die valide Erforschung
    subjektiver Erfahrungen ist eine solche ‚Einmaligkeit' des Kontaktes jedoch nachgerade kontra-
    produktiv, weil die Rekonstruktion der Perspektive des anderen Menschen typischerweise in einer
    möglichst umfassenden Annäherung an dessen Er-Lebenszusammenhang den größtmöglichen
    Erfolg verspricht.
9   Es ist wohl trivial, darauf hinzuweisen, dass die besondere Qualität dieser ersten Interview-
    phase, die gerade darin liegt, so zu reden, wie gewöhnliche, nicht intim bekannte Leute eben
    normalerweise miteinander reden, natürlich durch den Versuch, an einem bestimmten Leitfaden
    festzuhalten, stark vermindert wird (vgl. hierzu Hopf 1978).
10 Diese Technik resultiert also nicht etwa aus forschungsethischen Bedenken dagegen, die Ge-
    sprächspartnerin auszuhorchen, sondern – im Gegenteil – aus der strategischen Absicht, sie besser
    zum Reden zu bringen – auch über ‚problematische' Dinge (vgl. in diesem Sinne auch Douglas
    1985).

auf Prinzipien des Experteninterviews oder auf Prinzipien des biographischen Interviews – oder auf beide.

6.1 Erzählungen hervorlocken: Das biographische Interview

Mit dem *biographischen* Interview ist hier im Wesentlichen das von Fritz Schütze entwickelte, auf das Hervorlocken lebensgeschichtlicher *Narrationen* abzielende Gesprächsverfahren gemeint.[11] Dieses Verfahren basiert auf der Prämisse, dass es eine durch eine ‚Start'-Frage evozierbare, schichtunabhängige und transkulturelle menschliche Fähigkeit gibt dafür, Geschichten zu erzählen (kritisch hierzu: Matthes 1985, Bude 1985), und dass solche Erzählungen vergangene Erlebnisse und Erfahrungen hinlänglich adäquat zu repräsentieren vermögen, weil sie sozusagen ‚selbstverständlichen' *Zugzwängen* (Kondensierungs-, Detaillierungs- und Gestaltschließungszwang) unterliegen, die zur (von der Befragten ungewollten) Artikulation „kognitiv komplexer und/oder für den Informanten bei Bekanntwerden riskanter bzw. potentiell entblößender Sachverhalte" führen (Schütze 1977, S. 51).

Schütze geht deshalb davon aus, dass die Erzählung *das* sprachliche Genre sei, aus dem sich Orientierungsstrukturen ehemals faktischen Handelns relativ verlässlich rekonstruieren lassen, weil eine Erzählung z.B. dann, und nur dann gelinge, wenn die ‚Kongruenz der Relevanzsysteme' kommunikativ bestätigt wird, wenn also die Rezipientin der Erzählerin laufend signalisiert, dass sie deren thematisches und interpretatives Interesse teilt. Diese erzählgenerierenden ‚Bestätigungen' soll (damit die genannten Zugzwänge nicht ausgesetzt werden) die Interviewerin aber nicht verbalisieren, sondern ‚lediglich' ständig *nonverbal* (mimisch, gestisch und parasprachlich) signalisieren. Ihre Funktion ist also strikt beschränkt auf die Rolle einer *aktiven Zuhörerin*.

Aus diesem *relativen* Schweigen der Interviewerin darf nun allerdings keineswegs geschlossen werden, ihr Verhalten sei tatsächlich *non-direktiv*. Die einem narrativen Interview ausgesetzte Befragte wird – gegenüber typischen alltäglichen Konversationsgewohnheit – vielmehr einem Quasi-Experiment (im Garfinkelschen Sinne) unterworfen: Ihre für kommunikative Situationen basalen Handlungsregeln werden absichtsvoll irritiert, und die parasprachlichen und nonverbalen Gesprächsstützen der Interviewerin haben der ‚Probandin' gegenüber einen durchweg taktischen bzw. strategischen Charakter: es geht dabei immer um die ‚Hervorlockung' dessen, was diese ‚eigentlich nicht' bzw. ‚nicht so ohne weiteres' von sich geben wollte.

---

11   Vgl. zu dessen Anwendung neben Schütze 1976, 1977, 1982, 1983, 1984 z.B. auch Dornheim 1984, Riemann 1987, Hermanns et al. 1984, sowie Hermanns 1991.

Die von Riemann (1987) neben den Voraussetzungen, dass 1. die Erzählerin in das erzählte Erlebnis hinreichend involviert war, und dass 2. die Erzählung thematisch begrenzt ist, für den erfolgreichen Rückschluss von autobiographischen Darstellungen auf Ereignisabläufe, genannte *dritte* Bedingung für das Gelingen eines narrativen Interviews, nämlich dass keine Möglichkeit der Vorbereitung auf das Geschichtenerzählen möglich gewesen sein darf, scheint mir dazu allerdings *nicht* unabdingbar.

6.2 Wissensbestände rekonstruieren: Das Experteninterview

Das *Experteninterview* als spezielle Befragungsform, die eine ‚offene' Form der Durchführung verlangt, ist vor allem von Lewis A. Dexter (1970) ausgearbeitet und neuerdings in methodologisch-methodischer Hinsicht von Michael Meuser und Ulrike Nagel (z.B. 1991a und 1991b) diskutiert worden. Die Besonderheiten von Experten- bzw. Eliten- bzw. Spezialisten-Interviews bestehen Dexter zufolge v.a. darin, dass sich Angehörige gesellschaftlicher Funktionseliten ungern die Situationsdefinition, und das heißt hier konkret v.a.: die Gesprächsstrukturierung aus der Hand nehmen lassen, und dass sie oftmals (ob zu Recht oder zu Unrecht, sei dahingestellt) die Korrektheit und Relevanz der einer standardisierten Befragung zugrundeliegenden Thesen in Zweifel ziehen (vgl. auch Robinson 1960, Aberbach et al. 1975). Das *situationsflexibel* gehandhabte Leitfadeninterview hingegen, das – und das ist im Hinblick auf das Gelingen von Expertengesprächen wohl entscheidend – *auf der Basis von möglichst umfassendem einschlägigem Vorwissen der Forscherin* konzipiert wird, erlaubt es, situativ-subjektiven Themensetzungen und Relevanzstrukturierungen der Gesprächspartnerinnen weitgehend Rechnung zu tragen (vgl. hierzu auch schon Hurd 1959, Lerner 1956-57).

Die wesentlichste Differenz zwischen einem Experteninterview und einem standardisierten (Umfrage-)Interview besteht darin, dass beim ersteren die Interviewerin ihren Fragekatalog nicht direktiv verwendet, um eine optimale Vereinfachung der Vergleichbarkeit ihrer Daten zu erzielen, sondern als Angebot für ein informiertes Gespräch und um es sozusagen ‚jederzeit zu vergessen' gegenüber den Relevanzsetzungen – auch und gerade gegenüber den unerwarteten, außergewöhnlichen und abweichenden – der Befragten. Die wesentlichste Differenz zwischen einem Experteninterview und einem biographische Narrationen evozierenden Interview hingegen besteht im divergenten *inhaltlichen* Interesse, das den beiden Befragungstechniken typischerweise zugrundeliegt: Das biographische Interview zielt vor allem auf *egozentrierte* Erfahrungen, auf ‚Selbsterlebtes' der Gesprächspartnerin ab, das Experteninterview zielt vorwiegend ab auf die Rekonstruktion von bei der Gesprächspartnerin vermuteten, besonderen Wissensbeständen bzw.

von besonders umfassendem, detailliertem oder exklusivem Wissen über besondere Wissensbestände und Praktiken.[12]
    Ähnlich grenzen auch Meuser und Nagel in ihrer für die einschlägige Appli-
kation interpretativer Methodik programmatischen Arbeit (1991a) das Experteninterview gegenüber anderen, insbesondere anderen ‚offenen‘ Gesprächsverfahren
ab. Allerdings erscheint mir der von Meuser und Nagel zur Definition der ‚Exper-
tin‘ vorgeschlagene, apriorische Antagonismus von „Gesamtperson" und „Funkti-
onsträger im organisatorischen Zusammenhang" für die Interviewführung problematisch, denn es verstellt das Interesse an den *subjektiven* Relevanzen thematisch
relevanter Gesprächspartnerinnen, deren Bedeutung für die erwartete ‚Expertise‘
keineswegs ad hoc, sondern erst im Verlauf einer von zeitlichem Druck und von
den pragmatischen Zwängen der Interviewsituation freigesetzten Materialinter-
pretation geklärt werden kann. Entgegen den von Meuser und Nagel geäußerten
Vorbehalten ist ein gelegentliches ‚Abgleiten‘ der Gesprächspartnerin in private
Dinge deshalb weniger als ‚Störung‘ bzw. als ‚Misslingen‘ des Interviews, denn
als Chance zur Datenerweiterung zu betrachten.
    Diese beiden Formen der Befragung in der zweiten Phase des explorativen In-
terviews lassen sich *prinzipiell* also durchaus miteinander kombinieren – und zwar
sowohl im Sinne einer Hintereinanderschaltung als auch im Sinne einer Durch-
mischung der Hervorlockung biographischer Erzählungen und der Rekonstruktion spezieller Expertenschaft. Die häufige Konzentration auf *eine* Form der Gesprächsführung resultiert eher aus knappen Zeitbudgets der Interviewpartnerinnen
und/oder aus anderen forschungspragmatischen Beschränkungen als aus methodologischen oder verfahrenstechnischen Unvereinbarkeiten.

7. Exploriertes fokussieren und strukturieren

In der dritten, sozusagen ‚reflexiven‘ Phase des explorativen Interviews kann eine
nochmalige Zuwendung zum bisherigen Interviewverlauf und seinen vermeintlichen Erträgen erfolgen. Appliziert werden hierbei also Prinzipien des von Robert
Merton und Patricia Kendall (1945-46 bzw. 1979) so genannten ‚fokussierten Interviews‘. D.h., aus den thematisch relevanten Topoi der Interviews der bisherigen beiden Phasen kann man einen offenen, auf das gemeinsame Thema bzw. auf
gemeinsame (Interaktions-)-Erfahrungen bezogenen Leitfaden bilden, um die in
den bisherigen Ausführungen verbliebenen, bzw. durch sie aufgekommenen Fra-

---

12   Nicht so sehr gegenüber der ‚Betroffenen‘, sondern gegenüber dem ‚Menschen auf der Straße‘
      (Schütz 1972) bzw. dem ‚Laien‘ (Sprondel 1979) erscheint eine wissenssoziologisch interessierte
      Sonderstellung der Expertin plausibel (vgl. dazu auch Gross 1984).

gen zu explorieren (vgl. dazu auch Lamneck 1989, S. 78 ff.). Dadurch erhält man, ohne in der Aufbereitung und Darstellung des Materials die Besonderheiten des Einzelfalles zu vernachlässigen und zu explorierende Wissensvorräte in Apriori-Kategorien zu zwängen, eine zuverlässige Basis zum Aufbau differenzierter Typologien von Handlungsabläufen und von Einstellungs- und Darstellungsschemata.

Denn einer der gewichtigsten Gründe, die gegen das standardisierte Interview sprechen, ist m.E. die *interpretative Naivität,* mit der dabei in der Regel Daten im wörtlichen Sinne *hergestellt* werden: Dass ‚geschlossene' Fragen ohnehin eher zu einer Interpretation des Sinns der *Fragestellung* bzw. der *Frageformulierung* und der *Antwortvorgaben* Anlass geben, als dazu, die ausgewählte Antwortmöglichkeit näher zu betrachten, liegt wohl auf der Hand. Interessanter sind die sogenannten ‚offenen' Fragen in standardisierten Interviews[13]: Einschlägige eigene Erfahrungen haben mir nämlich gezeigt, dass auch bei diesen (scheinbar) ‚offenen' Fragen der Kontext der Frage, d.h. die Kommunikationsform Fragebogen, und damit die (sanktionierte) Erwartungshaltung, sich ‚auf das Wesentliche' zu beschränken, von den Befragten antizipiert und akzeptiert wird. Weil jedoch entscheidend ist, *wer* in der Befragungssituation bestimmt, was ‚das Wesentliche' ist bzw. zu sein hat, sind ‚offene' Fragen in einem standardisierten Interview schon verfahrenstechnisch nicht vergleichbar mit Fragen und Stimuli in einem nichtstandardisierten, explorativen Gespräch – einschließlich der im Interview generierten Nach-Fragen der dritten Phase.

Beim explorativen Interview orientiert sich der *Verlauf* des Gesprächs am Relevanzsystem der Befragten, beim standardisierten Interview muss sich die Befragte auf das Relevanzsystem der Forscherin einlassen. Dass viele, der von der Forscherin apriori erfundenen Fragen und Probleme auf die ‚eigene Situation' der Befragten nicht oder nur schwerlich zutreffen, ist dabei noch das kleinere, in der Regel durch Datenbereinigungsmaßnahmen zu eliminierende Problem. Schwerwiegender ist, dass die Interviewte mit Fragen konfrontiert wird, die sie sich *selber* überhaupt nicht stellt, und die sie nun nicht nur zu bedenken, sondern auch *sogleich* zu entscheiden gezwungen wird.[14] Dadurch in Gang gesetzte aber nicht im Fragebogendesign vorgesehene Assoziationsketten der Befragten hingegen werden im standardisierten Interview bereits wieder systematisch ignoriert, während im ex-

---

13 Hierbei sind halbstrukturierte (mit dem Item ‚Sonstiges' oder ‚Anderes') zu unterscheiden von den dezidiert ‚offenen' Fragen, die typischerweise durch einen möglichst knapp, einfach und präzise formulierten Fragesatz oder durch eine der Frage vorgeschaltete Beispieldarstellung gekennzeichnet sind.

14 Deshalb suggeriert auch das Fragebogen-typische Antwort-Beispiel zumindest der Struktur nach, was zu sagen ist, auch wenn bzw. gerade wenn es der Befragten schwerfällt, überhaupt zu antworten.

plorativen Design – auch während der dritten Phase – weiterführende Gedanken, zusätzliche Ausführungen, anekdotische Exkurse, spontane Gegenreden und dergleichen mehr bewahrt und systematisch sowohl in die Gesprächsführung als auch in die (hermeneutische) Interpretation mit aufgenommen werden.

Polemisierend zugespitzt: Beim standardisierten Interview wird nicht nur ein externes Relevanzsystem ‚verordnet‘, es wird durch die schematische Protokollierung auch ein gegenüber den fragebezogenen Gedankengängen der Interviewten völlig künstlicher, d.h. vielfach gefilterter und (um-)interpretierter Text produziert, noch bevor überhaupt das beginnt, was im Rahmen dieser Erhebungstechnik als ‚Datenauswertung‘ zur Kenntnis genommen wird. Beim explorativen Interview hingegen wird die Konstellation aus Fragender und Antwortender in Annäherung an die alltägliche Kommunikationssituation des Gesprächs ‚entdramatisiert‘, der Gesprächsverlauf wird interaktiv, sozusagen ‚Schritt für Schritt‘ entwickelt, und das, was der Gesprächspartnerin wichtig ist, wird von der Forscherin auch ‚bis auf weiteres‘, also zumindest bis zur postinterpretativen Gegenentscheidung, als wichtig angesehen und behandelt. Moderne Aufzeichnungstechniken und elaborierte Notationssysteme (für einen Überblick vgl. bereits Ehlich/Switalla 1976) ermöglichen schließlich, das Gespräch so zu transkribieren, dass der entstehende Text dem tatsächlichen Interviewgeschehen hinlänglich ‚gerecht‘ wird.

8. Chancen und Grenzen

Zu betonen bleibt somit einmal mehr die *interaktive* Struktur des Interviews schlechthin (als einer kommunikativen Gattung) und die daraus resultierende Forderung nach *situativer* Flexibilität beim Interviewen.[15] Gerade in der beim explorativen Interview systematisch angelegten Möglichkeit, als kompetente Interviewerin sozusagen ‚bei Bedarf‘ zu wechseln zwischen dem Part der interessierten, aber relativ

---

15   Um die Bedeutung einer möglichst flexiblen Interviewstrategie auch an einem Beispiel aus inzwischen zurückliegender eigener Feldarbeit (vgl. Honer 1991) zu demonstrieren: Es hat relativ lange gedauert, ehe ich bei einem meiner Explorationsgespräche mit Heimwerkern realisiert hatte, dass mir der Interviewte ständig – ohne es nun dezidiert auszusprechen – zu vermitteln versuchte, dass ihm das Selbermachen *nicht* wichtig sei, während ich mich immer wieder aufs Neue bemühte, an den von ihm gegebenen Hinweis anzuschließen, dass er relativ viel heimwerke. Erst als ich dieses von mir zunächst als ‚Aneinander-Vorbeireden‘ begriffene Gesprächsverhalten als ‚Gegeneinander-Reden‘ realisiert hatte, meine ‚Sturheit‘ aufgab und mich einfach erst einmal auf das einließ, was *ihm* wichtig war, konnte er den Eindruck gewinnen, es sei ihm gelungen, sich mir so zu vermitteln, wie er sich gesehen wissen wollte, und damit sozusagen die ‚Anführungszeichen‘ zu setzen zu seinen dann für mich höchst ergiebigen Ausführungen zum Do-It-Yourself. Ich wende mich mit diesem Beispiel vor allem gegen die auch in Anleitungen zu sogenannten ‚qualitativen‘ Interviews immer wieder in den Vordergrund gerückte Aufforderung, das Gespräch auf das zurückzubringen, was die Interviewerin als ‚das Thema‘ ansieht.

schweigsamen Zuhörerin, dem der involvierten, engagierten Gesprächspartnerin und dem der ‚lästigen' Nach- und Rück-Fragerin, sehe ich eine der wesentlichsten Stärken nichtstandardisierter gegenüber standardisierten Befragungsformen.

Hinsichtlich seiner Relevanz für ‚qualitative', besser: ethnographische Forschungsdesigns insgesamt ist das explorative Interview ein ‚kompensatorisches' Erhebungsinstrument, das überall dort zur Datengenerierung nützlich ist, wo es nicht gelingt, ‚natürliche' Daten zu gewinnen bzw. durch eigene unmittelbare Erfahrung intime Kenntnisse und Kompetenzen im Hinblick auf das Forschungsthema zu erlangen. D.h., das explorative Interview bietet – trotz des unvermeidlichen Anschauungs- und Erfahrungsverlustes gegenüber etwa beobachtender Teilnahme – im Verhältnis zu standardisierten Befragungsdesigns bessere Chancen, die Perspektiven und Relevanzen der Menschen wenigstens mittelbar einzuholen.[16]

Aber auch dieses über Interviews rekonstruierbare Wissen liegt typischerweise nicht nur ‚platt zutage'[17], es steckt vielmehr zum Teil mehr, zum größeren Teil aber weniger ausdrücklich, im Gesagten (nicht unbedingt ‚zwischen den Zeilen' des transkribierten Textes, sondern eher in den Konnotationen des Ausdrücklichen), denn: „Motive sind verständliche und feststellbare Gründe des Dafürhaltens, Ursachen dagegen haben nicht die Verständlichkeit von Gründen: es handelt sich um Leidenschaften, Vorurteile, Gewohnheiten und auch um Zwang, der von sozialen Umständen ausgeht." (Schütz/ Luckmann 1979, S. 226) Und da wir – erkenntnistheoretisch gesprochen – davon ausgehen können, dass das, was wir als ‚Wirklichkeit' betrachten, nichts anderes sein kann als ein Wissensphänomen, besteht die Kunst nun bei der *Auswertung* von Interviews (wie auch von anderen Texten) ganz grundsätzlich darin, strukturelle Unterschiede im ‚Haben', in der kognitiven Verfügbarkeit und kommunikativen Explikationsfähigkeit verschiedener

---

16   *Idealerweise* operiert eine explorativ-interpretative Sozialforscherin natürlich methodenplural (vgl. z.B. Lofland 1976, Schwartz/Jacobs 1979), und das Interview ist dabei nicht mehr als *ein* zweckdienliches Verfahrensrezept zur Erzeugung verbalsprachlicher Daten, das neben anderen verwendet wird. Deshalb hier die Etikettierung als ein ‚kompensatorisches' Instrument.

17   Mangelnde Vor-Kenntnisse über das Feld, das eben deshalb exploriert werden soll, und die Voraus-Setzung einer Gesprächspartnerin als Feldmitglied verführen leicht zu der alltagspraktischen Annahme, die jeweilige Gesprächspartnerin bilde in ihrer verbalen ‚Performanz' eben ihre einschlägigen Erfahrungen ab. Für eine sozialwissenschaftliche Rekonstruktion des typischen Sinns typischer Handlungen in einem bestimmten thematischen Feld ist der naive (Kurz-) Schluss vom Sprechen über Ereignisse und Handlungen auf die Ereignisse und Handlungen selber aber unzulässig.

Elemente und Arten von Wissen zu erkennen und interpretativ zu berücksichtigen.[18] Aber das ist, wie man so sagt, eine andere Geschichte.[19]

Literatur

Aberbach, Joel D. / Chesney, James D. / Rockman, Bert A. (1975): Exploring Elite Political Attidudes.
    In: Political Methodology, Jg. 2, S. 1-27
Bergmann, Jörg, R. (1982): Schweigephasen im Gespräch. In: Soeffner, Hans-Georg (Hrsg.): Beiträ-
    ge zu einer empirischen Sprachsoziologie. Tübingen: Narr, S.143-184
Bohnsack, Ralf (1983): Alltagsinterpretation und soziologische Rekonstruktion. Opladen: Westdeut-
    scher Verlag
Bohnsack, Ralf (1991): Rekonstruktive Sozialforschung. Opladen: Leske + Budrich
Brown, George (1973): Some Thoughts on Grounded Theory. In: Sociology, Vol. 7. 1, S. 1-16
Bude, Heinz (1985): Der Sozialforscher als Narrationsanimateur. In: Kölner Zeitschrift für Soziologie
    und Sozialpsychologie, Jg. 37. 2, S. 327-336
Bulmer, Martin: Concepts in the Analysis of Qualitative Date. In: The Sociological Review, Jg. 27.
    4, S. 653-677
Burgess, Robert G. (1982): The unstructured interview as a conversation. In: Ders. (Hrsg.): Field Re-
    search. London et al.: Allen & Unwin, S. 107-110
Charmaz, Kathy (1983): The Grounded Theory Method: An Explication and Interpretation. In: Emer-
    son, Robert M. (Hrsg.): Contemporary Field Research. Boston: Little Brown, S. 109-126
Christie, Agatha (1987[26]): Tod in den Wolken. Bern/ München: Goldmann
Denzin, Norman K. (1978): The research act. New York: McGraw-Hill
Dexter, Lewis A. (1970): Elite and Specialized Interviewing. Evanston, Illinois
Dornheim, Jutta (1984): "Ich kann nicht sagen: Das kann ich nicht." In: Jeggle, Utz (Hrsg.): Feldfor-
    schung. Tübingen: Vereinigung für Volkskunde, S. 129-157
Douglas, Jack D. (1985): Creative Interviewing. Beverly Hills, London: Sage
Ehlich, Konrad / Switalla, Bernd: Transkriptionssysteme. In: Studium Linguistik, Jg. 1.2, S. 78-105
Glaser, Barney G. (1978): Theoretical Sensitivity. San Francisco: Sociology Press
Glaser, Barney G. / Strauss, Anselm (1967): The Discovery of Grounded Theory. Chicago: Weiden-
    feld and Nicolson
Gordon, Raymond L. (1980): Interviewing: Strategy, techniques and tactics. Homewood, Illinois :Dorsey
Gross, Peter (1984): Transformationen des Helfens unter den Bedingungen moderner Sozialstaatlich-
    keit. In: Brennpunkte sozialer Arbeit. 1, S. 31-46
Gülich, Elisabeth (1980): Konventionelle Muster und kommunikative Funktionen von Alltagserzäh-
    lungen. In: Ehlich, Konrad (Hrsg.): Erzählen im Alltag. Frankfurt a.M.: Suhrkamp , S. 335-384

---

18   Wobei vor allem die Differenz zwischen verschiedenen Wissensarten (vgl. dazu auch nochmals
     Schütz/ Luckmann 1979, S. 133 ff.), insbesondere die zwischen „erlerntem, explizit darstellbarem
     Wissen und habituellem Handeln" (Soeffner 1989, S. 211) nicht außer Acht gelassen werden
     darf.
19   Für Überblicke zu den Techniken interpetativer Datenanalyse vgl. z.B. Hitzler/ Honer 1992,
     Soeffner/ Hitzler 1994.

Haubl, Rolf (1982): Gesprächsanalyseverfahren. Frankfurt a.M./ Bern: Lang

Hermanns, Harry (1991): Narratives Interview. In: Flick, Uwe u.a. (Hrsg.): Handbuch Qualitative Sozialforschung. München: Psychologie Verlags Union, S. 182-185

Hermann, Harry/ Tkocz, Christian/ Winkler, Helmut (1984): Berufsverlauf von Ingenieuren. Frankfurt a.m., New York: Campus

Hitzler, Ronald (1994): Wissen und Wesen des Experten. In: Hitzler, Ronald/ Honer, Anne/ Maeder,
Christoph (Hrsg.): Expertenwissen. Opladen: Westdeutscher Verlag, S. 13-30

Hitzler, Ronald/ Honer, Anne (1992): Hermeneutik als kultursoziologische Alternative. In: Kultursoziologie. 2, S. 15-23, und 3, S. 99-103

Honer, Anne (1993): Das Perspektivenproblem in der Sozialforschung. In: Jung, Thomas/ Müller-
Doohm, Stefan (Hrsg.): Wirklichkeit als Deutungsprozess. Frankfurt a.M.: Suhrkamp

Honer, Anne (1991): Lebensweltliche Ethnographie. Bamberg (Dissertation)

Honer, Anne (1989) : Einige Probleme lebensweltlicher Ethnographie. Zur Methodologie und Methodik einer interpretativen Sozialforschung. In: Zeitschrift für Soziologie, Jg. 17. 4, S. 297-312

Hopf, Christel (1978): Die Pseudo-Exploration. In: Zeitschrift für Soziologie, Jg. 7. 2, S. 97-115

Hund, James (1959): Changing role in the interview situation. In: Publik Opinion Quarterly. Jg. 23.
2, S. 236-246

Lamnek, Siegfried (1989): Qualitative Sozialforschung. Band 2: Methoden und Techniken. München:
Psychologie Verlags Union

Lerner, Daniel (1956): Interviewing Frenchmen. In: American Journal of Sociology. LXII, S. 187-194

Lofland, John (1976): Doing Social Life: The Qualitative Study of Human Interaction. In Natural Settings. New York: Wiley

Luckmann, Thomas (1988a): Alltägliche Verfahren der Rekonstruktion Kommunikativer Ereignisse.
Trier (Manuskript eines Vortrags vor der Sektion ‚Sprachsoziologie')

Luckmann, Thomas (1988b): Kommunikative Gattungen im kommunikativen ‚Haushalt' einer Gesellschaft. In: Smolka-Koerdt, Giesela / Spangenberg, Peter M./ Tillmann – Bartylla, Dagmar
(Hrsg.): Der Ursprung von Literatur. München: Fink, S. 279-288

Luckmann, Thomas (1986): Grundformen der gesellschaftlichen Vermittlung des Wissens: Kommunikative Gattungen. In: Neidhardt, Friedhelm/ Lepsius, M., Rainer/ Weiß, Johannes (Hrsg.): Kultur und Gesellschaft (SH der ‚KZfSS'). Opladen: Westdeutscher Verlag

Matthes, Joachim (1985): Zur transkulturellen Relativität erzählanalytischer Verfahren in der empirischen
Sozialforschung. In: Kölner Zeitschrift für Soziologie und Sozialpsychologie, Jg. 37. 2, S. 310-326

Merton, Robert K./ Kendall, Patricia L (1945-46): The Focussed Interview. In: American Journal of Sociology, Vol. 51. 6, S. 541-557 (deutsch. Das fokussierte Interview. In: Hopf, Christel/ Weingar-
ten, Elmar (Hrsg.) (1979): Qualitative Sozialforschung. Stuttgart: Klett-Cotta 1979, S. 171-204)

Meuser, Michael/ Nagel, Ulrike (1994): Expertenwissen und Experteninterview. In: Hitzler, Ronald/ Honer, Anne/ Maeder, Christoph (Hrsg.): Expertenwissen. Opladen: Westdeutscher Verlag, S. 180-192

Meuser, Michael/ Nagel, Ulrike (1991a): ExpertInneninterviews – vielfach erprobt, wenig bedacht. In:
Garz, Detlef/ Kraimer, Klaus (Hrsg.): Qualitativ-empirische Sozialforschung. Opladen: Westdeutscher Verlag, S. 441-471

Meuser, Michael/Nagel, Ulrike (1991b): Das Experteninterview als Instrument zur Erforschung poli-
tischen Handelns. In: Berking, Helmuth/ Hitzler, Ronald/ Neckel, Sighard (Hrsg.): Politisches
Handeln/Experteninterviews. (Dokumentation Nr. 1 des Arbeitskreises ‚Soziologie politischen
Handelns'.) Bamberg: Universitätsdruck, S. 133-140

Reichertz, Jo (1991): Aufklärungsarbeit. Kriminalpolizisten und Feldforscher bei der Arbeit. Stuttgart (Enke) 1991

Riemann, Gerhard (1987): Das Fremdwerden der eigenen Biographie. München: Fink

Robinson, James A. (1960): Survey Interviewing Among Members of Congress. In: Public Opinion Quarterly, Jg. 24. 1, S. 127-138

Schröer, Norbert (1992): Der Kampf um Dominanz. Berlin: de Gruyter

Schütz, Alfred (1972): Der gutinformierte Bürger. In: Ders.: Gesammelte Aufsätze. Band 2. Den Haag: Nijhoff, S. 85-101

Schütz, Alfred/ Luckmann, Thomas (1979): Strukturen der Lebenswelt, Band 1. Frankfurt a. M.: Suhrkamp

Schütze, Fritz (1984): Kognitive Figuren des autobiographischen Stegreiferzählens. In: Kohli, Martin/ Robert, Günther (Hrsg.): Biographie und soziale Wirklichkeit. Stuttgart: Metzler, S. 78-117

Schütze, Fritz (1983): Biographieforschung und narratives Interview. In: Neue Praxis, Jg. 13. 3, S. 283-293

Schütze, Fritz (1977): Die Technik des narrativen Interviews in Interaktionsfeldstudien. Bielefeld (Arbeitsberichte und Forschungsmaterialien Nr. 1)

Schütze, Fritz (1976): Zur Hervorlockung und Analyse von Erzählungen thematisch relevanter Geschichten im Rahmen soziologischer Feldforschung. In: Arbeitsgruppe Bielefelder Soziologen: Kommunikative Sozialforschung. München: Fink, S. 159-260

Schwartz, Howard/ Jacobs, Jerry (1979): Qualitative Sociology. New York/ London: Free Press

Soeffner, Hans-Georg (1992): Luther – Der Weg von der Kollektivität des Glaubens zu einem lutherisch-protestantischen Individualitätstypus. In: Soeffner, Hans-Georg: Die Ordnung der Rituale – Punk, Papst und Politik. Frankfurt a.M.: Suhrkamp

Soeffner, Hans-Georg (1989): Strukturanalytische Feldstudien. Ein Anwendungsbeispiel. In: Soeffner, Hans-Georg: Auslegung des Alltags – Der Alltag der Auslegung. Frankfurt a.M.: Suhrkamp, S. 211-224

Soeffner, Hans-Georg/ Hitzler, Ronald (1994): Hermeneutik als Haltung und Handlung. In: Schröer, Norbert (Hrsg.): Interpretative Sozialforschung. Opladen: Westdeutscher Verlag, S.28-57

Sprondel, Walter M. (1979): ‚Experte' und ‚Laie'. In: Sprondel, Walter, Garthoff, Richard (Hrsg.): Alfred Schütz und die Idee des Alltags in den Sozialwissenschaften. Stuttgart: Enke, S. 140-154

Strauss, Anselm l. (1987): Qualitative Analysis for Social Scientists. New York: Cambridge University Press (deutsch: 1991: Grundlagen qualitativer Sozialforschung. München: Fink

Strauss, Anselm/ Corbin, Juliet (1990): Basics of Qualitative Research. Newbury Park et al.: Sage

Witzel, Andreas (1982): Verfahren der qualitativen Sozialforschung. Frankfurt/ New York: Campus

Der Körper im Interview
Bemerkungen zu Erfahrungen aus Projekten

Bei dem, was ich Ihnen im Folgenden thematisieren werde, werde ich mich einigermaßen skeptisch zu den Chancen äußern, körperliche Praktiken über Interviews zu erfassen. Um damit nicht etwa den von mir keineswegs intendierten Verdacht zu erregen, ich hätte neuerdings überhaupt etwas gegen Interviews, möchte ich einfach vorab einen kleinen Dialog zitieren, der mir sehr gefällt und der meiner Meinung nach eines der schönsten Plädoyers für das Interview – für das *qualitative* Interview – beinhaltet:

> „...ich werde niemals begreifen, warum Sie dies oder jenes sagen. – Sehr einfach. Um die Leute zum reden zu bewegen. – Und wenn sie nicht wollen? – Jeder liebt es, von sich zu sprechen. Aus dieser Erkenntnis schlägt auch mancher Quacksalber Kapital. Er ermutigt die Patienten, zu ihm zu kommen, sich hinzusetzen und ihm allerlei zu erzählen. Wie sie als Zweijährige aus dem Kinderwagen fielen, wie ihre Mutter eine Birne aß und der Saft auf das gelbe Seidenkleid tropfte und wie sie als Baby den Vater am Barte zupften. Und dann sagt er zu ihnen, in Zukunft werden sie nicht mehr an Schlaflosigkeit, leiden und nimmt ihnen zwanzig Shilling ab, die sie ihm gern zahlen, *denn sie haben sich ja so gut, so ungewöhnlich gut unterhalten.* Und vielleicht schlafen sie danach. – Wie lächerlich, Monsieur Poirot! – Nein, es ist gar nicht so lächerlich, wie Sie denken, Mademoiselle Jane. *Es basiert auf einem grundlegenden Bedürfnis der menschlichen Natur: dem Bedürfnis, zu sprechen, sich zu offenbaren.* ...“ (Agatha Christie: Tod in den Wolken. Bern/ München (26. Aufl.) 1987, S. 127)

In diesem kleinen Dialog also hat die große Agatha Christie sozusagen beiläufig formuliert, was ich die Prämisse qualitativen Interviewens überhaupt nennen würde: Dass Menschen sich in aller Regel gerne mitteilen, wenn man ihnen eine ‚gute‘ Gelegenheit dazu gibt, d.h., wenn man sie an *ihren eigenen* Relevanzen orientiert und in *ihrer eigenen* Sprache zu Wort kommen lässt. Darin verbirgt sich unter methodologischen Gesichtspunkten aber, wie ich meine, auch zugleich die Warnung vor einer Überschätzung bzw. Überforderung auch und gerade des qualitativen Interviewens, die ich mit meinen anschließenden Überlegungen vielleicht ein wenig verdeutlichen kann:

Stark vereinfacht gesprochen kennt die interpretative Sozialforschung ja zwei Strategien, um den kleinen Lebens-Welten moderner Menschen ‚auf die Spur zu kommen‘. Die eine besteht im Wesentlichen in der Herstellung von gegenseitigem

Vertrauen zwischen dem Forscher und seinen Informanten durch langdauernden persönlichen Kontakt miteinander (vgl. Denzin 1970). Die andere besteht im Wesentlichen in der Herstellung von *Vertrautheit* mit dem zu erforschenden Phänomen durch praktische, d.h. auch körperliche, Teilnahme am sozialen Geschehen, durch Erwerb der Mitgliedschaft, durch *existenzielle* Perspektivenübernahme (vgl. Wolff 1976). Diese Strategien schließen einander keineswegs aus, sondern lassen sich in verschiedenen Mischformen realisieren (vgl. z.B. Douglas 1976, Girtler 1984). Beide Strategien implizieren ein flexibles Sich-Einlassen auf ‚gesellige‘ Situationen. Der Aktions-Schwerpunkt kann dabei sowohl auf der interaktiven und kommunikativen Partizipation als auch auf der nicht involvierten Observanz liegen. Die in der Methodenliteratur strittige Frage, ob hierbei nun *Beobachtung* oder *Interview* das grundlegendere Verfahren sei (vgl. etwa Cicourel 1970, Becker/Geer 1969, Schatzman/ Strauss 1973, Agar 1980, Spradley 1979 und 1980), kann m.E. grundsätzlich nur in Relation zum jeweiligen Forschungsinteresse entschieden werden: Während die Beobachtung, ob sie nun verdeckt oder offen, ob sie mehr oder ob sie weniger teilnehmend stattfindet, sich ausgezeichnet dafür eignet, *Handlungsschemata*, also insbesondere die mehr oder minder routinisierten *Körperpraktiken* zu registrieren, lassen sich durch Interviews vor allem subjektiv verfügbare (abrufbare) *Wissensbestände*, also auch mehr oder minder stereotype *Deutungsschemata* der Körperlichkeit und der Körperpraktiken, rekonstruieren.

1. Bodybuilder

In meinem ersten Projekt über Bodybuilder (vgl. dazu z.B. Honer 1985a und 1985b) z.B. habe ich narrationsgenerierende Leitfadeninterviews ausprobiert, die sequentiell paraphrasiert und ‚quer ausgewertet‘ wurden. Der forschungsstrategische Stellenwert dieser Interviews war relativ gering, weil der methodische Schwerpunkt der Untersuchung auf Dokumentenanalysen und insbesondere auf beobachtende Teilnahme (existenzielle Perspektivenübernahme) gelegt werden konnte. Entgegen dem Anschein, den die im Folgenden paraphrasierten Passagen vielleicht vermitteln könnten, liegt mir sehr viel daran, darauf hinzuweisen, dass man in Bodybuilding- bzw. Fitness-Studios selbstverständlich ohne weiteres trainieren kann, ohne die *Körperideologie* des Bodybuilding-Betriebs auch nur in Teilen zu übernehmen. Außerdem bitte ich darum, zu berücksichtigen, dass seinerzeit die *Auswertung* der Interviews zeitlich außerordentlich beschränkt war und ich zudem das Ziel verfolgt habe, die Möglichkeiten einer *pragmatischen* methodenpluralen Erhebung überschaubarer sozialer ‚Einheiten‘ zu eruieren. *Theoretisch* verständlich werden die Interviews also nur *in Kombination* mit den über die anderen verwendeten Erhe-

bungstechniken gewonnenen Daten. – Trotzdem hoffe ich das, worauf es mir ankommt, mit den folgenden Interviewausschnitten ein wenig illustrieren zu können:
Einer der Befragten z.B. erzählte auf die biographisch ausgerichtete Ein-
gangsfrage, wie er zum Bodybuilding gekommen sei (man duzt sich im übrigen
gewöhnlich unter den Sportskameraden im Studio), dass er als 12jähriger ‚Her-
kulesfilme‘ gesehen und daraufhin mit seinem Cousin und einem älteren Freund
„zum Spaß" zu trainieren begonnen hatte: „Nicht eigentlich aus Sport, wegen Wettkampf, sondern nur wegen dem Aussehen." Und eine Frau erklärte mir, dass sie
der durchtrainierte Körper einer Titelbild-Schönheit auf einer Bodybuilding-Zeitschrift „so fasziniert" habe, dass sie zu trainieren begonnen habe und dann später
von Bekannten aus dem ‚Body-Studio‘, die ihr wegen ihrer „guten Figur" Chancen zubilligten, dazu angeregt worden sei, sich doch auch einmal an einer Body-
building-Meisterschaft zu beteiligen. Das ideale Aussehen steht auch zur Debatte, wenn man seine Vorstellungen von einem ‚athletischen Körper‘ etwa dadurch
zum Ausdruck bringt, dass man ihn gegen den ‚monströsen‘ Körper eines Arnold
Schwarzenegger und die „unförmigen Muskelberge" eines Tom Platz abgrenzt,
oder wenn man als Frau das damals noch in Fachkreisen vorherrschende weibliche
Schönheitsideal, als „Knochengestell" etikettiert, kritisiert und den eigenen Körper „muskulös aber weiblich" formen will. Denn man ist allgemein davon überzeugt, dass „die alle was nehmen", dass also die großen Muskelpakete chemische
Erzeugnisse sind, was dazu führe, dass „wenn du Bodybuilding sagst, dann stellen sich alle vor: so ein Doofer mit solchen Muskeln, gell. Das ist halt das Vorurteil von früher her." Gleichwohl ist, für männliche wie weibliche ‚Fans‘, Bodybuilding „der einzige Weg, wo du den Körper, von der Figur her, total beeinflussen
kannst, wie du willst."
    Neben derlei ästhetischen Gesichtspunkten wird auch gerne eine grundsätz-
lich ‚sportliche‘ Lebenseinstellung als Motiv fürs Bodybuilding genannt, nach
der es „das Phlegma" zu überwinden gilt, um „zu sehen, wie weit ich es bringen
kann." Und die anfängliche Motivation, „einen schönen Körper zu bilden", tritt
im Trainingsalltag durch den „Spaß am sich Verausgaben" und durch das Wohlge-
fühl nach dem Training allmählich in den thematischen Horizont zurück. Ob man
sich dabei, wie beim Turnen oder beim Karate, mit anderen, oder, wie beim Berg-
steigen, mit der Natur ‚misst‘, stets geht es um die zu vollbringende oder die er-
brachte Leistung. Auch muskelbewusste Frauen trainieren natürlich mit schweren
Gewichten und „nicht so schwächlich" wie die meisten Frauen, die jetzt Bodybui-
ding machen. Verletzungsgefahren und mögliche spätere Gelenkschäden versucht
man dabei eben durch „konzentriertes und korrektes" Training zu verhindern, denn
schließlich wisse man – qua Routine – sehr genau, wie eine Übung zu absolvieren

sei und auf welchen Muskel sie wie einwirke. So verwundert es auch nicht, dass manche beim Training im Studio den ‚rechten Kampfgeist' vermissen. Man (bzw. frau) muss einfach mit der „richtigen Einstellung" und über die ‚Schmerzgrenze' hinaus trainieren, wenn man den erwünschten Muskelzuwachs erzielen oder „so allgemeine Alterserscheinungen vom Gewebe" auffangen will.

Mehr noch als der Vergleich zwischen den Trainierenden ist der „Kampf mit sich selber" Triebfeder für das Training, das auch bedeutet, sich „geistig und körperlich mit der Sache" zu befassen. Der Körper will verstanden sein als etwas, das sich ständig verändert und für das Anstrengung und Schmerz befriedigenden ‚Fortschritt' ankündigt. Dem ‚Geist' kommt dabei die Aufgabe zu, den Mann bzw. die Frau an der Maschine in die richtige Trainingsstimmung zu versetzen: „Machen braucht man eigentlich nicht viel; sich vielleicht ein bisschen anheizen, aggressiv machen, weil die Aggressivität zusätzlich Kraft freisetzen kann während dem Training. Das ist bei mir ein Faktor, den ich ziemlich hoch einschätze." Trainieren heißt demnach, sich mit dem eigenen Körper auseinanderzusetzen, ihn planmäßig zu bearbeiten und „jeden einzelnen Muskel, wo ich eben eine Schwäche sehe, zu fördern und eben gezielt zu fördern. Und das finde ich eben das Schöne daran. (...) Also plagen muss man sich schon, umso mehr hat man davon."

Die Korrespondenz mit dem Körper, vor allem mit der Muskulatur, wird also als Ergebnis eines durch das Training konstituierten ‚Lernprozesses' angesehen: „Was ich jetzt merke: Mein Körper, der reguliert sich von selber, der sagt mir zum Beispiel: Ich kann keine fette Wurst und nichts mehr essen ... Das ist ganz komisch. Ich wollte ausdrücken, dass das eben auch eine Art Lernprozess ist." Die Ernährung ist ohnehin ein für Bodybuilder nachgerade allgegenwärtiges und nahezu den Trainingsmethoden gleichwertig relevantes Thema. Vitamine, Mineralien, Eiweiß und Kohlehydrate, richtig dosiert, waren nach Ansicht eines meiner Gesprächspartner „zu sechzig Prozent am Erfolg beteiligt". Speziell in der sogenannten ‚Definitionsphase' wird zumeist eine Diät eingehalten, die in den Interviews vor allem unter den Aspekten „Hungern" und „Fasten" und den damit verbundenen Beschwerlichkeiten angesprochen wurden. Eine der befragten Frauen betrachtete auch eine möglicherweise zu geringe Eiweißzufuhr als Mitursache für ihr für sie wenig befriedigendes Abschneiden bei einer ihrer Meisterschaftsteilnahmen. Dieses *prinzipiell* ‚bewusstere' Körperverständnis deutet sich auch darin an, „dass ich dann wirklich merke, mein Muskel, der findet das jetzt gut." Denn „da kennst du dich nachher schon besser aus mit deinem Körper. Ich weiß auch genau, ... wann ich die meiste Kraft habe, und wann ich die wenigste Kraft habe. So kurz vorher, bevor ich es (die Menstruation) bekomme, da bin ich am stärksten. Also da weiß ich, wenn ich Höchstversuche machen will, immer um die Zeit

– aber das kann genau zwei, drei Tage vorher sein – und da bist du am stärksten, und nachher geht es dann abwärts."

Das *Gespräch* mit Nicht-Bodybuildern gilt allgemein als wenig geeignet, diesen den Sinn des eigenen Tuns zu vermitteln. Besser sei es, einfach die ‚verkörperte Leistung' zu präsentieren, denn man glaubt, dass im Grunde „jeder einen athletischen Körper" haben will. ‚Monströse' Ausformungen hingegen gefallen auch vielen Studiomitgliedern nicht, weshalb so mancher an Meisterschaften denn auch nur dann teilnehmen will, wenn dies mit seinen „ästhetischen Vorstellungen" vereinbar sei. Außerdem wird immer wieder bedauert, dass ein Bodybuilder nur dann auffalle, wenn „es im Übermaß ist". Andererseits aber will man schon, dass sich die Trainingsarbeit so auf dem Körper abzeichnen soll, dass Leute, die sich mit einem ‚anlegen' wollen („vor allem, wenn sie besoffen sind, kann das schon vorkommen"), einen als „Mordskasten" erkennen und deshalb lieber von ihrem Vorhaben absehen sollen. Und „wenn die Leute manchmal glotzen, gell, am Strand oder so, die gucken da richtig und so, das ist halt irgendwie schon auch provozierend, wenn man so heraussticht aus der Menge."

Diese wenigen Beispiele sollen hier genügen, um zu zeigen, wie und in welchen thematischen Kontexten Körperlichkeit artikuliert wird, wenn man mit Bodybuildern über bodybuildingrelevante Themen spricht. Illustrieren wollte ich damit vor allem, dass in den Interviews ‚eigentlich' nicht eigene *Körperpraktiken* zum Vorschein kommen sondern vielmehr in dieser kleinen sozialen Lebens-Welt mehr oder minder approbierte *Körperideologien*. Was die von mir geführten Gespräche zutage gefördert haben, das waren im Großen und Ganzen Reproduktionen eines in der Sinnprovinz des Bodybuilding diffus verbreiteten stereotypisierten Körperwissens. Zwar wird in Interviews mit Bodybuildern über Bodybuilding der Körper naheliegenderweise quasi-automatisch zum Thema: In dieser Subsinnwelt ist er nicht nur Appräsentationsfeld einer wie auch immer gearteten Befindlichkeit, sondern zugleich auch *das* Symbol einer außergewöhnlichen Einstellung. Aber der gemeine Bodybuilder *reflektiert* diesen transzendenten Bezug, diese symbolische Bedeutung seiner Praxis normalerweise kaum. Das Wissen um diese Verweisungszusammenhänge – die in der über die einschlägigen Magazine verbreiteten ‚Ideologie' eine wesentliche, gemeinschafts- und sinnstiftende Rolle spielen – ist bei ihm in aller Regel nur diffus und ‚implizit' vorhanden, kaum explizit zuhanden. Die ‚andere' (Qualität der) Körpererfahrung wird folglich auch von meinen Gesprächspartnern nicht direkt und unmittelbar angesprochen sondern muss über relevante, d.h. Bodybuilding-spezifische Themen gleichsam ‚eingekreist' werden.

Aber, wie gesagt, diese ‚offenen' Leitfaden-Interviews waren lediglich *ein,* wenngleich nicht unwichtiger Bestandteil der Studio-Ethnographie, die mit einem

weiten Verständnis von ‚Teilnahme und Beobachtung' das Interesse verfolgt hat,
zu erfahren, was ‚gewöhnliche' Körperbildner in ihrem Studio-Alltag *tun* und was
sie zu ihrem und über ihr Tun *sagen*. Auch deshalb, aber nicht *nur* deshalb, habe
ich damals etwa eineinhalb Jahre lang selber relativ regelmäßig im Studio trainiert
und dabei prinzipiell unverdeckte, die anderen Bodybuilder aber kaum bzw. gar
nicht interessierende teilnehmende Beobachtungen angestellt, die zunehmend in
eine *beobachtende* Teilnahme, übergegangen sind. Die Studio-Ethnographie basiert also zum überwiegenden Teil auf nicht-standardisierten Beobachtungen während meiner normalerweise aktiven Teilnahme am Bodybuilding-Alltagsbetrieb
(beim Training, während Übungspausen, an der Bar, in der Sauna, beim Umklei-
den etc.). Hinzu kamen eine Reihe ‚systematischer' Beobachtungsprotokolle von
Gesprächs- und Ablaufsequenzen, die ich zum Teil ‚vor Ort' und zu unterschiedlichen Trainingszeiten oder möglichst unmittelbar nach Verlassen des Feldes, zum
Beispiel im Auto, vor allem in der Anfangs- und Schlussphase der ‚Feldstudie' notiert habe. In der Anfangsphase hatten die Protokolle vor allem den Effekt, mich mit
dem ‚Jargon' vertraut zu machen und die thematischen Relevanzen meiner Beobachtungen zu strukturieren; in der Schlussphase bekamen sie eher für mich selber
die Funktion einer Vergewisserung darüber, dass ich zwischenzeitlich ein einigermaßen *typisches* Bild des Routinegeschehens im ‚Body-Studio' gewonnen hatte.

2. Sozialhelfer

Abgesehen von der ausführlichen Analyse von Bodybuilding-Magazinen, anhand
derer ich insbesondere die ‚offiziellen' Ideologien und – damit zusammenhängend
– die Bedeutung der Bodybuilding-Stars als motivationsrelevante Identifikations-
potentiale rekonstruiert habe, habe ich versucht, das typische Bodybuilding-Wissen
einigermaßen über ‚offene' Interviews zu erfassen, während ich mir auch damals
schon darüber im Klaren war, dass die körperliche *Praxis* sich nur über meine eigene *praktische* Teilnahme und längerfristige Beobachtung erschließen ließe. In
meinem zweiten Projekt über ‚ehrenamtliche' Sozialhelfer, die als eine Art kollegiale Hilfeinstanz für alkoholgefährdeten Arbeitskollegen in einem Industriebetrieb
fungieren (vgl. dazu z.B. Honer 1987), aber war (aus betriebsinternen Gründen)
eine solche praktische Partizipation gänzlich ausgeschlossen; teilnehmende Beobachtung oder auch nur nichtteilnehmende Beobachtung war nicht möglich. Das
Dokumentenmaterial war überdies ebenfalls relativ begrenzt. Die damals schon
naheliegende Lösung, die eklatanten Informationsdefizite durch stark verfeiner-
te Interviewtechniken und durch eine Ausdehnung der Gesprächszeiten zu kom-

pensieren, scheiterten an Feldbedingungen einerseits, vor allem aber an knappen Forschungsmitteln andererseits.

Durchgeführt habe ich deshalb im zweiten Projekt offene, unstrukturierte aber ‚thematisch akzentuierte' Interviews, bei deren Auswertung vor allem eine pragmatisch verkürzte Version des Verfahrens der pragmatischen Hermeneutik angewandt wurde. Der Verdacht, dass das Interview eine künstliche Kommunikationssituation schafft, bei der Leute ‚gezwungen' werden, über Körperliches zu sprechen bzw. überhaupt erst nachzudenken, dessen begriffliche Reflexion für sie nicht *alltagspraktisch* bedeutsam ist, hat sich dabei im Grunde bereits bestätigt: Von dem, was die Helfer tatsächlich *tun,* haben sie in den Gesprächen fast ausschließlich das erzählt, was sie *sagen* bzw. was ‚man' ihnen sagt. Ihr *eigener* Körper wird ihnen – wenn überhaupt, dann – nur metaphorisch zum Thema: Wenn Helfer einen Alkoholismusverdacht bei einem anderen Betriebsangehörigen hegen, hierfür aber keine als signifikant geltenden Indikatoren finden können, ‚erklären' sie gerne, dass sie ‚für sowas' eben eine ‚Nase', einen ‚Riecher' oder ein ‚Gespür' entwickelt haben. Der metaphorische Gebrauch von Sinneseindrücken und -organen dient kommunikativ also einfach der Veranschaulichung und Legitimation eines mentalen Vorgangs. Ansonsten aber präsentiert sich der Helfer als sozusagen körperlos bzw. als ‚ganz Auge und Ohr'. Schon seine Stimme, die *Art* bzw. die Arten, mit verschiedenen Klienten und anderen Adressaten zu sprechen, wird ihm selber augenscheinlich kaum reflexionsrelevant, jedenfalls nicht darstellungsrelevant: Man versucht eben, ‚problematisch' gewordene Kollegen mehr oder minder autoritär, gelassen oder humorvoll ‚wieder auf den rechten Weg' zu bringen und ‚pflegt' deshalb auch gute Kontakte im Betrieb überhaupt, um eben ‚richtig helfen' zu können, denn Helfen ‚macht Spaß', auch wenn der mangelnde ‚Erfolg' gelegentlich frustriert und man dann am liebsten ‚resignieren' möchte.

Der Körper des (potentiell) *Alkoholgefährdeten* hingegen wird durchaus argumentativ thematisiert: als Anzeichenfeld zur Diagnose ‚Alkoholismus'. Man verweist auf ‚Indikatoren' wie die landläufig bekannte ‚rote Nase', aufgeschwemmte Gesichtshaut, Geruchsausdünstungen des Gegenübers, seine zitternden Hände, seine mangelnde Standhaftigkeit, die sich psychisch wie physisch an einer ‚Stütze und Halt' suchenden Körperhaltung ablesen lasse, usw. Selbstverständlich betonen die Helfer stets, dass es sich dabei lediglich um eine zum sozialen Verhalten des Probanden zusätzlich und nicht in erster Linie erstellte Indiziensammlung handelt, aber der individuelle diagnostische Ermessensspielraum ist nichtsdestotrotz – zwangsläufig – recht beträchtlich. Ein Helfer erzählte z.B., dass mangelnde Kontrolle in der Spätschicht des Betriebs ‚so manchen' Kollegen dazu animiere, Alkohol über ein verträgliches Maß hinaus zu konsumieren. Diese Behauptung begründete er dann damit, dass er derlei häufig selber beobachte und dass es immer wieder auch Auseinandersetzungen mit den betreffenden Betriebsangehörigen gebe, wenn sie von ihm oder einem anderen Helfer angetrunken ‚ertappt' würden. Anders ausgedrückt: Die Helfer betrachten Leute, die sie als alkoholgefährdet oder alkoholkrank ansehen, als Virtuosen der Heuchelei und Verstellung, die ihr Leiden grundsätzlich so lange wie irgend möglich leugnen und die deshalb – zu ihrem eigenen Besten – ‚entlarvt' und dazu gebracht werden müssen, sich auszusprechen und ihre Therapiebedürftigkeit zu erkennen und zu akzeptieren.

3. Heimwerker

Bereits im Zusammenhang mit dieser Helferbefragung ist bei uns die Idee entstanden, künftig so etwas wie ein ‚mehrphasiges Intensivinterviews' zu verwenden, das dann auch von Ronald Hitzler bei seinen Untersuchungen über Bundestagsabgeordnete und von mir in einem DFG-geförderten Projekt über Heimwerker eingesetzt worden ist (vgl. dazu vorläufig Honer 1990 und Hitzler/ Honer 1988b). Bei meinen ‚mannigfaltigen' Gesprächen mit Heimwerkern ist mir alsbald aufgefallen, dass meine Gesprächspartner ihr freizeitliches Selbermachen immer ziemlich pauschal abhandelten, dass sie eigentlich nie, jedenfalls nie ‚von sich aus' die *Details* ihrer Arbeiten, also z.B. einzelne Arbeitsschritte schilderten. Das habe ich zunächst darauf zurückgeführt, dass mich meine Gesprächspartner wohl als zu wenig kompetent für derartige ‚Tiefen'-Informationen oder dass sie solche ‚Feinheiten' vielleicht als für die mir unterstellten Interessen irrelevant erachteten.

Nun, dies mag durchaus *auch* eine Rolle für ihr Interview-Verhalten gespielt haben. Außerdem aber habe ich allmählich eruieren können, dass meine Heimwerker (sowie deren Familienangehörige) Heimwerken grundsätzlich nicht als Thema für gesellige Zusammenkünfte betrachten. (Sogar wenn sich noch andere – befreundete – Heimwerker unter den Gästen befinden, werden höchstens ein paar kurze, technische Informationen über die je aktuell entstehenden Werke ausgetauscht.) Auch bei gelegentlichen, in allerlei Handlangerdienste verpackten, teilnehmenden Beobachtungen ist mir nur selten und auf Nachfrage das Wie und Wozu eines je gegenwärtigen Tuns kommentiert worden. Ja, selbst ‚Fachsimpeleien' zwischen Heimwerkern habe ich, vor dem Hintergrund *meiner,* außerordentlich bescheidenen, Do-It-Yourself-Kenntnisse, als wenig konkret empfunden: Da tauscht man sich vielleicht darüber aus, ob man dies oder jenes besser verleimt oder vernagelt, verschraubt oder verzapft, aber was dann ‚tatsächlich' zu tun ist, das scheint man einfach zu wissen. Für Interviews folgt u.E. daraus, dass Heimwerken als ein Komplex von *körperpraktischen* Handlungsschemata – zumindest von einem Nicht-Heimwerker – kaum angemessen erfragt werden kann.

Deshalb zielen m.E. auch unsere projekteigenen Projektionen vom Heimwerker als solitärem, renitentem Werkler bzw. als ‚Kommunikationskrüppel‘, der einen Aus-Weg gefunden hat, um seine familiäre Gemeinschaftstauglichkeit unter Beweis zu stellen, in eine falsche Richtung: Der freizeitliche Selbermacher produziert sich als ‚korporales Gedächtnis‘, das sich und seine ‚Nützlichkeit‘ eben *gegenständlich* entäußert. Diese Form der mittelbaren Kommunikation, die sich nur als material objektivierte Erfahrung diskursiv anbieten kann, bietet natürlich zugleich auch eine beständige – latente und manifeste – Angriffsfläche für seine soziale Umwelt. Weil es dem Heimwerker typischerweise so schwerfällt, sein inkorporiertes Wissen, dessen Genese und vor allem das daraus erwachsende Vertrauen und die Sicherheit, das entstehende Werk unter Kontrolle und verfügbar zu haben, verbal zu vermitteln, ist er sozusagen auf ständige ‚Nachsicht‘ für sein Hobby angewiesen. Tatsächlich provoziert er auch oftmals (noch!) bei Nicht-Heimwerkern ein mitleidig-ironisches Lächeln ob seiner (vermeintlichen) ‚Spießigkeit‘, ob der ‚Unoriginalität‘ seiner Produkte oder ob der (un)ökonomischen ‚Einfalt‘ seines Tuns.

Handlungsschilderungen von Heimwerkern wirken immer ‚irgendwie‘ aufgesetzt, erscheinen eher als mehr oder mühsame ‚Erklärungen‘ nach außen, denn als verbalisierte Selbst-Verständigungen. Sie sind, um eine Formulierung von Karin Knorr Cetina aufzunehmen, „Außendarstellungen, die das Geschehen nicht erschließen, sondern verschlüsseln" (1988, S.99). Lernen durch Tun und Tun als ständiges Dazu-Lernen hingegen kennzeichnet den praktischen Heimwerkeltag. Denn: „Der Körper als Depot einer *eingeprägten* Verfahrensgeschichte muss (...) in situ in Einsatz gelangen. Er funktioniert, wie man sagen könnte, nur eingespannt in die Situation, deren Kenntnis er in analogen Situationen erworben hat." (ebenda) Heimwerken, will man es wirklich kennen und verstehen lernen, muss man also auch mit- und selber tun. Dies war auch ein zentraler Bestandteil unseres Projektvorhabens, der allerdings aus einem schlichten – aber hier nicht zu erörternden – Grund ziemlich, wie man so anschaulich zu sagen pflegt, ‚in die Hosen gegangen‘ ist.

4. Das dreiphasige Interview

Unter anderem auch um diesen ‚Ausfall‘ an praktischer Kompetenz qua Teilnahme zu kompensieren, verwenden wir also, wie gesagt· für ethnographische Zwecke vorzugsweise eine Form des *Intensivinterviews,* das *prinzipiell* drei zeitlich distinkte Phasen umfasst, das wir jedoch *forschungspraktisch* stets den jeweiligen Situationserfordernissen bzw. Feldgegebenheiten entsprechend modifizieren. (Ausgewertet werden diese Interviews vor allem unter Zugrundelegung der Verfahren der ethnographischen Semantik und der pragmatischen Hermeneutik.) Dem Umstand, dass das Interview eine *gemeinsame, wechselseitige* Situation von wenigstens zwei Kommunikationsteilnehmern darstellt, tragen wir z.b. dadurch Rechnung, dass wir unser problemspezifisches Wissen und unsere thematischen Interessen im Verlauf der ersten, *offenen* Gesprächsphase (vgl. dazu Kohli 1978) durchaus artikulieren, wenn es – nach Kriterien alltäglicher Kommunikationskompetenz -sequentiell angebracht erscheint. Denn durch ein solches *quasi-normales Gespräch* der ersten Phase wird nicht zuletzt – und neben vielem anderen – die notwendige Vertrauensbasis für weitere Kontakte geschaffen: Fragen, Nachfragen, Be- und Anmerkungen, deutliche Zustimmung, kleine Geschichten, ja sogar gelegentlicher verhaltener Widerspruch wirken unserer Erfahrung nach keineswegs gesprächshemmend, sondern erzählgenerierend. Ein solches quasi-normales Gesprächsverhalten scheint uns auch hervorragend geeignet, um ,natürliche' Interaktionsbarrieren, wie sie zwischen Fremden grundsätzlich üblich sind, abzubauen und die nach wie vor relativ außergewöhnliche Kommunikationssituation des Interviews zu veralltäglichen dadurch, dass zwar selbstverständlich vor allem der Befragte zur Darstellung und Erörterung seiner subjektiven Sicht der anstehenden Problematik angeregt, aber nicht wie etwa bei Schütze (z.B.1977, 1983) in eine völlig künstliche, ,non-direktive' Kommunikationssituation gelockt werden soll. Wir haben den Eindruck, dass das Interesse der Befragten am Gespräch und im Gespräch besser dadurch geweckt und aufrechterhalten werden kann, dass der Forscher auch explizit deutlich macht, dass er ihre Sicht der Dinge *ernst* nimmt, dass er sein sachliches Engagement bekundet und sich als lern- und wissbegierig zeigt.

Die zweite Phase des Intensivinterviews zielt vor allem auf (biographische) *Narrationen* ab und orientiert sich deshalb stärker an dem von Schütze entwickelten Gesprächsverfahren. Wir plädieren für diese Interviewtechnik (als Teil der Befragung) deshalb, weil sich damit subjektive Weltdeutungen des Gegenübers u.E. methodisch – trotz aller kritischen Einwände (vgl. z.B. Bude 1985, Matthes 1985) – noch am adäquatesten rekonstruieren und sich so Aussagen der ersten Interviewphase quasi ,überprüfen' lassen (z.B. indem eventuell thematische Inkonsistenzen zutage treten). Außerdem können dadurch *Diskrepanzen der Artikulationskompetenz* in verschieden strukturierten Kommunikationssituationen aufgedeckt werden (vgl. auch Fischer 1978). In der Komparation und Kombination des quasi-normalen und des narrationsevozierenden Gesprächs lässt sich ein ,dichtes' kategoriales Raster gewinnen, mit dem gegebenenfalls in der dritten Phase noch eine *homogenisierende Befragung* in Anlehnung an das fokussierte Interview (vgl. Merton/

Kendall 1945-46) vorgenommen werden kann. D.h. aus den thematisch relevanten Topoi der Interviews der bisherigen beiden Phasen kann man einen offenen, auf das gemeinsame Thema bzw. auf gemeinsame (Interaktions-)Erfahrungen bezogenen Leitfaden bilden, um die in den bisherigen Ausführungen verbliebenen, bzw. durch sie aufgekommenen Fragen zu explorieren. Damit lässt sich einerseits vermeiden, lediglich irgendwelche Forschungsartefakte zu perpetuieren, und trotzdem erhalten wir andererseits, ohne in der Aufbereitung und Darstellung des Materials die Besonderheiten des Einzelfalles vernachlässigen zu müssen, eine zuverlässige Basis zum Aufbau differenzierter Typologien von Handlungsabläufen, von Einstellungs- und Darstellungsschemata.

Das mehrphasige Intensivinterview ist also als ein Daten-Arten kumulierendes Verfahren konzipiert, das sowohl die Besonderheiten des Einzelfalles erhält als auch intersubjektiv geteilte ‚Deutungsmuster‘ (vgl. Thomssen 1980, Dewe/ Ferchhoff 1984) kategorial erfasst. Deshalb eignet es sich – auch pragmatisch modifiziert – u.E. im besonderen Maße zur Rekonstruktion insbesondere von gruppierungstypischen Wissensvorräten, Orientierungsrastern und Deutungsschemata, jedoch auch zur Erfassung von Darstellungsstrategien. Nochmals aber: *Idealerweise* ist Ethnographie methodenplural angelegt (vgl. z.B. Lofland 1976, Schwartz/ Jacobs 1979), und das mehrphasige Intensivinterview ist dabei nicht mehr als *ein* zweckdienliches Verfahrensrezept zur Erzeugung verbalsprachlicher Daten, das neben bzw. ‚im Konzert‘ mit anderen verwendet wird. Gleichwohl scheint es mir theoretisch und methodologisch sinnvoll, für eine interpretative Sozialforschung am Prinzip der ‚lebensweltlichen Ethnographie‘ auch dann festzuhalten, wenn die Methodenpluralität stark beschnitten und die existenzielle Perspektivenübernahme nur sehr bedingt möglich ist bzw. forschungspragmatisch ‚ausfällt‘. Die *praktischen* Probleme, mit denen dieses auf existenzielle Perspektivenübernahme abhebende Forschungskonzept im Feld konfrontiert ist, betreffen einerseits die grundsätzliche Begrenztheit eines jeglichen Forschungsbudgets (d.h., vorab ausgeklügelte und aufeinander abgestimmte Datenerhebungsverfahren lassen sich, aufgrund von Zeit-, Geld- und Personalmangel, zum Teil nicht, zum Teil nur völlig verkürzt durchführen), und sie betreffen andererseits die ‚Verschlossenheit‘ des Feldes (d.h., an manchen gesellschaftlich-kulturellen Veranstaltungen kann man überhaupt nicht partizipieren, an manchen kann man aufgrund persönlicher Voraussetzungen – wie Alter, Geschlecht, Ausbildung usw. – nicht partizipieren, und an manchen kann man aufgrund besonderer Umstände oder zu bestimmten Zeiten nicht partizipieren usw.). Kurz: Bei manchen Themen ist es eben nur in einem sehr eingeschränkten Sinne möglich, die ‚Innensicht‘ eines Teilnehmers selber existenziell zu erlangen, und bei den meisten Themen muss man auch seine For-

schungsinteressen pragmatisch beschneiden (wie wir das eben in unserem Heim-
werker-Projekt erlebt haben). Aber gerade dann, unter ‚schlechten' Bedingungen,
stellt u.e. das mehrphasige Intensivinterview noch eine *relativ* gute, kompensato-
rische Möglichkeit dar zur kontrollierten Rekonstruktion der typischen Sinnhaf-
tigkeiten von Akteuren, die diese als *kleine soziale Lebens-Welten* erfahren. Seine
Validität hängt aber vor allem davon ab, ob es dem Forscher (trotzdem) gelingt,
einigermaßen ‚die Sprache des Feldes' zu erlernen, denn keinesfalls dürfen wir
ohne weiteres *eine* alltagsumspannende Bedeutung der verwendeten Begriffe voraussetzen, sondern müssen deren kontext-, ja situationsspezifischen Sinn eruieren und explizieren.

5. Ärzte

Wenn ich allerdings meine Interviewerfahrungen insgesamt in Bezug setze zu dem
von Karin Knorr Cetina entliehenen Begriff des „korporalen Gedächtnisses", wonach der Akteur als „verkörpertes Depot händischer und instrumenteller Erfahrung" angesehen werden kann, der ein Verfahrenswissen repräsentiert, das *nicht
vermündlicht oder verschriftlicht* wird sondern einfach „eingeschrieben" ist in seinen Körper (1988, S.99), dann gerät mein Vertrauen darauf, dass sich über Interviews *Wissen* erfassen lässt, eigentlich immer mehr ins Wanken. Sicher bin ich mir
derzeit eigentlich nur noch darüber, dass man mit Interviews ermitteln kann, wie
Wissen in einer speziellen – und artifiziellen – kommunikativen Situation *präsentiert* wird. Das dürfte sich wohl auch bei meinem als nächstem geplanten Projekt
– über niedergelassene Ärzte –kaum ändern: Was Knorr Cetina über die Bemäch-
tigung und Zurichtung des Körpers eines Naturwissenschaftlers berichtet, dürfte
im Großen und Ganzen auch auf die Ausbildung von Medizinstudenten zutreffen:
„Die Übungen, denen sich Naturwissenschaftler im Labor (...) unterziehen müssen,
sind immer auch körperliche Schulungen, Disziplinierungen im Sinne disziplin-
spezifischer Einschleifungen von Körperhaltungen, Sichtweisen, Hantierweisen,
speziellen Geschicklichkeiten ebenso wie spezifischen Ertragungsfähigkeiten."
(1988, S.97) Auch wenn das, was Sinclair Lewis in seinem Roman ‚Doktor Arrowsmith' so hervorragend sarkastisch beschrieben hat, zutrifft, nämlich dass sich
bei den Medizinern Wissenschaftler und Praktiker u.a. dadurch unterscheiden lassen, dass Letzterer nicht bereit ist, für sich ein entbehrungsreiches Leben im Labor
zu akzeptieren, und auch wenn dem Kliniker vom zeitlichen Umfang wie von der
psychophysischen Intensität seiner Tätigkeit her möglicherweise mehr abverlangt
wird als dem niedergelassenen Arzt, so kann doch plausiblerweise davon ausgegangen werden, dass auch dieser – wenn auch graduell und von der Intensität her

gesehen unterschiedlich – eine im obigen Sinne verstandene Disziplinierung seines Körpers erfahren hat.

Daher u.a. erscheint mir eine empirische Rekonstruktion des auch *körperlichen* professionsspezifischen Selbstverständnisses durch *Beobachtung* des *praktischen* Handelns von Ärzten in der direkten Interaktion mit anderen Menschen besonders dringlich. Denn Fragen wie die, warum Menschen zum Arzt gehen, oder die, ob sie sich an die Instruktionen des Arztes halten, sind in der medizinsoziologischen Literatur, – qua rekonstruktivem Interview – weitaus gründlicher behandelt worden als z.B. die, was eigentlich zwischen Arzt und Patient *während* einer Konsultation vor sich geht. Einige der körperzentrierten forschungsleitenden Fragen, die ich bei der geplanten Untersuchung verfolgen möchte, will ich deshalb zumindest andeuten: Wie agiert bzw. interagiert der Arzt in der Sprechstunde? Wie geht er körperlich mit dem Patienten, um? Ändert sich die Interaktion des Arztes bei Verdacht auf eine HIV-Infektion beim Patienten? Sind interaktive Vorsichtsmaßnahmen, sofern sie getroffen werden, AIDS-Problem-spezifisch? Lassen sich signifikante Unterschiede bei der normalen bzw. bei der problematisierten Arzt-Patient-Interaktion zwischen verschiedenen Fachrichtungen feststellen? Usw., usf. All dies – und vieles andere mehr –lässt sich wohl schwerlich erfragen, handelt es sich dabei doch im Wesentlichen nachgerade prototypisch um jenen *nicht*-expliziten Wissensbereich körperlicher Fähigkeiten, Fertigkeiten und Routinen, deren Verbalisierung, das meine ich aus meinen bisherigen einschlägigen Projekterfahrungen schließen zu können, eben keineswegs ,natürlich' (im normalen Alltagsleben) erfolgt, dort auch gar nicht erforderlich ist, sondern eher dem pragmatischen ,Gang der Dinge' hinderlich wäre. Und wenn man Menschen, mit welchen Gesprächsführungstricks auch immer, ,zwingt', diese ihre eingelebten *Körperpraktiken* doch ,auf den Begriff zu bringen', dann verleitet man sie eben zwangsläufig dazu, *Körperideologie* zu produzieren

Literatur

Agar, Michael (1980): The Professional Stranger. New York et al.: Academic Press

Becker, Howard S. / Geer, Blanche (1969): Participant Observation and Interviewing. In: McCall, George J. /Simmons, J.L. (eds.): Issues in Participant Observation. Reading, Mass. et al.: Addison-Wesley, S. 322-331

Christie, Agatha (1987[27]): Tod in den Wolken. Bern/München: Goldmann

Cicourel, Aron V. (1970): Methode und Messung in der Soziologie. Frankfurt a.M.: Suhrkamp

Dewe, Bernd/ Ferchhoff, Wilfried (1984): Deutungsmuster. In: Kerber, Harald/ Schneider, Arnold (Hrsg.): Handbuch der Soziologie. Reinbek b. Hbg.: Rowohlt, S. 76-81

Douglas, James D. (1976): Investigative Social Research. Beverly Hills/ London: Sage

Fischer, Wolfram (1978): Struktur und Funktion erzählter Geschichten. In: Kohli, Martin (Hrsg.): Soziologie des Lebenslaufs. Darmstadt, Neuwied: Luchterhand, S. 311-336

Girtler, Roland (1984): Methoden der qualitativen Sozialforschung. Wien, Köln, Graz: Böhlau

Hitzler, Ronald/ Honer, Anne (1988): Reparatur und Repräsentation. Zur Inszenierung des Alltags durch Do-It-Yourself. In: Soeffner, Hans-Georg (Hrsg.): Kultur und Alltag (SB 6 von ‚Soziale Welt'). Göttingen: Schwartz, S. 267-283

Honer, Anne (1991): Die Perspektive des Heimwerkers. In: Garz, Detlef/ Kraimer, Klaus (Hrsg.): Qualitativ-empirische Sozialforschung. Opladen: Westdeutscher Verlag, S. 319-342

Honer, Anne (1987): Helfer im Betrieb. In: Lipp, Wolfgang (Hrsg.): Kulturtypen, Kulturcharaktere. Berlin: Reimer, S. 45-60

Honer, Anne (1985a): Beschreibung einer Lebens-Welt. In: ZfS, Jg. 14. 2, S. 131-139

Honer, Anne (1985b): Bodybuilding als Sinnsystem. In: Sportwissenschaft, Jg. 15. 2, S. 155-169

Knorr Cetina, Karin (1988):): Das naturwissenschaftliche Labor als Ort der ‚Verdichtung' von Gesellschaft. In: ZfS, H. 2, S. 85-101

Kohli, Martin (1978): Soziologie des Lebenslaufs. Darmstadt/Neuwied: Luchterhand

Lewis, Sinclair (1955): Dr. med. Arrowsmith. Hamburg: Rowohlt

Lofland, John (1976): Doing Social Life. New York: Wiley

Matthes, Joachim (1985): Zur transkulturellen Relativität erzählanalytischer Verfahren in der empirischen Sozialforschung. In: KZfSS, H. 2, S. 310-326

Merton, Robert K./ Kendall, Patricia L. (1945/46): The Focused Interview. In: American Journal of Sociology, Jg. 51. 6, S. 541-557

Schatzmann, Leonard / Strauss, Anselm L. (1973): Field Research. Englewood Cliffs: Prentice-Hall

Schütze, Fritz (1983): Biographieforschung und narratives Interview. In: Neue Praxis, Jg. 13. 3, S. 283-293

Schütze, Fritz (1977): Die Technik des narrativen Interviews. Bielefeld (Arbeitsberichte und Forschungsmaterialien Nr. 1)

Spradley, James P. (1980): Participant Observation. New York: Holt, Rinehart and Winston

Spradley, James P. (1979): The Ethnographic Interview. New York: Holt, Rinehart and Winston

Thomssen, Wilke (1980): Deutungsmuster. In: Weymann, Ansgar (Hrsg.): Handbuch für die Soziologie der Erwachsenenbildung. Darmstadt, Neuwied: Luchterhand, S. 358-373

Wolff, Kurt H. (1976): Surrender and Catch. Dodrecht/ Bosten: Riedel

Sportler und Demente

Lebensweltliche Ethnographie und das Phänomen Sport

1. Sport als ‚Welt' entdecken

Auf die Frage, was Sport ‚eigentlich' sei, geben einschlägige Experten vielfältige Antworten, einmal den *einen* Aspekt stärker betonend, ein anderes Mal den an-de-ren. Bei Bero Rigauer (1982, S. 53) bin ich auf die (nur scheinbar lapidare) Fest-stellung gestoßen, dass der Gegenstand der Sportsoziologie eben das sei, was man *gemeinhin* unter Sport verstehe. Was man gemeinhin unter Sport versteht, das ist *für mich* – und ohne damit etwa Rigauers Intentionen interpretieren zu wollen – ziemlich genau das, was ich mit ‚das *Phänomen* Sport' meine, nämlich – unter Aus-klammerung der Frage, was Sport eigentlich, tatsächlich, wirklich *sei* – das, was uns als Sport *erscheint* – was uns zumeist ganz fraglos, problemlos, selbstverständ-lich, als Sport erscheint, was gelegentlich aber auch irritierender- oder zumindest überraschenderweise von irgendjemandem mehr oder minder Glaubwürdigem zu Sport, zu einer Art von Sport, zu einer neuen Art von Sport oder dergleichen ‚er-klärt' wird. ‚Das Phänomen Sport', das legt uns die Frage nahe: Aufgrund welcher Bedingungen, welcher Merkmale, welcher Indizien eigentlich *halten* wir etwas für Sport, sind wir willens, etwas als ‚Sport' zu qualifizieren statt als was sonst auch immer? Nun, diese spezifisch wissenssoziologische Problemstellung versucht ja Hitzler (1991) zu klären, sodass ich hier auf eine solche Bestimmung des Phäno-mens Sport verzichten kann. Die Frage, was lebensweltliche Ethnographie in Be-zug auf das *Phänomen* Sport zu leisten imstande ist, müsste nämlich, so hoffe ich, *relativ* unabhängig von spezifischen Inhalten zu stellen sein (obwohl ich passim dann doch – zwangsläufig – mit einer bestimmten Vorstellung von Sport operie-ren werde, um die nun folgenden, sehr generellen methodisch-methodologischen Ausführungen[1] wenigstens andeutungsweise zu konkretisieren).

Noch einmal also vorab: Für meine Darstellung lebensweltlicher Ethnographie möchte ich mich vorderhand damit begnügen, auf das zu verweisen, was (mehr oder weniger) ‚jedem von uns' – *vor* allen theoretischen Skrupeln – als ‚Sport' erscheint Dann nämlich sind wir auch schon gemeinsam mitten drin in dem, was wir die ‚lebensweltliche Perspektive' nennen, bzw. in dem, was angesprochen ist,

---

1   Diese habe ich – in erweiterter Form – auch in Honer 1989 entwickelt.

wenn wir die Methode der Ethnographie mit dem Adjektiv ‚lebensweltlich' ver-
sehen. Es ist nämlich nicht etwa so, dass hier einer wie immer auch gearteten ‚re-
volutionären Neuerung' das Wort geredet werden sollte: Im Wesentlichen heißt
‚lebensweltliche Ethnographie' einfach ‚Ethnographie', und im Wesentlichen bemühen wir uns auch um nichts anderes als darum, einigermaßen ordentliche Ethnographie zu treiben. D.h., um es mit Clifford Geertz zu sagen: „Wir reden mit
dem Bauern auf dem Reisfeld oder mit der Frau auf dem Markt, weitgehend ohne
strukturierten Fragenkatalog und nach einer Methode, bei der eins zum anderen
und alles zu allem anderen führt; wir tun dies in der Sprache der Einheimischen,
über eine längere Zeitspanne hinweg und beobachten dabei fortwährend aus nächs-
ter Nähe ihr Verhalten." (1985, S. 38)

Was den ethnographischen *Soziologen* vom ethnographisch arbeitenden Ethnologen bzw. Kulturanthropologen unterscheidet, das ist (abgesehen davon, dass
es hierzulande so wenige Reisfelder gibt), dass wir in der Regel erst wieder-lernen
müssen, dass wir die ‚Sprache der Einheimischen' tatsächlich *nicht* ohnehin und
selbstverständlich beherrschen. Anders ausgedrückt: Soziologische Ethnographie
muss jene ‚Fremde' zuerst überhaupt entdecken, die der Ethnologe gemeinhin ‚existenziell' erfährt, weil und indem seine alltäglichen Routinen im Feld oft ziemlich
brachial erschüttert werden, sozusagen entgegen der Gewissheit des ‚Denkens-wie-
üblich', des ‚Und-so-weiter', der ‚Vertauschbarkeit der Standpunkte', mit denen
der gemeine Alltagsverstand alles zu okkupieren pflegt, was einigermaßen vertraut
oder auch nur bekannt in seinem Horizont erscheint. Soziologische Ethnographie
muss in voluntativer Abkehr von der Borniertheit, von der Arroganz der fraglo-
sen ‚Reziprozität der Perspektiven', davon ausgehen, dass – ganz im Sinne von
Bruckner und Finkielkraut (1981) – ‚das Abenteuer *gleich um die Ecke*' beginnt,
und dass ‚gleich um die Ecke' tatsächlich das *Abenteuer* beginnt. Also nur, wenn
wir *nicht* davon ausgehen, dass alles, was uns nicht auf Anhieb außerordentlich
befremdlich erscheint, damit auch schon zu unserer eigenen Kultur gehört, dass
‚wir' ohnehin dieselbe Sprache sprechen und die nämlichen, womöglich massen-
medial vorproduzierten Gedanken denken, nur wenn wir davon *nicht* ausgehen,
wird ethnographisches Arbeiten in der Soziologie sinnvoll. Nur wenn wir uns darauf verständigen können, dass die Originalität der soziologischen gegenüber der
alltäglichen Weltsicht vor allem in ihrer ‚künstlichen Dummheit' (Hitzler 1986)
besteht, darin also, die Commonsense-Gewissheiten eben *nicht* zu teilen und vor-
sichtshalber immer erst einmal davon auszugehen, dass der andere Mensch, dem
wir wo auch immer begegnen, in *seiner* eigenen Welt lebt, die eben nicht selbstverständlich auch die unsere und folglich prinzipiell erst einmal (vorsichtig, um-

sichtig, nachsichtig) zu *explorieren* ist, nur dann verstehen wir auch, was Ethnographie in der Soziologie überhaupt wollen kann.

Die mehr oder weniger kleinen ‚Welten', die die soziologischen Ethnogra-
phen zu erforschen trachten, gelten gemeinhin als so etwas wie ‚Kultur-Claims',
die im wesentlichen durch bereichsspezifische Kommunikationsstrukturen, zumindest durch signifikante kommunikative Eigenheiten abgesteckt sind (vgl. Shibutani
1955, Strauss 1978, Unruh 1980). Das einzige Moment, das in dieser im Wesentlichen symbolisch-interaktionistisch argumentierenden Konzeption vernachlässigt
wird, ist die Frage, wie man um solche ‚Welten' eigentlich wissen kann, bzw. noch
deutlicher: wie sich solche Welten eigentlich *konstituieren*, wenn sie eben *nicht* als
normative Konstrukte des Theoretikers gemeint sind, sondern als Rekonstruktionen
gelebter sozialer Wirklichkeit. Diese Welten konstituieren sich, so unsere in der
Tradition der neueren Wissenssoziologie stehende Idee der kleinen Lebens-Welten (vgl. Hitzler/ Honer 1984, 1988 und 1991), als Erfahrungs-Qualitäten, Sinn-
Konglomerate, bzw. phänomenologischer ausgedrückt: als Sinnprovinzen in der
typischen Lebenswelt des typischen modernen Menschen. Und gerade diese kleine reflexive Zusatzschleife erlaubt es, macht es vielleicht sogar notwendig, nicht
einfach von ‚Ethnographie' sondern von ‚*lebensweltlicher* Ethnographie' zu sprechen. ‚Lebensweltlich' meint hier also nicht mehr als die Reflexion der Konstitution von Wissen im ethnographischen Prozess. Darauf, was das für die empirische
Praxis heißt, werden wir sogleich zurückkommen.

Es soll aber zuvor noch einmal kurz der Bogen zurückschlagen werden zum
‚Phänomen Sport': Unter ethnographischem Interesse wäre also zu fragen, ob Sport
als eine Art *Sonderkultur* angesehen werden kann, bzw. im Sinne der in-teraktio-
nistisch-phänomenologischen Tradition als eingrenzbarer Erfahrungsbereich, als
Wirklichkeitsausschnitt, als Teilgebiet zumindest typisch *moderner* Lebenswelten,
d.h. unserer Meinung nach eben auch als *kleine Lebens-Welt*. Und meine These
ist, dass Sport eine ‚Welt' in diesem Sinne ist, ein Erfahrungsbereich mit mannigfaltigen Sozialbeziehungen, gemeinsamen bzw. gemeinsam interessierenden Aktivitäten, mit abgrenzbaren, definierbaren Zwecken und vor allem mit markanten
internen Differenzierungen hinsichtlich der Sport-*Arten* einerseits und hinsichtlich der vielfältigen ‚Rollen' in dieser Sportwelt andererseits (Athleten, Zuschauer, Trainer, Funktionäre, Sponsoren, Journalisten usw.). Letzteres ist für eine lebensweltliche Ethnographie unter methodisch-methodologischen Aspekten vor
allem deshalb bedeutsam, weil es die praktische Mitgliedschaft des Forschers in
diesem Feld nicht apriori auf eine bestimmte Rolle festlegt. Denn gerade diese,
die praktische Mitgliedschaft ist, wie ich im folgenden deutlich zu machen versuchen möchte, zum einen reflexionsbedürftig gegenüber der Ethnographie im All-

gemeinen, und zum anderen eben ideal, will man seine Forschungsarbeit als ‚lebensweltliche' verstanden wissen.

2. Erfahrungsstrukturen rekonstruieren

Ausgehend von der Prämisse, den sozialen Konstruktionsaspekt von Wirklichkeit entgegen der ‚normativen' Perspektive konventioneller Forschungstradition wieder zu gewinnen, entwickelt sich – im Wesentlichen seit den fünfziger Jahren und unter Bezugnahme auf vernachlässigte Traditionen der Chicago-Schule, des Symbolischen Interaktionismus und der verstehenden Soziologie in Deutschland – die Sozialforschung des sogenannten ‚interpretativen Paradigmas' (vgl. Wilson 1982). Interpretative Forschungsverständnisse, so divergent sie theoretisch und methodologisch begründet und reflektiert sein mögen, betonen gegenüber konventionellen Verfahren die Rekonstruktion (typischer) subjektiver Erfahrungen und die Frage nach den diesen inhärenten (latenten) Erfahrungsstrukturen. Von dieser Prämisse aus problematisieren sich ihre Methoden der Datengewinnung in eine dem Interesse der quantifizierenden Sozialforschung gleichsam ‚entgegengesetzte' Richtung: Ebenfalls ansetzend bei der pragmatischen Einsicht, dass es vernünftig sei, mit den Leuten zu reden, wenn man etwas über ihre Wirklichkeit erfahren will, stellt sich interpretativ nicht einfach die Frage, wie man die (sozusagen von Subjektivismen ‚gereinigte') Wirklichkeit erfassen kann, sondern man steht vor dem Problem, wie es gelingen könnte, die Wirklichkeit *der Menschen*, also eben *ihre* (in ihrer sozialen Praxis konstruierte) Wirklichkeit zu rekonstruieren.

Die Geschichte dieser Entwicklung ist im Wesentlichen die Geschichte der Entwicklung offener, weicher, zirkulärer Erhebungsverfahren einerseits und gleichsam mikrochirurgisch operierender strukturanalytischer Interpretationsverfahren andererseits. Und diese Entwicklung kumuliert derzeit in Präzisierungsvorschlägen zur Gesprächsführungstechnik zum einen und in der Infragestellung von Interviewdaten überhaupt zum anderen, in der Ablösung teilnehmender Beobachtung durch beobachtende Teilnahme zum einen und in der Ablösung der rekonstruktiven Dokumentenanalyse durch eine registrierende Kommunikations-und Interaktionsanalyse zum anderen. Es geht insgesamt, vereinfacht ausgedrückt, im interpretativen Paradigma um die Frage der Gewinnung *gültiger*, d.h. subjektiv interpretierbarer Daten, ehe die Sicherung der Reliabilität überhaupt relevant werden kann D.h., der *sinnhafte* Aufbau der sozialen Welt steht im Vordergrund aller rekonstruktiven Bemühungen, die sich so als, in einem weiten Sinne, *hermeneutische* Anstrengungen erweisen (vgl. Soeffner 1982 und 1984).

In dieser Perspektive besteht das Ziel sozialwissenschaftlicher Arbeit weniger darin, unter Vernachlässigung des Verstehens-*Problems* Phänomene zu beschreiben, um Sachverhalte *erklären* zu können, sondern vielmehr darin, unter Reflexion des vorgängigen eigenen alltäglichen Verstehens natürliche ‚settings‘ zu beschreiben, um Alltags-Erklärungen und Alltags-Handeln *verstehen* zu können. Und eben diese Forschungsperspektive lässt sich als ‚lebensweltliche Ethnographie‘ bezeichnen. Anders gesagt: Wenn wir von ‚lebensweltlicher Ethnographie‘ sprechen, dann meinen wir ein Forschungsverfahren, das verschiedene Möglichkeiten der Datenerhebung zu integrieren und eine Reihe von je spezifisch sich eignenden Methoden zu applizieren sucht. *Ideal* dafür, dass wir von einer *lebensweltlichen* Ethnographie sprechen können, erscheint uns der Erwerb der praktischen Mitgliedschaft am Geschehen, das erforscht werden soll, also der Gewinn einer existenziellen Innensicht. Diese Forderung wird plausibel, wenn wir uns daran erinnern, was in der Tradition von Schütz ‚Lebenswelt‘ heißt: Die Welt, wie sie unserer Erfahrung gegeben ist, die Welt, wie wir sie erhandeln und erleiden (vgl. Schütz/ Luckmann 1984, S. 11). Unverzichtbar dafür, dass wir von einer lebensweltlichen *Ethnographie* sprechen können, erscheint uns, dass wir das Geschehen zunächst aus der Perspektive des Augenzeugen und Insiders beschreiben, unsere Kommentare daraufhin überprüfen, auf welche Relevanzsysteme sie sich jeweils beziehen, und unsere Analysen als Produkte einer theoretischen Einstellung reflektieren. Denn lebensweltliche Ethnographie beginnt grundsätzlich mit der flexiblen und offenen Begegnung mit dem forschungsrelevanten Gegenstand. Das Forschungsinteresse ist nicht hypothesengeleitet, sondern ‚nur‘ thematisch sensibilisiert. Und es ist konzentriert auf die vorfindlichen Situationsdefinitionen und -interpretationen. Dieses Stadium, das Herbert Spiegelberg (1982) als ‚intuiting‘ charakterisiert, wird begleitet von analytischem und deskriptivem Differenzieren. D.h., die im Felde gemachten Erfahrungen werden auf den Kontext, in dem sie statthatten, *nicht* jedoch auf eine externe Typologie bezogen. Dies geschieht im Wesentlichen dadurch, dass die Sprache des Feldes erlernt wird. Für die lebensweltliche Ethnographie einer Teilzeitkultur der eigenen Gesellschaft, hier eben des Sports, bedeutet das, dass wir nicht fraglos eine alltagsumspannende Bedeutung der *hier* gültigen Sprache voraussetzen dürfen, sondern deren situations- und kontext- spezifische Bedeutung eruieren und explizieren müssen.

3. Methodenplural explorieren

Lebensweltliche Ethnographie ist somit unseres Erachtens der ‚Königsweg‘ der verstehenden Rekonstruktion der in der neueren Wissenssoziologie so genann-

ten ‚kleinen sozialen Formationen' (Berger/ Luckmann 1969, S. 85), die unter
dieser Perspektive als kleine soziale Lebens-Welten erfasst werden. Für die sozialwissenschaftliche *Erforschung* des Phänomens der kleinen Lebens-Welten eröffnen sich zwei Fragerichtungen: Erstens die nach dem Problem existenzieller
Daseinsgestaltung bzw. typischer Lebensformen. Also etwa: Wie gelingt es, subjektiv sinnhaft den Alltag zu organisieren, an unterschiedlichen sozialen Aktivitäten teilzunehmen, Teilzeit-Interessen zu verfolgen und Teilzeit-Notwendigkeiten
zu erledigen, Umorientierunsmaßnahmen durchzuführen, mit heterogenen Verhal-
tensregeln zurechtzukommen, sich in Phantasiewelten zurückzuziehen und wieder
in die Alltagswelt zurückzukehren, das Leben eben als ‚Ganzes' zu erleben, als
Kontinuum, usw.? Hierzu zeichnen sich insbesondere in der soziologischen Biographieforschung Zugangsmöglichkeiten ab.

Das zentrale Verfahren zur Datenerhebung in der soziologischen Biographieforschung ist derzeit wohl das von Fritz Schütze (1976 und 1977) konzipierte ‚nar-
rative' Interview. Dieses Verfahren basiert auf der Prämisse, dass es eine schichtunabhängige und transkulturelle menschliche Fähigkeit dafür gibt, *Geschichten*
zu erzählen, und dass solche Erzählungen vergangene Erlebnisse und Erfahrungen
nicht nur vollständig, sondern auch adäquat zu repräsentieren vermögen. Schütze
geht also davon aus, dass die Erzählung *das* sprachliche Genre sei, das tatsächliche Erfahrung am ‚verlustlosesten' mitteilt, bzw. dass sich aus der erzählten Geschichte eben Orientierungsstrukturen faktischen Handelns rekonstruieren lassen.
Und zwar u.a. deshalb, weil eine Erzählung dann, und nur dann, gelinge, wenn die
‚Kongruenz der Relevanzsysteme' kommunikativ bestätigt wird, wenn also der
Rezipient dem Erzähler beständig signalisiert, dass er dessen thematisches und interpretatives Interesse teilt.

Die zweite Fragerichtung sozialwissenschaftlicher Erforschung kleiner Lebens-Welten richtet sich auf das Problem der Gruppenperspektive bzw. typischer
Lebensstile. Also etwa: Welche Handlungs- und Deutungsmuster gruppieren sich
um welche thematischen ‚Kerne', wie wird Wir-Gefühl produziert, welche distink-
tiven Strategien lassen sich erkennen, welche Rituale und Mythen sind approbiert
und mit welchen Verbindlichkeitsansprüchen, welche Dramaturgie unter Verwendung welcher Requisiten liegt den sozialen Innen- und Außenbeziehungen zugrunde, usw.? Hierzu empfehlen sich insbesondere Verfahren und Methoden aus dem
Bereich der Ethnographie (vgl. u. a. Glaser/ Strauss 1967, Schatzmann/ Strauss
1973). Hier insbesondere liegt auch mein eigener Forschungsschwerpunkt: Ab-
weichend von Schützes Konzept, das u. E. eine Vertrauensbasis zwischen Forscher
und Befragtem bereits *voraussetzt*, schlagen wir für ethnographische Zwecke eine
Form des Intensivinterviews vor, das prinzipiell *drei diskrete*, zeitlich stark diver-

sifizierte *Phasen* umfasst. Dieses *thematisch zentrierte Intensiv-Interview* ist ein kumulatives Verfahren, das sowohl die Qualitäten des Einzelfalles erhält als auch intersubjektiv geteilte Orientierungsmuster kategorial erfasst. Das Konzept der prinzipiell distinkten Mehrphasigkeit hat u. E. den Vorteil hochgradiger Flexibilität und technischer Pragmatik: Kategorien und Hypothesen werden erst im Verlauf der Befragung aus dem Material selber gewonnen und dienen dann der Sensibilisierung für die folgenden Gesprächseinheiten. Interpretationsprobleme können durch rückkoppelnde Befragung gelöst werden, sodass der ‚hermeneutische Konsens' nicht *nur* in einer abschließenden, von den argumentativen Einlassungen der Interviewten abgekoppelten Auswertungsphase ‚objektiv' hergestellt werden muss. Wie gesagt: Das thematisch zentrierte, mehrphasige Intensivinterview eignet sich – auch pragmatisch verkürzt – als *ein* Teilverfahren lebensweltlicher Ethnographie (die im Prinzip methodenplural angelegt ist), nämlich insbesondere von gruppierungstypischen Wissens-und Einstellungsmustern.

Um aber ein typisches Bild der Innenperspektive, also der kleinen Lebens-Welten ‚collagieren' zu können, ist es sinnvoll, das in den Gesprächen Gesagte in Beziehung zu teilnehmend Beobachtetem zu setzen (Becker/ Geer 1969). Denn: Es ist zumindest fragwürdig, ob Mitteilungen anderer Leute über soziale Phänomene als Daten der Phänomene selber gelten dürfen (vgl. Bergmann 1985). Zunächst und zweifelsfrei sind sie einfach Daten der Mitteilung, Daten darüber also, wie ein Phänomen von einer bestimmten Person in einer bestimmten Situation *dargestellt* wird. D. h., wir können also weder fraglos davon ausgehen, dass der Informant unter anderen Umständen das gleiche mitteilen würde, noch dass er *jetzt* mitteilt, was seiner jetzigen Erfahrung bzw. Erinnerung entspricht, noch können wir fraglos davon ausgehen, dass das, was er mitteilt, dem mitgeteilten Geschehen ‚objektiv' entspricht. Der Versuch aber, das letztgenannte Problem dadurch zu lösen, dass möglichst viele Informanten zum selben Phänomen befragt werden, löst die davorliegenden Probleme keineswegs. Er vervielfacht sie lediglich. Stark vereinfacht gesprochen sehen wir zwei verschiedene Möglichkeiten zur Bewältigung des – eben zuerst zu lösenden – Validitätsproblems. Die eine, problematischere, Möglichkeit besteht im Wesentlichen in der Herstellung von gegenseitigem *Vertrauen* zwischen dem Forscher und seinem Informanten durch langandauernden persönlichen Kontakt miteinander. Die andere Möglichkeit besteht im Wesentlichen in der Herstellung von *Vertrautheit* mit dem zu erforschenden Phänomen selber durch praktische Teilnahme am sozialen Geschehen, durch Erwerb der Mitgliedschaft, durch *existenzielle* Perspektivenübernahme bzw. Perspektivenverschränkung. Diese Möglichkeiten schließen einander keineswegs aus, sondern lassen sich in verschiedenen Mischformen umsetzen und durchführen.

Beide Strategien ‚verstehender' Feldforschung implizieren ein flexibles Sich-Einlassen auf ‚gesellige' Situationen. Der Aktionsschwerpunkt kann dabei sowohl auf der interaktiven und kommunikativen Partizipation als auch auf der nicht involvierten Observanz liegen. Die in der Methodenliteratur strittige Frage, ob hierbei nun *Beobachtung* oder *Interview* das grundlegende Verfahren sei, kann m. E. grundsätzlich nur in Relation zum jeweiligen Forschungsinteresse entschieden werden. Richtet sich dieses auf die Rekonstruktion der subjektiven Perspektive, auf die typischen Wissensformen eines Menschen, dann kommt Beobachtungsdaten konkreten Verhaltens ‚nur' ein ergänzender Stellenwert zu. D. h., Beobachtungen liefern Stoff für neue Fragen und Themen der Interviews und können auf Widersprüche zwischen Gesagtem und Getanem aufmerksam machen, die ihrerseits wieder in Gesprächen thematisiert werden können. Liegt jedoch der Schwerpunkt des Forschungsinteresses auf der Rekonstruktion der Lebensform und des Lebensstils, dann dreht sich das Verhältnis sozusagen um, und der Forscher muss zunächst bemüht sein, sich soweit in das interaktive und kommunikative Geschehen zu involvieren, dass seine Anwesenheit von den Mitgliedern als fraglos und selbstverständlich akzeptiert wird. Die Rolle des nur distanzierten Zuschauers z. B. birgt für den Forscher die Gefahr in sich, dass er gar nicht *versteht, dass* er nicht versteht, d.h., dass er die Bedeutung des Geschehens für die Mitglieder nicht adäquat erfasst, obwohl er meint, dass er das tut. Der engagierte Mitspieler hingegen steht, wenn er nicht im Team arbeitet, sozusagen vor einem ‚Münchhausen-Problem': Er muss sich immer wieder ‚am eigenen Schopfe' aus dem Feld herausziehen, sich reflexive Distanz selber verschaffen. Der Intensitätsgrad der Teilnahme am Feldgeschehen jedenfalls bleibt notwendigerweise ein diffiziler *Balanceakt*.

4. An Teilzeit-Welten partizipieren

In dem Maße also, in dem die Lebenswelt des Anderen zum Gegenstand des wissenschaftlichen Interesses wird, wird das Problem methodologisch virulent, inwieweit und wie es gelingen kann, die Welt mit den Augen des anderen zu sehen, *seinen* subjektiv gemeinten Sinn *seiner* Erfahrung zu rekonstruieren. Eine solche Forschungs*praxis* kann also keineswegs in der Einstellung theoretischer Distanz erfolgen, sondern muss stattfinden in der Einstellung einer künstlichen (d. h. aufgrund des theoretischen Interesses voluntativ anzueignenden) Quasi-Natürlichkeit oder Alltäglichkeit. Eine solche Forschungsperspektive gewollter Alltäglichkeit scheint nun *prinzipiell* unproblematisch: Schließlich ist jeder Sozialwissenschaftler auch – und wahrscheinlich sogar: vor allem – ein Alltagsmensch und verfügt damit eben quasi-natürlich über eine typisch alltägliche Einstellung eines

modernen Menschen. Aber das Leben in modernen Gesellschaften weist fatalerweise ganz spezifische Probleme auf, die hervorragend geeignet sind, das Vertrauen des Sozialwissenschaftlers in die methodische Brauchbarkeit seiner je eigenen selbstverständlichen Alltäglichkeit zu erschüttern. Denn korrespondierend
mit der besonderen Sozialstruktur moderner Gesellschaften, die sich sowohl in einer diffusen Dichotomisierung in private und öffentliche Sphären ausdrückt, als
auch in einer Ausdifferenzierung verschiedener institutioneller Teilbereiche (wie
z.B. Politik, Wirtschaft, Wissenschaft, Religion, Familie), welche nach je eigenen
Zweckrationalitäten organisiert sind, korrespondierend also mit dieser heterogenen Sozialstruktur, ist die Lebenswelt des *modernen* Menschen nicht mehr nur
differenziert in die universalen Konstanten von *einem* Alltag und allerlei angren-
zenden Subsinnwelten (wie Traum, Phantasie, Theorie), sondern die *alltägliche*
Lebenswelt selber ist kompartmentalisiert in nicht mehr sinnhaft zusammenhängende Teil-Orientierungen, in Enklaven und Sinnprovinzen, in Partizipationen an
verschiedenen Teilzeit-Aktivitäten, von denen jede einen bestimmten Ausschnitt
seiner Erfahrung organisiert, und die relativ abgrenzbare Zweckwelten darstellen,
in denen praktisches und legitimatorisches Sonderwissen bereitsteht, in denen mit-
gliedschaftliche Interaktionsgelegenheiten gegeben sind, und in denen Passage-,
Partizipations- und Karrieremuster ‚gelten‘ (vgl. dazu ausführlicher Hitzler 1988).

In jeder dieser kleinen Welten gilt, was – aufgrund der *Pluralität* der Perspektiven – für die alltägliche Lebenswelt des modernen Menschen *insgesamt* zumindest problematisch geworden ist, nämlich: dass zumindest dieser *Ausschnitt* aus
der Welt vom anderen Mitglied typischerweise ebenso erfahren wird, wie von mir,
dass unsere Standpunkte vertauschbar, dass unsere Relevanzsysteme kongruent,
dass also unsere Perspektiven reziprok sind (vgl. Schütz 1971, 12ff.). Damit kommen wir wieder zurück auf das methodologische Problem des Verstehens: *Grundvoraussetzung* für Fremdverstehen ist, dass sich *mein* Sinnsystem und das des Anderen zumindest partiell überschneiden. Dies setzt, um es mit Luckmann (1986)
zu sagen, zwar nicht voraus, dass wir unsere Erfahrungen ‚teilen‘ (was unmöglich
ist), aber es setzt voraus, dass wir *gemeinsame* Erfahrungen machen. Gemeinsame Erfahrungen machen aber heißt, sich typisch gleich in der Welt zu orientieren,
bzw. die typisch gleiche Welt zu erleben. Methodologisch relevant für verstehende
Forschung ist dabei, sich daran zu erinnern, dass zwar *Sinn* sich im individuellen
Bewusstsein konstituiert, dass aber Sinn*systeme* intersubjektiv konstruiert werden. Um also einen anderen Menschen zwar nicht seinem *tatsächlich* gemeinten,
aber seinem *typisch* gemeinten Sinn nach verstehen zu können, müssen er und ich
am selben Sinnsystem partizipieren, und zwar so partizipieren, dass es mir möglich wird, das existenzielle Verstehensproblem des ‚Welchen Sinn macht seine Er-

fahrung *für ihn?*' wieder zu veralltäglichen unter der Generalthese der reziproken Perspektiven zum ‚Was täte ich, wäre ich an seiner Stelle?'. Fremdverstehen, das eben stets nur *typisches* Fremdverstehen sein kann, gelingt wenigstens näherungsweise in dem Maße, wie es gelingt, die Welt sozusagen aus der *Normalperspektive* dessen zu sehen, der verstanden werden soll.

Forschungspraktisch folgt nun daraus für die lebensweltliche Ethnographie, da im Verfolg der Fragerichtung hin auf Lebensform und persönliche Identität im Zentrum der methodenpluralen Annäherung an den anderen das stehen muss, was als ‚Empathie' bekannt ist und in den Sozialwissenschaften gern unter dem Verdikt ‚spekulativer Subjektivismus' abgelehnt und ‚abgelegt' wird. – Im Verfolg der Fragerichtung hin auf Lebensstil und (Bezugs)-Gruppe hingegen, wo es eben nicht um das Verstehen einer anderen Persönlichkeit ‚in toto', sondern um das Verstehen eines thematisch zentrierten Erfahrungszusammenhanges geht, muss im Zentrum einer wiederum prinzipiell methodenpluralen Vorgehensweise die praktische Teilnahme, die ‚direct experience' stehen. Übersetzt in den Kontext meines Themas heißt das einfach: wenigstens zeitweise die Welt, bzw. die Welten des Sports erleben. Dort geht es augenscheinlich" um Leistung und um Leistungsverbesserung, ... die man freiwillig erbringt." (Luhmann 1982, S. 204) Ebenso auch Plessner, der konstatiert: „Spiel allein ist noch kein Sport. Sport verlangt mehr. Er verlangt Leistung." (1967, S. 22)

Beispielhaft für eine solche kleine Lebens-Welt könnte man vielleicht die des Bodybuilders nennen, die ich vor einigen Jahren untersucht habe: Bodybuilding ist eine sozial organisierte und strukturierte Teilzeit-Aktivität, zur gezielten, normgeleiteten Körpermodifikation, die *prinzipiell* (aber nicht notwendigerweise für den einzelnen Teilnehmer ‚verbindlich', sondern von diesem mehr oder weniger intensiv rezipiert) *auch* eine bestimmte gemeinsame Wirklichkeitsdeutung ‚bereitstellt'. Bodybuilding vermittelt *auch* spezifische Handlungsstrategien, spezifisches (Routine-)Wissen, spezifische Definitionen von Situationen und Personen, also kurz: einen subsinnweltlichen Interpretationsrahmen zur Bewältigung zunächst spezieller, grundsätzlich aber auch allgemeiner ‚Probleme' des Einzeldaseins in der modernen, anonymen, ‚abstrakten' Gesellschaft. Mit anderen Worten, die Lebens-Welt des Bodybuilders ist eine, mittels Symbolen, Bedeutungen und sozialen Regeln, konstruierte Teilzeit-Wirklichkeit. In dieser gibt es z.B. genaue Einteilungen nach Alters-, Gewichts- und Größenklassen; es gibt Vorschriften zur Bekleidung, zum Zustand des Körpers, zur Dauer der Vorführungen; es gibt genaue Vorschriften über die Pflicht-Figurationen und detaillierte Punktsysteme zur Bewertung von Einzel- und zur Errechnung von Gesamtleistungen (Männer treten in sieben, Frauen in fünf Pflichtposen an; dazu kommen Gemeinschaftsauftritte und vor allem die einminütige ‚Kür'). „Und doch ist, was auftritt, in der Maske der Quantifizierung nur die eingeschmuggelte alte Er-Messens-Kategorie." Diesem Verdikt von Dormagen (1982, S. 11) ist zweifellos zuzustimmen; nur: es trifft zwar das Bodybuilding, aber es trifft keineswegs *nur* das Bodybuilding.

5. Wie kann man ‚Sport' erleben?

Wenn ich also meine, gemäß der angeführten Definition legitimerweise auch Bodybuilding als Sport bezeichnen zu können, und wenn ich weiter behaupte, diesen Gegenstand soziologisch sinnvoll aus der Forschungsperspektive lebensweltlicher Ethnographie rekonstruieren zu können, dann stellt sich nun wohl die Frage, ob dieses Konzept tatsächlich exemplarisch ist für bzw. anwendbar auf das Phänomen Sport im allgemeinen. – Da Sport auch als „komplexes, vielschichtiges Handlungsfeld" (Grieswelle 1978, S. 29) aufgefasst wird, ist evident, dass die spezifischen Zwecksetzungen, das jeweilige Sonderwissen, die Interaktionsgelegenheiten, Passage-, Partizipations- und Karrieremuster von Sportart zu Sportart mit ihrer jeweiligen Organisation vielfältig variieren. Da sich nun beispielsweise Bodybuilder eben auch als *Sportler* verstehen, stellt sich die Frage, wodurch ein solcher, die konkrete Aktivität bzw. den konkreten Aktivitätenkomplex transzendierender Bezug hin auf das abstrakte Phänomen Sport konstituiert wird. Ist es, um mit Bourdieu (1985, S. 577) zu sprechen, das die Entwicklung des modernen Sports mit bedingende Verständnis der ‚körperlichen Übung' als Selbstzweck?[2] Oder ist, symbolisch-interaktionistisch gesehen, die effektive Kommunikation, die ‚Essenz' jeder Sozialwelt, also auch der Sportwelt (Shibutani 1955)? Nun, Mitglieder der sozialen Teil(zeit)Welt Sport partizipieren jedenfalls irgendwie an zahlreichen formellen und informellen Sporthandlungen über vielfältige formelle wie informelle Kommunikationskanäle.

Ebenso wie der Selbstzweck körperlicher Übungen zwar kein hinreichender, aber ein notwendiger Bestimmungsgrund für Sport ist, ebenso kann jedes Mitglied der Sportwelt konkrete oder zumindest typische Um-zu-Motive mit sportlichen Handlungen verknüpfen. Um aber das eigene Tun oder das eines anderen überhaupt als *‚Sport'* identifizieren zu können, muss man eine Vorstellung davon haben, was wir ‚die relative Autonomie' dieses gesellschaftlichen Bereichs nennen wollen. Eine solche Vorstellung ist jeder konkreten sportlichen Aktivität als sozial vermitteltes Wissen mitgegeben. Was nicht heißt, dass jedes Mitglied notwen-

---

2   Vgl. hierzu auch Grieswelle 1978, demzufolge Sport als „vorwiegend körperliche Bewegung (motorische Aktivität)" (29) seinen ‚Sinn dadurch erfährt', dass keine Produkte bei dieser Tätigkeit gefertigt werden.

diger Weise zu sagen wüsste, was unter Sport nun genau zu verstehen ist, sondern lediglich, dass es weiß, dass sein Tun oder das der anderen eben als Sport verstanden wird. Denn der Sport als Welt des Wettkampfs ist „eingebettet in ein umfängliches Feld von Auseinandersetzungen, die die Definition des *legitimen Körpers* und des *legitimen Umgangs* mit dem Körper zum Gegenstand haben" (Bourdieu 1985, S. 580). Das Phänomen Sport ist mithin eine Erfahrungstatsache und somit m. E. als Phänomen in seiner Erscheinungsvielfalt auch als kleine soziale Lebens-Welt rekonstruierbar. Zu klären wäre dann allerdings zunächst, aus welcher Perspektive dieses komplexe Unterfangen angegangen werden müsste. Wie bereits eingangs erwähnt, ist für das Forschungsverfahren lebensweltlicher Ethnographie konstitutiv die praktische Mitgliedschaft am zu untersuchenden Geschehen. Wie aber ist Mitgliedschaft im Sport zu denken?

Das Phänomen Sport, verstanden als Welt des Wettkampfs, eröffnet dem teilnehmenden Beobachter ein Rollenspektrum, das prinzipiell von der Position des distanzierten Zuschauers bis zu der des engagierten Aktiven reicht. Einmal abgesehen von sportspezifischen praktischen Feldproblemen, hier wohl vor allem den jeweiligen (physisch-technischen) Leistungs-Grenzen des Forschers, die die existenzielle Übernahme bestimmter Perspektiven verhindern, gilt es generell natürlich, sich die Defizite jeden Rollenspiels zu vergegenwärtigen und durch feldrelevante Daten *aller Art* zu ergänzen, um den gesamten Erfahrungshorizont der Sportwelt rekonstruieren zu können. Wie gesagt, eine methodenplurale Vorgehensweise ist das zweite Prinzip lebensweltlicher Ethnographie. Im Vordergrund stehen dabei naturgemäß Handlungen, Denkweisen und Gefühle der Athleten. Die zentrale Gegenperspektive ist wohl die des Publikums im situativen Kontext von Sporthandeln. Aber wie bereits erwähnt stehen uns in Bezug auf das Phänomen Sport auch noch mannigfaltige andere ‚natürliche' Rollensets zur Disposition. Zur Erweiterung ethnographischer Informationschancen werden dabei die verschiedensten Datentypen herangezogen: Das potentielle Material beinhaltet etwa Biographien und Autobiographien, Zeitungs- und Zeitschriftenberichte, Radio- und Fernsehsendungen, offizielle Dokumente von Sportorganisationen, möglicherweise belletristische und notwendigerweise eben einschlägig relevante wissenschaftliche Literatur, sowie, soweit verfügbar, auch statistische Daten. D.h., lebensweltlich-ethnographisch ist dem Phänomen Sport sozusagen nur indirekt über die verschiedenen Sport*arten* und die je damit verbundenen thematischen, interpretativen und motivationalen Relevanzen einschlägiger ‚Mitglieder' auf die Spur zu kommen.[3]

---

3   Während nun eine identische Beschreibung im phänomenologischen Sinne auch dieses Phänomens
    grundsätzlich am Einzelfall möglich, d.h. dass das Phänomen seiner Grundstruktur nach bei jeder
    beliebigen Sport-Art deskribierbar sein muss, bleibt m. E. unter wissens- und kultursoziologischen
    Interessen zum Thema Sport komparative, auch historisch-komparative Rekonstruktionsarbeit

Literatur

Becker, Howard, S./ Geer, Blanche (1969): Participant Observation and Interviewing. In: McCall, George J./ Simmons, Jerry L. (Hrsg.): Issues in Participant Observation. Reading/ Mass. et al.: Addison-Wesley, S. 322-331

Berger, Peter L./ Luckmann, Thomas (1969): Die gesellschaftliche Konstruktion der Wirklichkeit. Frankfurt a.M.: Fischer

Bergmann, Jörg R. (1985): Flüchtigkeit und methodische Fixierung sozialer Wirklichkeit. In: Bonß, Wolfgang/ Hartmann, Heinz (Hrsg.): Entzauberte Wissenschaft. Sonderband 3 der Sozialen Welt. Göttingen: Schwartz, S. 299-320

Bourdieu, Pierre (1985): Historische und soziale Voraussetzungen modernen Sports. In: Merkur, Jg.39. 7, 575-590

Bruckner, Pascal/ Finkielkraut, Alain (1981): Das Abenteuer gleich um die Ecke. München/ Wien: Hanser

Dormagen, Christel (1982): Bodybuilding. In: Courage, Jg.7. 9, S. 8-13

Geertz, Clifford (1985): Vom Hereinstolpern. In: Freibeuter, 25. S. 37-41

Glaser, Barney G./ Strauss, Anselm L. (1967): The Discovery of Grounded Theory. New York: Aldine de Gruyter

Grieswelle, Detlef (1978): Sportsoziologie. Stuttgart u.a.: Kohlhammer

Hitzler, Ronald (1991): Ist Sport Kultur? In: Zeitschrift für Soziologie, Jg.20. 6, S. 479-487

Hitzler, Ronald (1988): Sinnwelten. Opladen: Westdeutscher Verlag

Hitzler, Ronald (1986): Die Attitüde der künstlichen Dummheit. In: Sozialwissenschaftliche Informationen (SOWI), Jg.15. 3, S. 53-59

Hitzler, Ronald/ Honer, Anne (1991): Qualitative Verfahren zur Lebensweltanalyse. In: Flick, Uwe u.a.(Hrsg.): Handbuch Qualitative Sozialforschung. München: Psychologie Verlagsunion, S. 382-385

Hitzler, Ronald/ Honer, Anne (1988): Der lebensweltliche Forschungsansatz. In: Neue Praxis, Jg.18. 6, S. 496-501

Hitzler, Ronald/ Honer, Anne (1986): Lebenswelt-Milieu-Situation. In: Kölner Zeitschrift für Soziologie und Sozialpsychologie (KZfSS), Jg.36. 1, S. 56-74

Honer, Anne (1993): Lebensweltliche Ethnographie. Wiesbaden: Deutscher Universitätsverlag

Honer, Anne (1989): Einige Probleme lebensweltlicher Ethnographie. In: Zeitschrift für Soziologie, Jg.18. 4, S. 297-312

Krockow, Christian v. (1974a): Sport und Industriegesellschaft München: Piper

Krockow, Christian v. (1974b): Sport. Eine Soziologie und Philosophie des Leistungsprinzips. Hamburg: Hoffmann und Campe Verlag

Luckmann, Thomas (1986): Zeit und Identität: Innere, soziale und historische Zeit. In: Fürstenberg, Friedrich/ Mörth, Ingo (Hrsg.): Zeit als Strukturelement von Lebenswelt und Gesellschaft. Linz: Trauner, S. 135-174

Luhmann, Niklas (1982): Liebe als Passion. Frankfurt a.M.: Suhrkamp

Plessner, Helmuth (1967): Spiel und Sport. In: Ders. u.a. (Hrsg.): Sport und Leibeserziehung. München: Piper, S. 17-27

Rigauer, Bero (1982): Sportsoziologie. Reinbek b. Hbg.: Rowohlt Taschenbuch-Verlag

Schatzman, Leonard/ Strauss, Anselm L. (1973): Field Research – Strategies for a Natural Sociology. Englewood Cliffs. N..J.: Prentice Hall

in und zu den mannigfaltigen Erscheinungsweisen sportlichen und sportähnlichen Handelns angezeigt.

Schütz, Alfred (1971): Wissenschaftliche Interpretation und Alltagsverständnis menschlichen Handelns. In: Ders.: Gesammelte Aufsätze. Band 1. Den Haag: Nijhoff, S. 3-53

Schütz, Alfred/ Luckmann, Thomas (1984): Strukturen der Lebenswelt. Band 2. Frankfurt a.M.: Suhrkamp

Schütze, Fritz (1977): Die Technik des narrativen Interviews in Interaktionsstudien (Arbeitsberichte und Forschungsmaterialien Nr.1). Bielefeld

Schütze, Fritz (1976): Zur Hervorlockung und Analyse von Erzählungen thematisch relevanter Geschichten im Rahmen soziologischer Feldforschung. In: Arbeitsgruppe Bielefelder Soziologen: Kommunikative Sozialforschung. München: Fink, S. 159-260

Shibutani, Tamotsu (1955): Reference Groups as Perspectives. In: American Journal of Sociology, Vol. 60. 6, S. S. 562-568

Soeffner, Hans-Georg (1984): Hermeneutik – Zur Geneses einer wissenschaftlichen Einstellung durch die Praxis der Auslegung. In: Ders. (Hrsg.): Beiträge zu einer Soziologie der Interaktion. Frankfurt a.M./ New York: Campus-Verlag, S. 9-52

Soeffner, Hans-Georg (1982): Prämissen einer sozialwissenschaftlichen Hermeneutik. In: Ders. (Hrsg.): Beiträge zu einer empirischen Sprachsoziologie. Tübingen: Narr, S. 9-48

Spiegelberg, Hebert (1982): The Steps of the Phenomenological Method. In: Ders.: The Phenomenological Movement. Den Haag: Nijhoff, S. 681-715

Strauss, Anselm (1978): A social world perspective. In: Denzin, Norman (ed.): Studies in symbolic Interaction. Greenwich, CT: JAI Press, S. 119-128

Unruh, David R. (1980): The Nature of Social Worlds. In: Pacific Sociological Review, Vol. 23. 3, S. 271-296

Wilson, Thomas P. (1982): Qualitative ‚oder' quantitative Methoden in der Sozialforschung. In: Kölner Zeitschrift für Soziologie und Sozialpsychologie (KZfSS), Jg. 34. 3, S. 487-508

Beschreibung einer Lebenswelt
Zur Empirie des Bodybuilding

1. Eine kleine Lebens-Welt

Die ‚Fremde' – oder besser: eine der vielen ‚Fremden' – kennenzulernen, die sich allerorten als Enklaven in die scheinbar so wohlvertraute eigene Wirklichkeit schieben, dies gab den Anstoß zu einer Ethnographie jener überaus merkwürdigen Körper-Kultur, die sich durch das Etikett ‚Bodybuilding' kennzeichnen lässt. Ziel dieses Aufsatzes ist es jedoch *nicht,* über Organisationsformen, Mitgliederzahlen und ökonomische Aspekte derselben zu berichten. Beabsichtigt ist vielmehr, Praxis und Sonderwissen im Bereich des Bodybuildings *so* zu beschreiben, dass es möglich wird, die Regeln und Ordnungen zu verstehen, in denen sich dieser spezifische, ausgrenzbare Interaktionszusammenhang konstituiert. Ausgehend von mit höchst unter-schiedlichen Methoden zusammengetragenem ethnographischem Material[1], will ich versuchen, die *internen* Wissenstrukturen einer sozialen Subsinnwelt (allenfalls exemplarisch) von einer überschaubaren Erhebungseinheit und einer bescheidenen Datenbasis aus zu verstehen und, wenn möglich, auch Nicht-Initiierten verständlich zu machen. Deshalb geht es mir auch weniger darum, skeptisch gegenüber den intellektuellen Ansprüchen jener ‚kleinen' Wirklichkeitsdeutung zu sein, als vielmehr darum, der alltäglichen (auch akademisch gern gepflegten) Unterstellung eklatanter Hohlköpfigkeit in reziproker Proportionalität zu auffälliger Muskelmasse gegenüber skeptisch zu bleiben.

Meine Hypothese lautet also, dass sich über die Beschreibung des im Bodybuilding vorfindlichen (Sonder-)Wissens nichtalltägliche lebensweltliche Sinnstrukturen rekonstruieren lassen müssten: Bodybuilding lässt sich definieren als explizite Praxis, in der spezielle technische Verfahren angewandt werden, um Körper – nicht nur irgendwie sondern nach bestimmten Kriterien – zu *verändern.* Behauptet wird damit, dass Bodybuilding als ‚kleine soziale Lebens-Welt markiert werden kann: Zu den Indikatoren einer solchen kleinen sozialen Lebens-Welt zähle

---

1   Dokumentiert in Honer 1983. – Ungefähr im selben Zeitraum führte, im Rahmen eines größeren Projektes an der Technischen Hochschule Aachen, auch Joachim Bednarek eine soziologische Erhebung über Bodybuilding durch, die völlig unabhängig signifikant ähnliche Ergebnisse brachte.

ich u. a. eine definierbare Zwecksetzung, technisches und legitimatorisches Sonderwissen, Interaktionsgelegenheiten, freiwillige teilzeitliche Partizipation, Passageriten und ‚Karriere'-Muster. Unter dem Begriff der kleinen Lebens-Welt wird
also nicht individuelle Welterfahrung, sondern eine *in* der individuellen Welterfahrung relevante, partielle Bezugsgruppenorientierung thematisiert. Eine kleine
soziale Lebens-Welt ist ein intersubjektiv konstruierter Zeit-Raum situativer Sinn-
produktion und -distribution, der im Tagesab- und Lebenslauf aufgesucht, durch-
schritten, gestreift wird, und der mehr oder minder wesentliche Elemente für das
spezifisch moderne ‚Zusammenbasteln' strukturell unwesentlich gewordener persönlicher Identität bildet. – M. a. W.: Der Einzelmensch ist sowohl aus der Perspektive seiner Gesamtbiographie als auch aus der eines beliebi-gen Tagesablaufs
wahlweise oder nacheinander (oder sogar zugleich) Teilnehmer unterschiedlichs-
ter sozialer ‚Veranstaltungen', Mitglied verschiedenster Gruppierungen, Gruppen
und Gemeinschaften. Unter Berücksichtigung relativ stabiler Kernbereiche konstituiert der moderne Mensch seine persönliche Identität ‚in eigener Regie' und unter Bezugnahme auf die verschiedensten, konkurrierenden, sich ergänzenden oder
ignorierenden Teilzeit-Gruppierungen, auf diverse kleine soziale Lebens-Welten,
die – subjektiv oder objektiv – entstehen und vergehen: Der moderne Mensch ist
Teilzeit-Teilnehmer an unterschiedlichsten Teilzeit-Aktivitäten. Das heißt aber
keineswegs, dass der moderne Mensch ‚vereinzelt' wäre; im Gegenteil, er sucht
‚in der Masse' (und aus der Masse der Angebote) Geborgenheit in, seinen individuellen Neigungen entsprechenden, Gruppierungen[2]. – Als exemplarisch für eine
solche Gruppierung erscheint mir nun eben der Bodybuilding-Betrieb. D. h., ich
verstehe Bodybuilding als sozial organisierte und strukturierte Teilzeit-Aktivität,
die *prinzipiell* (aber nicht notwendigerweise für den einzelnen verbindlich, sondern von diesem mehr oder weniger intensiv rezipiert) *auch* eine bestimmte gemeinsame Wirklichkeitsdeutung bereitstellt.

Es sollte aber keineswegs vergessen werden, dass auch Bodybuilder vor allem durchschnittliche, also ‚normale' Menschen sind, wie (fast) alle anderen auch.
Auch die gewöhnliche Alltagswirklichkeit im Bodybuilding-Studio ist erfüllt von
schierem Pragmatismus. Auch für einen Bodybuilder besteht seine je konkrete,
individuelle Lebenswelt (die Welt, wie sie ihm in seiner Erfahrung gegeben ist,
wie sie durch seine subjektiven Bewusstseinsleistungen konstituiert wird) beileibe nicht nur aus und im Bodybuilding. Der durch seine pragmatischen Notwendigkeiten ‚ausgezeichnete' Erfahrungs- und Handlungsraum bleibt, wie intensiv

---

2   Zur Idee der kleinen sozialen Lebens-Welten vgl. B. Luckmann 1978; Hitzler/ Honer 1984,
     Gross/ Hitzler/ Honer 1984. Zur problematischen persönlichen Identität in der Moderne vgl.
     exemplarisch Luckmann 1972 und 1979.

die Identifikation mit einem speziellen Sinn- und Wertsystem auch sein mag, die
Welt des normalen *Alltags*, also jener Bereich der Wirklichkeit, in dem wir alle –
zumindest irgendwie und immer wieder – mit anderen zusammenleben (müssen).

2. Der ‚echte‘ und der ‚unechte‘ Bodybuilder

Der Einstieg ins Feld erfolgte bei meiner Untersuchung in einem weiten Verständnis von Teilnahme und Beobachtung, das auch eine kleine, quasi präliminarische
Fragebogenaktion einschloss. Außerdem habe ich versucht, exemplarisch einige
‚Selbst-Bilder‘ von in diesem Feld verorteten, mehr oder weniger gewöhnlichen
Bodybuildern nachzuzeichnen, die mit der Methode des ‚offenen Interviews‘ evoziert wurden. – Es ging mir darum, was Bodybuilder *tun* und was sie zu ihrem und
über ihr Tun *sagen*. Deshalb (nicht nur aber auch deshalb) habe ich etwa zwei Jahre lang selber mehr oder minder regelmäßig in einem Studio trainiert und somit
eine prinzipiell unverdeckte, die anderen Bodybuilder aber kaum bzw. gar nicht
interessierende teilnehmende Beobachtung durchgeführt, die zunehmend in eine
beobachtende Teilnahme übergegangen ist.

Ausgehend von der Teilnahme an und der Beobachtung von einer langen Reihe konkreter Situationen habe ich schließlich ein Gefühl der Vertrautheit mit der
(abstrakteren) Studio-Normalität entwickelt: der ‚kleine‘ Bodybuilding-Alltag im
und ums Fitness-Center tendiert m. E. tatsächlich, um die Terminologie von Bruno
Hildenbrand (1983) aufzugreifen, zur ‚milieuartigen Verdichtung‘, wobei zu betonen ist, dass ein Großteil meines Verstehens auch auf der Wahrnehmung nicht-
sprachlicher Handlungen und Interaktionen beruht (vgl. Soeffner 1982). Normalerweise galt es, die ‚Themen‘ aus Gestik, Mimik und Wort- oder Satzpassagen zu
rekonstruieren, weil es selten möglich ist, im Studiobetrieb – ohnehin nicht sehr
häufige –zusammenhängende Gespräche zu verfolgen, ohne die übliche räumliche
Distanz kommunikations(zer-)störend zu durchbrechen: Es gibt beim Bodybuilding-Training ziemlich manifeste, allgemein akzeptierte, wenn auch kaum wirklich explizierte Verkehrsordnungen des räumlichen Umgangs miteinander, denn
das Studio ist, handlungstheoretisch gesprochen, ein Feld permanent möglicher
Wirkzonenkonflikte, weil zur Bearbeitung verschiedener Muskelpartien auch verschiedene Geräte benötigt werden und deshalb immer wieder Ortsveränderungen
vorgenommen werden müssen, die oft den Trainingsfluss des oder der anderen in
irgendeiner Weise tangieren oder kreuzen.

Eine vielleicht gar nicht kommunikationsarme aber doch zumindest verbalisie-
rungsarme Atmosphäre von nicht eben hektischer sondern von reger und konzentrierter Betriebsamkeit kennzeichnet die übliche Trainingssituation: Über Bauch-

muskelbrett, Calfmachine, Roman Chair, Hackenschmidt- und Wadenmaschine, Kraftständer und Schrägbank-, Seated-Legpress-, Multipress- und Butterfly-Maschine, über Hantel- und Bizepscurling-Bank, über ‚Turm‘ und Latissimus-Zugmaschine liegt eine Stimmung, fast als hätten sich die Idee der *frühindustriellen Manufaktur* und der *meditative Geist des Zen-Klosters* ‚dialektisch vereint‘.

Zahlreiche Beobachtungen und auch die von mir beiläufig, gezielt oder systematisch geführten Gespräche mit diversen Studiomitgliedern, Trainern und Studiobesitzern weisen auf so signifikante Interessendifferenzierungen innerhalb der Klientel solcher Body-Studios hin, dass eine kategoriale Abgrenzung von wenigstens zwei normalen Bodybuilder-(Ideal-)Typen nicht nur legitim, sondern auch sinnvoll erscheint. M. E. lassen sich zwei Arten aktiven Interesses am Bodybuilding recht eindeutig allein schon aufgrund teilnehmender Beobachtung gegeneinander abgrenzen: *die explizit transzendente und die explizit immanente Motivation* zum Gewichttraining. Thematisiert ist dabei keine Alltagsperspektive, sondern gleichsam eine ‚Innensicht‘ des Bodybuilding. D. h., explizit transzendente Motive haben jene Studiomitglieder, die ihrem eigenen Verständnis nach *Bodybuilding als Mittel zu einem anderen Zweck* einsetzen: Fitness-Sportler, Ausgleichssportler, Sportler, die zur Leistungsverbesserung in anderen Sportarten Bodybuilding betreiben, und schließlich orthopädische ‚Fälle‘. Explizit immanente Motive haben dementsprechend die ‚echten‘ Bodybuilder, also diejenigen, die trainieren, weil sie, ihrem Selbstverständnis zufolge, *im Bodybuilding* (als einem Wissenssystem) ‚geltende‘ Leistungsziele anstreben.

Der *‚unechte‘ Bodybuilder*, der also entweder *vorrangig* andere Sportarten betreibt und mit Gewichten im Studio zur Ergänzung oder vielleicht auch zur Rekonvaleszenz trainiert, oder aber – und das scheint die wachsende Mehrheit insbesondere der körperbildnerischen Frauen zu sein – einfach seiner Gesundheit oder seiner Figur zuliebe das Studio aufsucht, wirkt sich ambivalent auf das Sinngefüge der kleinen Lebens-Welt aus: einerseits ist er als finanzieller Faktor inzwischen für den Bodybuilding-Betrieb unverzichtbar, andererseits ist er eine ideelle Gefahr, weil er dem Geltungsanspruch der Bodybuilding-‚Philosophie‘ prinzipiell skeptisch (und damit potentiell bedrohlich) gegenübersteht. – Erhöhung der Muskelkraft, körperlicher Ausgleich, Erhaltung der Gesundheit und Verbesserung der figürlichen Erscheinung motivieren den ‚unechten‘ Bodybuilder also zum Training – normalerweise in der Hoffnung, ja in der *Erwartung* schneller Gewichtszu- zumeist aber einer Gewichtsabnahme.

Der ‚unechte‘ Bodybuilder (als Idealtypus) verfügt im allgemeinen über ein relativ geringes, ja zum Teil nur über ein Mindestmaß an Wissen über Trainingsmethoden. Er kennt kaum mehr als sein, eventuell modifiziertes, Grundprogramm.

Auch sein Ernährungs- und Diätwissen stammt fast ausschließlich aus anderen Lebensbereichen; industriell vorgefertigte Nahrungskonzentrate hingegen bezieht er oft über das Studio. Die Bodybuilding-Terminologie, die *spezifische* Begrifflichkeit, ist ihm im wesentlichen nur insoweit vertraut, als sie im Rahmen *seines* Trainings von expliziter (Bewältigungs-)Bedeutung ist. Fachzeitschriften und auch Trainingsbücher kauft er sich normalerweise nicht, die Sinnwelt des Bodybuilding ist ihm im Grunde nur ahnungsweise bekannt, ja oft fremd; sie interessiert ihn letztlich auch nicht. Allenfalls ‚gelegentlich mal‘ im Studio blättert er ‚spaßeshalber‘ in einem Fachmagazin. Die Studiospiegel, neben den Gewichten das unerlässlichste und zugleich ‚anrüchigste‘ Requisit beim Bodybuilding-Training, benutzt er zur Kontrolle seiner Figursilhouette; sein Studiodress besteht in einem einfachen Trainingsanzug oder in ‚irgendwelchen alten Klamotten‘, bzw. bei den Frauen im ‚Aerobic-Set‘ (knappes Body-Stocking, Strumpfhosen und – fast unvermeidlich – Leg-Warmers). Der Kontakt des ‚unechten‘ Bodybuilders zu anderen Mitgliedern des Studios beschränkt sich einerseits auf den Kreis derer, die er ‚schon vorher‘ kannte, und andererseits auf ein Minimum: auf Grußformeln, Informationsabfragen beim Trainer, Bestellungen an der Theke und gelegentlich auf eine freundliche Absprache über die Nutzung eines Trainingsgerätes. Der Anteil des Studioaufenthaltes an seinem Zeitbudget ist im Allgemeinen knapp bemessen; er nutzt zweckrational ein Dienstleistungsangebot für seine individuell höchst divergenten Interessen.

Der *‚echte‘ Bodybuilder* organisiert seinen Studio-Alltag auf eine permanente Leistungssteigerung hin, um in näherer oder fernerer Zukunft sich mit einigen Erfolgsaussichten um irgendeinen Bodybuilding-Meistertitel bewerben zu können. Sein (Sonder-)Wissen um spezifische Trainingsmethoden und gezielte Ernährungsweisen bildet die Grundlage seines individuellen Programmes, mit dem er, je nach Vorbereitungsstadium, ‚Masse macht‘ *oder* ‚definiert‘ (also Körpergewicht und Muskelvolumen erhöht *oder* Fettgewebe abträgt und Muskelpartien konturiert). – Der ‚echte‘ Bodybuilder trainiert, wenn er sich *nicht* auf einen Wettkampf vorbereitet, drei- bis viermal in der Woche je zwei bis zweieinhalb Stunden. Ein Training gilt nur dann als sinnvoll und nützlich, wenn es voll konzentriert, im richtigen Rhythmus und mit der ‚richtigen inneren Einstellung‘ durchgeführt wird.

Der Spiegel hat im Trainings-Alltag des ‚echten‘ Bodybuilders mehrere Funktionen: während einer Übung dient er zur Kontrolle des exakten Bewegungsablaufes, außerhalb der Übung dient er der Begutachtung einzelner Muskelpartien im ange-spannten und entspannten Zustand: der Trainierende lässt seine Muskeln ‚spielen‘. Dieses Exerzitium kann häufig beobachtet werden, doch dauert es stets nur wenige Augenblicke und hat offenbar keinen demonstrativen Charakter.

Zieht ein Bodybuilder bei seiner Kontroll-Bespiegelung die Aufmerksamkeit anderer auf sich, so bricht er fast immer sofort ab oder versucht, durch übertriebene Gestik den Ernst der Angelegenheit zu verschleiern oder zu überspielen. Während der eigentlichen Wettkampfvorbereitung allerdings studiert der Bodybuilder sein ‚Posing‘, seine Techniken der Muskelpräsentation, vor dem Spiegel ein. Gelegentlich ist auch eine kontemplative Versenkung in das eigene Spiegelbild während der Trainingspausen zu beobachten.

Der Blick des Bodybuilders in den Spiegel erscheint als praktischer Versuch visueller Distanznahme zu sich selber und damit als die *private* Antizipation des *öffentlichen* (Laien- und Experten-)Auges. Der individuelle Körper ist ja grundsätzlich öffentlich (im Gegensatz zum subjektiven Bewusstsein); jedoch lässt er sich durch relative oder absolute Absonderung mehr oder weniger ‚privatisieren‘, also dem aktuellen face-to-face-Diskurs bestimmter anderer oder auch der anderen schlechthin entziehen. Diese wenigstens relative Absonderung vom sozialen Blick braucht der Bodybuilder, um ‚arbeiten‘ zu können. Zugleich aber arbeitet er ja auf dieses Angesehen-Werden, auf diese Diskursivität seiner Erscheinung hin. Dieses Um-zu-Motiv ist, zumindest partiell, sinn-stiftend für sein Handeln. Und im Spiegel eben sieht er stets die ‚Form‘, die er objektiv präsentieren würde, sähe durch seine Augen ‚jetzt‘ ein anderer. Der Bodybuilding-Spiegel illustriert so gleichsam die ‚Generalthesis der Reziprozität der Perspektiven‘[3].

Die Trainingsbekleidung des Bodybuilders unterscheidet sich im Prinzip nicht von der anderer Sportler: sie dient eben vor allem dazu, die Muskeln warm zu halten, den Schweiß zu absorbieren und uneingeschränkte Bewegungsfreiheit zu ermöglichen. Für Übungen mit schweren Gewichten benutzt der Bodybuilder (und auch die Bodybuilderin) gern den breiten Ledergürtel des Gewichthebers (um die untere Wirbelsäule zu stabilisieren) und Handschuhe mit halben Fingerlingen, die durch Noppen aufgerauht sind (um ein Abrutschen von der Hantelstange zu vermeiden). – Muskelmasse, ‚harte Definition‘ und ‚harmonische‘ Proportionen sind Kriterien der Schönheits- und Erfolgsideale, und damit auch Ziele und Maßstäbe des eigenen, im Grunde wertrationalen Schaffens des ‚echten‘ Bodybuilders: Sein ideales Körper-Vor-Bild findet der ‚echte‘ Bodybuilder eben zumeist *nicht* im Bodybuilding-Studio, sondern bei den, ihm normalerweise allerdings nur aus den Medien bekannten, internationalen ‚Stars‘.

Diese ‚Stars‘ (wie etwa Arnold Schwarzenegger und Lisa Lyon, um nur die bekanntesten zu nennen) sind für den Normal-Bodybuilder Repräsentanten des

---

3   Vgl. zur Reziprozität der Perspektiven z.B. Schütz/ Luckmann 1979; zur Bedeutung des Spiegels für die Identitätsbildung Bernard 1980 bzw. – als interaktionistische Metapher – exemplarisch Strauss 1974.

Menschen-Möglichen, dessen, was Menschen vollbringen können, wenn sie erst einmal sich – und damit dann auch gleich ‚die Welt' – überwinden. ‚Stars' sind personifizierte Enklaven des Außerordentlichen im Bodybuilding-Alltag: Sie vertreten etwas, was als erreichenswert und nachahmenswert gilt; sie verkörpern legitimatorische Symbolik: Wenn, um es im Bodybuilding-Jargon auszudrücken, die ‚Motivation' nachlässt oder die Energie abfällt, dann eben kommt das Identifikationspotential des ‚Erfolgreichen' (des als erfolgreich Bekannten) zum Tragen. M. a. W.: Der Normalbodybuilder bezieht sich auf die ‚Stars' vor allem, um sich selber und anderen sein individuelles Tun als Ausdruck einer sinnhaften und legitimen allgemeineren Praxis zu erklären.

3. Die ‚Philosophie' des Bodybuilding

Im Vorhergehenden habe ich bereits angedeutet, dass es so etwas wie eine ‚Philosophie' eine sinnstiftende Wirklichkeitsdeutung des Bodybuilding gebe, ohne diese Behauptung näher zu erläutern oder gar empirisch zu belegen. Das soll nun geschehen.

Der internationale Bodybuilding-Betrieb ist von einschlägigen Zeitschriften nachgerade überschwemmt, so dass wir begründet annehmen dürfen, dass diese Journale in verschiedener Hinsicht relevante Faktoren im Wissenssystem Bodybuilding darstellen. Auch in der Bundesrepublik gibt es zwei große, mit verschiedenen Dachverbänden assoziierte Magazine: Die zweimonatlich erscheinende ‚Sport & Fitness' und die monatlich erscheinende ‚Sportrevue', die zusammen eine Auflage von annähernd 250 000 Exemplaren erreichen. Sie werden in den Studios ebenso feilgeboten wie allenthalben an ganz normalen Zeitungskiosken. Mein Generalverdacht war nun, dass die Journale zunächst als Werbeträger für kommerzielle Interessen dienen, und dass sie vor allem, damit durchaus zusammenhängend, durch Information und Meinung dazu beitragen, eine kohärente Wirklichkeitsdeutung zu produzieren, zu plausibilisieren, im Problemfall zu modifizieren, insgesamt zu tradieren und so letztlich die heterogenen körperbildungsbereiten einzelnen in eine Subsinnwelt zu sozialisieren. Ich ging davon aus, dass die Zeitschriften Ideologieträger einer spezifischen Wirklichkeitsbestimmung seien, und dass sich folglich über eine Inhaltsanalyse letztlich die hier interessierende symbolische Sinnwelt bzw. die Symbolik dieser Wirklichkeitsauffassung rekonstruieren lassen müsste[4].

---

4   Das impliziert, dass ich nicht nur auf ein Verfahren bzw. auf eine Art von Verfahren rekurriert habe, dass mich nicht nur die Texte, sondern auch die Bilder interessiert haben. Die Inhaltsanalyse dient aber nur als ein Baustein meines Rekonstruktionsversuches der kleinen sozialen Lebens-Welten des Bodybuilders.

Wer eine beliebige Ausgabe einer Bodybuilding-Zeitschrift zur Hand nimmt,
dessen erster Gesamteindruck dürfte, wenn wir ästhetische Abwehrreaktionen einmal ausklammern, wohl sein, dass er ein buntes, reich illustriertes und mit Werbung ‚vollgepflastertes' Magazin vor sich habe, mit einer abwechslungsreichen
Mischung aus Trainingsanleitungen, Ernährungstipps, Wettkampfberichten, Star-
biographien und allerlei psychologisierenden Ratschlägen, dass es aber vor allem
eben viele farbige Bilder relativ spärlich bekleideter Menschen zu betrachten gibt.
Wer dann vielleicht die dritte oder vierte beliebige Ausgabe durchblättert, der gewinnt fast unumgänglich den Eindruck, den wir am nachhaltigsten vom seriellen
Überfliegen von Pornomagazinen her kennen: Dass das Ganze eine ziemlich ein-
tönige Wiederholung des immer Gleichen sei, und dass selbst die ‚Variationen
zum Thema' sich in engen Grenzen halten. – Beide Eindrücke sind wohl richtig,
wenn auch nicht *ganz* richtig. Die Bodybuilding-Journale sind nicht ganz so bunt,
wie sie auf den ersten, und nicht ganz so fad, wie sie auf den zweiten oder dritten Blick scheinen.

Die Fachzeitschrift als Expertenforum sichert und bestätigt zunächst ihre eigene Existenz: Durch Vermittlung besonders erfolgversprechender Trainingsver-
fahren wird Kauf- und Lesebereitschaft geweckt und erhalten. Da aber der Rahmen möglicher Variationen – und vor allem spektakulärer Neuerungen – schon
durch die menschliche Physiologie recht begrenzt ist, bedarf es zusätzlicher Sti-
mulanzien, um ‚die Kundschaft bei der Stange' zu halten. Und diese finden sich
eben im ‚Zwischenreich des endlosen Diskurses', des ‚philosophischen' Geredes
über irgendwelche (transzendenten) Prinzipien, die der dumpfen Mühsal an der
Butterfly-Machine oder am Kraftreck unterlegt oder übergestülpt werden können.

Die Durcharbeitung der Bodybuilding-Magazine hat neben der Bereitstellung
alltagssprachlicher Items vor allem auch eine dazu ‚querliegende' Differenzierung
unter wissenssoziologischer Perspektive nahegelegt. Evidentermaßen tauchen –
nicht nur aber eben auch – verschiedene Wissensformen auf, die ich in Anlehnung
an eine von Max Scheler (1960) diskutierte Typologie spezifiziert und dann in einem meiner Meinung nach ‚fruchtbaren' Kategorienraster verarbeitet habe[5]. – Obwohl dabei die Kategorie ‚Philosophie' *quantitativ* nicht sehr ins Auge springt,
erscheint sie mir besonders wichtig für die Rekonstruktion der Sinnstruktur der
kleinen Bodybuilding-Welt. Denn in diesen Beiträgen wird gleichsam komprimiert
der ‚Überbau' errichtet und – im Bedarfsfalle – auch renoviert, der dann als ‚angewandte Theorie' in fast alle Themenbereiche und selbstverständlich insbesondere
in das Erklärungswissen einfließt. Ja, Erklärungswissen meint *hauptsächlich* the-

---

5   Ich unterscheide zwischen technisch-normativem *Verfahrenswissen*, pragmatisch-deskriptiven
     Bildungswissen und legitimatorisch-suggestivem *Erklärungswissen*.

matische Spezifizierungen der allgemeinen ‚philosophischen‘ Positionen, die den
pragmatischen Imperativen die Würde des Normativen verleihen.

Die von den ‚Vordenkern‘ propagierten Attitüden basieren weitgehend auf einem Commonsense-Verständnis der zugrundeliegenden Begriffe. Dass aber ihren
Meinungen die ‚Würde des Normativen‘ zuteil wird, resultiert aus einer Art von
unbefragtem Charisma aufgrund von Erfahrung, Erfolg, akademischem Titel und
vor allem aufgrund der Gewöhnung der Rezipienten an eine gelungene Selbstin-
szenierung: In der ‚philosophischen‘ Aufforderung an den Leser, *sein* Ziel aus
dem erarbeiteten Wissen und der Erfahrung zu planen und zu gestalten (verbunden mit der Beispielhaftigkeit von ‚Spitzenathleten‘, die *ihr* Ziel beharrlich verfolgen und sich von keiner Kritik beirren lassen) steckt z.B. ein kaum überhörbarer
Appell an das Ideal der Unabhängigkeit. Auch die Empfehlung, vorurteilsfrei mit
dem bereitgestellten Wissen umzugehen, und die Betonung der ‚festen Überzeu-
gung‘, des ‚Glaubens an sich selbst‘, thematisieren implizit die *selbständige, unabhängige Persönlichkeit*. Diese ‚Aufklärung‘ des Lesers darüber, was er an geis-
tig-seelischer Einstellung braucht, um ein erfolgreicher Bodybuilder zu werden,
der empfohlene pragmatische Umgang mit dem Wissen und der Rat, bestehende
Tatsachen zu akzeptieren, bewirken m. E., dass die Unabhängigkeit, die Wissbe-
gier und das Selbstvertrauen des Rezipienten genau in *den* Grenzen bleiben, die
der ‚Experte‘ absteckt: In den Grenzen der von unbefragten Werten bestimmten
Subsinnwelt der Bodybuilding-‚Philosophie‘.

Eine auch quantitativ augenfällig wichtige Rolle spielt in den Bodybuilding-
Journalen das Bildmaterial. Während solche Photos, die Bodybuilder am Gerät
zeigen, normalerweise gekoppelt mit erläuterndem Text, Verfahrenswissen (Wie
ist was und womit zu machen?) oder allenfalls Bildungswissen (Wie macht dies
oder jenes dieser oder jener ‚Star‘?) vermitteln, dienen Bilder, auf denen allerlei
Posen dargestellt werden, offenbar vor allem der Distribution von Identifikations-
mustern. Auf diesen Teil der Photos hat sich mein ikonographisch-ikonologisches
Interesse konzentriert.[6]

Die Bodybuilding-‚Ikonen‘ haben offensichtlich sehr viel mit dem Prinzip von
Pinup-Photos gemein. Das beginnt mit der, nur ‚das Allernötigste‘ bedeckenden,
jedoch in den Fachmagazinen stets noch ‚vorschriftsmäßigen‘ Posing-Bekleidung

---

6   Im Anschluss an Panofsky 1979 könnte Ikonologie eventuell zu einer ergänzenden Methode
     qualitativer Sozialforschung umgearbeitet werden und damit der erweiterten Interpretation und
     der materialen Kritik sowie der Vervollständigung des ‚Test‘-Corpus dienen. Es ist zu erwarten,
     dass Ikonologie dazu beiträgt ‚Sinn‘-Verluste einzudämmen, die auch der qualitativen Datenge-
     winnung notwendig inhärent sind. – Vgl. Gross/ Hitzler/ Honer 1984, v.a. aber Hitzler (AP).

(Spezialslip bzw. Spezialbikini)[7], das setzt sich in der perfektionierten Aufnahme-
und Retuschetechnik fort, in der gleichzeitigen Fetischisierung und Abstrahierung
durch das gezielt postierte Kameraauge, und das gipfelt in der wohlkalkulierten und
kontrollierten sexuellen ‚Reizausschüttung': Ein fast nackter Bodybuilder ist durchaus nicht einfach jemand, der seine Kleider ausgezogen hat, sondern im wahrsten
Sinne des Wortes die bloße (entblößte) *Inkarnation* einer (‚philosophischen') *Idee*.

Diese transzendente Idee der selbstbewussten Vitalität und Kraft, der Verkörperung geistiger Stärke und Disziplin in einem harmonischen, kontrollierten Körper,
wird aber zugleich nicht einfältig und stereotyp ins Bild gesetzt, sondern in einer
ganzen Palette von unterscheidbaren Identifikationstypen, die sich im Zusammenspiel der einzelnen Bildsegmente konstituieren und die vom normalen Betrachter
auf einer mit Sicherheit nichtreflexiven Wahrnehmungsebene, also quasiautoma-
tisch rezipiert werden: So ließen sich etwa bei den von mir analysierten ‚Ikonen'
auch ziemlich plausibel vier verschiedene Einstellungstypen differenzieren[8], von
denen wohl jeder auf seine Weise ein – kleines oder großes – Seelenbedürfnis des
gewöhnlich ‚kleinen Mannes' im Studio zu stillen vermag. – Aber worin sich die
Bilder dann doch wieder gleichen, das sind die Konnotationen des sich einer Leistung brüsten Könnens und des ‚mit Leib und Seele' wider alle Widrigkeiten dieser Welt gewappnet Seins.

Der Bodybuilder ist also unmittelbar integriert in ein verhaltensprägendes
soziokulturelles System, das Wertorientierungen, Normen, Rollenmuster, Bedürf-
nisausprägungen usw. an ihn heranträgt. Mithin ist anzunehmen, dass er zumindest auf zwei unterscheidbare Bezugssysteme reagiert: Einerseits als sozialer Typ
‚Bodybuilder' auf eine (nicht-bodybuildende) allgemeine sozio-kulturelle Umwelt
und andererseits als sozial mehr oder minder bekanntes spezifisches Individuum
auf eine (ebenfalls bodybuildende) spezifische teilkulturelle Mitwelt. – In diesem
Sinne ist Bodybuilding dann auch zu verstehen als eine Form aktiven, kompensie-
renden Freizeitverhaltens, als zu einer Art Lebensstil sich verdichtender Zusammenhang subsinnweltlicher Relevanzstrukturen im Umgang mit materiellen, im-
materiellen und sozialen Ressourcen.[9]

---

7   Diese werden im reinen (fotografischen) Show-Geschäft dann aber durchaus mit Erfolg abgelegt,
    wie es exemplarisch etwa Lisa Lyon, 1979 erste Bodybuilding-Weltmeisterin, praktiziert: Von
    der bronzierten Muskelstatur zum strapsgestylten Sex-Objekt, vom Playgirl zu abenteuernden
    Amazone, von der Schlamm- zur Schlangenfetischistin, von der erhitzten Kraft-Arbeiterin zur
    unterkühlten Flamenco-Actrice reicht ihre fotografisch dokumentierte darstellerische Wand-
    lungsfähigkeit. – Vgl. etwa Mapplethorp 1983.
8   Der Visionär, der Kumpel, der Vertrauensmann und die Selbsbewusst-Kokette.
9   Diese Definition ist grosso modo eine Anleihe bei der Konsumsoziologie (vgl. Hunziker 1978).
    Zum Lebensstil-Phänomen vgl. auch Michailow 1984; Gross, Hitzler/ Honer 1984.

4. Eine ‚andere' Wirklichkeit?

Bodybuilding *als* Sinnzusammenhang demonstriert – in der Tat augenfällig –, dass die eingefahrenen Gewissheiten alltäglicher Körperrituale die Dimension des Möglichen durchaus *nicht* erschöpfen. In dem Maße, wie Bodybuilding ‚Sinn' hat, steht es mithin in Opposition zum normalen (mehrheitlichen) Wirklichkeitsverständnis. Es überschreitet die gewohnten Maßstäbe und setzt – jedenfalls potentiell – andere dagegen, die, wären sie gesamtgesellschaftlich verbindlich, einem Defizienzverdikt für nachgerade jeden nichttrainierten Alltagsmenschen gleichkämen und einer asketischen Körper-Leistungs-Elite ‚ideale' Vorbildfunktionen zusprächen (als neuer Über-Lebensform). Tatsächlich aber ist Bodybuilding durchaus keine verbindliche Wertinstanz (wohl noch nicht einmal für das durchschnittliche Studiomitglied), sondern ein marginaler Kompensations- und Ausweichbereich am Rande der institutionellen (wirklichkeitssetzenden) Machtstrukturen. Das ändert jedoch aus wissenssoziologischer Sicht nur wenig an der *potentiellen* Bedrohlichkeit, die das Bodybuilding, so-fern es nicht *nur* selbstgenügsame (was vor allem meint: nichtreflexive) Körperertüchtigung und Leibeserziehung sein will, für den kollektiv geteilten Wissensvorrat und das allgemein akzeptierte Symbolsystem ausstrahlt: Bodybuilding ist *auch* eine Ideologie, und es konkurriert nicht nur mit anderen alternierenden Ideensystemen sondern eben auch mit der etablierten Ordnung – wenn auch vielleicht nur auf einem relativ unwichtigen Gebiet[10]. Auf jeden Fall zeichnet sich in den rekonstruierten – manifesten und latenten – Sinnstrukturen ein Definitionsrelevanz beanspruchendes Interpretationsschema ab, das, gleichsam ‚ex cathedra', bestimmte Axiome zur und Prioritäten der Wirklichkeitsbewältigung setzt bzw. signifikant betont.

Meiner Einschätzung nach hat Bodybuilding als Sinnsytem etwa z. B. durchaus subkulturelle Züge. Als Interaktionszusammenhang insgesamt jedoch bildet es *keine* Subkultur in einem sozialwissenschaftlich plausiblen Verstande. Insbesondere von der ‚Philosophie' her und als ‚Stigmatisiertenorganisation' hat es sicherlich auch eine sektiererische Tendenz. Es fehlen ihm aber in der Praxis doch einige Qualitäten, als dass wir im sozialwissenschaftlichen Sinne von einer Sekte reden könnten. Um schließlich ein echtes Milieu zu sein, ist Bodybuilding m. E. zu eklektizistisch, zu sehr eine Zusammenballung je individueller Interessensphären, die zwar auf die Dauer dazu tendieren, sich milieuhaft zu entwickeln, die aber

---

10 Exemplarische Protagonistin einer sozial und politisch ambitionierten Power-Ideologie ist wiederum Lisa Lyon. Sie inszeniert publikumswirksam den Mythos, den sie propagiert, durch die Exhibition des eigenen Körpers, und sie verkündet dabei ihre ‚Botschaft' vom Animalischen als dem Archetyp des Femininen, von der schweißgeborenen Neo-Aphrodite, von der hantelgezogenen Überfrau. – Vgl. Lyon/ Hall 1983.

den für die Definition eines Milieu erforderlichen Grad fragloser *Selbstverständ-lichkeit* wechselseitiger Interes-senverschmelzung nicht erreichen.

Deshalb neige ich eben, vor dem Hintergrund subkultur*ähnlicher*, sekten-*artiger* und milieu*hafter* Züge des Bodybuilding als einer sinnhaften, sozialen Teil-Wirklichkeit, dazu, diesen Bedeutungs- und Interaktionszusammenhang bezugsgruppentheoretisch zu bestimmen: Bezugsgruppe meint hier, angelehnt an die sozialwissenschaftliche Tradition, einen Kreis von Personen, dessen Ansichten und dessen Handeln für das Individuum, das sich darauf bezieht, von Bedeutung sind. Bezugsgruppen lassen sich ganz grob unterscheiden in solche, denen man angehört, und solche, an denen man sich orientiert. Die Funktion der Bezugsgruppe besteht ganz allgemein in der Vermittlung sozialer Wirklichkeitsdeutungen und darin, Adressat eines dadurch eingeleiteten, sich verstärkenden Rückkoppelungsprozesses zu sein. – *Eine* solche Gruppe ist m. E. der Bodybuilding-Betrieb: eine Teil-Gesellschaft mit apriori *einem* gemeinsamen Problem, nämlich der systematischen Produktion harmonischer menschlicher Muskelmassen (was dann allerdings eine sinnweltliche ‚Kettenreaktion' auslöst.) Bodybuilding zählt somit zunächst einmal zu den ‚kleineren gesellschaftlichen Formationen', die sich in einer *Pluralität der Lebens-Welten*, ständig mit alternativen Handlungs- und Sinnangeboten konkurrierend, behaupten müssen. (Vgl. Berger/ Luckmann 1969; Berger, Berger/ Kellner 1975).

Bodybuilding ist damit m. E. tatsächlich als kleine soziale Lebens-Welt in dem oben genannten Sinne zu beschreiben: als sozial organisierte und strukturierte Teilzeit-Aktivität, in der prinzipiell auch eine bestimmte gemeinsame Wirklichkeitsdeutung vorzufinden ist. Bodybuilding vermittelt *auch* spezifische Handlungsstrategien, spezifisches (Routine-)Wissen, spezifische Definitionen von Situationen und Personen, also kurz: einen subsinnweltlichen Interpretationsrahmen zur Bewältigung zunächst spezieller, grundsätzlich aber auch allgemeiner Probleme des Einzeldaseins in der modernen, anonymen, abstrakten Gesellschaft. M. a. W.: Die soziale Lebens-Welt des Bodybuilding ist eine, mittels Symbolen, Bedeutungen und sozialen Regeln konstruierte, Teil-(Zeit-)Wirklichkeit. Inwieweit sie dem einzelnen Partizipanten zur ‚Heimatwelt', zum sinnvollen Mittelpunkt *seines* Lebens wird, ist *nicht* von der Art des Interaktionszusammenhanges her vorentschieden, sondern hängt vom individuellen (biographischen) Relevanzsystem ab.

Auch aus den Ausführungen der von mir in offenen Interviews Befragten wurde deutlich, dass ihnen Bodybuilding zumindest legitimationswürdig erscheint, was sich besonders in kognitiven Gegenstrategien gegenüber Nicht-Bodybuildern, in ideologischen Nihilierungsmaßnahmen zeigte, in denen sich Bodybuilder – idealtypisch gesprochen – als *leistungsbewusste und willensstarke Individualisten* präsentieren und gegen den normalen ‚Zivilisations-Krüppel‘ abgrenzen. Körperliche Fitness erscheint ihnen als Ausdruck ‚gesunder‘ geistiger Haltung. Sie geben sich überzeugt davon, dass die Ethik des Bodybuilding mehr zu beheben vermag als nur individuelle Haltungsschäden, denn, so ließe sich ihre ‚Philosophie‘ paraphrasieren, Körper-Bildung lehrt uns Disziplin, und Disziplin lehrt uns Verantwortungsfähigkeit, und Verantwortungsfähigkeit lehrt uns Erfolg.

Folgerichtig werden Körperzustände im Bodybuilding als Resultate technisch umgesetzter Willensanstrengungen aufgefasst, als Bearbeitung von Rohmaterial. Die explizierten Einstellungen der Befragten zu ihrem Körper zeigten denn auch, dass sie sich mit diesem im Grunde nicht ‚identisch‘, ja dass sie sich mit ihm auch nur *dann* ‚solidarisch‘ fühlen, wenn seinen ‚Eigeninteressen‘ (Trägheit) und seinem – biologischen – ‚Eigenleben‘ (Veranlagung, Alterungsprozess) *Modifikationen* abgerungen werden können. Das Körper-Schema, das body *image* steht – als manipulierbares – im Zentrum des körperbildnerischen Interesses. Der Bodybuilder postuliert ein funktionelles Verhältnis zwischen eigenem Willen und Körper (als Material).

Weil der Bodybuilder *als* Bodybuilder mithin ein voluntativer, ein sich aufgrund einer freien Willensentscheidung außerhalb der gesellschaftlichen Normalität stellender Außenseiter ist, muss das Sinnsystem der kleinen Lebens-Welt die legitima-torische Möglichkeit bieten, bestimmte, im normalen Alltag vielleicht nahezu fraglose Wissensbestände ‚gültig‘ (und damit subjektiv befriedigend) zu bearbeiten, zu klären, zu modifizieren und notfalls zu revidieren. Solche Thematisierungen beziehen sich im Deutungsrahmen des Bodybuilding zunächst explizit auf den Körper: auf physiologisches und konstitutionelles Wissen und auf Techniken der Veränderung; sodann auf den Zusammenhang von Körper und Bewusstsein. Diese Beziehung sieht die Bodybuilding-‚Philosophie‘ als *Willensproblem* – womit dann der Übertrag auf eher implizite, zumindest aber diffuser bestimmte Wissenselemente und auf ‚Generalerklärungen‘ erfolgt: ein wenig salopp – und frei nach Schopenhauer – formuliert, sieht der Bodybuilder schließlich nicht nur seine körperliche Verfassung, sondern nachgerade *die Welt* ‚als Wille und Anstrengung‘. M. a. W.: Das Bewusstsein vom eigenen Körper wird in der sozialen Sinnprovinz ‚Bodybuilding‘, im Gegensatz zum Alltagsleben, wo es thematisch normalerweise (wenn und solange keine Probleme auftauchen) marginal ist, zum ‚wesentlichen‘ Thema.

In der Subsinnwelt des Bodybuilding appräsentiert der Körper nicht mehr nur Anzeichen einer wie auch immer gearteten Befindlichkeit des Subjektes; auch ist er nicht nur Ausdrucksfeld kommunikativer Zeichen, sondern zugleich und intendiertermaßen ein Symbol oder vielmehr *das* Symbol eines nichtalltäglichen Bewusstseinszustandes, einer außergewöhnlichen Einstellung: Der Bodybuilder demonstriert sozialweltlich an seinem und durch seinen Körper seine Fähigkeit zur Ekstase. Der konkrete Zustand seines Körpers verweist grundsätzlich *jeden* anderen, tatsächlich aber vor allem den anderen Experten, auf die je aktuelle Verfassung seines Geistes. Er ‚definiert‘, spezifisches Wissen applizierend und systematisch arbeitend, seine Gesamtmuskulatur und definiert sich dabei als Wissender und Könnender – und zwar in ständiger *Analogie* zur visuellen ‚Definition‘ seines Körpers. Die Qualität seiner Muskulatur drückt, im Wortsinne, aus, in welchem Maße er sich in die andere Wirklichkeit der Überlastung, der Überforderung, der Qual und der Schmerzen ‚entrücken‘ kann, wie hoch mithin sein Konzentrationspotential, wie stark und unbeirrt sein Wille zur Selbstdisziplinierung ist.

In dem Maße, in dem ein Mensch sich *als* Bodybuilder versteht, in eben dem Maße wird ihm also auch das Bodybuilding zu einem besonderen Sinnsystem, zu einer Subsinnwelt, von der aus der normale Alltag als ‚Quasi-Realität‘ erscheint, als eine nunmehr durchaus fragwürdige Angelegenheit, hinter der eine, möglicherweise nur dem Eingeweihten zugängliche, ‚eigentliche‘ (eben die Bodybuilding-) Wirklichkeit steht, eine tiefere ‚Wahrheit‘ also, eine umfassendere und sinnträchtigere Erklärung und (Welt-)Ordnung. Auch die kleine Lebens-Welt des Bodybuilders „ist, solange man sich ihr zuwendet, in ihrer eigenen Weise real"[11].

Literatur

Berger, Peter/, Berger, Brigitte/ Kellner, Hansfried (1975): Das Unbehagen in der Modernität. Frankfurt a. M./ New York: Campus

Berger, Peter/ Luckmann, Thomas (1969): Die gesellschaftliche Konstruktion der Wirklichkeit. Frankfurt a. M.: S. Fischer

Bernard, Michel (1980): Der menschliche Körper und seine gesellschaftliche Bedeutung. Bad Homburg: Limpert

Gross, Peter/ Hitzler, Ronald/ Honer, Anne (1984): Symbolische Repräsentation durch Schattenarbeit: Heimwerken als Erfahrungsstil und soziale Praxis. DFG-Projektantrag. Bamberg: Manuskript

Hildenbrand, Bruno (1983): Alltag und Krankheit. Stuttgart: Klett-Cotta

Hitzler, Ronald/ Honer, Anne (1984): Lebenswelt – Milieu – Situation. In: Kölner Zeitschrift für Soziologie und Sozialpsychologie (KZfSS), Jg. 36. 1, S.56-74

Honer, Anne (1985): Bodybuilding als Sinnsystem. Sportwissenschaft, Jg.15. 2, S.155-169

---

11   Schütz 1972, S. 103. – Zum Phänomen der Transzendenzen des Alltags vgl. auch Schütz und Luckmann 1984, insbes. S. 168-171. – Zum Bodybuilding als einem Sinnsystem insgesamt siehe Honer 1985.

Honer, Anne, (1983): Körper und Wissen. Die kleine Lebens Welt des Bodybuilders. Konstanz: Magisterarbeit

Hunziker, Peter (1978): Familie und ökonomische Umwelt. Konstanz: Habilitationsschrift

Luckmann, Benita (1978): The Small Life-Worlds of Modern Man. In: Luckmann, Thomas (ed.): Phenomenology and Sociology. Harmondsworth: Penguin

Luckmann, Thomas (1979): Persönliche Identität, soziale Rolle und Rollendistanz. In: Marquardt, Odo/ Stierle, Karlheinz (Hrsg.): Identität (Reihe ‚Poetik und Hermeneutik‘, Band VIII). München: Fink

Luckmann, Thomas (1972): Zwänge und Freiheiten im Wandel der Gesellschaftsstruktur. In: Gadamer, Hans-Georg/ Vogler, Paul (Hrsg.): Neue Anthropologie. Band 3. Stuttgart/ München: Thieme und dtv

Lyon, Lisa/ Hall, Douglas (1983): Lisa Lyon's Bodybuilding. München: Heyne

Mapplethorpe, Robert (1983): Lady Lisa Lyon. München: Schirmer/ Mosel

Michailow, Matthias (1984): Das Heraufziehen von Kristallwolken des Lebensstils vor der untergehenden Sonne von Klasse und Stand. Aachen: Manuskript

Panofsky, Erwin (1979): Zum Problem der Beschreibung und Inhaltsdeutung von Werken der bildenden Kunst. In: Kaemmerling, Ekkehard (Hrsg.): Ikonographie und Ikonologie. Köln: Dumont

Scheler, Max (1960^2): Die Wissensformen und die Gesellschaft. (Gesammelte Werke Band 8). Bern und München: Francke

Schütz, Alfred (1972): Gesammelte Aufsätze. Band 2. Den Haag: Nijhoff

Schütz, Alfred/ Luckmann, Thomas (1984): Strukturen der Lebenswelt. Band 2. Frankfurt a. M.: Suhrkamp

Schütz, Alfred/ Luckmann, Thomas (1979): Strukturen der Lebenswelt. Band 1. Frankfurt a. M.: Suhrkamp

Soeffner, Hans-Georg (1982): Prämissen einer sozialwissenschaftlichen Hermeneutik. In: Ders. (Hrsg.): Beiträge zu einer empirischen Sprachsoziologie. Tübingen: Narr

Strauss, Anselm (1974): Spiegel und Masken. Frankfurt a. M.: Suhrkamp

Bodybuilding als Sinnsystem
Elemente, Aspekte und Strukturen

Bodybuilder sind körperlich stigmatisierte Normabweichler. Sie werden nicht nur als unintelligent, sondern auch gern als exhibitionistisch, narzisstisch, monströs, ekelhaft, abscheulich, widerwärtig, abstoßend – und was der emphatischen Belegungen mehr sind – betrachtet. Sie gelten als aufgeblasene, angeberische, eitle „Popanze", die mit ihren Muskeln „überhaupt nichts" anzufangen wüssten, denen bei jeder Dauerbelastung die Luft wegbleibe und die zu allem Überfluss (wegen all der Steroide, die sie „andauernd" einnähmen) auch noch impotent seien. – Bei einer psychologischen Persönlichkeitsuntersuchung von Bodybuildern und Gewichthebern stieß auch Darden (1972) auf ähnliche stereotype Vorurteile in der Bevölkerung. Als signifikante Faktoren, nach denen sich Bodybuilder tatsächlich von der Allgemeinpopulation unterscheiden, fand er jedoch lediglich heraus, dass sie ihre Gefühle stärker zügeln und misstrauischer sind. Bodybuilder sind, laut Darden, überdurchschnittlich „silent, introspective and sober". Das Motiv, überhaupt mit Bodybuilding zu beginnen, könne allerdings sehr wohl im Bedürfnis nach Kompensation von Minderwertigkeitsgefühlen liegen. Augenscheinlich trage das Krafttraining aber zur Persönlichkeitsfestigung vieler Männer bei.

Eine Untersuchung jedoch, die sich dem theoretischen Konzept der neueren Wissenssoziologie verpflichtet sieht[1], kann weder bei der Fremddefinition des Body-builders noch bei seiner individuellen psychischen Disposition beginnen. Sie setzt vielmehr beim Bodybuilding als einer sinnhaften *sozialen* Praxis an. Bodybuilding erscheint in dieser Perspektive also vor allem als eine explizite und organisierte Praxis, in der spezielle technische Verfahren angewandt werden, um Körper eben nicht nur irgendwie, sondern nach definierten Kriterien zu verändern. Es soll deshalb in diesem Aufsatz versucht werden, nichtalltägliche Sinnstrukturen einer kleinen sozialen Lebens-Welt, eines Sonder-Wissenssystems, zu rekonstruieren.[2]

---

1   „Klassisch" formuliert in der ‚Nachfolge‘ von Schütz durch Berger/ Luckmann (1969).
2   Zum Phänomen der gesellschaftlichen Sonder-Wissenssysteme vgl. Schütz/ Luhmann (1979, S. 263-387) sowie Berger (1969); zum Phänomen der kleinen sozialen Lebens-Welten vgl. z.B. Luckmann (1978) sowie Hitzler/ Honer (1984).

Diese Rekonstruktionen (oder auch ‚Konstruktionen zweiten Grades‘) resümieren die Ergebnisse einer deskriptiven Studie der Verfasserin über die sozio-kulturellen ‚Regeln‘ des Interaktionsgefüges ‚Bodybuilding‘. Gewählt wurde dazu ein mehrkanaliges Untersuchungsverfahren, das auf eine überschaubare Erhebungseinheit appliziert worden ist[3]. Das theoretische Hauptinteresse gilt hier nun den heterogenen Elementen der prinzipiellen, dem Bodybuilding als einer sozialen Sinnprovinz eignenden Grundeinstellung, also der ‚Kernstruktur‘, dieser Weltanschauung. Dabei wird vermutet, dass in dem Maße, in dem sich ein Mensch *als* Bodybuilder versteht, ihm auch das Bodybuilding zu einem relevanten Wissenssystem, zu einer symbolischen Subsinnwelt, mithin zu einer umfassenden und bedeutungsträchtigen Ordnung und Erklärung von Welt schlechthin werde[4]. Bodybuilder sein heißt demnach also *auch*, mehr oder minder explizit eine besondere Wirklichkeitssicht (in der der Körper zu einem wesentlichen Thema wird) zu internalisieren und – in bestimmtem Umfange – auch zu externalisieren. Wie jede Weltauffassung hat das Bodybuilding eben nicht nur pragmatische (was hier meint: physiologische), sondern auch ‚transzendente‘, in andere Deutungssysteme verweisende Aspekte. Organisation und Struktur der wichtigsten dieser Aspekte sollen im Folgenden skizziert werden.

1. Bodybuilding als Arbeit

Es mag den einen oder anderen Leser zunächst verwundern, wenn behauptet wird: Bodybuilding sei, vor allem anderen, *Arbeit, Arbeit* an und mit dem Körper. Und dies ist durchaus nicht metaphorisch gemeint, sondern unter konkreter Bezugnahme auf die phänomenologische Beschreibung von Schütz/ Luckmann (1984, bes. S. 23-26): Der Mensch arbeitet dann und immer dann, wenn er handelt, um etwas Bestimmtes in der Umwelt zu bewirken, wenn er eine *bestimmte* Veränderung der Umwelt im Entwurf anvisiert. Arbeit ist damit nicht in Abgrenzung etwa zu Spiel, zu Sport, zu Hobby oder zu Freizeit bestimmt, sondern in Abgrenzung zu Denken und Wirken, mit denen zusammen es die Grundformen von *Handeln* bildet. Bo-

---

3   Dabei wurde nicht, wie in der quantitativen Sozialforschung, versucht, eine möglichst breite Datenbasis ‚dünn‘, sondern eine schmale Datenbasis möglichst ‚dicht‘ zu beschreiben. Im einzelnen habe ich, neben ‚hermeneutischen‘ Textauslegungen, vor allem eine mehrstufige Dokumentenanalyse und eine ikonographisch-ikonologische Bildanalyse bei Bodybuilding-Fachzeitschriften, eine (auch eine sehr begrenzte standardisierte Fragebogenerhebung einschließende) annähernd zweijährige *teilnehmende* Beobachtung in einem Bodybuilding-Studio sowie sequentielle und kategoriale Auswertungen mehrerer offener Intensivinterviews mit ‚gewöhnlichen‘ Bodybuildern durchgeführt.

4   Auch die Bodybuilding-Welt „ist so lange man sich ihr zuwendet, in ihrer eigenen Weise real“ (Schütz 1972, S. 103). – Vgl. auch Schütz/ Luckmann (1979, S. 148-151).

dybuilding, in diesem Sinne als Arbeit verstanden, ist damit eine vorentworfene Veränderung des naturgegebenen und sozial deformierten Körpers mit dem expliziten Ziel, aus schwachem, weichem, trägem, fettem Fleisch kräftiges, hartes, aktives und muskulöses zu machen, die Konturen des Körpers harmonisch auszudehnen. Dazu bedarf es bestimmter Techniken, wie etwa der Dressur des Körpers, des Strebens nach oder der Erhaltung von Leistung (z. B. bei Kraftakten wie Stoßen, Ziehen und Heben). Der Bodybuilder züchtet gleichsam einen neuen Körper auf der Grundlage des ihm gegebenen; und indem er diesen züchtigt, ist der Körper zugleich Werkzeug, Roh- und Endprodukt der Arbeit. Die Ideologie dieser Arbeit lautet ungefähr: Man kann aus allem etwas machen; schließlich hat der Mensch 128 bildbare Muskelpartien, und die „Muskelstränge des Körpers bergen noch viele Geheimnisse". Es gibt also keinen Grund, nicht mit der Verbesserung des ‚Materials' anzufangen, nur weil man vielleicht pyknisch oder leptosom statt athletisch und endomorph statt mesomorph veranlagt ist. Zwar kann man den Körpertyp nicht ändern, „aber Sie können sich bemühen, das zu vervollkommnen, was die Natur Ihnen gegeben hat"[5].

Ob man aber tatsächlich ‚aus allem' etwas machen kann, wenn man nur wirklich will, oder ob doch die – in diesem Falle lästige – Natur gewisse muskelmassive Grenzen setzt, jedenfalls arbeitet der Bodybuilder mit einem höchst instrumentellen, ja mit einem *verdinglichten* Körperverständnis: „The body-builder's goal is appearance not action. He is less like the sportsman trying to improve on his time or performance, than he is like the woman, who sees her body as material to be pummeled, pounded, starved and even cut into better shape." (Walters 1979, S. 294 f.) Trainieren heißt vor allem Vergewaltigung, Folterung, Überwältigung des eigenen Leibes, heißt Wüten gegen das schwache Fleisch und gegen den vielleicht unwilligen Geist.

Wenn die ‚Trainingswut', jener beabsichtigte Rückkoppelungsprozess zwischen körperlicher Anstrengung und aggressiver Stimmung, groß und andauernd genug ist, dann – so versprechen die einschlägigen Trainingsbücher und Fachzeitschriften – winken auf dem zwar nicht gerade mit Blut, aber bestimmt mit Schweiß und Tränen getränkten Kreislauf durch die Studio-Maschinenhalle schließlich Gesundheit, Fitness, Sportlichkeit, Kraft und – vor allem – Schönheit. Dann sind die Zeichen, die An- und Merkzeichen starken Willens und eiserner Disziplin, gesetzt, dann hat sich die geleistete Arbeit in den Körper eingezeichnet. Allerdings sind täglich drei bis vier Stunden Training an den Kraftmaschinen und eiweißrei-

---

5   Zitate aus ‚Sportrevue', einer der bundesdeutschen Bodybilding-Fachzeitschriften: „Muskeln – neue Erkenntnisse" (Heft 1/ 1982) und „Schätze Deinen Körper" (Heft 1/ 1983).

che Diäten nötig, um im Laufe der Jahre dem Schönheitsideal der Bodybuilder na-
hezukommen und meisterschaftsreife harmonische Proportionen zu entwickeln.

2. Bodybuilding als Sport

So überraschend vielleicht die Thematisierung des Bodybuilding als Arbeit gewesen sein mag, so selbstverständlich mag seine Kennzeichnung als *Sport* erscheinen. Andererseits aber ist es ja keine olympische Disziplin, und die Bodybuilding-
Verbände sind auch nicht dem Deutschen Sportbund (DSB) angeschlossen. Haben
die Kritiker also doch recht, die dem Bodybuilding den Sportcharakter gänzlich
absprechen? Nun, so wenig man Arbeit als auf den ökonomischen Bereich eingeschränkt verstanden haben möchte, so wenig scheint Sport in der olympischen
Palette aufzugehen. Die Bodybuilder jedenfalls bezeichnen sich selber *alle* als
Sportler, zumindest *auch* als Sportler; und das lässt sich auch sporttheoretisch, z.
B. im Anschluss an von Krockow, begründen: Er nennt als die Grundprinzipien
des Sports a) die Tendenz zur Höchstleistung, b) die Tendenz zur Vergleichbarkeit der Leistungen, also zur Konkurrenz, und c) das Prinzip der Gleichheit: „Was
den modernen Sport so symbolträchtig macht, ihm Faszinationskraft verleiht, ist
nicht zuletzt die Exaktheit, um nicht zu sagen Idealität, mit der er diese Grundprinzipien der Industriegesellschaft verwirklicht." (von Krockow 1972, S. 94)
Sport ist also durch Konkurrenz um einen Sieg auf der Grundlage gleicher Wett-
bewerbsvoraussetzungen gekennzeichnet: „Sport gewinnt symbolische Bedeutung; er wird gleichsam zur Utopie dessen, was allgemein sein sollte, aber nicht
ist." (Von Krockow 1974, S. 92)

    Im Sinne von Krockows ist also nicht die freiwillige Leistung allein schon
Sport, sondern vielmehr konstituiert erst der *Vergleich* solcher Leistungen Sport.
Eben darin aber, in der Frage nach objektiven Kriterien zum Vergleich sichtbarer,
messbarer oder errechenbarer Leistungen, liegt auch die sportliche Problematik
des Bodybuilding. Schönheit und Harmonie scheinen jedenfalls keine quantifi-
zierbaren Kategorien zu sein. Sie mögen mithin allenfalls Ideale der Leibeserziehung darstellen, genügen aber offenbar kaum sportlichem Rekord- und Leistungs-
streben. (Die berechtigte Gegenfrage allerdings wäre, ob die Bewertungsnormen
und Vergleichskriterien, nach denen die Expertenjury bei einer beliebigen Body-
building-Meisterschaft Sieger und Plazierte ermittelt, tatsächlich weniger objektiv sind als beispielsweise im Eiskunstlauf, im Dressurreiten oder auch im Boden-
turnen oder ob die Gründe für die anhaltende Nichtakzeptanz der Körperbildner
durch die Tugendwächter des orthodoxeren Sportbetriebs nicht anderswo als bei
der Frage nach der Messbarkeit der Leistungen zu suchen seien: etwa bei der fak-

tischen Unmöglichkeit, ohne Einnahme von Hormonpräparaten im Bodybuilding auch nur im überregionalen Bereich erfolgreich zu sein, oder bei der fast undurchschaubaren Verfilzung von Verbands- und Profit-, von sportlichen und kommerziellen Interessen im Bodybuilding-Betrieb.)

Trotzdem haben Bodybuilding-Meisterschaften, obwohl sie normalerweise in ‚Kulturstätten' ausgetragen werden, alle Merkmale von Sportveranstaltungen (auch wenn sie dann in der Medien-Berichterstattung eher in der Abteilung ‚Exotika' abgehandelt werden): Es gibt genaue Einteilungen nach Alters-, Gewichts- und Größen-Klassen; es gibt Vorschriften zur Bekleidung, zum Zustand des Körpers, zur Dauer der Vorführungen; es gibt genaue Vorschriften über die Pflichtfigurationen und detaillierte Punktsysteme zur Bewertung von Einzel-und zur Errechnung von Gesamtleistungen[6].

3. Bodybuilding als Kunst

Allenthalben aber erheben Bodybuilder neben dem sportlichen auch den Anspruch, dass ihr Tun auch – ja vielleicht vor allem – Kunst sei: „Bodybuilding as such is not really a sport at all. It's a very serious performance of art, I believe"[7]. Eine ähnliche Auffassung vertritt auch der Bodybuilding-Superstar Arnold Schwarzenegger, der sich selber als eine lebende Skulptur betrachtet: „Bodybuilding ist sowohl Sport als auch Kunstform." (Schwarzenegger 1982, S. 258) Am nachdrücklichsten aber beharrt wohl Lisa Lyon, die erste offizielle Bodybuilding-Weltmeisterin, auf dem Standpunkt, dass Kunst sei, was sie vermittels ihres Körpers präsentiere: eben Körper-Kunst. Sie versteht sich weniger als Athletin, denn als darstellende Künstlerin, als Bildhauerin, deren Ausgangsmaterial der eigene Körper sei. – 1976 traten drei Bodybuilding-Meister vor Kunstkritikern im New York Museum of Modern Art auf, wozu einer der ‚ausstellenden' Muskel(per)former meinte: „Es ist hoch an der Zeit, dass Body-building universal anerkannt wird, nicht nur als Sport – auch als Kunst, was es auch tatsächlich ist …"[8]. Und auf der Bekanntmachungstafel eines Studios schließlich fand sich folgende Definition: „Der Bodybuilder ist die Verkörperung vollkommener Kunst. Er arbeitet an seinem Körper. Der Körper ist sein Arbeitsmaterial. Er arbeitet ohne Bezahlung, denn sein Lohn ist mehr wert als Geld." (Hoghe 1982, S. 28)

---

6   Zitate aus ‚Sportrevue', einer der bundesdeutschen Bodybilding-Fachzeitschriften: „Muskeln – neue Erkenntnisse" (Heft 1/ 1982) und „Schätze Deinen Körper" (Heft 1/ 1983).

7   Vgl. etwa die vom Deutschen Bodybuilding- und Kraftsportverband (DBKV) herausgegebenen „Bodybuilding Wettkampfregeln für männliche Jugendliche, Männer, Senioren" und „Wettkampregeln für weibliche Jugendliche, Frauen."

8   Bodybuilding-Veteran Sigmund Klein, zit. Nach Gaines/ Butler (1977, S. 105).

Bodybuilder haben normalerweise wenig Probleme mit der Frage, nach welchen im 20. Jahrhundert in hochindustrialisierten Gesellschaften noch vertretbaren Kriterien ihr Tun denn als Kunst gelten könne. Sie wissen einfach: „Der Athlet ist der perfekteste Typ Mensch. Die Perfektion eines Menschen besteht im Athleten"[9]. Und Perfektion ist gleich Schönheit und Schönheit gleich Kunst. So bestimmt, fast selbstverständlich, das antike griechische Schönheitsideal das ästhetische Empfinden des Bodybuilders: die imaginäre Harmonie jener ebenmäßigen marmornen Züge der mathematisch berechneten Männerstatuen der großen klassischen Bildhauer. (Aber diese Skulpturen waren eben *nicht* nach der Natur geformt, sondern nach künstlich und künstlerisch überhöhten Idealen.) Etwaige Kritik an ihren physischen Normvorstellungen tut dem ästhetischen Selbstverständnis der Muskelkünstler keineswegs Abbruch. Denn aus der Weltsicht des Bodybuilders gibt es jene Menschen, die aufgrund ihres Expertenwissens die Zeichen des durchgeformten, wohl-‚definierten‘ Körpers verstehen und damit auch die symbolische Verweisung erfassen können, und andere, die aufgrund ihrer Unkenntnis gleichsam muskelblind sind.

Der künstlerisch geformte, ja produzierte Körper verweist als *ästhetisches Symbol* über den Wirklichkeitsbereich alltäglicher Erfahrung hinaus auf einen im Grunde mythologischen Sinn- und Begründungszusammenhang; die Muskulatur wird zum ästhetischen Appräsentationsmittel einer rituellen, fast ‚heiligen‘ Botschaft: Es gibt für den Bodybuilder bindende normative Kriterien für die ästhetisch richtige Komposition eines individuellen Gesamtkörperbildes, insbesondere solche der Harmonie und der Symmetrie. Anders ausgedrückt: Der Bodybuilder intendiert die Erschaffung eines Kunstwerks, und die von ihm angelegten und auch die von ihm zur Beurteilung akzeptierten Maßstäbe für seine Leistung sind von einer transzendentalen Idee des Schönen abgeleitet. Für den Kreis der ‚Wissenden‘, der ‚Eingeweihten‘, werden so die ‚optimal definierten‘ Körper kommunikationsträchtige „nicht-verbale Symbole, die die Basis von Bedeutungsstrukturen bilden, durch die der einzelne in die Lage versetzt wird, zu anderen in feste Beziehungen zu treten und die für sein Leben fundamentalen Zwecksetzungen zu finden" (Douglas 1974, S. 74 f.)[10]. Das heißt, das ästhetische Sinnsystem des Bodybuilding hat fast archaische, jedenfalls aber vormoderne Züge: Der eigentlich poetische Akt wird als gegeben und qua Tradition als legitimiert betrachtet; das schöpferische Ideal ist einfach ‚da‘, während der je aktuelle künstlerische Schaffensprozess lediglich mimetischen Charakter hat, idealerweise also das imaginäre Ideal perfekt nachbildet.

---

9   Frank Zane, zit. nach Kirchhoff (1980, S. 154).
10   So der ehemalige Deutsche Meister Wilhelm Hauck, zit. nach Rigauer (1982, S. 106).

Praktisch aber steht Bodybuilding *als Kunstform* weit weniger in der Nachfolge hehrer Ideale der klassischen Antike als vielmehr in der Tradition der ‚plastic poses‘, der ‚tableaux vivants‘, der ‚lebenden Skulpturen‘ der erotischen Revuetheater des 19. und frühen 20. Jahrhunderts: Hier wie dort ist das Ziel immer der unantastbare, unerreichbare, *kostbare* Körper. – Parallel zum sportlichen Charakter von Bodybuilding-Meisterschaftsbewerben lassen sich auch offenkundige Analogien zu sogenannten Misswahlen nur schwerlich übersehen: Beide finden an gleichartigen Orten, nämlich in Hallen und Sälen, statt; beide werden, vermischt mit kommerzieller Werbung, von Moderatoren präsentiert; beide kennen Pflicht- und Kürauftritte auf einer Bühne; beide haben ähnliche ‚Kampf‘-Kleidung, nämlich Nacktheit unter Aussparung kulturell ‚normaler‘ Schamzonen; und beide stimulieren schließlich mit ähnlichen Prämien zur Teilnahme: mit Titeln, Trophäen und kleinen Geldpreisen, vor allem aber mit Vermarktungschancen[11].

Wenn wir also den klassizistischen Schönheitstraum der Bodybuilder in den naheliegenderen Niederungen der Girl- und Pinup-Kultur umwenden, dann erkennen wir vielleicht in der von allerlei Schwulst und Kitsch gereinigten Präsentation des manipulierten Körpers, im ‚Posing‘ also, auch eine zugleich zeitlos und recht modern anmutende Kunstgattung wieder: die *‚Body-Art‘*, den kreativen Einsatz des Körpers als Ausdrucksmittel und Ausdrucksfeld einer ästhetischen Idee. – Während sich aber die übliche moderne *‚Body-Art‘* keinen sozial definierten ästhetischen Maßstäben zu unterwerfen sucht, also eben die Originalität der schöpferischen Leistung des Künstlers betont, ‚definiert‘ der Bodybuilder sein Material mehr oder minder genau nach nicht von ihm selber erzeugten Richtlinien. Und somit weist die *‚Body-Art‘* des Bodybuilders doch wieder gewisse archaische Strukturen auf: Sie ist keine willkürliche Schöpfung, sondern die individuelle Variation eines normativ vorgegebenen Grundmusters. Body-Präsentation ist in diesem Falle Mimesis. Die Poiesis transzendiert das Geschehen; der dargebotene Körper wird zum Symbol: Einerseits drückt er mehr oder minder gelungen das bereits tradierte ästhetische Ideal aus, andererseits repräsentiert er die vorausgehende praktische Kreativität der Muskelformung[12].

---

11 Vgl. zur transzendenten Appräsentation des Symbols Schütz/ Luckmann (1984, 195-200) sowie Schütz (1971, S. 380-400).
12 Zur Beziehung des Bodybuilding zum Revuetheater vgl. Kloos/ Reuter (1980), zu Misswahlen Berg/ Grigull (1981).

4. Erotische Aspekte des Bodybuilding

Im Spannungsfeld aber von künstlerischer Ambition und Selbstauffassung wird auch die sexuelle Dimension des Bodybuilding thematisiert. Weitverbreitet etwa ist die Annahme, dass Bodybuilder und insbesondere Bodybuilder-Bilder Pinup-Surrogate für Homosexuelle seien. In der einschlägigen Literatur vertritt Walters diese These besonders emphatisch. Sie meint, dass sich Bodybuilding-Pinups schon immer (?) großer Beliebtheit erfreut hätten und dass das erotische Begehren des Homosexuellen sich auf unbehaarte Körper, auf Bizeps und auf dicke Oberschenkel richte. Einer der bei Homosexuellen besonders beliebten Typen jedenfalls sei „the superstud, and whole magazines are straightforward celebrations of virility" (Walters 1979, S. 297). – Inwieweit diese behauptete erotische Wirkung auf Homosexuelle tatsächlich besteht, ob der Bodybuilder also in einem signifikant überdurchschnittlichen Maße zum homosexuellen Lustobjekt prädestiniert ist, bedürfte wohl einer detaillierteren empirischen Überprüfung. Keineswegs plausibel hingegen aber erscheint das durchaus noch immer grassierende rückschlüssige Vorurteil, dass alle Bodybuilder Homosexuelle seien. Lässt sich für die Sexualobjekt-Hypothese wenigstens noch der eine oder andere Hinweis finden[13], so habe ich für den Umkehrschluss keine über die Normalverteilung hinausreichenden Belege gefunden.

Weit eher stimmt mit meinen eigenen Beobachtungen jene Annahme überein, dass viele Bodybuilder noch recht anachronistische Geschlechtsrollen-Klischees pflegen. Als anachronistisch erscheint mir etwa das Frauenbild in dieser kleinen Lebens-Welt *nicht* deshalb, weil es *besonders* rückständig wäre, sondern weil es, wenn es thematisiert wird, mit einem überraschend naiven männlichen Selbstvertrauen in überraschend naiver Unbefangenheit zum Besten gegeben wird. Auch exponierte ‚Vordenker' des Bodybuilding publizieren recht treuherzig ihre Vorstellungen über (sportliche) Emanzipation: „Ich akzeptiere die sportlichen Leistungen der (weiblichen; A.H.) amerikanischen Bodybuilding-Elite, bin aber froh, dass ich mit ihnen nicht ins Bett muss (Strzeletz 1982, S. 105 und 108).[14] – Aber von wirklichem erotischen Interesse ist ja weder das Männer-Männer-Bild noch das Männer-Frauen-Bild im Bodybuilding (auch wenn nicht zu übersehen ist, dass in dieser kleinen Lebens-Welt der Bodybuilder einfach nach wie vor die Normalform ist und Frauen eben ‚das andere Geschlecht' oder genauer *le deuxime sexe'*

---

13 Vgl. zur Posing-Kunst Gaines/ Butler (1977, S. 199-210), zur archaischen Kunstauffassung Hitzler (1982, bes. S. 58-61).
14 So z.B. das statement von Arnold Schwarzenegger: „When a homosexual looks at a bodybuilder, I don't have anything against that" (in Gains/Butler 1977, S. 92) oder die belegbare Tatsache, dass in pornographischen Homosexuellen-Comics fast durchgängig muskelstrotzende Männertypen auftreten.

darstellen), sondern die sexuelle Verortung des Muskel-Schönen zwischen Narzissmus und Exhibitionismus.

Der Bodybuilder (und nun sind wieder Männer *und* Frauen gemeint) ist nicht *nur* stolz auf seinen Körper – er schämt sich dessen auch. Schließlich trägt er ja keine natürliche Schönheit zur Schau, sondern ein Kunstprodukt, dessen künstlerische Qualitäten offenbar umstritten sind. Und wenn er gelegentlich ins optische Zentrum eines Interesses rückt, dann ist er keineswegs sicher, ob sich dieses auf seine sexuelle Attraktivität oder auf seine physische Monstrosität richtet (oder ob vielleicht gar eben das Monströse als erotisierend empfunden wird). Diese fast prinzipielle Unsicherheit nährt die Scham dessen, der weiß, dass er eine im normalen gesellschaftlichen Wissensvorrat als ,natürlich' aufgefasste ,Gabe' zweckentfremdet, für irgendwelche Interessen instrumentalisiert hat: „Die Scham bedeutet ein bestimmtes Verhältnis zu sich selbst als dem Gegenstand fremder Blicke, genauer, sie ist ein Minderwertigkeitsgefühl angesichts des eigenen Selbst, das in einer (möglicherweise; A.H.) schmachvollen und lächerlichen Lage von anderen erblickt wird." (Kolakowski 1967, S. 34)[15] Scham ist also, nach Kolakowski, eine Reaktion darauf, dass ich mir bewusst werde, Objekt für andere in einer nicht von mir selbst definierten Situation zu sein. Das heißt, der Bodybuilder weiß nicht, weiß aber, dass er nicht weiß, ob sein artifiziell verformter Körper in der konkreten sozialen Situation, in der er sich jeweils befindet, anmutig, also Begehrlichkeit weckend, oder nur obszön, grotesk wirkt; ob seine (wenn erst einmal produzierte, dann permanente) leibhaftige Inszenierung die Macht der erotischen Ausstrahlung besitzt oder nur die Ohnmacht des exotischen Schaustücks. Hierin dürfte wohl ein wesentlicher Grund dafür zu suchen sein, dass viele Bodybuilder dazu neigen, im Alltagsleben ihre Muskeln zu verhüllen (und so vom stigmatisierenden Produkt ihrer Leistungsethik abzulenken).

Sozial wahrnehmbar hingegen bekundet der Bodybuilder sein Einverständnis mit sich selber, also sein in seinem Körper ausgedrücktes Selbstbewusstsein, vor allem bei institutionalisierten Gelegenheiten: bei Meisterschaftsbewerben und bei bezahlten (oder zumindest ideell belohnten) Show-Auftritten, wenn er einigermaßen sicher sein kann, dass er als im Besitz anerkannter Werte befindlicher Akteur von einem hierfür empfänglichen Publikum bestätigt wird. In diesem Sinne kommentiert Kirchhoff (1978, S. 20) etwa das ,Posing' des Bodybuilding-Champions Sergio Oliva: „Interessant ist hier nicht nur die Nähe zum *Striptease* – durch plötzlichen, überraschenden Auftritt, gezieltes Scheinwerferlicht, aufreizende Musik

---

15 Um keine Missverständnisse zu produzieren: Ich will damit keineswegs einen hypostasierten ,Malechauvinismus' entlarven, sondern lediglich illustrieren, was ich mit „anachronischer Naivität" meine.

und eine Entblößung des Stars, die den Zuschauer, da sie ihm das ‚Eigentliche‘, das unter dem knappen Höschen vermutet wird, unaufhörlich vorenthält, zum geilen Voyeur werden lässt, – interessant ist auch die Beziehung des ganzen Publikums zu seinem *Idol-Körper*“.

Dieser im ‚Posing‘ zumindest mitschwingende Exhibitionsmus ist aber normalerweise keineswegs pathologisch, sondern vielmehr eine mehr oder minder kühle Kalkulation mit eingestandenen und uneingestandenen sexuellen Ambitionen des *zwangsläufig* voyeuristischen Publikums: Da wird einerseits uneingeschränkte, kraftstrotzende Virilität, heroische Unabhängigkeit, ja physische Brutalität demonstriert; andererseits liefert sich hier ein selbst interesselos erscheinendes Sexualobjekt fast völlig entblößt den Blicken und damit den Phantasien der anderen aus. Was Walters für Pinups konstatiert, gilt im gleichen Maße für die Zurschaustellung des Bodybuilders (ob auf der Bühne oder auf einem Bild): „Both sadistic and masochistic fantasies are so commonplace … as to be almost invisible.“ (Walters 1979, S. 306)[16] Aber auch in anderer Hinsicht ist das ‚Posing‘ erotisch ambivalent: Einerseits ist es exhibitionistische Provokation, andererseits auch symbolisierter Narzissmus, ein introvertierter Verweis auf sexuelle Selbst-Genügsamkeit. – Der im ‚Posing‘ *auch* angedeutete Narzissmus ist eine *praktische* Attitüde des Bodybuilders, um mit seiner Scham *und* seinem Stolz leben zu können: Selbst beim Training im Studio, also unter Gleichgesinnten, sieht er sich mit seinem Körper alleingelassen, sieht sich angewiesen auf kleine Heimlichkeiten vor dem Spiegel und ansonsten zur Selbstbefriedigung und Selbstvergewaltigung gleichermaßen ‚verurteilt‘ – oder, literarischer ausgedrückt: „Der Bodybuilder versucht sich (selbst) zu *verkörpern* und ‚fickt‘ dabei das eigene Fleisch in unaufhörlichem coitus interruptus“ (Kirchhoff 1978, S. 13)[17], weil eben seine ganze Trainings-Arbeit nicht auf irgendeine Aktion oder gar auf eine Interaktion hinzielt, sondern auf die reine, idealerweise zweck- und nutzlose Erscheinung, auf letztlich verharrende Darstellung.

5. Religiöse Aspekte des Bodybuilding

Erfahrungsbeschreibungen wie „We rise up! We fly!“ motivationsrelevante Bekundungen wie „The goal is self-awareness. Finding out who you really are.“, Erlösungsschilderungen wie „Becoming a champion was the only way I'd be safe from feeling lost“ und Heilsgewissheiten wie „The person who puts their body through its full range of potential motion will almost certainly be happier in a higher emo-

---

16   Vgl. auch Schütz (1971, S. 207-236).
17   Zur exhibitionistischen Projektion im Allgemeinen vgl. auch Kolakowski (1967, bes. S. 43-46).

tional state than the person who does not"[18] verweisen eindeutig auf sinnstiftende, nichtalltägliche Bewusstseinszustände, auf Konversionserlebnisse und Selbstverortungen in ‚anderen' Wirklichkeiten. Alltägliche Plausibilitätsstrukturen büßen ihren Charakter fragloser Selbstverständlichkeit ein; Bodybuilding wird gleichsam zum Tor zur inneren Welt, das dem Unkundigen verschlossen bleibt.

Dass dies alles typisch religiöse Aussagen und Funktionen sind, liegt nach der neueren Wissens- und Religionssoziologie auf der Hand. Religiosität ist eine spezielle Erfahrungsmodalität. So definiert Luckmann die soziale und individuelle Funktion von Religion als "Einübung und Einzwängung in ein das Einzeldasein transzendierendes Sinngefüge" und bezeichnet als religiös "jene Schichten der gesellschaftlichen Wirklichkeitskonstruktionen, die Transzendenzerfahrungen entspringen und mehr oder minder nachdrücklich als auf eine nichtalltägliche Wirklichkeit bezogen erfasst werden" (1980, S. 6+179).[19] Weil aber das Einzeldasein in institutionell ausdifferenzierten, mit einer Vielzahl teils alternierender und konkurrierender Sinnangebote durchsetzten modernen Gesellschaften in individueller Regie organisiert werden muss, weil keine der sozial vermittelten Weltdeutungen mehr monopolistische Verbindlichkeit beanspruchen kann, ist Religiosität auch nicht mehr auf hierfür spezialisierte Institutionen und Organisationen beschränkt, sondern gewissermaßen säkularisiert: Alltagstranszendenter Lebenssinn wird über allerlei politische, ökonomische, sexuelle und andere Großideologien zur jeweiligen Anhängerschaft transportiert. Aber auch die kleineren gesellschaftlichen Formationen, kleine soziale Lebens-Welten wie das Bodybuilding, vermitteln sich, wie wir gesehen haben, über die begrenzte pragmatische Thematik hinaus als handlungs-legitimatorische symbolische Sinnsysteme. Der moderne Einzelmensch findet also kein offizielles, kein sozial unumgängliches religiöses Modell mehr vor, sondern ist – in individuell unterschiedlichem Maße – darauf angewiesen, seine religiösen Bedürfnisse ‚privat' zu befriedigen, den Spuren *seiner* Engel eben z. B. auch ins und im Bodybuilding-Studio zu folgen.

Unter so verstandenen religiösen Gesichtspunkten erscheint die Bodybuilding-Ideologie als eine Art eklektizistische Mischung aus puritanischem Asketismus und zynischem Hedonismus: Mit der richtigen Einstellung, also mit Willensstärke und Disziplin, lassen sich nicht nur *alle* Probleme meistern, sondern es lässt sich auch jedweder gewünschte Erfolg erzwingen. Bodybuilder *als* Bodybuilder empfinden oft tatsächlich, was Goffman bei sozial Abweichenden im Allgemeinen konstatiert hat, nämlich „dass sie nicht nur gleich, sondern besser als Normale

---

18 In der Bodybuilding-Literatur wird der Narzissmus, die Selbstbespiegelung, aber als durchaus ‚funktional notwendig' legitimiert. Ich neige zu der Annahme, dass es sich dabei vor allem um die private Antizipation des öffentlichen Blicks handelt.

19 Bodybuilding-Meisterinnen, zitiert nach Cohn (1981, S. 18, 148, 99 und 66).

sind und dass das Leben, das sie führen, besser ist als das, das von den Personen, die sie andernfalls sein würden, geführt wird" (1980, S. 178).[20]

Bodybuilding als ein besserer ‚way of life', als ‚world apart', wird dem Glaubenswilligen (dem Zögernden, dem Novizen, dem Konvertiten) fast rituell vorgeführt – von all den großen, berühmten, erfolgreichen Stars dieser modernen Sinnprovinz, von den Symbolfiguren einer dem Anspruch nach doch nicht *nur* diesseitigen Wirklichkeit. Es lassen sich sogar gewisse Ähnlichkeiten zwischen den Champions beim Bodybuilding und den Schamanen bei archaischen Stämmen aufzeigen: Die einen wie die anderen sind Stabilisatoren bestimmter tradierter Wirklichkeitsauffassungen, sind Legitimations-Instanzen für eine spezielle institutionale Ordnung. Und beide wiederum sind selber dadurch legitimiert, dass sie in quantitativ und qualitativ außergewöhnlichem Maße außeralltägliche Erfahrungen *beherrschen*: Was für den Schamanen die Erfahrung der Geister, ist für den Champion die Erfahrung des Schmerzes. Ja, was in manchen archaischen Gesellschaften als ‚göttliches Fleisch' verehrt wird, – das Zucken der Oberschenkel- und Bein-Muskulatur beim Eintritt von Trancezuständen – das kennt der Bodybuilder durchaus auch, wenn er z. B. die Schmerzbarriere durchbricht, wenn er die Kapitulation vor seinem Körper wieder einmal durch seine Willensstärke ‚über die Grenzen des Erträglichen hinaus' verschoben hat. Der gemeinsame Nenner dieser in Zeit, Raum und Art doch recht unterschiedlichen ‚Grenzüberschreitungen' ist der, dass der alltägliche Bewusstseinszustand verlassen wird: „Die natürliche Einstellung wird abgeschüttelt, das pragmatische Motiv außer Kraft gesetzt, die Relevanzsysteme alltäglichen Handelns und alltäglicher Erfahrung weitgehend ausgeschaltet." (Schütz/ Luckmann 1984, S. 168-171)[21]

6. ‚Anthropologische' Aspekte des Bodybuilding

Wesentlich für das Selbstverständnis des Bodybuilders aber ist, auch in Bezug auf seine ekstatischen Erfahrungen, dass er sein Selbst vor allem als Willenszentrum sieht und dass seine „passio" in dem von Luhmann (1982) kolportierten Sinne zu begreifen ist: als Selbstüberwindung, als Kampf der höheren mit niederen Einflüssen. Allerdings richtet sich das Training, wie bereits Plessner (1970, S. 42) vermerkte, zunächst „auf das senso-motorische, animale System", um durch die voluntative Körperformung auch den Geist zu disziplinieren: In gewisser Weise bedingt der Zustand des Körpers im Deutungssystem des Bodybuilders auch den

---

20   Vgl. auch Luckmann (1980, S. 161-172; 183).
21   Diese Einstellung, die natürlich in einschlägigen Publikationen propagiert wird, findet sich, wie ich in verschiedenen Interviews festgestellt habe, durchaus auch beim ‚gewöhnlichen' Bodybuilder.

des Geistes; dies aber eben, weil *beide* vom (wie auch immer zu denkenden und zu verortenden) Willen gelenkt werden. Und indem der *Wille* den Widerstand der Physis bricht, macht er sich augenscheinlich und augenfällig auch den Geist geschmeidig. Körpereigenschaften oder besser: Körperzustände werden im Bodybuilding als Resultate technisch umgesetzter Willensanstrengung aufgefasst, als Bearbeitung von Rohmaterial.

Damit bleibt die dem Bodybuilding als einem Deutungszusammenhang eignende ‚Anthropologie' mechanizistisch und folglich etwa hinter phänomenologisch-dialektischen Konzeptionen zurück, denen zufolge der Mensch ‚*als* Leib *im* Körper' existiert. Nach Plessner kennzeichnet das menschliche Dasein ein Doppelaspekt, nämlich Zentrum *und* Außenperspektive einer Lebenswelt zugleich zu sein: „Ein Mensch *ist* immer zugleich Leib ... und *hat* diesen Leib als diesen Körper." (1970, S. 43) Der Mensch ist exzentrisch, und das heißt, dass es nicht darum geht, zwischen einer hypostasierten Innen- und einer scheinbar empirisch belegbaren Außenwelt zu vermitteln, sondern darum, die Blickrichtungen des Menschen auf sich *und* die Welt zu thematisieren. Der gemeinsame Fokus aber dieser Blickrichtungen „est ineffabile". Wichtig in unserem Zusammenhang ist vor allem, dass der Körper nach Plessner nicht einfach als materiales, bearbeitbares Objekt gesehen werden kann – als das er eben im Bodybuilding gehandhabt wird. Auch und insbesondere die Bodybuilding-Ideologie übersieht, „dass der Mensch kein eindeutiges Verhältnis zu seinem Leib hat, sondern ein doppeldeutiges" (1970, S. 43 und 40).[22]

Die Bodybuilding-Ideologie kapriziert sich mithin zumindest einseitig auf den Appräsentations-Aspekt des Leibes, auf den Körper als einem Ausdrucksfeld innerer Zustände. Das Körper-Schema, das ‚body image', steht – als manipulierbares – im Zentrum des körperbildnerischen Interesses, denn es repräsentiert die ‚innere Stärke', die Fähigkeit der Selbstbeherrschung und Selbstüberwindung. Der Bodybuilder hofft zumindest stets darauf, von anderen so gesehen zu werden, wie er gesehen werden möchte (denn sicher sein kann er sich dessen nicht): „Der Körper, gesellschaftlich produzierte und einzige sinnliche Manifestation der ‚Person', gilt gemeinhin als natürlichster Ausdruck der innersten Natur." (Bourdieu 1982, S. 310)[23] Dieser „natürlichste Ausdruck" aber wird vom Bodybuilder vorsätzlich, willentlich, ja zweckrational behandelt, bearbeitet, geformt, gestylt, kurz: denaturiert – eben weil er nicht von einer dialektischen Beziehung zwischen persönlicher Identität und Leiblichkeit ausgeht, sondern von einem funktionalen Verhältnis zwischen eigenem Willen und Körper(-Maschine). Trotzdem aber hofft er, dass das, was er auf der realen wie auch auf der imaginären gesellschaftlichen Bühne

---

22   Vgl. auch Hitzler (1982) und Douglas (1974, bes. S. 114f. und 136).
23   Ein ähnliches Leib-Verständnis vertritt auch Gruppe, z.B. in seiner Habilitationsschrift (19843).

präsentiert, als Verkörperung, als Inkarnation seines ‚eigentlichen' Selbst zur Geltung kommt – nicht nur in den Augen der anderen, sondern auch in seinen eigenen.

7. Typische Strukturen des Bodybuilding

Im Sinnsystem des Bodybuilders, und zwar sowohl auf der praktischen Handlungs-
ebene als auch auf der ideologischen Einstellungs- und Legitimationsebene, stellt
der Körper eine motivational, thematisch und interpretativ relevante Wirkzone dar,
einen Bereich des prinzipiell Bewirkbaren und des tatsächlichen unmittelbaren
Handelns. Der weltzeitliche Alterungs- und Verfallsprozess wird als handlungspraktisch modifizierbar betrachtet, weil das Zeitbudget des einzelnen innerhalb
gewisser sozialweltlich vordefinierter Grenzen nach Relevanzen gegliedert werden kann. Damit rückt die eigene Leiblichkeit in das Zentrum der subjektiven Interessen, die in kulturell unüblich hohem Maße ‚bearbeitbar' erscheint, wodurch
das Erlernen und praktische Umsetzen hierfür geeigneter Techniken angeregt und
eingeleitet werden, die für dieses Ziel geeignet sind. Das lebensweltliche Prinzip
‚first things first' legt den Entwurf eines wenigstens mittelfristigen Lebensplans
nahe, provoziert jedenfalls die Aufstellung von Tagesablaufplänen (Zeitbudget-
und Ernährungsplan) und erzwingt zumindest teilzeitliche, relativ komplexe Hand-
lungsablaufpläne (Trainingsplan). Die thematisch relevante Leiblichkeit erfordert
also interpretatorische Akte sowohl hinsichtlich des Verhältnisses zwischen sub-
jektivem Bewusstsein und eigenem Körper als auch des Verhältnisses zwischen
diesem Beziehungskomplex und sozialen Deutungsmustern (also eine Reflexion
der persönlichen Identität) sowie schließlich auch eine somit thematisch motivier-
te Wahl zumindest unter kulturell verfügbaren Möglichkeiten der Körperbildung
(Leibeserziehung). Die konkreten Relevanzen der Motivation zum Bodybuilding
richten sich auf subjektive Wertvorstellungen wie Gesundheit, Fitness, Schönheit,
Sportlichkeit, Statuserhöhung und verknüpfen sich zu neuen, nun sehr spezifischen thematischen und interpretatorischen Relevanzen, die ein praktisches Handeln strukturieren, ordnen und damit durch situations-transzendente Sinnbezüge
als Handeln erst eigentlich ermöglichen.

   Die zunächst in potentieller Reichweite liegende eigenkörperliche Modifi-
kation wird in der teilzeitlichen Trainingspraxis und normalerweise auch in der
alltäglichen Ernährungspraxis aktualisiert: Der Bodybuilder arbeitet am Körper.
Wenigstens unter der Teilzeitperspektive des Trainingsprogramms und der Trainingspraxis verschieben sich die Zonen sozialweltlicher Intimität und Anonymi-
tät. Die subjektiv zugebilligte Deutungskompetenz von Mitmenschen gegenüber
dem eigenen Tun wird umstrukturiert: Normalerweise (alltagsweltlich) unmittel-

bar relevante andere (also *nicht* Bodybuilding treibende Verwandte, Freunde, Kollegen) werden als Auslegungsinstanzen zumindest für bodybuildingrelevante Themen (Gesundheit, Sportlichkeit, Schönheit usw.) ,degradiert': Sie wandern an die Kompetenzperipherie, werden zu Vorurteilsträgern, verpflichten also nur noch beschränkt zu selbst-legitimatorischen Akten. Stattdessen konstituiert sich ein neues soziales System mittelbar und unmittelbar relevanter anderer: Die größtenteils anonyme, zunehmend jedoch *typisch* vertraute, aber vor allem auch die intime, persönlich bekannte Gemeinschaft der Bodybuilder wird zur bedeutsamen und verhaltensformenden teilzeitweltlichen Bezugsgruppe. Zu-nächst problematische Handlungsabläufe und Wissenssegmente werden über mehr oder minder explizite und extensive Passageriten normalisiert; ursprünglich auslegungsbedürftige Erfahrungen habitualisieren sich zu neuen Gewohn- und Ge-wissheiten. Aus der Routine erwachsen andere Konturen des Selbstverständlichen: Bodybuilding ,geschieht' nicht nur als individueller Handlungszusammenhang, sondern auch und insbesondere als Sonder-Wissenssystem, als intersubjektiv gewusste Subsinnwelt, als kleine soziale Lebens-Welt.

In der Subsinnwelt „Bodybuilding" appräsentiert der Körper nicht mehr nur Anzeichen einer wie auch immer gearteten Befindlichkeit des Subjekts; auch ist er nicht nur Ausdrucksfeld kommunikativer Zeichen, sondern zugleich und intendiertermaßen ein Symbol oder vielmehr *das* Symbol eines nichtalltäglichen Bewusstseinszustands, einer außergewöhnlichen Einstellung: Der Bodybuilder demonstriert sozialweltlich an seinem und durch seinen Körper seine Fähigkeit zur Ekstase. Der konkrete Zustand seines Körpers verweist grundsätzlich *jeden* anderen, tatsächlich aber vor allem den anderen Experten, auf die je aktuelle Verfassung seines Geistes. Er ,definiert', spezifisches technisches Wissen applizierend und systematisch arbeitend, seine Gesamtmuskulatur und definiert dabei sich selbst als Wissender und Könnender – und zwar in ständiger *Analogie* zur visuellen ,Definition' seines Körpers. Die Qualität seiner Muskulatur drückt – im Wortsinne – aus, in welchem Maße er sich in die andere Wirklichkeit der Überbelastung, der Überforderung, der Qual und der Schmerzen ,entrücken' kann, wie hoch mithin sein Konzentrationspotential, wie stark und unbeirrt sein *Wille zur Selbstdisziplinierung* ist.

Literatur

Berg, Ingrid / Grigull, Anne (1981): Miss-Vergnügen. Über bundesdeutsche Misswahlen. Freiburg i.
    Br.: Dreisam-Verlag
Berger, Peter (1969).: Zur Soziologie kognitiver Minderheiten. In: Internationale Dialog Zeitschrift,
    Jg. 2. 2, S. 127-132
Berger, Peter L./ Luckmann, Thomas (1969): Die gesellschaftliche Konstruktion der Wirklichkeit.
    Frankfurt a.m.: Fischer
Bourdieu, Pierre (1982): Die feinen Unterschiede. Frankfurt a M./ Suhrkamp
Cohn, Nik (1981): Women of Iron. New York: Wideview Books
Darden, Ellington (1972): Sixteen Personality Factor Profiles of Competitive Bodybuilders and Weight-
    lifters. In: Research Quarterly, Vol. 43. 2, S. 142-147
Douglas, Mary (1974): Ritual, Tabu und Körpersymbolik. Frankfurt a. M.: Fischer
Gaines, Charles / Butler, George (1977): Pumping Iron. London: Sphere books
Goffman, Erving (1980[4]): Stigma. Frankfurt a M.: Suhrkamp
Grupe, Ommo (1984[3]): Grundlagen der Sportpädagogik. Schorndorf: Hofmann
Hitzler, Ronald (1982): Der ‚begeisterte‘ Körper. In: Gehlen, Rolf/ Wolf, Bernd (Hrsg.): Unter dem
    Pflaster liegt der Strand, Band 11. Berlin: Kramer, S. 53-73
Hitzler, Ronald/ Honer, Anne (1984): Lebenswelt – Milieu – Situation. In: Kölner Zeitschrift für So-
    ziologie und Sozialpsychologie (KZfSS), Jg. 36. 1, S. 56-74
Hoghe, Raimund (1982): Die Illusion der Größe. In: Ders. (Hrsg.): Anderssein. Darmstadt/ Neuwied:
    Luchterhand, S. 18-28
Kirchhoff, Bodo (1978): Body-Building – Versuch über den Mangel. In: Kursbuch 52. Berlin: Kurs-
    buchverlag, S. 9-21
Kirchhoff, Bodo (1980): Body-Building. Frankfurt a. M.: Suhrkamp
Klooss, Reinhard / Reuter, Thomas (1980): Körperbilder. Frankfurt a. Main: Syndikat
Kolakowski, Leszek (1967): Erkenntnistheorie des Striptease. In: Ders.: Traktat über die Sterblichkeit
    der Vernunft. München: Piper, S. 33-50
Krockow, Christian v. (1974b): Sport. Eine Soziologie und Philosophie des Leistungsprinzips. Ham-
    burg: Hoffmann und Campe Verlag
Krockow, Christian v. (1972): Sport und Industriegesellschaft München: Piper
Luckmann, Benita (1978): The Small Life-Worlds of Modern Man. In: Luckmann, Thomas (ed.): Phe-
    nomenology and Sociology. Harmondsworth: Penguin
Luckmann, Thomas (1983): The Structural Conditions of Religious Consciousness in Modern Societ-
    ies. In: Ders.: Life-World and Social Realities. London: Heinemann, S. 162-173.
Luckmann, Thomas (1980): Lebenswelt und Gesellschaft. Paderborn/ München/ Wien/ Zürich: Schöningh
Luhmann, Niklas (1982): Liebe als Passion. Frankfurt a.M.: Suhrkamp
Plessner, Helmuth (1970): Philosophische Anthropologie. Frankfurt a. M.: Fischer
Rigauer, Bero (1982): Sportsoziologie. Reinbek b. Hbg.: Rowohlt Taschenbuch-Verlag
Schütz, Alfred (1971/ 1972): Gesammelte Aufsätze. Band 1 und 2. Den Haag: Nijhoff
Schütz, Alfred/ Luckmann, Thomas (1979/ 1984): Strukturen der Lebenswelt. Band 1 und 2. Frank-
    furt a. M.: Suhrkamp
Schwarzenegger, Arnold (1982): Bodybuilding für Männer. München: Heyne
Strzeletz, Joachim (1982): Aus Liebe zum Eisen. Düsseldorf: Eigenverlag
Walters, Margaret (1979): The Nude Male. Harmondsworth: Penguin Books

Problem-Körper
Einige physische Aspekte der Pflege von Demenzkranken

Bereits im Rahmen einer Professurvertretung am Institut für Interdisziplinäre Gerontologie an der Hochschule Vechta habe ich mich vor einigen Jahren mit Fragen der Lebenslagen älterer Menschen und deren Betreuung im Kontext sozial- und gesundheitspolitischer und rechtlicher Veränderungen sowie sich verändernder organisationaler Versorgungsstrukturen von Pflegeeinrichtungen befasst. Dabei habe ich – neben Literaturrecherchen zur Rekonstruktion sozial- und gesundheitspolitischer Empfehlungen und Modellprojekten zum Thema Demenz, zur Rekonstruktion der juristischen Fachdiskussion über das damals neue Betreuungsrecht und der medizinischen Fachdiskussion über Demenz, sowie zur Aufarbeitung therapeutischer Konzepte und Pflegekonzepte für Demenzkranke – selber ehrenamtlich stationär versorgte demente Personen betreut, Interviews mit ehrenamtlichen Rechtsbetreuern, mit dem Pflegedienstleiter einer Hausgemeinschaft, mit dem Pflegedienstleiter eines WG-Versorgungsdienstes sowie mit einer examinierten Altenpflegerin geführt. Außerdem habe ich seinerzeit bereits – mit Wissen und Einwilligung der Beteiligten bzw. von deren Betreuungspersonen – auch einige Interaktionen zwischen demenzkranken Heimbewohnern und mir auf Tonband mitgeschnitten. Auf dieser Grundlage habe ich nun zusammen mit meinem Kollegen Thomas Beer, Pflegewissenschaftler an der Hochschule Fulda, und mit Ronald Hitzler und dessen Mitarbeiterin Lakshmi Kotsch, Soziologen an der Technischen Universität Dortmund, vor einigen Monaten bei der DFG einen Förderantrag zu einem Projekt über ‚Handlungsprobleme und Entscheidungsdilemmata beruflicher Pflegekräfte altersdementer Personen‘ eingereicht. In diesem Forschungsvorhaben wollen wir eruieren, welches Verständnis von Selbstbestimmung dementer Personen *Pflegekräfte* (unter Rückgriff auf für *sie* maßgebliche Regelungen und Grundsätze) haben. Im Folgenden greife ich nun auf diese Vorarbeiten zurück, um hier einige m.E. symptomatische Probleme des Umgangs mit dem Körper dementer Personen anzuzeigen:

In einem Großteil der westlichen Industrienationen werden gegenwärtig, bei gleichzeitigem Rückgang der Geburtenhäufigkeit, immer mehr Menschen immer älter. Zugleich steigt unübersehbar das Risiko des Einzelnen, im späteren Lebensverlauf an Demenz zu erkranken.[1] Hinzu kommt, dass bislang keine medizinischen Heilungschancen der Krankheit(en) bekannt sind und zumindest für die nähere Zukunft auch nicht erwartet werden (vgl. z.b. Boetsch/ Stübner/ Auer 2003; Wetzstein 2005). Einerseits nun geht diese Krankheit[2] mit einem nicht nur für die Betroffenen beängstigenden Verlust von Kommunikationsfähigkeit, von mentaler Orientierung und von vielfältigen physischen Kompetenzen einher. Andererseits erfährt gerade der Begriff der geistigen und der körperlichen Selbstbestimmung in unserer Gesellschaft gegenwärtig hohe (moralische bzw. moralpolitische) Beachtung. Besonders in den Momenten, in denen die Verwirklichung dieses Wertes prekär wird, seine Umsetzung besonderer Unterstützung bedarf oder gar misslingt, in den Momenten also, in denen die Autonomie des Individuums nicht oder nicht mehr in der ‚üblichen' Weise gegeben ist, tritt seine herausragende Stellung besonders deutlich zutage.

So wünschenswert jedoch die zunehmende Beachtung des Rechtes auf Selbstbestimmung des Klienten auf der einen Seite auch ist, als so schwierig erweist sich die Umsetzung dieses Postulates mitunter in der Praxis: Gerade bei der Pflege von demenzkranken Menschen stellen sich erhebliche *Deutungsprobleme,* wenn es darum geht, ihre Wünsche und Absichten überhaupt erst zu *eruieren* – wie es im Betreuungsrecht und in den Pflegeleitbildern vorgesehen ist –, weil neben einer verstärkten Vergesslichkeit und Merkschwäche auch Beeinträchtigungen des sprachlichen Ausdrucksvermögens und des Sprachverständnisses zu den Symptomen der Krankheit[3] zählen. Die ‚normalerweise' für ein Gespräch geltende Annahme der ‚Reziprozität der Perspektiven' kann nicht mehr ohne weiteres vorausgesetzt werden. D.h., die ‚üblichen' Regeln einer Konversation verlieren ihre Gültigkeit oder verfehlen ihre Wirkung, weil gewissermaßen ‚aneinander vorbei' geredet wird und eine ‚Passung' zwischen den Interaktionspartnern schwer herzustellen ist.

---

1   Die Wahrscheinlichkeit hierfür beträgt bei einem erreichten Lebensalter von 65 Jahren für Männer 16%, für Frauen, bedingt durch die höhere Lebenserwartung, 34,5% (Bickel 2002). Die Prävalenzrate für Demenz liegt bei den über 65-Jährigen bei 7,2% oder 935.000 (vgl. z.B. Bickel 2002) und steigt mit zunehmendem Alter (34,6% bei den über 90-Jährigen, ebd.). Die Inzidenzrate, d.h. die Zahl der jährlichen Neuerkrankungen, wird gegenwärtig auf rund 1,9% oder 231.000 geschätzt (ebd.).

2   Davon, dass es sich bei der Demenz nicht um eine einzige Krankheit handelt, sondern vielmehr um ‚Symptomkomplexe' verschiedener Herkunft, sei hier der besseren Lesbarkeit halber abstrahiert.

3   Zu dem fortschreitenden Verlust kognitiver Funktionen, einhergehend auch mit Orientierungsschwierigkeiten, treten körperliche und psychische Symptome wie Störungen bei der Blasen- und Darmentleerung, motorische Unruhe, Angst, Halluzinationen, Aggressionen, Unsicherheit und Veränderungen der Persönlichkeit (vgl. BMFSFJ 2002; zur Symptomatik der Demenz vgl. auch z.B. Boetsch/ Stübner/ Auer 2003; Kurz 2002; zu definitorischen Unterschieden verschiedener Diagnosemanuale vgl. Wetzstein 2005).

Geichwohl verfügen demente Menschen über (verbliebene?) Ausdrucksmittel, die es im Umgang mit ihnen eben zu deuten gilt: Demenzkranke scheinen demnach zu sinnhafter Kommunikation fähig und in der Lage zu sein, sich zu verständigen, indem sie auf nonverbale Ausdrucksformen wie Gestik, Mimik, Haltung oder Stimmhöhe zurückgreifen. Zum Teil bis in die Spätstadien der Krankheit hinein bringen sie verschiedenste Gefühlszustände zum Ausdruck, agieren absichtsvoll und sind in der Lage, Höflichkeitsstrategien den jeweiligen Gesprächspartnern und der jeweiligen Situation entsprechend anzuwenden. Temple et al. (1999) zufolge könnte dies darauf hinweisen, dass auch bei Patienten mit dem bekanntesten Demenzsyndrom, der Alzheimer-Krankheit, bis in die Spätstadien der Erkrankung hinein das Gefühl und das Verständnis für Dimensionen sozialer Macht, sozialer Distanz und die Auswirkungen des eigenen kommunikativen Stils auf andere erhalten bleiben. Zumindest scheinen sie ein Verständnis für soziale Geltungsmuster zu bewahren.

Wenn neuropathologische Schäden auch viele Verhaltensprobleme nach sich ziehen, so sind doch manche Verhaltensweisen auch von Alzheimerkranken eher als Reaktion auf bestimmte ungünstige soziale ‚Umweltbedingungen‘ zurückzuführen als in direkter Linie auf die Krankheit selbst.[4] Voraussetzung für eine einigermaßen sinnhafte Kommunikation mit demenzkranken Personen schlechthin ist demzufolge eine besondere Art der Hinwendung zu ihnen, für die in der pflegerischen Praxis aller Erfahrung nach jedoch wenig Spielraum bleibt. Im Falle restriktiver organisatorischer Rahmenbedingungen können sich beispielsweise bereits dilemmatische Situationen für Pflegekräfte ergeben: so etwa die Schwierigkeit, sich nicht gleichzeitig in ausreichendem Maße dem betreffenden Bewohner zuwenden zu können (Wahrung seines Rechtes auf Selbstbestimmung) *und dabei* straffen Zeitvorgaben (organisatorische Anforderungen) zu genügen. Darüber hinaus ist das Pflegepersonal nicht nur gehalten, die Selbstbestimmung des Heimbewohners zu wahren und zu achten. Es ist auf der anderen Seite auch verpflichtet, den Heimbewohner vor „Schäden zu schützen, die er sich selbst zufügt".[5] Da Situationen nicht nur denkbar, sondern (auch) im pflegerischen Alltag an der Tagesordnung sind, in denen es der Pflegekraft schlechterdings unmöglich zu sein scheint, *beiden Pflichten gleichzeitig Genüge zu tun*, muss sie hier eine Entschei-

4   Auch die Entscheidung für die Einweisung in ein Heim könnte nicht allein vom Schweregrad der Krankheit abhängig sein, sondern der Schweregrad könnte vielmehr, „vor dem Hintergrund einer krisenhaften Zuspitzung der Pflegesituation" als „anerkannter Indikator" fungieren, um die Heimeinweisung zu legitimieren, so die Überlegungen von von Wedel-Parlow et al. (2004, S. 137). Zur ‚sozialen Konstruiertheit‘ von Alzheimer als Krankheit vgl. auch Gubrium (1986).
5   Ferner ist das Pflegepersonal gehalten, Dritte vor vom Heimbewohner ausgehenden Gefährdungen zu bewahren (Borutta 2000; Aufsichtspflicht der Pflegekräfte).

dung treffen, die wenigstens eine der beiden, prinzipiell gleichermaßen gültigen, Grundsätze verletzt.

Für das Pflegepersonal bedeutet dies eben, dass es gezwungen ist, in gegebenen Situationen stets rechtlich und oft auch moralisch heikle Abwägungen vorzunehmen zwischen dem Ergreifen oder Unterlassen von (pflegerischen) Maßnahmen. Denn auch wenn das Recht des altersdementen Patienten auf Selbstbestimmung ‚eigentlich' ein unbedingtes ist, darf die Pflegekraft ‚eigentlich' auch nicht gegen ihre Fürsorglichkeitsverpflichtung verstoßen. Pflegekräfte laufen bei *beiden* in ihrer Typik aufgezeigten Alternativen ständig Gefahr, dass ihr Handeln gegenüber (den Verhaltensweisen von) altersdementen Personen nachträglich (von wem auch immer) als pflegetechnisch unangemessen, rechtswidrig und/oder moralisch ‚falsch' beurteilt wird.

Dieses Pflegedilemma bzw. genauer dieses Dilemma pflegender Personen will ich nun mit drei kurzen Beispielgeschichten ein wenig illustrieren:

1. Die Selbstgefährdung des (so genannten) ‚Läufers'

Zu den Hauptaufgaben ehrenamtlicher Helfer gehört das Spaziergehen vor allem mit solchen demenzkranken Bewohnern, die die als Krankheitssymptom verstandene, so genannte ‚Weglauftendenz' bzw. einen so genannten ‚Bewegungsdrang' zeigen; ein Verhalten, das die Pflegekräfte jedes Mal in helle Aufregung versetzt und Suchaktionen auslöst, wenn ein Bewohner vom Personal unbemerkt die Pflegeeinrichtung verlassen hat, da es sich dabei natürlich um einen Verstoß gegen die Aufsichtspflicht des Pflegepersonals handelt. Um diesen Bewegungsdrang unter Kontrolle zu halten bzw. zu bringen, gibt es in Pflegeheimen verschiedene Lösungen, z.B. die Anlage eines Endlosweges im angeschlossenen Garten des Heims, das Kaschieren von Ausgangstüren mit Vorhängen bis hin zum Verschließen der Tür (was nicht ohne vormundschaftsrichterliche Genehmigung erlaubt ist, da es sich um eine freiheitsentziehende Maßnahme handelt) – und eben die Spaziergangsbetreuung: entweder durch externe, zusätzlich zu bezahlende ambulante Pflegedienste oder durch unentgeltlich geleistete ehrenamtliche Unterstützung.

So war auch ich eines Tages wieder – wie zuvor schon so oft – unterwegs mit Frau Bach, einer 73jährigen, ehemaligen Lehrerin, deren Bewegungsbedürfnis im Verhältnis zur Schmächtigkeit ihrer körperlichen Erscheinung erstaunlich war. Kein noch so langer Spaziergang hatte sie je so zu ermüden vermocht, dass sie nicht kurz nach der Rückkehr von einem Spaziergang bereits wieder am Heimausgang hätte ‚abgefangen' werden müssen. Auf besagtem Spaziergang jedoch geschah es, dass sie plötzlich über ihre eigenen Füße stolperte und, obwohl ich sie am Arm untergehakt hatte, der Länge nach hinfiel. Da auf unserer Wegstrecke weit und breit keine Hilfe in Sicht war, schleppte ich uns beide mühsam ins Heim zurück, wo Frau Bach von der Pflegedienstleitung auf mögliche ernsthaftere Verletzungen, die von einem Arzt hätten behandelt werden müssen, untersucht wurde. Das war, zur Erleichterung aller, jedoch nicht der Fall. Meine Frage, wer im Falle von Verletzungen haftbar sei, wurde vom Hausleiter zunächst mit Schulterzucken und dann mit der Vermutung, dass wahrscheinlich das Heim für solche Fälle versichert sei, beantwortet. Eine genauere Klärung des Problems erschien ihm jedoch nicht dringlich, da seiner Meinung nach Stürze ‚Heimalltag' seien. Während also unbeaufsichtigtes ‚Spazierengehen' als eine offensichtliche Verletzung der Betreuungspflicht verstanden wird, scheint man ein unvermeidbares Maß an Selbstgefährdung einzukalkulieren.

2. Fixierung des Körpers

Frau Berg wurde nach ihrer Entlassung aus dem Krankenhaus und ihrer Rückkehr ins Heim wegen eines noch nicht ausgeheilten Oberschenkelhalsbruches in ihrem Bett mit einem Hüftgurt fixiert, aus dem sie sich – trotz hochgradiger Verwirrtheit und Sprachunfähigkeit – unter lautstarkem Murren zu befreien suchte, so dass ihr manchmal auch die Arme fixiert wurden, damit sie den Hüftgurt nicht mehr erreichen konnte. Diese Fixierung geschah mit richterlicher Genehmigung und als pflegerisch notwendige Maßnahme. Trotzdem äußerten die Pflegekräfte ihr Unbehagen darüber, dass sie der Bewohnerin den Nutzen dieser Maßnahme nicht vermitteln konnten. – Hingegen wurden Fixierungen durch Bettgitter oder das Anbringen von Tabletts an Rollstühlen vom von mir beobachteten Pflegepersonal – trotz des Wissens, dass es sich dabei auch um freiheitsentziehende Maßnahmen handelt – ziemlich selbstverständlich gehandhabt und nur auf Nachfrage als fürsorglich-pflegerische Handlung gerechtfertigt.

Zum Zusammenhang von mechanischen Fixierungen und sturzbedingten Verletzungen konnte inzwischen belegt werden, dass fixierte Altenheimbewohner eine ebenso hohe Sturzrate aufweisen wie nicht fixierte. Dunbar et al. (1996) belegten außerdem, dass durch freiheitsentziehende Maßnahmen in Form von Fixierungen Angstverhalten und so genanntes „herausforderndes"[6] Verhalten *sogar zunimmt*.

---

6   Der Terminus wurde von der Expertenkommission (vgl. BMG 2007) gewählt für demenzielle Verhaltensweisen, „die die Umgebung herausfordern, die also auch bestimmte Anforderungen an das Verhalten der Pflegenden stellen. Außerdem umgeht dieser Begriff die a priori Festlegung des Verhaltens als intrinsisch" (BMG 2007, S. 14).

Darüber hinaus bewirken sie eine Reduzierung der Mobilität, die nachfolgend eine höhere Sturzgefährdung nach sich zieht.

3. Auferlegte Ernährung

Zwangsernährung *mittels einer Ernährungssonde* habe ich bislang selber nicht beobachtet. Sehr wohl beobachtet habe ich aber das physische Aufdrängen von Nahrung und Getränken durch Pflegepersonen. Und auch ich selber habe solche, selbstverständlich fürsorglich gemeinten, Fütterungsversuche unternommen:

,Ob ich Lust hätte, Frau oder Herrn Soundso das „Essen zu reichen"', war die stereotype Aufforderung der Pflegekräfte an mich und andere nichtberufliche Helfershelfer, die Bewohner zu füttern, die physisch und/oder mental nicht mehr in der Lage zu sein schienen, selbstständig zu essen oder zu trinken. So hatte ich bei Frau Witte außer der eigenen manuellen Ungeschicklichkeit bei der Nahrungsreichung keine Probleme, da sie durch schmatzendes Mundöffnen selber signalisierte, dass sie (so mutmaße ich) willig war, einen weiteren Bissen Nahrung zu sich zu nehmen. Bei Frau Nolte und Herrn Maier hingegen war es meist ein zähes Ringen, bei dem ich oftmals – ,entnervt' – aufgegeben habe. Während Herr Maier sehr schnell jeden weiteren Bissen durch heftiges Kopfabwenden, begleitet von ärgerlichen Tönen, abwehrte, verblieb Frau Nolte in stoisch-gerader Haltung mit geschlossenem Mund, während ich – wie mir von den Pflegekräften gezeigt wurde – das Essen wiederholt an die Lippen führend eine appetitanregende Stimulation zu erzielen suchte.

Neben der Sturzgefährdung können sich auch die Nahrungsverweigerung sowie die neurogenen Dysphagien (Schluckstörungen) der demenzkranken Personen für Pflegekräfte dilemmatisch auswirken. Einerseits müssen Pflegekräfte das Leben des Heimbewohners erhalten, andererseits dürfen sie ihm kein Leiden zufügen. Als ein umstrittener Lösungsansatz hat sich in der Pflege von Dementen die Anlage einer perkutanen endoskopischen Gastrostomie, kurz PEG[7] genannt, etabliert, über die die Ernährung sichergestellt wird.[8] Diese Lösung ist ebenfalls dilemmatisch, da die PEG-Anlage den Willen bzw. den mutmaßlichen Willen[9] des Betrof-

---

7   Die perkutane endoskopische Gastrostomie (PEG) ist die Anlage einer Ernährungssonde. Diese wird mit Hilfe eines Endoskops durch die Bauchwand in den Magen eingeführt.

8   Die bisherige Datenlage gibt keine Hinweise darauf, dass sich durch eine Ernährung über PEG die Überlebenszeit verlängert, die Lebensqualität verbessert und dass Mangelernährung verhindert wird (vgl. Synofzik 2007).

9   Der Begriff „mutmaßlicher Wille" entstammt dem Recht der Geschäftsführung ohne Auftrag, §§ 677, 683 BGB. Der mutmaßliche Wille ist danach kein wirklicher Wille sondern eine Annahme. Nach der Rechtsprechung ist der mutmaßliche Wille in der Regel gleichbedeutend mit dem

fenen voraussetzt und bei einer fortgeschrittenen Demenz oft keine eindeutigen Hinweise vorliegen, die die PEG-Anlage rechtfertigen. Falls dennoch eine Anlage vorgenommen wird, besteht der Tatbestand einer ungerechtfertigten Körperverletzung. Die Pflegekraft steht nun vor dem dilemmatischen Problem, entweder an einer Körperverletzung beteiligt oder für die potenzielle Mangelernährung des Bewohners verantwortlich zu sein. Des Weiteren geht die Nahrungszufuhr über die PEG mit einem Rückzug des Pflegepersonals einher. Auf diese Weise kommt es zu Unterlassungen und Verzögerungen von pflegerischen Leistungen, die neben der zusätzlichen Fixierung[10], welche eine Manipulation an der Sonde verhindern soll, in der einschlägigen Literatur als eine weitere Gewalthandlung begriffen wird[11].

Insbesondere also im Zusammenhang mit der Ernährung von Demenzkranken wurden und werden Verhaltensweisen beobachtungsnotorisch, die als ‚Gewalthandlungen‘ zumindest gedeutet werden können. Diese – keineswegs seltenen – Verhaltensweisen reichen etwa von Überredungen über (Zwangs-)Öffnungen des Mundes bis zum Nahrungsentzug. Allgemein können Überlastung[12], Hilflosigkeit und Versagensangst schließlich in als ‚gewaltförmig‘ erscheinende bzw. als ‚gewaltförmig‘ geltende Verhaltensweisen gegenüber Pflegebedürftigen münden, die in der stationären Altenhilfe keine Ausnahmen, sondern vielmehr die Regel darstellen sollen. (Aufgrund der inkongruenten Kommunikation und des nicht selten aggressiven Verhaltens Demenzkranker geraten aber augenscheinlich auch Pflegende immer wieder in die Opferrolle.[13])

,Interesse‘ des Betroffenen. In der konkreten Situation kann es sich mithin als ausgesprochen kompliziert erweisen, die Äußerung eines einwilligungsfähigen demenzkranken Bewohners als Genehmigung oder Ablehnung einer freiheitsentziehenden (oder auch anderen) Maßnahme zu deuten bzw. den mutmaßlichen Willen eines nicht mehr einwilligungsfähigen Bewohners in dieser Angelegenheit überhaupt zu eruieren.

10   Um eine Manipulation mit Dislokation der Sonde zu vermeiden, werden bis zu 71 % der sondenernährten Demenz-Patienten mechanisch fixiert (vgl. Peck et al. 1990 zit. n. Synofzik 2007, S. 9).

11   Zur Definition von Gewalt gegen Ältere siehe z.B. Ruthemann (1993, S. 14): „Es wird dann von Gewalt gesprochen, wenn eine Person zum Opfer wird, d.h., vorübergehend oder dauernd daran gehindert wird, ihrem Wunsch oder ihren Bedürfnissen entsprechend zu leben". Zu unserem Verständnis von Gewalt vgl. auch weitergehend Hitzler (2003).

12   Überlastung der Pflegenden wird auch vor dem Hintergrund von Kompetenz-, Ausbildungs- und Organisationsdefiziten betrachtet. Der psychische Gesundheitszustand von Altenpflegern bzw. – pflegerinnen ist um fast 12 % schlechter als der Vergleichswert der berufstätigen Bevölkerung der Bundesrepublik. Altenpfleger/innen leiden erheblich stärker als die Vergleichsbevölkerung unter psychosomatischen Beschwerden. Die Stressreaktionen sind besonders stark ausgeprägt, wenn hohe – insbesondere quantitative – Arbeitsbelastungen sowie häufige Arbeitsunterbrechungen in Kombination mit geringer Aufgabenvielfalt und engem Handlungsspielraum bei der Arbeit auftreten (vgl. BGW 2003, S. 14).

13   „Von Pflegenden in Altenheimen wird eine besonders hohe Belastung durch nörgelnde und aggressive Bewohner angegeben (46 %). Aus den Ergebnissen wird der Konflikt zwischen besonders

4. Konklusion

Solcherlei körperfokussierte Interaktionsdynamiken zwischen Pflegenden und Gepflegten wollen wir in unserem Projektvorhaben genauer erkunden und analysieren. Wie ich hier aber auch bereits mit meinen noch eher anekdotischen Beispielgeschichten anzudeuten versucht habe, führen rechtliche Regelungen und berufsethische Normen in der pflegerischen Praxis zu entscheidungsdilemmatischen Handlungsproblemen, die in der einschlägigen Literatur wesentlich darauf zurückgeführt werden, dass die Kommunikation mit Demenzkranken aufgrund bestimmter Einschränkungen in besonderem Maße erschwert sei. Weil jedoch, wie ich mit meinen Beispielgeschichten eben auch zu zeigen versucht habe, demente Personen durchaus über Ausdrucksmittel verfügen, müssen die Menschen, die mit ihnen umgehen, ihre Appräsentationen und Externalisierungen zwangsläufig in irgendeiner Art deuten. Aber schon die Antwort auf so basale Fragen wie die, ob überhaupt und wann es sich bei den körperlichen Verhaltensweisen von Demenzkranken um subjektives Wollen, um Habitualisierungen, um quasi evolutionär in den Organismus ‚eingebaute‘ ‚Antriebe‘ oder gar um (mehr oder weniger) ‚rein‘ organische Aktivitäten und Reaktionen handelt, ist sowohl in der einschlägigen Literatur als auch unter Pflegekräften strittig – bzw. bleibt zumindest ausgesprochen diffus.

Gern gesprochen wird zum Beispiel vom so genannten ‚Bewegungsdrang‘ des ‚Läufers‘, ohne dass expliziert würde, in welchem Sinne sich in dem als schlichtes (Weg-)Gehen beobachtbaren Verhalten ein ‚Drang‘ zeige. Fixierungsmaßnahmen liegt üblicherweise die typisierte Erwartung körperlicher Unruhe zugrunde, was für die Protagonisten plausibilisiert, dass die Bewegungsmöglichkeiten des konkreten Demenzkranken von vornherein so weit eingeschränkt werden (bzw. ‚werden müssen‘), dass die antizipierte Selbstschädigung verhindert wird. Ab wann und aufgrund welcher Merkmale ein alter Körper als unterernährt gilt bzw. gelten soll schließlich, ist ein nahezu notorisches und bislang keineswegs geklärtes Deutungsproblem im Pflegealltag, das dem Entscheid eines Arztes für Zwangsernährung eines Demenzkranken mittels einer Sonde zeitlich deutlich vorausgeht und oft lokalidiosynkratische ‚Lösungen‘ des Pflegepersonals evoziert.

Mit Blick auf den pflegerischen Umgang mit dem als solchem symptomatischen Problem-Körper dementer Personen lassen sich Pflege-‚Maßnahmen‘ demnach also differenzieren in *reaktives* Handeln in Relation zu einem situativen individuellen Verhalten des Demenzkranken (z.B. Spazieren gehen im Falle des ‚Läufers‘) und in *präventives* Handeln aufgrund von Generalisierungen beobach-

---

hohen Ansprüchen an die Betreuung der Bewohner bei gleichzeitiger Belastung durch nörgelnde und aggressive Bewohner deutlich. Altenpfleger/innen bekommen offenbar besonders stark das Gefühl vermittelt, dass ihr Einsatz nicht ausreicht." (BGW 2003, S. 38 ff.)

teter bzw. beobachtbarer typischer Verhaltensweisen (dazu gehören auch alle technischen und baulichen Vorkehrungen – wie Fixiergurte, Rollstuhltabletts, Endloswege und vieles andere mehr). Pflegende agieren in aller Regel selbstverständlich vor dem Hintergrund der – wie auch immer zustande gekommenen – Annahme, dass all diese auf die Körper der Patienten einwirkenden ‚Maßnahmen' dazu dienen, Selbst- und/oder Fremdgefährdungen der Demenzkranken zu verhindern oder jedenfalls zu minimieren. Dass dabei sozusagen ständig und nachgerade unvermeidlich gegen das Postulat der Selbstbestimmung der Probanden verstoßen wird, führt zumindest dann zu jenen angesprochenen Entscheidungsdilemmata, wenn und in dem Maße wie davon ausgegangen wird, dass auch Demenzkranke nicht nur *Leiber sind*, sondern auch (noch) *Körper haben*.

Literatur

Bickel, Horst (2002). Quelle: http://www.deutsche-alzheimer.de/fileadmin/alz/pdf/ FactSheet01.pdf, abgerufen am 28.03.2006

BGW (2003): Gesundheitsreport 2003. Quelle: http://www.bgw-online.de/internet/generator/Inhalt/ OnlineInhalt/Medientypen/Abschlussbericht/SP-DAK03__BGW-DAK_20Gesundheits report_202003.html, abgerufen am 03.08.2007

BMFSFJ (Hrsg.) (2002): Vierter Bericht zur Lage der älteren Generation. Berlin: BMFSFJ

BMG (2007): Rahmenempfehlungen zum Umgang mit herausforderndem Verhalten bei Menschen mit Demenz in den stationären Altenhilfe. Quelle: http://www.bmg.bund.de/cln_041/nn_1119298/ SharedDocs/Publikationen/ Forschungsberichte/f007,templateId=raw,property=publicationFi le.pdf/f007.pdf, abgerufen am 01.08.2007

Boetsch, Thomas/ Stübner, Susanne/ Auer, Stefanie (2003): Klinisches Bild, Verlauf und Prognose (mit Fallbeispielen). In: Hampel, Harald/ Padberg, Frank/ Möller, Hans-Jürgen (Hrsg.): Alzheimer-Demenz. Stuttgart: Wissenschaftliche Verlagsgesellschaft, S. 73-98

Borutta, Manfred (2000): Pflege zwischen Schutz und Freiheit. Das Selbstbestimmungsrecht verwirrter alter Menschen. Hannover: Vincentz

Dunbar, Joan M./ Neufeld, Richard R./ White, Harry C./ Libow, Leslie S. (1996): Retrain, don't restrain, the educational intervention of the national nursing home restrain removel project. In: Gerontologist, Vol.36. 4, S. 539-542

Gubrium, Jaber F. (1986): Oldtimers and Alzheimers: The Descriptive Organization of Senility. Greenwich: JAI Press

Hitzler, Ronald (2003): Gewalt als Intention und Widerfahrnis. In: Menzel, Birgit/ Ratzke, Kerstin (Hrsg.): Grenzenlose Konstruktivität? Opladen: Leske und Budrich, S. 99-108

Kurz, Alexander (2002): Klinik. In: Beyreuther, Konrad/ Einhäupl, Karl M./ Förstl, Hans/ Kurz, Alexander (Hrsg.): Demenzen. Grundlagen und Klinik. Stuttgart: Thieme, S. 168-210

Ruthemann, Ursula (1993): Aggression und Gewalt im Altenheim. Basel: Recom

Synofzik, Matthis (2007): PEG-Ernährung bei fortgeschrittener Demenz: eine evidenzgestützte ethische Analyse. In: Nervenarzt, Jg.78. 4, S. 418-428

Temple, Valerie/ Sabat, Steven R./ Kroger, Rolf (1999): Intact use of politeness strategies in the discourse of Alzheimer's disease sufferers. In: Language and Communication, Vol.19. 2, S. 163-180

von Wedel-Parlow, Ursula/ Fitzner, Holger/ Nehen, Hans Georg (2004): Verwirrung im Alter. Demenzkarrieren soziologisch betrachtet. Wiesbaden: DUV

Wetzstein, Verena (2005): Diagnose Alzheimer. Grundlagen einer Ethik der Demenz. Frankfurt a.M.: Campus

Zeit-Konfusionen
Zur intersubjektiven Rekonstruktion des temporalen Erlebens Demenzkranker

1. Einleitung: Über Vergesslichkeit

Demenz wird von den meisten Menschen vor allem, oder jedenfalls zuvörderst, konnotiert mit Vergesslichkeit. Vergesslichkeit, ganz allmählich oder auch relativ rasch zunehmende Vergesslichkeit, ist das Symptom, das man zuerst wahrnimmt, wenn man mit Dementen zu tun hat, obwohl der Beginn in der Regel schleichend, unauffällig ist und erst später immer dramatischere Ausmaße annimmt. Vergesslichkeit ist auch das erste Symptom, das zur medizinisch-geriatrischen Kennzeichnung der Krankheit genannt wird. Symptomatische, die dementielle Erkrankung kennzeichnende Formen von Vergesslichkeit sind:

1. das Vergessen von Gesagtem – von selbst Gesagtem oder von dem, was andere gesagt haben (auffällig ist z.B. die Wiederholung von Fragen, Stellungnahmen und Erzählungen binnen kurzer Zeit),

2. das Vergessen von vertrauten Orten und Wegen (also abnehmende räumliche Orientierung bzw. Orientierungsfähigkeit),

3. das Vergessen von Handlungsabläufen (z.B. der notwendigen motorischen Betätigungen beim Autofahren bis hin – im späteren Stadium der Erkrankung – zum sozial hoch problematischen Vergessen der Kontrolle über körperliche Ausscheidungsvorgänge, das inzwischen von den Pflegeberufen mit dem so genannten ‚Einlagenmanagement' bewältigt wird), und

4. das Vergessen vertrauter bzw. intim vertrauter Personen (d.h. vor allem das Vergessen des Ehepartners oder der eigenen Kinder, das in der Regel als besonders ‚grausame' bzw. ‚grauenhafte' Konsequenz dementieller Erkrankung gilt – während das Vergessen von Personen, die man ‚früher' eben auch einmal gekannt hat, als eher normal angesehen wird).

Vor dem theoretischen Hintergrund, dass sich, wie insbesondere Thomas Luckmann (z.B. 1986, 2002) konstatiert, phänomenologisch gesehen Zeit als ausge-

sprochen wichtige Qualität menschlichen Welterlebens konstituiert,[1] dass das Phänomen ‚Zeit' aber auch immer sozio-kulturell kategorisiert und organisiert wird,
will ich mich in diesem Beitrag mit einer weiteren als symptomatisch geltenden,
sozial dramatischen mentalen Begleiterscheinung von Demenz befassen: mit dem
Vergessen *temporaler* Strukturen. Dabei will ich auch die Frage *mit* stellen, inwieweit der Begriff des Vergessens bzw. der Vergesslichkeit dem, was wir in der Interaktion und Kommunikation mit Dementen beobachten können, analytisch überhaupt angemessen ist. Ähnlich wie im Hinblick auf Gesagtes, auf Orte und Wege,
auf Handlungsabläufe und auf Personen haben wir bei Demenzkranken üblicherweise auch den Eindruck, dass sie vergessen, wie ‚man' sich zeitlich orientiert,
wie ‚man' sozusagen mit Zeit umgeht. Demenzkranke scheinen also – auch – Zeit-
Konfusionen zu erleben. Den damit implizierten Sachverhaltskomplex versuche
ich hier an einigen kleinen Begebenheiten zu veranschaulichen, die ich während
meiner etwas länger als zwei Jahre währenden Feldaufenthalte in der Rolle einer
ehrenamtlichen Helferin in einem speziell für Demenzkranke gebauten Altenpfle-
geheim in Norddeutschland notiert habe, in dem jeweils acht ‚Bewohner' in vier
durch Flure verbundenen Wohneinheiten als so genannte ‚Hausgemeinschaft' leben.

2. Fall 1: Intersubjektive und subjektive Gegenwart

In dieser Hausgemeinschaft lebt auch Frau A., die Protagonistin des ersten Falles,
aus dem ich ein Vorkommnis berichten will: Frau A. gilt als ‚Läuferin', d.h. als
eine jener demenzkranken Personen, die die als Krankheitssymptom verstandene,
so genannte ‚Weglauftendenz' bzw. einen so genannten Bewegungsdrang zeigen.
Wenn ein solcher ‚Läufer' sich unbemerkt auf seinen Weg gemacht, d.h. die Pflegeeinrichtung verlassen hat, versetzt das die Pflegekräfte typischerweise ‚in helle
Aufregung' und löst mehr oder weniger hektische Suchaktionen aus. Denn jede

---

1   Vor aller kulturellen Deutung und Benennung erscheint Zeit als etwas, das im Bewusstsein
     entsteht. Das heißt zunächst nichts anderes, als dass unser Erleben als ‚innere Dauer' geschieht,
     bzw. phänomenologisch gesprochen: als ein kontinuierliches Verfließen von Impressionen.
     Dieses ständige Verfließen des Jetzt im Gerade-Noch und Jetzt-Gleich ist so etwas wie die
     zeitliche Grundstruktur menschlichen Erlebens. Die so erlebte Zeit ist keineswegs in gleich-
     mäßige Intervalle unterteilt. Vielmehr wird sie in – im weiten Sinne rhythmischen – Bögen
     von Bewusstseinsspannungen aufgebaut (besonders bekannt: William James' ‚flying stretches'
     und ‚resting places'). Sozialwissenschaftlich wichtig ist diese an sich triviale Einsicht deshalb,
     weil sie die Notwendigkeit der Konstruktion von sozialer, von benannter Zeit plausibel macht:
     Rhythmen erlebter Zeit kann man nicht messen und damit auch nicht unmittelbar aufeinander
     abstimmen. Dafür müssen Zeitabläufe sozial festgestellt und konventionalisiert werden (vgl.
     dazu auch verschiedene andere Beiträge in Fürstenberg/ Mörth 1986).

nicht angemeldete Absens eines Heimbewohners stellt in Frage, ob das Pflegepersonal seiner Aufsichtspflicht Genüge getan hat. Um die ‚Läufer' unter Kontrolle zu halten bzw. zu bringen, gibt es deshalb in Pflegeheimen verschiedene Lösungen, z.B. die Anlage eines Endlosweges im Garten des Heims oder das Kaschieren von Ausgangstüren mit Vorhängen bis hin zum Verschließen der Tür (was nicht ohne vormundschaftsrichterliche Genehmigung erlaubt ist, da es sich um eine freiheitsentziehende Maßnahme handelt), und auch die so genannte Spaziergangsbetreuung – entweder durch externe, ambulante Pflegedienste oder durch ehrenamtlich tätige Hilfskräfte (und künftig voraussichtlich wohl auch durch ‚Ein-Euro-Jobber').

Doch nun zu meiner kleinen Geschichte: Frau A. sitzt nach dem Abendbrot noch bei Tisch, während alle anderen Mitbewohner bereits gegangen oder auf ihr Zimmer gebracht worden sind. Da ihr als ‚Läuferin' erhöhte Aufmerksamkeit zu widmen ist, setze ich mich neben sie, und sie erzählt mir in verständlichen Sätzen, sie warte auf ihre Tochter. Diese sei ‚überfällig', was aber schon einmal vorkommen könne, denn die Tochter arbeite bei einer Zeitung. Frau A. wartet in der von ihr explizierten Erwartung, von der Tochter vom *Theater*, in dem sie sich wähnt, nach Hause gebracht zu werden. Sie verbalisiert auch Überlegungen, ob sie nicht zu Fuß nach Hause gehen solle, kommt aber zu dem Schluss, dass der Weg dorthin zu lang sei, als dass sie ihn bewältigen könne. Außerdem werde ihre Tochter sie ja ‚hier', an dem ihrer Meinung nach vereinbarten Treffpunkt, suchen kommen. Allerdings wolle sie, Frau A., zu Hause sein, bevor ihr Mann zurückkomme, da es für diesen nicht schön wäre, wenn sie bei seiner Rückkehr nicht da sei.

An Frau A.'s Explikationen sind zunächst zwei Elemente besonders auffällig, weil sie vom unter hellwachen, normalen Erwachsenen üblichen Gesprächsverhalten signifikant abweichen: Zum einen thematisierte sie ausdrücklich ihren gegenwärtig subjektiv erlebten Aufenthaltsort (‚im Theater'), zum anderen thematisierte sie mich als jemanden, mit dem sie im Theater ein Gespräch führt, *überhaupt nicht*. Daraus, und auch daraus, dass Frau A. diese ihre subjektive Wahrnehmung in meiner Anwesenheit noch einige Male wiederholte, ohne dass sie mich z.B. um Hilfe bei der Lösung ihres Problems gebeten hat, schließe ich, dass sie subjektiv gar nicht *mit* mir gesprochen, sondern dass sie sozusagen ein Selbstgespräch „unter Anwesenden" (Kieserling 1999) geführt hat. D.h. ich habe für sie vermutlich weniger als face-to-face Gesprächspartnerin fungiert, sondern eher als eine für sie imaginäre Person, die ihr dazu diente, sich selbst zu plausibilisieren, in welcher Situation sie sich befindet, und um sich vor Augen zu führen, welche Probleme es zu lösen gilt.

Konklusion zu Fall 1: In dieser Geschichte finden wir die folgenden zeitlichen Dimensionen: In der intersubjektiv erfahrbaren Gegenwart befinden Frau A. und

ich uns in einem Pflegeheim und sprechen miteinander. In diese intersubjektiv erfahrbare Gegenwart schiebt Frau A. nun ihre *subjektiv* erlebte Gegenwart ein: Sie
ist im Theater und wartet auf ihre Tochter. Intersubjektiv scheint es sich dabei um
eine vergegenwärtigte Erinnerung an Vergangenes zu handeln. Und in das Nachdenken über diese subjektiv als Gegenwart erlebte, intersubjektiv als solche ver-
mutete Vergangenheit, über die sie spricht, mischt sich dann noch die subjektive
Vergegenwärtigung einer weiteren, einer *zweiten* intersubjektiv als solcher ‚gewussten‘ Vergangenheit: Ihr vor etlichen Jahren verstorbener Ehemann wird ihr
zum aktuellen Zeitgenossen, der möchte, dass sie zu Hause ist, wenn er „jetzt",
von woher auch immer, zurück kommt.

3. Zwischen-Fälle: Gegenwärtige Kindheit

Während in der temporalen Konstruktion von Frau A. ihr eigenes Lebensalter –
jedenfalls explizit – keine Rolle spielt, ist das Dauerthema der 78-jährigen Frau
X. der nachgerade ständige und unermüdliche Wunsch, „jetzt" zu ihrem (tatsächlich längst verstorbenen) Vater zu wollen. Diesen Wunsch trägt sie stets in einem
kindlich-quengeligen Tonfall vor. Auf die Frage, wie alt sie denn sei, erwidert sie:
„zwölf Jahre". Auch der 76-jährige Herr Y. äußert häufig im sprachlichen Habitus
eines kleinen Jungen, dass er zu seiner „Mutter heim" wolle. Und Herr Z., 81 Jahre alt, droht bei Auseinandersetzungen mit anderen Heimbewohnern gern damit,
seinen älteren Bruder zu Hilfe zu holen.

In dieser Art von Geschichten erleben sich die Personen selbst „jetzt" augenscheinlich in einem anderen Alter, als dies intersubjektiv wahrgenommen wird.
Dabei ist das gegenwärtig subjektiv erlebte Alter so präsent, dass es sich auch habituell manifestiert. Mit anderen Worten: Demente Personen, wie die drei soeben
genannten, erleben gegenwärtig, erkennbar vor allem an der Art, *wie* sie sprechen,
dass sie eben Kinder *sind*.

4. Fall Zwei und Fall Drei: Zeitkonventionen und subjektive Relevanzen

Im *zweiten Fall* beobachten die Nachtschwester und ich, während wir miteinander
sprechen, wie sich der demenzkranke Bewohner, Herr B., im Wohn- und Esszim-
merbereich zu schaffen macht. Darauf erzählt mir die Schwester, dass das Pflege-
Verständnis im Demenzbereich ein anderes sei als im herkömmlichen Altenpflege-
heim. Hier brauche sie niemanden „um neun Uhr" zu Bett zu bringen und deshalb
sei es auch egal, ob Herr B. „sich sieben Mal an- und ausziehen" würde. Wichtig

sei ihr nur, dass er das Haus nicht verlassen könne. Und wenn er „zu sehr den Laden aufmische", weil er immer wieder in die Zimmer anderer Bewohner gehe und
sie dabei aufwecke, schließe sie – mit dem Einverständnis der betroffenen Bewohner – die Türen ab. Auf meine Frage, warum Herr B. sich zur Schlafenszeit „sieben
Mal" an- und ausziehe, erwidert sie, dieser habe früher auf dem Bau gearbeitet.
Wenn er „heute" nach dem Zu-Bett-Gehen immer wieder aufstehe, dann erkläre
er, er müsse den Tisch decken und für seine „Kolonne Frühstück machen". Sage
sie, die Schwester, darauf hin, es sei noch zu früh, die Kolonne komme doch erst
um sechs Uhr, jetzt aber sei Schlafenszeit, dann gehe Herr B. auch zu Bett, stehe
jedoch alsbald wieder auf und „geistere" im Heim herum.

Offenbar *versteht* Herr B. die Aufforderung der Nachtschwester, „jetzt" zu
Bett zu gehen, weil er versteht, dass „jetzt" Schlafenszeit ist. Das heißt, wenn er
sich auszieht und zu Bett geht, dann *nicht,* weil er die Anweisung der Schwester
befolgt, sondern weil er „jetzt" die intersubjektive Vergangenheit als Gegenwart
erlebt – was subjektiv eben impliziert, dass er sich „jetzt" Schlafen legt, weil er
„morgen" in der Frühe aufstehen und für seine Kollegen sorgen muss. Folglich
und folgerichtig zieht er sich, wenn es wenig später für ihn Zeit zum Aufstehen
ist, wieder an, verlässt sein Zimmer und werkelt im Haus herum. Dieses im früheren Berufsleben von Herrn B. funktional angemessene bzw. erwartete Verhalten
wird von der Nachtschwester als „gestörter Tag-Nacht-Rhythmus" diagnostiziert.
Phänomenologisch betrachtet hingegen erfüllt Herr B., wenn er „den Laden auf-
mischt" und die anderen Bewohner weckt, seine subjektiv gegenwärtigen beruflichen Aufgaben. Erinnert ihn die Nachtschwester jedoch daran, dass „jetzt" noch
gar nicht Aufsteh-, sondern erst Schlafenszeit sei, dann korreliert Herrn B.'s Welt-
Zeit-Wahrnehmung situativ sogleich wieder pragmatisch hinlänglich mit der für
‚normale hellwache Erwachsene' *inter*subjektiv erfahrbaren Gegenwart: Herr B.
zieht sich aus und legt sich ins Bett. Schon kurz darauf aber löst sich seine subjektive Gegenwart wieder von der intersubjektiv geteilten. Folglich steht Herr B.
wieder auf und zieht sich an – und so weiter.

Der *dritte Fall* ereignet sich, während ich die Nachtschwester auf ihrem Rund-
gang begleite. Im Flur, nahe der Ausgangstür des Pflegeheims, treffen wir auf die
demenzkranke Bewohnerin Frau C., die einige Papiere in der Hand hält und der
Nachtschwester sogleich in einem dringlich-aufgeregten Tonfall erklärt, sie müsse sofort „zur Verwaltung". Die Nachtschwester erwidert ihr, es sei doch schon
Nacht, die Tür sei verschlossen und bei der Verwaltung arbeite jetzt ohnehin niemand mehr. Frau C. insistiert darauf, zu realisieren, was sie vorhat, denn sie ken-
ne sich doch „mit den Unterschriften" nicht aus und wenn sie „es" versäume, halte man sie für „doof". Die Nachtschwester versucht, sie mit der Versicherung zu

beschwichtigen, niemand halte sie für doof und Frau C. möge doch „morgen" ihre Angelegenheiten regeln, wenn in der Verwaltung wieder gearbeitet werde. Heute Abend könne sie ohnehin nichts mehr ausrichten. Diese Überlegung erscheint Frau C. offenbar plausibel, denn sie attestiert „Ja, das stimmt", wendet sich um und geht in ihr Zimmer. Kaum zehn Minuten später allerdings wendet sie sich wieder mit der Information, sie müsse jetzt mit ihren Papieren zur Verwaltung, an die Nachtschwester. Erst nachdem ihr – bei der dritten Wiederholung der ‚Geschichte' – die Nachtschwester dann Beruhigungstropfen verabreicht, bleibt Frau C. – für diese Nacht – in ihrem Zimmer.

Mit einer subjektiv nicht nur geglaubten bzw. genauer: *gewussten*, sondern auch als „dringlich" angesehenen Anforderung der Verwaltung konfrontiert, steht Frau C. mit ihren subjektiv als „wichtig" wahrgenommenen Papieren sozusagen vor verschlossener Tür und ist echauffiert, weil sie explizit meint, das, was zu tun ist, *jetzt* erledigen zu müssen, um nicht für „doof" gehalten zu werden. Was Frau C. tut bzw. zu tun versucht, erscheint der Wichtigkeit und Dringlichkeit der von ihr konstatierten Angelegenheit durchaus angemessen, jedenfalls wenn man von sozialen Zeiteinteilungs- und Zeitverwendungskonventionen absieht: Dass wichtige Papiere rechtzeitig an die richtige Stelle gebracht werden müssen, wissen wir schließlich alle. Die Nachtschwester weist Frau C. auf die für ihren Fall konkreten Konsequenzen unserer sozialen Zeiteinteilungs- und Zeitverwendungskonventionen hin. Frau C. beurteilt diese Erläuterung als plausibel und lässt in Folge dessen zunächst auch von ihrem Vorhaben ab. Kurz darauf scheint sie die konkret erläuterten Zeitkonventionen jedoch wieder vergessen zu haben bzw. in Relation zur subjektiv akuten Wichtigkeit verwaltungsbezogener Papiere in ihren Händen als irrelevant anzusehen. Und so weiter – bis in diesem Fall eben die entsprechende Medikamentengabe wirkt.

Konklusion zu Fall Zwei und Fall Drei: Wie ich mit den Beispielen von Herrn B. und Frau C. anzudeuten versucht habe, korreliert dementielle Erkrankung augenscheinlich zwar mit Brüchen zwischen subjektiv gegenwärtigen Wichtigkeiten (Frühstück machen für die Kolonne und wichtige Papiere zur Verwaltung bringen) und alltagspragmatisch konventionalisierten Relevanzen (Nachtruhe im Heim und unterstellter bzw. verordneter Schlafbedarf von Patienten). Unbeschadet dessen aber scheinen auch unter solchen Umständen Verständigungen (und ‚Einigungen') zwischen dementen und nicht-dementen Personen über soziale Zeitkonventionen (Schlafenszeit und Geschäftszeit) bzw. über diesen Konventionen entsprechende Verhaltensweisen (Zu-Bett-Gehen und Verwaltungsangelegenheiten auf den nächsten Tag verschieben) durchaus zu gelingen. Allerdings gilt diese Verständigung bzw. ‚Einigung' lediglich situativ bzw. zeitpunktuell und wird nach – für normale hellwache Erwachsene kaum fassbar – kurzer Zeit (nämlich innerhalb weniger Minuten) durch die ‚Wiederkehr' der subjektiv gegenwärtigen Wichtigkeiten der dementen Person überlagert (in aller Regel im Sinne einer zwar nicht ‚ewigen', aber auf Nicht-Demente ausgesprochen monoton wirkenden Wiederkehr der *glei-chen* subjektiven Wichtigkeiten).

5. Aus-Fälle: Jenseits von Alltagszeit-Strukturen und sozialer Zeit-Ordnung

Diese kleinen Geschichten aus dem Fundus meiner eigenen teilnehmenden Beob-achtungen im Umgang mit Demenzkranken (Honer 2008a) korrelieren – weniger in der von mir vorgeschlagenen Ausdeutung als in ihrer empirischen Typik – hoch mit dem, was wir auch aus Darstellungen von pflegenden Angehörigen ebenso wie von professionellen Pflegepersonen, aus der einschlägigen Fachliteratur und auch aus der derzeitigen Flut an so genannten Sachbüchern mit Betroffenheits-erzählungen kennen: An Demenz erkrankte Menschen scheinen sich in fast jeder Hinsicht von dem zu verabschieden bzw. verabschiedet zu haben, was in Gesell-schaften wie der unseren als soziale Zeit-Ordnung etabliert und institutionalisiert ist, und in weiten Teilen auch von dem, was Phänomenologen als „die zeitliche Struktur der alltäglichen Lebenswelt" beschreiben (Schütz/ Luckmann 2003, S. 81ff.): Demenzkranke konfundieren die zeitlichen Strukturen der ‚normalen' Le-benswelt (wie etwa Vergangenes und Gegenwärtiges, längst und eben Vergange-nes, biografische Abfolge-Erinnerungen, first-things-first-Relevanzen usw.). Sie konfundieren soziale Zeitkategorien (wie Uhrzeiten, Kalenderzeiten, Jahreszeiten, Tageszeiten usw.) und sie konfundieren soziale Regulationen von Zeitabschnitten und Zeitpunkten (wie etwa Geschäftsöffnungszeiten, Wach- und Schlafenszeiten, Essenszeiten, Verabredungen usw.).

6. Verlangsamung: Konfusion der Nicht-Dementen

Neben solcherlei Konfundierungen des Zeiterlebens normaler, hellwacher Erwach-sener im Erleben von dementiell Erkrankten *verlangsamt* sich deren Handeln, In-teragieren und Kommunizieren – nicht selten sehr deutlich – gegenüber Abläu-fen in als ‚normal' geltenden Geschwindigkeiten: etwa beim Sich-Hinsetzen und Hinlegen, beim Aufstehen und vor allem beim Gehen, beim Essen, Trinken, sich Waschen usw., beim Miteinander Reden (Reduzierung der Sprechgeschwindig-keit, Wiederholungen des bereits Gesagten, ‚verwaschene', d.h. akustisch und in-

haltlich schwer verständliche Artikulation usw.), bei der Vorbereitung und Durchführung von im weiteren Sinne gemeinsamen Aktivitäten, bei der Appräsentation
des Bedarfs an emotionaler Zuwendung und schließlich beim Ersuchen um Hilfeleistungen für die Besorgung alltäglicher Wichtigkeiten (wie den Fernseher an-
schalten, sich für ein bestimmtes Programm entscheiden, Anrufe tätigen, Unterstützung bei der Toilettenbenutzung usw.). Darin zeigen sich – im Unterschied zu
den vorherigen Beispielen – aber keine bzw. weit weniger Zeit-Konfusionen *von
Dementen*, als dass deren verlangsamtes Verhalten, die Menschen, die mit ihnen
zu tun haben, ‚konfus‘ macht in dem Sinne, dass deren Normalerwartungen, Pla-
nungen und Verrichtungen unterminiert werden und in Relation zu bzw. unter Berücksichtigung von den Geschwindigkeiten der je involvierten Dementen umstrukturiert werden müssen. D.h. der Umgang mit Dementen erlegt den anderen daran
beteiligten Personen ebenfalls andere Aktions- und Reaktionstempi auf, vereinfacht gesagt: bremst sie sozusagen herunter – was wiederum deren sozialen Verkehr mit Dritten problematisiert usw.

7. Fazit: Leben in einer eigenen Welt(-Zeit)

Wenn ich hier über die subjektiven Befindlichkeiten von Dementen gesprochen
habe, dann habe ich selbstverständlich *nicht* in einem strengen Sinne Phänomenologie betrieben (dazu etwa Hitzler 2005), wie ich das etwa im Kontext einer
Augenoperation zu tun versucht habe (Honer 2008b). Aber es war immerhin Thomas Luckmann selbst, der mich in einem Gespräch über die Validitätsprobleme,
die ich meinem methodischen Verständnis zufolge (z.B. Honer 1993) mit dem
Forschungsgegenstand ‚dementielle Welterfahrung‘ habe, dazu ermutigt hat, hier
eine ‚Pseudo-Phänomenologie‘ zu versuchen. Bei einer so verstandenen pseudo-
phänomenologischen Beschreibung der zeitlichen Strukturen des Erlebens von
Demenzkranken wird, wie ich mit meinen kleinen Geschichten zumindest anzudeuten versucht habe, erkennbar, dass Demente die Welt nicht einfach *vergessen*,
sondern dass sie sich eher nicht in *derselben* Welt aufhalten wie ‚wir‘. Sie leben
– zumindest zeitweise – in ihrer *je eigenen* Welt.[2] Sozial problematisch ist dabei
vor allem, dass diese *ihre* Welten mit den Relevanzen, und das heißt eben auch

---

2   Ob bzw. inwieweit solche pseudo-phänomenologischen Befunde im Luckmannschen Sinne
     mit bestimmten, in der (professionellen) Dementen-Pflege eingesetzten, nicht-medikamentösen
     Konzepten – insbesondere mit dem der ‚Integrativen Validation‘ (IVA), das Nicole Richard (z.B.
     2003) im Anschluss an Naomi Feil (z.B. 2000) entwickelt hat – korrelieren, soll (auch) Gegen-
     stand eines Forschungsprojektes werden, zu dem ich derzeit zusammen mit meinem Kollegen
     Thomas Beer, Pflegewissenschaftler an der Hochschule Fulda und Leiter eines Altenpflegeheimes
     in Wiesbaden, einen Förderantrag vorbereite.

und nicht zum wenigsten mit den *zeitlichen* Relevanzen, der intersubjektiv geteilten Alltagswelt hellwacher normaler Erwachsener allenfalls schwach korrelieren.[3]

Literatur

Feil, Naomi (2000): Validation. Ein Weg zum Verständnis verwirrter alter Menschen. München: Ernst Reinhardt

Fürstenberg, Friedrich/ Mörth, Ingo (Hrsg.) (1986): Zeit als Strukturelement von Lebenswelt und Gesellschaft. Linz: Trauner Verlag

Hitzler, Ronald (2005): Die Beschreibung der Struktur der Korrelate des Erlebens. In: Schimank, Uwe/ Greshoff, Rainer (Hrsg.): Was erklärt die Soziologie? Münster: Lit Verlag, S. 230-240

Hitzler, Ronald/ Honer, Anne (1994): Zeitbasteln. In: Sozialwissenschaftliche Informationen (SOWI), Jg. 23. 3, S. 214-221

Honer, Anne (1993): Das Perspektivenproblem in der Sozialforschung. In: Jung, Thomas/ Müller-Doohm, Stefan (Hrsg.): ,Wirklichkeit' im Deutungsprozeß. Frankfurt a.M.: Suhrkamp, S. 241-257

Honer, Anne (2008a): Problem-Körper. Einige physische Aspekte der Pflege von Demenzkranken. Fulda/ Konstanz: Vortragsmanuskript

Honer, Anne (2008b): Verordnete Augen-Blicke. In: Raab, Jürgen/ Pfadenhauer, Michaela/ Stegmaier, Peter/ Dreher, Jochen/ Schnettler, Bernt (Hrsg.): Phänomenologie und Soziologie. Wiesbaden: VS, S. 379-388

Kieserling, André (1999): Kommunikation unter Anwesenden. Frankfurt a.M.: Suhrkamp

Luckmann, Thomas (1986): Zeit und Identität. In: Fürstenberg, Friedrich/ Mörth, Ingo (Hrsg.) (1986): Zeit als Strukturelement von Lebenswelt und Gesellschaft. Linz: Trauner Verlag, S. 135-174

Luckmann, Thomas (2002): Lebensweltliche Zeitkategorien, Zeitstrukturen des Alltags und der Ort des ,historischen Bewusstseins'. In: Luckmann, Thomas: Wissen und Gesellschaft. Konstanz: UVK, S. 55-66

Richard, Nicole (2003): Die innere und äußere Erlebniswelt von Menschen mit Demenz. Quelle: http://www.integrative-validation.de, abgerufen am 17.11.2009

Schütz, Alfred/ Luckmann, Thomas (2003): Strukturen der Lebenswelt. Konstanz: UVK

---

3   Normalerweise synchronisieren alltägliche Begegnungen zwischen Menschen, die sich (mehr oder weniger) aufeinander einstellen, deren je subjektives Zeiterleben ganz selbstverständlich so lange, wie sie zusammen sind. Koordinieren müssen Menschen ihre je subjektiv erlebten Zeiten zumindest dann, wenn solche Begegnungen nicht nur zufällig zustande kommen sollen (Hitzler/ Honer 1994). Sowohl die Synchronisation von Zeiterleben als auch die Koordination von Zeitableaus und Zeit-plänen ist nun im Miteinander von Dementen und Nicht-Dementen eben offenkundig und augenfällig (erheblich) erschwert.

Bastler und Helfer

Perspektive des Heimwerkers
Notizen zur Praxis lebensweltlicher Ethnographie

„Wie es scheint, ist der Tüftler ein Opportunist. Er nimmt die materiellen Gelegenheiten wahr, die er an einem bestimmten Ort vorfindet und benutzt sie für seine eigenen Ziele. Er sieht, was machbar ist und richtet seine Vorhaben daran aus. Im Verlaufe seiner Tätigkeit ist er ständig um Produktion oder Reproduktion irgendeines funktionablen Objektes bemüht, das ihm bei der Verwirklichung seines gegenwärtigen Zieles weiterhilft. Beobachten wir die Arbeit des Wissenschaftlers ..., so gewinnen wir den Eindruck, dass ein solcher Opportunismus auch für seine Produktionsweise typisch ist." (Knorr-Cetina 1985, S. 287f)

Methoden haben keinen Eigen-Wert – auch, und schon gar nicht, in den Sozialwissenschaften. Methoden sind nur dazu da, dass man (sozial-)wissenschaftliche Probleme ‚in den Griff bekommt' (dazu aber sind sie ‚in der Tat' grundsätzlich nützlich). Dieses Problem bekommt man besser mit dieser, und jenes Problem bekommt man besser mit jener Methode ‚in den Griff'. Interessant ist also ‚eigentlich' nicht die Methodenfrage, sondern die Frage danach, welchem Problem man sich stellt (dann erst wiederum stellt sich einem die Frage, mit welcher Methode man dies am besten tut). Die Frage z.B., ob es soziologisch sinnvoll ist, Lebenswelten bzw. Ausschnitte aus Lebenswelten zu erkunden, ist zunächst einmal weit weniger eine Frage des Verfahrens, als eine Frage danach, ob man es überhaupt für soziologisch relevant erachtet, ‚Welt' mit anderen Augen, mit den Augen anderer zu sehen, oder ob man sich nicht eigentlich viel mehr dafür interessiert, ‚Welt' zu vermessen, auszuzählen, zuzurechnen und herzuleiten, kurz: zu verwalten.

1. Der Sinn lebensweltlicher Forschung

Wenn wir vom ‚lebensweltlichen Ansatz' sprechen, dann meinen wir ein Forschungsverfahren, das sich aus der Verbindung von Ethnographie und Phänomenologie ergibt. Seine Spezifik zeigt sich darin, dass möglichst viele und vielfältige aktuelle und sedimentierte Äußerungs- und Vollzugsformen einer zu rekonstruierenden (Teil-)Wirklichkeit erfasst und zur Interpretation verfügbar gemacht werden sollen, vor allem aber darin, dass die ‚Innensicht' des normalen Teilnehmers

an einem gesellschaftlich-kulturellen Geschehen wenigstens näherungsweise verstanden und nachvollziehbar gemacht werden soll. Nach Möglichkeit soll deshalb
eine solche lebensweltliche Forschung methodenplural durchgeführt werden, damit die einzelnen Verfahren sich wechselseitig ergänzen und ,kritisieren' können.
Zugleich ist eine existentielle Perspektivenübernahme durch den Forscher anzustreben; d. h. er sollte idealerweise zum beobachtenden *Teilnehmer* der thematisierten ,sozialen Veranstaltung' werden. Programmatisch – und sozusagen als Forschungsideal – meint ,lebensweltliche Ethnographie' also die Verknüpfung von
praktischen Insidererfahrungen mit feldrelevanten Daten aller Art (vgl. dazu v. a.
Hitzler/ Honer 1988a; Honer 1989).

Wenn damit einerseits die Ethnographie, als traditionelles Verfahren der Kulturanthropologie, nämlich als (tendenziell ,ganzheitliche') Beschreibung ausgrenzbarer Gesellschaften bzw. gesellschaftlicher Kulturzusammenhänge, sich als adäquates Mittel auch zur Erfassung moderner, in heterogene Teilkulturen zerfallender
Gesellschaften applizieren lässt, und wenn andererseits die subjektive Erfahrung
und die Konstruktion der Wirklichkeit als sicheres Fundament sozialwissenschaftlichen Bemühens nicht nur programmatisch postuliert, sondern auch und vor allem
empirisch operationalisiert werden soll, dann impliziert dies quasi ,automatisch'
die Notwendigkeit, gelebte Wirklichkeit in eine Textwirklichkeit zu transformieren und damit überhaupt erst dem Soziologen interpretativ und analytisch zugänglich zu machen (vgl. Soeffner 1989, bes. S. 66ff und 98ff; vgl. auch Gross 1981).

Von seiner Genese wie auch von seiner bisher hauptsächlichen empirischen
Applikation her erweist sich der lebensweltliche Ansatz so vor allem als ein methodenplurales Verfahren zur Rekonstruktion *,kleiner'*, für den Forscher relativ
gut abgrenzbarer und – im Sinne praktischer Teilnahme – zugänglicher Wirklichkeitsbereiche. Gleichwohl stößt man, will man das *thematische* Interesse nicht der
Frage nach den Feldzugangschancen unterordnen, auf vielfache praktische Beschränkungen, wie grundsätzliche ,Verschlossenheit', wie mangelnde persönliche
Möglichkeiten bzw. Kompetenzen des Forschers, oder einfach wie die Limitierung
der Forschungsressourcen. Solche für die *,Ethnographie* kleiner Lebens-Welten'
(bzw., wie wir inzwischen lieber sagen: die Ethnographie kleiner *Zweckwelten* bzw.
Sinnwelten) fundamentalen Schwierigkeiten führten zum einen zur Reflexion möglichst ,sensibler' Interviewtechniken (vgl. dazu Honer 1989, S. 303ff), zum anderen zu einer erneuten Reflexion des Perspektivenproblems (vgl. dazu Hitzler 1991).

Zu klären, was der Erwerb der praktischen Mitgliedschaft an dem Geschehen,
das erforscht werden soll, bzw. was der Gewinn der existentiellen Innensicht jeweils heißen soll oder kann, erscheint uns als die eigentliche, unverzichtbare Notwendigkeit, sozusagen als die Minimal-Forderung, um von *lebensweltlicher* For

schung sprechen zu können[1]. Dies hängt zusammen mit einem methodologischen Problem des Verstehens: Grundvoraussetzung für das Verstehen des Anderen ist, dass sich mein Sinnsystem und das dieses Anderen zumindest partiell überschneiden. Dies setzt, um es mit Luckmann (1986) zu sagen, zwar nicht voraus, dass wir unsere Erfahrungen ‚teilen‘ (was unmöglich ist), aber es setzt voraus, dass wir gemeinsame Erfahrungen machen. Gemeinsame Erfahrungen machen aber heißt, sich typisch gleich in der Welt zu orientieren. Methodologisch relevant für verstehende Forschung ist dabei, sich zu erinnern daran, dass zwar Sinn sich im individuellen Bewusstsein konstituiert, dass aber *Sinnsysteme* intersubjektiv konstruiert werden.

Um also einen anderen zwar nicht seinem tatsächlich gemeinten, wohl aber seinem *typisch* gemeinten Sinn nach verstehen zu können, müssen er und ich am selben Sinnsystem partizipieren, und zwar so partizipieren, dass es mir möglich wird, das existentielle Verstehensproblem des ‚Welchen Sinn macht seine Erfahrung für ihn?‘ unter der Generalthese der reziproken Perspektiven wieder zu veralltäglichen zum ‚Was täte ich, wäre ich an seiner Stelle?‘. Fremdverstehen, das eben stets nur typisches Fremdverstehen sein kann, gelingt in dem Maße, wie es gelingt, die Welt sozusagen aus der Normalperspektive dessen zu sehen, der verstanden werden soll. Und diese Normalperspektive übernehme ich wiederum in dem Maße, in dem die Reziprozität der Perspektiven nicht nur hypothetisch, sondern faktisch statthat, und zwar bezogen auf ein die Perspektiven synchronisierendes, gemeinsames Substrat.

2. Annäherung an die Zweckwelt des Selbermachers

Um diese abstrakten Verweisungen an einem konkreten Thema zu verdeutlichen, skizziere ich im Folgenden einige Ergebnisse eines Forschungsprojektes, das ich – im Rekurs auf den lebensweltlichen Ansatz – zusammen mit Peter Gross, Ronald Hitzler und Jörg Eckhardt durchgeführt habe. Dieses Projekt, das von November 1985 bis Oktober 1987, finanziert von der Deutschen Forschungsgemeinschaft, an der Universität Bamberg durchgeführt worden ist, befasste sich mit *einer* der zahllosen kleinen Lebens-Welten des modernen Menschen: mit dem Heimwerken als einem besonderen Erfahrungsstil im Kontext einer sozialen Teilzeit-Praxis. Ziel der Empirie war – und ist – es, mit multiplen ethnographischen Methoden *die kleine soziale Zweckwelt des Heimwerkers* zu erfassen und durch Datenanalysen Hand-

---

1   Diese Forderung wird plausibel, wenn wir uns daran erinnern, was in der Tradition von Schütz ‚Lebenswelt‘ heißt: Die Welt, wie sie unserer Erfahrung gegeben ist, die Welt, wie wir sie erhandeln und erleiden (vgl. Schütz/ Luckmann 1979, 1984; dazu auch Luckmann 1990; Hitzler/ Honer1984).

lungs- und Wissensstrukturen im Wirklichkeitsbereich des Do-It-Yourself zu rekonstruieren (vgl. Gross u. a. 1985).

Uns dem Heimwerker tastend, zögernd, vorsichtig, also Vorab-Gewissheiten
zurückstellend und ausklammernd, zu nähern, das darf wohl als Grundkonsens unserer einschlägigen Forschungsarbeiten gelten. Denn, so meinten und meinen wir,
der Heimwerker ist für jeden, der nicht selber schon Heimwerker ist, ein irgendwie ‚fremdes‘ Wesen. Oder andersherum gesagt: Wir Nicht-Heimwerker sind –
mehr oder weniger – Fremde im Wirklichkeitsbereich des Do-It-Yourself, mithin
reichlich naiv, prinzipiell ein wenig desorientiert, handlungspraktisch etwas ‚vernagelt‘ und deshalb auch unter dem Gesichtspunkt von Legitimationsbedürfnissen von allenfalls ephemerer Relevanz (vgl. dazu Unruh 1980). Dies mag hyperskrupulös anmuten, denn wir alle wissen ja nicht nur, dass es Heimwerker ‚mitten
unter uns‘ gibt, wir alle ‚wissen‘ auch ganz selbstverständlich (wenigstens so ungefähr), was es mit dem Heimwerken auf sich hat, was den Heimwerker ‚auszeichnet‘ gegenüber dem Nicht-Heimwerker. Dieses ‚Wissen‘ reicht alltäglich durchaus
hin, um Heimwerken als normales Phänomen in Gesellschaften wie der unseren
anzusehen, und es reicht auch durchaus hin, um bei Bedarf den Entschluss fassen
zu können, selber praktisch damit zu beginnen, heimzuwerken.

Aber je genauer wir theoretisch distanziert über das Heimwerken und den
Heimwerker nachdenken, umso deutlicher erkennen wir, dass der Heimwerker ein
seltsamer, ja ein geheimnisvoller ‚Geselle‘ in unserer ‚Nähe‘ ist, dass sein spezifisches Wissen und Handeln einer Erfahrungswelt zugehört, die sich absondert von
dem, was uns allen, als Mitgliedern einer Kultur, an Wissen und Praktiken ganz
selbstverständlich gemeinsam ist. Der Heimwerker lebt als Heimwerker – also immer dann, wenn er in die ‚Rolle‘ des Heimwerkers schlüpft – in *seiner* Welt, die
aber natürlich zumindest strukturell keine individuell erfundene, sondern eine teil-
gesellschaftlich (vor-)konstruierte, auf einen Zweck, den Zweck des Heimwerkens
hin geordnete, begrenzte Sinnwelt ist.

In dieser kleinen sozialen Zweckwelt des Heimwerkers   gilt, was – aufgrund
der Pluralität der Perspektiven – für die alltägliche Lebenswelt des modernen Menschen insgesamt problematisch geworden ist, nämlich: dass zumindest dieser Ausschnitt aus der Welt vom *anderen* Heimwerker typischerweise hinreichend ähnlich
erfahren wird, dass die individuellen Standpunkte vertauschbar, dass die jeweiligen
Relevanzsysteme kongruent, dass mithin die verschiedenen subjektiven Perspektiven reziprok sind (vgl. Schütz 1971a, 1971b). In der Zweckwelt des Heimwerkers gilt auch, was ebenfalls für den alltäglichen Lebensvollzug in der Moderne
problematisch geworden ist, nämlich: dass bewährte Deutungs- und Handlungsmuster relativ fraglos auch aktuell und zukünftig erfolgreich angewandt werden

können – und zwar sowohl dann, wenn sie aus eigenen Erfahrungen resultieren, als auch dann, wenn sie sozial vermittelt sind (vgl. dazu Schütz/ Luckmann 1979; Luckmann 1981).

Dadurch werden in der Zweckwelt des Heimwerkers auch reziproke Verhaltenserwartungen typisch standardisiert. D. h. das Sonderwissen des Heimwerkers ist, wie sein individuell verfügbares Wissen überhaupt, zum größten Teil über und durch Andere vermittelt, es ist sozusagen sozial ‚abgeleitet'. Abgelagert, erinnert und angewandt allerdings wird es aufgrund subjektiver Relevanzen, also entsprechend dem, was eben *ihm* – warum auch immer – mehr, weniger, kaum oder gar nicht dringlich, wichtig, bedeutsam erscheint. Aber auch wenn das, was er subjektiv weiß, empirisch vor allem aus dem aufgebaut wird, was in der Heimwerker-Welt an Wissen verfügbar ist, so setzt sich andererseits logisch doch auch dieser Teil des sozialen Wissensvorrats aus – vergangenen und gegenwärtigen – individuellen Bewusstseinsleistungen zusammen. Individuelle Erfahrungen, die sich lebenspraktisch bewähren, werden über Sozialisations- und andere Distributionsprozesse an andere vermittelt und allmählich teilkulturtypisches ‚Allgemeingut'.

Die ‚Kultur' des Do-It-Yourself besteht demnach vor allem aus angesammelten und sedimentierten Gewissheiten darüber, wie und warum man Dieses und Jenes womit und unter Berücksichtigung wovon selber ‚machen' kann und – dem normativen Anspruch nach – auch selber ‚machen' sollte. Allgemeiner formuliert: Was als Do-It-Yourself-Problem zu gelten und wie ‚man' es prinzipiell zu bewältigen hat, das steckt die sozial approbierten Grenzen dieser ‚Kultur' ab, auf die der einzelne Heimwerker wiederum eben in dem Maße rekurriert, wie sie ihm typische Lösungen zur Bewältigung *seiner* konkreten Werkelprobleme bereitstellt. Damit jedoch leistet er wiederum immer auch einen – üblicherweise nicht als solchen intendierten – Beitrag zur Existenz dieser ‚Kultur'. (Der Heimwerker weiß also, als Heimwerker, z. B., wie er Materialien und Werkzeuge typischerweise einsetzen und handhaben kann, aber er weiß auch um die Grenzen und um die Substitutionsmöglichkeiten dieser typischen Lösungen.)

3. Das Exemplarische am Einzelfall

Bei einer empirischen Analyse dieser ‚Kultur' geht es nun zunächst einmal, summarisch gesprochen, „um die möglichst genaue Bestimmung der einzelnen Fallstruktur, weil nur an ihr sich das *besondere Allgemeine* erfassen lässt, von dem her allein methodisch, methodologisch und theoretisch kontrolliert eine *Typenbildung mit realistischen Erkenntnisabsichten* sich einführen lässt" (Becker u. a. 1987, S. 305). Denn das, was im Einzelfall stattfindet, sofern es für den Soziologen interpretierbar ist, ist immer allgemeiner Natur. Über das, was sozial ‚determiniert' ist und – wie auch immer – entäußert wird, sagt der Einzelfall im Prinzip genauso viel aus, wie ein Kollektiv. Setzt das Kollektiv sich doch, wenn es fassbar werden soll, zusammen aus lauter unterschiedlichen Einzel-‚Fällen' zu einer ‚Struktur', die dann den Einzelnen und sein Handeln wiederum transzendiert.

Mit derlei Überlegungen kommen wir natürlich nicht soweit, dass wir das Teil-Kollektiv der Heimwerker irgendwie ‚erklären' könnten. Was wir aber sehr wohl anstellen können, das sind *begründete* Vermutungen über diese ‚Kultur': Bei der Einzelfallanalyse interpretieren wir, wie gesagt, zumindest eine Struktur, die das sozial objektiv Wirksame innerhalb einer Person darstellt. Die Frage bleibt natürlich, inwieweit dieses Objektivierte über diese eine Person hinausreicht. Es mag nun sein, dass das, was im einzelnen Heimwerker sozial objektiviert ist, im Augenblick noch nicht oder nicht mehr für den Wirklichkeitsbereich des Do-It-Yourself (DIY) gilt. Im Einzelfall können sich die Ruinen des Vergangenen ebenso zeigen wie der Grundstein des Kommenden (vgl. Halbwachs 1985). Aber auf jeden Fall kommt ‚es' vor, damit ist es als Thema legitim und muss analysiert werden.

Nun kann man natürlich gegen Einzelfallstudien bzw. die Ergebnisse von Einzelfallstudien immer einwenden: Einmal ist keinmal. Aber unsere Behauptung ist: Was typisch in *einem* Heimwerker ist, ist tendenziell in allen: Das sozial, das über Zeichensysteme Objektivierte. Wenn wir ‚den' Heimwerker also vertexten, d.h., wenn wir sozusagen ‚einfrieren', was wir an Daten mit unterschiedlichen Methoden ‚erzeugt' haben, dann bewahren wir Gedachtes, Gesehenes, Gehörtes und Gesprochenes derart, dass wenigstens die *Sedimente* gehabter Erfahrungen und getaner Handlungen ohne weitere ‚Verluste' bearbeitet werden können (vgl. dazu Luckmann/ Gross 1977). Idealerweise also dokumentieren die Texte flüchtige und vergängliche Phänomene unserer Begegnungen mit Heimwerkern und unserer Beobachtungen des Heimwerkens in einer Weise, die dem Dritten, dem ‚impliziten Leser' (Iser 1972) dieses Berichtes gegenüber die Repräsentation dieses Wirklichkeitsbereichs und ihm auch gegebenenfalls die Repetition der von uns unternommenen wissenschaftlichen Prozedur und damit deren Rekonstruktion und Prüfung ermöglicht – zumindest ermöglichen sollte. Durch Vertextungen überführen wir unsere ‚flüchtigen' Daten (vgl. Bergmann 1985) in ein stabiles Medium, ohne dabei zu übersehen, dass wir zwangsläufig damit die Zweckwelt, wie sie dem Heimwerker tatsächlich gegeben sein mag, und wie sie von ihm alltäglich erhandelt wird, vercoden, entsinnlichen und damit auch ‚entleeren'. D.h., wir opfern zwangsläufig den Ereignischarakter gelebter Wirklichkeit seltsam ‚fremder' Bastler und Bohrer der Verfügbarkeit und Vorzeigbarkeit theoretisch konstruierter homunculi (vgl. dazu auch Gross 1981).

Im Rahmen solcher – trotz allem: vorsichtigen – Annäherungen an die ‚fremde' Welt der Selbermacher habe ich, nach einer Reihe von Felderkundungsgesprächen (auch mit Frauen), sozusagen als Extrakt eines theoretischen Samplings (vgl. Glaser 1978), drei ‚Fälle' ausgewählt und versucht, sie möglichst ‚dicht' zu rekonstruieren (vgl. dazu Geertz 1983). D. h., ich habe die ‚Probanden' beobachtet und vor allem Intensivinterviews in zeitlich distinkten Phasen mit modifizierten Gesprächstechniken durchgeführt. Außerdem habe ich (themenzentriert) Familienmitglieder und ebenfalls heimwerkende Freunde und Verwandte befragt. Aus diesen ‚Fällen' will ich im Folgenden zur materialen *Illustration* meiner Ausführungen den herausgreifen und in einigen Grundlinien skizzieren, den wir als den überzeugtesten (und vielleicht auch ‚überzeugendsten') Protagonisten des Selbermachens ansehen, und den wir demnach als den *‚Ideologen'* des Do-It-Yourself etikettiert haben.

4. „Das muss ja nun fasst eigentlich wirklich ein jeder können"

Für den Ideologen liegt der Wert des Selbstgemachten vor allem darin, dass es *selber* gemacht ist: „... weil, wenn du selber was machst, dann hast ja immerhin die Chance, das auf die ganz konkreten Bedürfnisse und Funktionen abzustimmen, ned, das heißt – und Platz, also Platz auch optimal auszunutzen, ned" (Protokoll: D-L:1, S. 28, 26-29). Triebfedern der Do-It-Yourself-Aktivitäten dieses Typs sind einerseits ‚Kreativität' und ‚Lebensfreude' bzw. ‚Lebensqualität', andererseits aber auch eine explizite ‚Knausrigkeit'. Diese ist ihm ständiger (und subjektiv offenkundig willkommener) Anlass, nahezu sportliche Ambitionen auf der Suche nach billigem Material und preisgünstigen Werkzeugen und Maschinen zu entwickeln (vgl. Honer 1990). Als sich als besonders *sparsam* stilisierender Konsument stellt er nicht nur Preisvergleiche an, nutzt er nicht nur Sonderangebote und erhandelt er nicht nur Rabatte, außerdem und nicht zuletzt wird ihm auch der Heimwerker-Markt und das Möbelfachgeschäft zur Fundgrube für kostenlose Ideen – auch und vor allem, was praktikable Lösungswege für konkrete Realisationsprobleme angeht. D. h. er eignet sich, ohne irgendwelche Skrupel, Know-How an, wo immer er es finden kann. Mithin erscheint ihm Selbstgemachtes natürlich allemal kostengünstiger und fast immer auch ‚funktionaler' als Gekauftes (wobei man die investierte Frei-Zeit natürlich nicht bzw. nur bedingt rechnen darf – vgl. Honer/ Unseld 1988).
        Über dieses sein Sparsamkeits-Ideal rechtfertigt er aber nicht nur seine eigene Heimwerkelei, er versucht damit auch das ‚kreative Potential' seiner ganzen Familie zu mobilisieren. Denn eine (begrüßenswerte) „Grundeigenschaft" des freizeitlichen Selbermachers ist es seiner Meinung nach, „immer möglichst spitzfin-

dige und optimale Lösungen auszutüfteln" (D-L:S, S. 3). So gibt es immer (immer
noch und immer wieder) etwas zu tun: Bereits Gemachtes lässt sich verbessern,
Liegengebliebenes gilt es weiterzubearbeiten, noch nicht Begonnenes muss (endlich) in Angriff genommen werden, und selbst augenscheinlich Funktionierendes
ist natürlich nie vollkommen: „Du musst draufkommen, was Du machen kannst,
und das, ja, diese Kreativitätsversuche, ned, die werden zur Freizeitbeschäfti-
gung." (D-L:2, S. 6, 27-29)

Das ungeschriebene Credo des Hardcore-Heimwerkers lässt sich vielleicht in
den folgenden drei Punkten zusammenfassen: 1. Kaufe nichts, was Du auch selbermachen kannst, denn das Selbergemachte ist (allemal) besser als das Gekaufte[2]. 2.
Suche und schaffe Dir mannigfaltige Gelegenheiten zum Selbermachen, denn Selbermachen fördert Deine Kreativität und dient somit Deiner Selbstentfaltung und
Selbstverwirklichung[3]. 3. Wirf nichts weg ohne Not, denn Du könntest es noch einmal brauchen, da man aus allem noch etwas machen kann[4]. – Für den sozusagen
‚bekennenden' Heimwerker, dem DIY zu einer Weltauffassung, zu einer Ideologie
geworden ist, ist Heimwerken also weit mehr als ein Hobby, das nur ‚nebenher'
betrieben wird. Heimwerken ist für ihn nicht-entfremdetes Arbeiten, ist ein zentraler Lebensbereich, eine konkrete, eine im Wortsinne *praktische* Gegenwelt zu
seinem Berufsleben. Seine besondere Qualität gewinnt dieser Lebensbereich vor
allem durch seine ‚Sinnlichkeit', durch seine ‚Handfestigkeit', die sich letztlich in
mannigfaltigen Heim-Werken manifestiert, also in materialen Lösungen für Probleme in Haushalt, Hof und Garten, welche als die besseren Alternativen gelten
zu käuflichen und in der Regel unzulänglichen Fertigprodukten. Die gelingenden
und insbesondere die gelungenen Heim-Werke wiederum motivieren immer neue,
immer ‚verwegenere' Ideen und Projekte des Selbermachens. Kurz: Die freizeitlichen Aktivitäten brechen, erst einmal in Schwung gebracht, kaum je noch ab.

Das ‚Ideal' dieses ‚echten', vom Selbermachen überzeugten Heimwerkers ist
es, die funktionalste Lösung eines – wodurch auch immer – gegebenen Wohn(raum)
problems überhaupt zu finden. Und eine optimale Lösung ist *dann* gefunden, wenn
ein Heim-Werk unter maximaler Nutzung räumlicher Gegebenheiten und mit mi-

---

2   „Und das schau ich ja dann oft an, und dann kauf ich's nicht, weil ich mir sag, also wenn ich das
     mach, dann wird's besser, ned." (D-L:2, S. 11/27ff)
3   „Dass du, ahm, Reparaturen dann letztlich ausführst, weil's du's kannst, und damit des Ding
     repariert ist, das hat überhaupt kein'n Zweck mehr.„ (D-L:2, S. 5/10ff)
4   „Selbermachen, improvisieren, umwidmen von Materialien bringt mit sich, dass man alles, also auch
     Abfallprodukte irgendwann einmal brauchen kann. Abfälle können daher nicht weggeschmissen
     werden, sondern müssen so lange aufbewahrt werden, bis der Platz überhaupt nicht mehr reicht
     und die Unmenge der Abfälle einen Grad an Unübersichtlichkeit erreicht hat, aus den Abfällen
     das herauszufinden, was man gerade braucht oder sich von Abfällen zur Improvisation anregen
     zu lassen." (D-L:2, S. 12)

nimalem materiellem Aufwand technisch machbar erscheint und größtmögliche Funktionalität verspricht. Das (ideale) Ziel ist also stets das funktionalste Produkt, und der beste Weg ist stets der möglichst kostengünstigste. Das Ideal der Sparsamkeit impliziert die kreative, die originelle Lösung. Die originelle Lösung aber kann es nicht geben ohne Improvisationen, die dazu dienen, Materialmängel, Pannen und Missgeschicke welcher Art auch immer ‚aufzufangen'.

Improvisationen sind ohnehin ein wesentliches Merkmal von Heim-Werken ebenso wie von Heim-Reparaturen, und sie sind dem ‚echten' Heimwerker in aller Regel durchaus stolzer Beweis seiner praktischen Erfindungsgabe (vgl. Hitzler/ Honer 1988b). Dies – und darin liegt offenkundig auch das Vergnügen und die Befriedigung, die das gelingende Selbermachen bereitet – geschieht durch ausgiebiges Planen und Tüfteln, durch Umwidmen von Materialien und durch vielfältige Improvisationen und Substitutionen. Maschinen können dabei nützliche Hilfsmittel sein (vgl. auch Hitzler 1989). Sie zu benutzen und einzusetzen, ersetzt jedoch keinesfalls die Erfahrung und Kompetenz, das Wissen und die Geschicklichkeit des Amateur-Handwerkers selbst. Maschinen sind in Situationen, in denen es ‚auf das Wesentliche' ankommt, kein Ersatz für durch die Praxis erworbene Fähigkeiten. Die eigenen händischen Fertigkeiten erst garantieren den Erfolg, ermöglichen die Herstellung eines wirklich schönen Werkstückes: „A jedes hat seine eigene Qualität, oder. Ich muss, ned, also ich kann bestimmte Dinge mit dem Handwerkszeug machen, was mit der Maschine unmöglich geht. Ich kann meinetwegen Unebenheiten, kleine, in einem Werkstück mit dem Handhobel beseitigen. Mit dem Maschinenhobel mach ich nur eine größere Delle noch hinein, ned. Ned, ich kann mit dem Schmirgelpapier mit der Hand Feinheiten erledigen. Mit dem Sander komm ich da gar nicht hin an das Eck, ned. Ich kann mit der Bohrmaschine Schrauben eindrehen, ja, äh, aber richtig ganz festziehen, mit *Gefühl*, kann ich's immer nur mit der Hand, ja." (D-L:2, S. 26, 07-16)

Mit der Formel „das muss ja nun fast eigentlich wirklich ein jeder können" (D-L:2, S. 2, 05) zieht der Do-It-Yourself-Ideologe sozusagen gegen das von ihm als stereotyp empfundene Vorurteil zu Felde, Heimwerken zahle sich im Grunde nicht aus, weil der Aufwand an Zeit, Energie und Können sowie an Material, Werkzeugen und Maschinen, im Verhältnis zum Ersparten bzw. zum – wie auch immer zu bewertenden – Ertrag einfach zu hoch sei. Die Ideologie des Selbermachens will es nämlich, dass die vielfältigen (und durchaus nicht nur technischen) Probleme, die das Heimwerken mit sich bringt und auch nach sich ziehen kann, heruntergespielt, ja tunlichst negiert werden, während die kleinen Widrig- und Lästigkeiten, die mit dem *Erwerb* von Waren und Dienstleistungen verbunden sind, nachdrücklich betont und herausgestellt werden. Was immer man etwa in einem Möbelgeschäft kaufen kann, es ist niemals genau das, was man braucht bzw. gerne haben möchte. Ja, je näher er sich damit befasst, umso ungeeigneter erscheint dem Do-It-Yourself-Protagonisten das angebotene Fertigprodukt: „Schau dir mal in einem Möbelgeschäft an, was die da für einen Ramsch hinstellen ... Das, was du da kaufen kannst, (ist) lauter Schmarren. Das wundert mich eigentlich, dass man sowas *verkaufen* kann (lachend)." (D-L:2, S. 11, 31-32 und S. 14, 36-38) Und die Suche nach einer besseren Alternative gestaltet sich, jedenfalls in der späteren Darstellung, zu einer sinnlosen ‚Odyssee‘, bei der sich das Gewünschte (natürlich) nicht finden lässt, weil „wir auch irgendwo fixiert sind auf eine bestimmte *Art*, also ich möcht, ah, entweder Vollholzmöbel, ja, ah, oder, ah, mindestens eine ordentliche, ah, ordentliche Furniere, echt holzfurniert halt, kombiniert mit Vollholz oder sowas, ned" (D-L:2, S. 8, 21-25).

Diese ganze Prozedur wird als von Anfang an außerordentlich problematisch, umständlich und lästig geschildert: Man sucht „ewig, wo's das Zeug überhaupt gibt, ... und dann haben wir dort eigentlich nichts gefunden, ... also haben wir beschlossen, müssen wir eigentlich weitersuchen, ja" (D-L:2, S. 8, 07-11). Nach längerem (oder auch kürzerem) Hin-und-Her schließlich obsiegt dann (erwartungsgemäß) einmal mehr die Einsicht, dass man sich das, was man will, doch einfacher, schneller und angemessener *selber* zusammenbastelt – unter Verwendung durchaus von so mancher Konstruktions-Idee, die man sich bei der Besichtigung der Fertig-Möbel ‚billig‘ abgeschaut hat: „Also in der einen Woche hab ich den nun wirklich selber gemacht, ja, so in der Größe, wie ich ihn mir vorstell, so dass der ordentlich verstellbar ist, dass er stabil ist, ah, und eine ordentliche Endbehandlung hat. Und das Material hat mich also achtzig Mark gekostet, höchstens." (D-L:2, S. 9, 08-12)

So wird jeder, ohnehin mit größten Vorbehalten unternommene und dementsprechend ‚ins Leere‘ gehende, ‚Vorstoß‘ in die äußerst gering geschätzte Welt der Konsumartikel zu einer weiteren Bestätigung dafür, dass es sich nicht nur nicht lohnt, Geld für etwas auszugeben, was ‚ja nun fast eigentlich wirklich ein jeder können‘ muss, sondern dass es sich noch nicht einmal lohnt, überhaupt den Versuch zu unternehmen, etwas dem Selbergemachten Adäquates zu kaufen. Das ‚eigentliche‘ Problem des Do-It-Yourself-Ideologen ist also gar nicht so sehr die Unzulänglichkeit des *einzelnen* Fertigangebotes. Sein ‚eigentliches‘ Problem ist vielmehr seine ganz grundsätzliche, schier unüberwindliche Abneigung dagegen, überhaupt etwas zu kaufen, das man ‚gerade so gut‘ auch selbermachen kann. Und letztlich konstatiert der überzeugte Heimwerker nämlich, ohne dass er dies explizit sagen würde, dass jeder, der nicht möglichst Vieles selber macht, ein wenig ‚deppert‘ oder zu faul oder eben beides sei.

Der Hardcore-Heimwerker scheut deshalb natürlich auch vor keiner Reparatur zurück: „Tapezieren, Fußböden verlegen, Korkparkett, Teppichböden, Fliesen auf insgesamt zweihundert Quadratmetern, eine zweifach gewendelte Kellertreppe fliesen, bei der *alle* Fliesen geschnitten werden mussten, mehrere Wände in zwei Stockwerken einziehen, Türen einbauen", usw. (D-L:S, S. 9). Vor allem der Besitz bzw. der Erwerb eines Eigenheims, sei es nun Altbau oder Neubau, bietet eine „unvergleichlich breitere ‚Gelegenheitsstruktur' mit intensiven Anreizen" und die Möglichkeit, „dermaßen aus dem Vollen schöpfen zu können... Vor allem hat man das Gefühl, nicht nur Kleckerles-Arbeiten zu machen, sondern zu ‚produzieren', Werkschöpfung zu betreiben." (D-L:S, S. 8). Ein Schränkchen fürs Badezimmer etwa verschwendet, kauft man es fertig, einfach immer zu viel des ‚tatsächlich' nutzbaren Raumes, oder stellt z. B. nicht genügend Ablagefläche ‚für Munddusche und Handtücher' zur Verfügung.

Das Problem *entsteht* also zwar durch die Unzulänglichkeit von Fertigprodukten, es wird jedoch durch die Möglichkeit des Selbermachens sozusagen auf eine andere, höhere Funktionalitäts-Ebene verlagert, wo es dann gilt, die optimale Version schlechthin zu kreieren. Dem ‚echten' Heimwerker sind seine Aktivitäten also keineswegs nur feierabendlicher Zeitvertreib, sondern vielmehr komplexe Arbeitsprozesse, die ein hohes Maß an Planung und ‚Logistik' erfordern. Erst durch ein bestimmtes Maß an Quasi-Professionalisierung realisiert man strukturell „die Chance zu Spitzenleistungen bei Finkelei, ausgefuchsten und spitzfindigen Lösungen" (D-L:S, S. 11).

Derlei Selbstbekundungen verraten einigen Stolz auf die vollbrachten Leistungen. Aber auch wenn sich der überzeugte Selbermacher selber dementsprechend weitaus weniger als Hobbybastler sieht, denn als quasi-professioneller Handwerker, als eine Art ‚Meister seines Fachs', dem eben lediglich die Meister-Prüfung fehlt, so geht diese Selbsteinschätzung zumeist doch mit einem gewissen Hang zum (pädagogischen?) Understatement einher, wie es sich z. B. in dem Hinweis zeigt, dass all das, was man da so mache, ja gar nicht so schwierig sei, sondern „eigentlich ganz simpel ... genial (verhalten gesprochen und dann Lachen). Das ist ganz, ganz läppisch, ...das ist ein ganz läppischer Mechanismus, der nur da, hier halt fixiert ist, ...und *ganz einfach* zu machen, ned." (D-L:2, S. 16, 01-02; 23-24) Gerade das Läppische ist also das Geniale, und so etwas Simples, ‚das muss ja nun fast eigentlich wirklich ein jeder können'.

Zumindest *begreifen* müsste es doch jeder können, und erst recht, wenn man ihm das Problem und seine Lösung auch noch aufzeichnet. Aber so mancher Novize zeigt sich eben besonders ‚begriffsstutzig':

„A: Also das ist auch in einer Lade drin?

B: Das ist eben nicht in einer Lade drin, äh, das ist in, ah, in, ah, die Tür ist eine Schiebetür nach unten.

A: Eine Schiebetür nach unten?

B: Eine Schiebetür nach unten!

A: So schräg?

0:      Ne, ne, das geht, das hat ganz einfach eine seitliche Führung, ja, und, ah, das nimmst so und ziehst nach unten, ja, sodass dann nachher, ned, also das irgendwie und dann nachher hängt die Tür hier unten, ned, und dann da ist halt die Lade zugänglich.

A: Ah, also das ist praktisch so zum Runterklappen?

0:      Nicht klappen, nicht klappen, eben nicht, na, na, *ziehen,* das hat eine ganz normale *Nut,* da hier eine *Nut.*

A: Ahm, mein Vorstellungsvermögen. Dieses seitliche Ding da, diese Führung und die, die ist schräg?

B: Das ist so, das hier ziehst nach vor, aber genauso gut könntest du damit, um da hineinzukommen, dir hier und hier eine Nut machen, ja, also so, so ane Führung, und dann nimmst du diesen Teil und schiebst ihn so hinunter.

A: Aach, jetzt

B: jetzt kommst auch hinein

A: jetzt ja

0:      ja!" (D-L:2, S. 17, 05-30)

Es ist also nicht so, dass der überzeugte Ideologe, der ‚Verkünder' des Selbermachens (als einer Lebensauffassung), seine ausgefeilten, seine simpel-genialen Konstruktionen nicht gerne erläutern würde. Sogar Skizzen fertigt er an, um dem interessierten Zuhörer auch noch die kleinsten zweckmäßigen und funktionalen Details seiner Arbeiten verständlich zu machen. Aber derlei Belehrungen, derlei ‚Weisheitsvermittlungen' (vgl. dazu Keppler 1989; Keppler/ Luckmann 1989) stoßen – und dies ist eine generelle Einsicht in die ausgesprochen ‚händische' Kultur des Do-It-Yourself – auch schnell und unüberseh- bzw. unüberhörbar an die Grenzen der Verbalisierbarkeit des hier vorherrschenden Wissenstypus: nämlich dem der Fertigkeiten, der Routinen, der ‚inkorporierten' Rezepte (vgl. Schütz/ Luckmann 1979).

5. Die Kultur des Do-It-Yourself

Heimwerken, das umfasst, wie wir gesehen haben, für den typischen Heimwerker also alle möglichen Arten, am, im und um das Heim herum zu arbeiten, sich handgreiflich mit Dingen zu befassen, die noch nicht, nicht mehr, nicht richtig funktionieren, aussehen, passen, usw. Heimwerken heißt: bauen, installieren, befestigen, wiederherstellen, erhalten – und vieles andere mehr. Heimwerken findet vor allem dann statt, wenn irgendetwas im Haushalt schadhaft (geworden) ist oder einfach dem gewünschten Wohn-'Niveau' nicht mehr genügt; kurz: wenn irgendetwas nicht (mehr) ,in Ordnung' ist, bzw. vom Heimwerker (warum auch immer) als ,nicht (mehr) in Ordnung' befindlich betrachtet wird. Die ,Ordnung' bzw. die ,Ordentlichkeit' des Haushaltes zu erhalten, wiederherzustellen oder zu verbessern, das erfordert – wenn es nicht ,nach außen' delegiert wird – vielfältige praktische Maßnahmen und nimmt, genau genommen, nie ein Ende. Anders ausgedrückt: Für den Heimwerker gibt es kaum (noch) etwas im häuslichen Bereich, das nicht prinzipiell von ihm selbst renoviert, repariert, verschönert, verbessert, verändert werden kann. Das Heim-Werk, erst einmal auf den Weg gebracht, tendiert dazu, zum Lebens-Werk sich zu entfalten: Bereits Gemachtes ist nie perfekt; es kann stets besser oder auch neu gemacht werden. Wie gesagt: Immer findet sich Liegengebliebenes, das es weiterzubearbeiten gilt; noch nicht Begonnenes muss endlich in Angriff genommen werden; und selbst augenscheinlich Funktionierendes und Gebrauchstüchtiges entblößt seine Mängel und Schwachstellen dem leidenschaftlichen Selbermacher, wenn er sich ,die Sache' nur genau genug anschaut. Das Heim des Heimwerkers verwandelt sich, so gesehen, typischerweise wenigstens im Prinzip in eine ,ewige Baustelle'.

In seinen Heim-Werken objektiviert sich der Heimwerker. In seinen Heim-Werken manifestieren sich seine ,guten Eigenschaften': Originalität, Kreativität, Begabung, Geschicklichkeit, Sachverstand, Fleiß, Ausdauer, usw. Deshalb ,machen' Heimwerker in der Regel auch lieber Dinge, oder ,verbessern' sie zumindest *sichtbar,* als dass sie Dinge ,nur' reparieren. Reparaturen werden normalerweise als langweilig, uninteressant, reizlos empfunden, denn Reparaturen, auch wenn sie noch so kompliziert, aufwendig und ,gekonnt gemacht' sind, stellen ja im Grunde nur jene ,Ordnung' wieder her, die der Heimwerker ohnehin als die betrachtet, die zu sein, die in seinem Haushalt zu herrschen hat. Wer eine zerbrochene Fliese auswechselt, einen tropfenden Wasserhahn abdichtet, einen beschädigten Zaun flickt oder eine vergilbte Tapete erneuert, der gleicht Defizite in seinem Lebensraum aus, die eher ,erklärungsbedürftig' sind, solange sie bestehen, als dass sie nach ihrer Beseitigung noch besonders ,erwähnenswert' wären. Der selbstgeschreinerte Schrank, das handgeschmiedete Gartentor, der gemauerte Holzkohlengrill, ja

selbst das rustikalisierte Vesperbrett hingegen haben in den Milieus, in denen sie
entstehen, in den sozialen Mit- und Umwelten, für die sie produziert werden, einen repräsentativen ‚Mehrwert‘. D. h. sie finden, wenn sie mehr oder weniger dezent ‚vorgeführt‘ werden, zumeist wohlwollende Beachtung, mitunter sogar stürmischen Applaus, und fördern somit die Reputation des freizeitlichen Herstellers.

Im Heim-Werk symbolisiert sich also das Welt- und Selbstverständnis des
Heimwerkers, appräsentiert sich seine Handlungs- und Problemlösungskompetenz
und repräsentieren sich kollektive Vorstellungen von funktionaler und ästhetischer
Wohnqualität. Allgemeiner ausgedrückt: Im Heim-Werk gerinnt ein individuell
verfügbares, gleichwohl zum größten Teil selbstverständlich sozial vermitteltes
bzw. abgeleitetes Sonder Wissen. Und die kleine Zweckwelt des Heimwerkers erscheint somit als eine sozial ‚organisierte‘, diffuse (Be-)Deutungseinheit, eine Welt
ohne formale ‚Grenzen‘, ohne offizielle Mitgliedschaften und ohne klare räumliche Verortbarkeit. Die Sinnwelt des Heimwerkers ist gegeben als ein intentionales
Geflecht von Akteuren und Ereignissen, von Erfahrungen und Praktiken, das unter der Perspektive eines ganz bestimmten Zweckes, nämlich der Erbringung des
Heim-Werks, um den einzelnen ‚Teilnehmer‘ sich verspinnt (vgl. Unruh 1980).
Die Rede von der kleinen sozialen Zweckwelt des Heimwerkers impliziert somit
bereits vor allen sich hier anknüpfenden soziologischen Überlegungen ein Verständnis des Heimwerkers als einem handelnden Subjekt.

Den Heimwerker als Handelnden zu betrachten, bedeutet, wie gesagt, dem
Heimwerker die letztinstanzliche Kompetenz für den Sinn seines Wissens, seines Tuns und Lassens zuzubilligen, bedeutet, sich der Mühe zu unterziehen, *seine* Sicht der Dinge zu rekonstruieren. Und dies wiederum bedeutet, (vor-)schnelle
theoretische ‚Erklärungen‘ seines Verhaltens zu stornieren zugunsten des – vielleicht schlicht anmutenden – Versuchs, ihn erst einmal zu verstehen. Dabei ist,
auch in diesem Falle, vor allem zu beachten, dass jeder Sinn, den wir dem Heimwerker als seinen Sinn *unterstellen,* abweichen kann von dem Sinn, den er *selber* seinen Erfahrungen verleiht. Wir erfassen stets nur Fragmente seines tatsächlichen Erlebens, und wir verstehen stets nur möglicherweise und näherungsweise
den von ihm subjektiv tatsächlich gemeinten Sinn. Nochmals also: Die Sichtweise, die durch lebensweltliche Ethnographie auf den Begriff gebracht werden soll,
ist, wie gesagt, die der ‚Innenperspektive‘ des Heimwerkers. Und dadurch sind
wir natürlich, ‚vermittelt‘ sozusagen durch unser Forschungsinteresse, doch auch
beständig mit dem Problem konfrontiert, wie wir uns dieser Perspektive, als einer
‚fremden‘, überhaupt annähern können.

6. Den Heimwerker verstehen

Unsere Deskriptionen wie auch unsere einfließenden Second-Hand-Erklärungen sind ja bekanntlich nichts anderes als rekonstruktive Hilfsmittel, um unser mitmenschliches, unser quasi-natürliches Verstehen zu transformieren in ein ‚künstliches‘, ein theoretisches Verstehen, das dazu beitragen soll, sich gegebenenfalls auch praktisch in die Welt des Heimwerkers hineinzuversetzen, und sich gegebenenfalls auch *praktisch* in dieser Teilzeit-Wirklichkeit zu orientieren (vgl. Geertz 1984). Wir versuchen deshalb, vielfältige Impressionen aus und eine Reihe kontrollierter Erhebungen zu diesem Wirklichkeitsbereich des Do-It-Yourself ganz allmählich – und mit ständigen Revisionen – zu einem Sinn-Bild, zum Sinn-Bild des Heimwerkers und des Heimwerkens, zusammenzufügen.

Heimwerken als ein Komplex von *körperpraktischen* Handlungsschemata etwa lässt sich kaum angemessen erfragen, sondern weit konkreter beobachten und erleben. Handlungsschilderungen von Heimwerkern wirken oft ein wenig ‚aufgesetzt‘, erscheinen eher als mehr oder minder mühsame ‚Erklärungen‘ (im Sinne von Scarr/ Lyman 1976), denn als verbalisierte Selbst-Verständigungen. Sie sind „Außendarstellungen, die das Geschehen nicht erschließen, sondern verschlüsseln" (Knorr-Cetina 1988, S. 99). Lernen durch Tun und Tun als ständiges Dazu-Lernen hingegen kennzeichnet den praktischen Heim-Werkeltag. Denn: „Der Körper als Depot einer *eingeprägten Verfahrensgeschichte (...)* funktioniert, wie man sagen könnte, nur eingespannt in die Situation, deren Kenntnis er in analogen Situationen erworben hat"[5]. Das, was einem im Umgang mit Heimwerkern also immer wieder wie eine Mischung aus Bescheidenheit und Arroganz erscheinen mag, könnte zumindest in Teilen auch einfach aus der Diskrepanz zwischen implizitem und explizitem Wissen resultieren – was einmal mehr für eine methodenplurale Ethnographie spräche. Und wir meinen – nach wie vor –, dass wir mit einem solchen Ansatz eine nicht-reifizierende Sichtweise gegenüber unserem Gegenstand eröffnen, die am Beispiel des Heimwerkers gewisse, sozialwissenschaftlich üblicherweise vernachlässigte Aspekte von Kultur als sinnhafte deutlicher in den professionellen Blick zu rücken hilft.

Wir verstehen die Praxis des Do-It-Yourself als Tätigkeits- und Ausdrucksform des Individuums im Alltag, durch die es einerseits an der kollektiven Mentalität eines sozialen Groß-Aggregats (der mehr oder minder ‚globalen‘ Do-It-

---

5   Knorr-Cetina 1988, S. 99. – All dies – und vieles andere mehr – lässt sich schwerlich erfragen, sondern allenfalls mitmachen und beobachten, handelt es sich dabei doch im Wesentlichen nachgerade prototypisch um jenen nicht-expliziten Wissensbereich körperlicher Fertigkeiten und Routinen, deren Verbalisierung eben keineswegs ‚natürlich‘ (im normalen Alltagsleben) erfolgt – und dort auch gar nicht erforderlich ist, sondern eher dem pragmatischen ‚Gang der Dinge‘ hinderlich wäre.

Yourself-Bewegung) partizipiert, und durch die es sich andererseits habituell gegen kollektive Lebensentwürfe anderer sozialer Formationen abgrenzen kann. Heimwerken verstehen wir, *aus der Perspektive des Heimwerkers,* mithin typischerweise als tätiges Alltagsleben und als eine Form der Selbstverwirklichung und der selbstbestimmten Gestaltung des freizeitlichen Privatbereichs. Heimwerken wirkt – seinem Erfahrungsgehalt nach – der Abstraktion, der Entsinnlichung lebensweltlicher Erfahrungszusammenhänge entgegen. Heimwerken ist, bei aller vielleicht sozialkritisch zu konstatierenden ‚objektiven' Fremdbestimmtheit durch profitorientierte Warenästhetiken, eine Form der Appräsentation und Realisation subjektiver Bedürfnisse, Wünsche und Interessen und mitunter sogar so etwas wie ein privater Versuch, eine heillos zersprungene Welt ganz handfest und im Wortsinne zu reparieren.

Anders ausgedrückt: Wir erkennen einen sehr allgemeinen Deutungs-Rahmen, innerhalb dessen bestimmte Handlungsweisen und -vollzüge als ‚Heimwerken' erscheinen, und wir erkennen, dass dieser allgemeine Deutungs-Rahmen Heimwerken vom Nicht-Heimwerken für den Heimwerker ähnlich abgrenzt wie für den Nicht-Heimwerker. Aber wir haben auch entdeckt, dass das, was dabei thematisiert ist, nur eine Grobmarkierung darstellt, die individuell stets überschritten und unterlaufen wird, dass die Wissens- und Handlungsareale des *einzelnen* Heimwerkers tatsächlich nie so ganz in den *allgemeinen* Deutungs-Rahmen passen, dass er also nicht nur als genereller Typus eine soziale Teilkultur repräsentiert, sondern dass er eben stets auch als individueller Typus sich zwischen den Strukturen einnistet und – wortwörtlich – seine eben ihm entsprechende kleine Welt zusammenbastelt, deren Sinn manchesmal ‚querliegt' zur kollektiv gültigen Bedeutung.

Diese ‚Abweichungen' aber sind wiederum verstehbar als Konsequenzen der Applikation von in der Heimwerker-Welt vorhandenen Deutungsmustern auf konkrete Lebens- und Handlungssituationen, die ihrerseits aus subjektiv zuhandenen, biographisch ‚gewachsenen' Relevanzsystemen resultieren. Denn, um es zu wiederholen: Die soziale Konstruktion auch des Wirklichkeitsbereichs Do-It-Yourself beruht auf sinnkonstitutiven subjektiven Bewusstseinsleistungen, die sich durch Handeln vergegenständlichen und zu ‚Tatsachen' verfestigen, welche ihrerseits in Sozialisationsprozessen vermittelt werden und so die hingenommenen oder verinnerlichten Bedingungen sinnkonstitutiver Akte der vergesellschafteten Einzelnen bilden. Die Analyse solcher ‚dialektischer' Konstruktionsprozesse (im Sinne von Berger/ Luckmann 1969) aber basiert eben auf der Beschreibung der ‚Innenperspektive' des Heimwerkers, denn nochmals bzw. immer wieder: Nur wenn wir, und in dem Maße, wie wir den typischen Sinn – hier eben des Heimwerkers – verstehen, gelingt uns auch jene werturteilsfreie lebensweltliche Beschreibung, die die in der Soziologie chronisch vernachlässigten Aspekte individueller Kulturleistungen wieder in das Licht unserer professionellen Aufmerksamkeit rückt (vgl. dazu Hitzler 1988).

Literatur

Becker, Christa/ Böcker, Heinz/ Matthiesen, Ulf/ Neuendorff, Hartmut/ Rüßler, Harald (1987): Kontrastierende Fallanalysen zum Wandel von arbeitsbezogenen Deutungsmustern und Lebensentwürfen in einer Stahlstadt (Studien des Instituts für Empirische Kultursoziologie, Band 1) Dortmund: Institut für empirische Kultursoziologie

Berger, Peter L./ Luckmann, Thomas (1969): Die gesellschaftliche Konstruktion der Wirklichkeit. Frankfurt a.M.: Fischer

Bergmann, Jörg R. (1985): Flüchtigkeit und methodische Fixierung sozialer Wirklichkeit. In: Bonß, Wolfgang/ Hartmann Heinz (Hrsg.): Entzauberte Wissenschaft (Sonderband 3 Soziale Welt). Göttingen: Schwartz, S. 299-320

Geertz, Clifford (1984): From the Native's Point of View. In: Shweder, Richard A./ Levine, Robert A. (Hrsg.): Culture Theory. Cambridge: University Press, S. 123-136

Geertz, Clifford (1983): Dichte Beschreibung. Frankfurt a. M.: Suhrkamp

Glaser, Barney G. (1978): Theoretical Sensitivity. San Francisco: The Sociology Press

Gross, Peter (1981): Ist die Sozialwissenschaft eine Textwissenschaft? In: Winkler, Peter (Hrsg.): Methoden der Analyse von Face-to-Face-Situationen. Stuttgart: Metzler, S.143-167

Gross, Peter/ Hitzler, Ronald/ Honer, Anne (1985): Selbermachen (Forschungsbericht Nr. 1 des DFG-Projekts ‚Heimwerker'). Bamberg: Eigenverlag Gross

Halbwachs, Maurice (1988): Das kollektive Gedächtnis. Frankfurt a. M.: Fischer

Hitzler, Ronald (1991): Dummheit als Methode. In: Garz, Detlef/ Kraimer, Klaus (Hrsg.): Qualitativ-empirische Sozialforschung. Opladen: Westdeutscher Verlag, S. 295-318

Hitzler, Ronald (1989): Die Maschinen des Heimwerkers. In: Rammert, Werner/ Bechmann, Gotthard (Hrsg.): Jahrbuch 5 von ‚Technik und Gesellschaft'. Frankfurt a.M./ New York: Campus, S. 206-218

Hitzler, Ronald (1988): Sinnwelten. Opladen: Westdeutscher Verlag

Hitzler, Ronald/ Honer, Anne (1988a): Der lebensweltliche Forschungsansatz. In: Neue Praxis, Jg. 17. 6, S. 496-501

Hitzler, Ronald/ Honer, Anne (1988b): Reparatur und Repräsentation. In: Soeffner, Hans-Georg (Hrsg.): Kultur und Alltag (SB 6 von ‚Soziale Welt'). Göttingen: Schwartz, S. 267-283

Hitzler, Ronald/ Honer, Anne (1984): Lebenswelt – Millieau – Situation. In: KZfSS, Jg. 36. 1, S. 56-74

Honer, Anne (1990): „Was man halt so braucht". In: Baerenreiter, Harald/ Kirchner, Rolf (Hrsg.): Der Zauber im Alltag? Hagen: Studienbrief der Fernuniversität, S. 66-75

Honer, Anne (1989): Einige Probleme lebensweltlicher Ethnographie. In: Zeitschrift für Soziologie, Jg. 18. 4, S. 297-312

Honer, Anne/ Unseld, Werner (1988): „Die Zeit darf man natürlich nicht rechnen". In: Gross, Peter/ Friedrich, Peter (Hrsg.): Positive Wirkungen der Schattenwirtschaft? Baden-Baden: Nomos, S. 219-226

Iser, Wolfgang (1972): Der implizite Leser. München: Fink

Keppler, Angela (1989): Schritt für Schritt. Das Verfahren alltäglicher Belehrung. In: Soziale Welt, Jg. 40. 4, S. 538-556

Keppler, Angela/ Luckmann, Thomas (1989): ‚Weisheits‘vermittlung im Alltag. In: Oelmüller, Willi (Hrsg.): Philosophie und Weisheit. Paderborn: Schöningh, S.148-160

Knorr-Cetina, Karin (1988): Das naturwissenschaftliche Labor als Ort der ‚Verdichtung‘ von Gesellschaft. In: Zeitschrift für Soziologie, Jg. 17. 2, S. 85-101

Knorr-Cetina, Karin (1985): Soziale und wissenschaftliche Methode. In: Bonß, Wolfgang/ Hartmann Heinz (Hrsg.): Entzauberte Wissenschaft (Sonderband 3 Soziale Welt). Göttingen: Schwartz, S. 275-297

Luckmann, Thomas (1990): Lebenswelt: Modebegriff oder Forschungsprogramm? In: Grundlagen der Weiterbildung (GdWZ), Jg. 1. 1, S. 9-13

Luckmann, Thomas (1986): Zeit und Identität. In: Fürstenberg, Friederich/ Mörth, Ingo (Hrsg.): Zeit als Strukturelement von Lebenswelt und Gesellschaft. Linz: Universitätsverlag Trauner, S. 135-174

Luckmann, Thomas (1981): Einige Überlegungen zu Alltagswissen und Wissenschaft. In: Pädagogische Rundschau, Jg. 35. S. 91-109

Luckmann, Thomas/ Gross, Peter (1977): Analyse unmittelbarer Kommunikation und Interaktion als Zugang zum Problem der Konstitution sozialwissenschaftlicher Daten. In: Bielefeld, Hans-Ulrich/ Hess-Lüttich, Ernest W. B./ Lundt, André (Hrsg.): Soziolinguistik und Empirie. Wiesbaden: Athenaion, S. 198-207

Schütz, Alfred (1971a): Wissenschaftliche Interpretation und Alltagsverständnis menschlichen Handelns. In: Ders.: Gesammelte Aufsätze, Band 1. Den Haag: Nijhoff, S. 3-54

Schütz, Alfred (1971b): Symbol, Wirklichkeit und Gesellschaft. In: Gesammelte Aufsätze, Band 1. Den Haag: Nijhoff, S. 331-411

Schütz, Alfred/ Luckmann, Thomas (1979 und 1984): Strukturen der Lebenswelt. Band 1 und 2. Frankfurt a. M.: Suhrkamp

Scott, Marvin B./ Lyman, Stanford M. (1976): Praktische Erklärungen. In: Auwärter, Manfred/ Kirsch, Edit/ Schröter, Manfred (Hrsg.): Seminar: Kommunikation, Interaktion, Identität. Frankfurt a. M.: Suhrkamp, S. 73-114

Soeffner, Hans-Georg (1989): Auslegung des Alltags – Der Alltag der Auslegung. Frankfurt a. M.: Suhrkamp

Unruh, David (1980): The Nature of Social Worlds. In: Pacific Sociological Review, Vol. 23. 3, S. 271-296

Aspekte des Selbermachens
Aus der kleinen Lebens-Welt des Heimwerkers[1]

Heimwerken ist tätiges Alltagsleben jenseits der beruflichen Arbeitssphäre. Die Praxis des Heimwerkens ist eine Tätigkeits- und Ausdrucksform des Individuums, durch die es sich mit einer gesellschaftlichen Gruppierung von ‚Gleichgesinnten' identifiziert und durch die es sich somit gegen Lebensstile anderer sozialer Formationen abgrenzt.[2] Erfahrungsstrukturell gesehen ist Heimwerken also zunächst einmal eine Teilzeit-Welt unter anderen (vgl. Hitzler 1985). Aber in dem Maße, in dem das Selbstverständnis des Heimwerkers thematisiert wird, zeigt sich, dass es auch zu einer jener für die Stabilität persönlicher Identität zentralen ‚Heimatwelten' werden kann, von denen Benita Luckmann (1978) gesprochen hat. D.h. es ist, zumindest subjektiv, eine Form der Selbstverwirklichung und der selbstbestimmten Gestaltung des freizeitlichen Privatbereichs.

1. Anlässe zum Selbermachen

‚Heimwerken' – sozusagen der Sammelbegriff für alle jene handwerklichen Tätigkeiten, die man im Haushalt unter Nutzung seines Freizeitbudgets und unter Verwendung durchaus unterschiedlicher Geräte, Materialien und anderer Hilfsmittel selber ausführt, statt einen professionellen Handwerker, welcher Art auch immer, damit zu beauftragen – bedeutet: bauen, installieren, befestigen, wieder-

---

[1] Vgl. ausführlich dazu auch Honer 1993, wo ich einige interpretative Erträge meiner Arbeit in einem – zusammen mit Peter Gross, Ronald Hitzler und Jörg Eckardt durchgeführten – Forschungsprojekt vorgestellt habe. In diesem Projekt haben wir uns mit dem Heimwerken als einem besonderen Erfahrungsstil im Kontext einer sozialen Teilzeit-Praxis befasst. – Zu weiteren Projektergebnissen vgl. z.B. Eckardt 1987 und 1989; Gross 1985, 1986a, 1986b, 1986c, 1987, 1988; Hitzler 1988a, 1988b und 1989; Hitzler/ Honer 1988b; Honer 1990 und 1991; Honer/ Unseld 1988.

[2] Menschen orientieren sich bei dem, was sie tun – zustimmend oder ablehnend – an anderen (vor allem an anderen *Menschen* – vgl. dazu Luckmann 1980, S. 56-92). Sie orientieren sich in Bezug auf je bestimmte Themen typischerweise aber nicht an *irgendwelchen* anderen, sondern an *bestimmten* anderen bzw. an einem bestimmten *Typus* von anderen. Zumindest seit Tamotsu Shibutani (1955) wird dieses Phänomen in der sozialwissenschaftlichen Literatur als ‚Bezugsgruppen-Orientierung' bezeichnet.

herstellen, erhalten und vieles andere mehr. Heimwerken umfasst alle möglichen Arten, am, im und ums Heim herum zu arbeiten, sich handgreiflich mit Dingen zu befassen, die noch nicht, nicht mehr, nicht richtig funktionieren, aussehen, passen, usw. Heimwerken reicht so ungefähr vom Anstreichen eines Holzbrettchens über das Tapezieren des Schlafzimmers bzw. das Reparieren des Kinderfahrrades bis hin zu Möbelrestauration und -eigenbau, zu Badezimmer-Installationen und Dachkonstruktionen. Kurz: Es gibt kaum noch etwas im häuslichen Bereich, das nicht prinzipiell selbst renoviert, repariert, verschönert, verbessert, verändert werden kann – und das nicht auch tatsächlich zunehmend selbst gemacht wird (vgl. Kerbusk 1983).

Im Wesentlichen dient Heimwerken der Beseitigung von als solchen – warum auch immer – empfundenen materialen Missständen und Unzulänglichkeiten im eigenen Lebensraum und der Herstellung und Erhaltung – warum auch immer – erwünschter Wohnverhältnisse bzw. eines bestimmten Wohn- ‚Niveaus‘. Heimwerken beginnt, kurz gesagt, in aller Regel mit dem Reparieren, mit der Instandhaltung oder Wiederinstandsetzung von bereits vorhandenen, als – wozu auch immer – nützlich geltenden Dingen. Reparaturen haben den Zweck, funktionale Defizite in der engeren und weiteren Wohnumwelt zu beseitigen und so ein arbiträres Normalitätsniveau der Requisiten und Kulissen des täglichen Lebens zu erhalten bzw. zu erlangen. Eine ähnliche Funktion haben auch Restaurationen, die sich von Reparaturen dadurch unterscheiden lassen, dass sie den Zweck haben, ästhetische Defizite zu beheben. Kreationen hingegen dienen dazu, ästhetische Überschüsse in der engeren und weiteren Wohnumwelt zu erzeugen, also ein arbiträres Normalitätsniveau der Requisiten und Kulissen des täglichen Lebens zu transzendieren. Und Konstruktionen schließlich bewirken – immer ausgehend von jenem gegebenen Normalitätsniveau – funktionale Überschüsse.

Heimwerken findet also vor allem dann statt, wenn irgendetwas im Haushalt schadhaft (geworden) ist oder einfach dem gewünschten Wohn-‚Niveau‘ nicht mehr genügt; kurz: wenn irgendetwas als ‚nicht (mehr) in Ordnung‘ befindlich betrachtet wird (vgl. dazu auch Böhringer 1984). Die ‚Ordnung‘ bzw. die ‚Ordentlichkeit‘ des Haushaltes zu erhalten, wiederherzustellen oder zu verbessern, erfordert – wenn es nicht ‚nach außen‘ delegiert wird – vielfältige praktische Maßnahmen und nimmt, genau genommen, nie ein Ende. Das Heim des Heimwerkers ist so gesehen im Prinzip (wenngleich in sehr unterschiedlichen Ausprägungen) eine ‚ewige‘ Baustelle – insbesondere dann, wenn der freizeitliche Selbermacher den Ehrgeiz hat oder entwickelt, tatsächlich (möglichst) *alles* selber zu machen und sich dadurch nicht zuletzt den (Ärger mit dem) Handwerker zu (er-)sparen.

Das *Reparieren* von Dingen ist allerdings prinzipiell die unbeliebteste, wohl nicht zuletzt weil auch die unscheinbarste, die am wenigsten ‚repräsentative' Art, heimzuwerken, wenngleich es doch ein essentieller Bestandteil der Do-It-Yourself-Aktivitäten ist. Reparaturen werden in der Regel als langweilig, uninteressant, reizlos empfunden und (wenn überhaupt, dann) normalerweise als ‚eben notwendig' thematisiert. Als das wahre, das wirkliche, das eigentliche Heimwerken hingegen gilt das Erschaffen des Heim-Werks (welcher Art auch immer), also die Herstellung oder wenigstens die sichtbare Erweiterung, Verbesserung, Verschönerung eines repräsentationsrelevanten Objektes; eines Objektes, das im Sinne des jeweiligen – d.h., an den je unterschiedlichen Normen orientierten – Repräsentationsbedürfnisses etwas ‚vorstellt', also den (‚guten') Geschmack des Heimwerkers bzw. des Familienmilieus des Heimwerkers einem potentiellen Besucher symbolisch vermittelt.[3]

Ein Heim-Werk ‚transportiert' also stets verschiedene Bedeutungen: Subjektive, die nur von dem her verständlich sind, der es gemacht, der es geschaffen hat; okkassionelle, die nur nachvollziehbar sind, wenn man den Entstehungskontext rekonstruieren kann; und objektive, die jedes kompetente Kulturmitglied zu entschlüsseln in der Lage ist.[4] In jedem Heim-Werk, das einmal geschaffen ist, ist also ein Beitrag zum Know-How des Selbertuns, ist eine (mehr oder weniger originelle) Lösung ‚objektiviert'. Jedes getane Heim-Werk zeigt an, wie ein Problem ‚dieses Typs' zu bewältigen ist – als gelungenes im Sinne einer ‚Modell-Lösung', als missglücktes im Sinne eines künftig zu vermeidenden bzw. zu modifizierenden ‚Weges'. Im Heim-Werk manifestieren sich also Idee, Originalität, Kreativität, Begabung, Geschicklichkeit, Sachverstand, Fleiß und Ausdauer des Selbermachers in aller Regel weitaus augenfälliger und vorzeigbarer als in der Reparatur, die – und sei sie noch so kompliziert, aufwendig und ‚gekonnt gemacht' – doch nur jene ‚Ordnung' wiederherstellt, die der Heimwerker als die betrachtet, die zu sein, die in seinem Haushalt (und damit im Haushalt schlechthin) zu herrschen hat.

Wer eine zerbrochene Fliese auswechselt, einen tropfenden Wasserhahn abdichtet, einen beschädigten Zaun flickt oder eine vergilbte Tapete erneuert, der gleicht ‚Defizite' in seinem Lebensraum aus, die eher ‚Erklärungen' erfordern, solange sie bestehen, weil sie als – wie auch immer – wahrnehmbare das Repräsentationsbedürf-

---

3   Stephen Harold Riggins (1990) unterscheidet beim Gebrauch von Artefakten generell zwischen *praktisch-pragmatischen* und *symbolischen* Aspekten. Die auffälligste Übereinstimmung bei den ansonsten recht heterogenen Intentionen, die die Heimwerker, mit denen ich ausführlich gesprochen habe, gegenüber ihren Werken entwickelten, war aber, dass sie durchgehend Wert darauf legten, die Werke müssten nützlich *und* schön, schön *und* nützlich sein, also sowohl praktisch-pragmatischen als auch ästhetisch-symbolischen Ansprüchen genügen.

4   Das Verstehensproblem verbirgt sich hier natürlich in der Frage, wie und aufgrund welcher ‚Qualitäten' man ein kompetentes Mitglied der Heimwerker-Kultur ist bzw. werden kann.

nis stören. Aber derlei Aktivitäten werten den Status des Selbermachers nur ungenügend auf – im Einzelnen allenfalls kurzfristig, im Allgemeinen allenfalls prinzipiell. Der selbstgeschreinerte Schrank, das handgeschmiedete Gartentor, der gemauerte Holzofengrill, ja selbst das rustikalisierte Schinkenbrett hingegen haben in den Milieus, in denen sie entstehen, in den Umwelten, für die sie gemacht werden, einen repräsentativen ‚Mehrwert‘, finden zumeist – wenigstens nach mehr oder minder dezenten ‚Vorführungen‘ – wohlwollende Beachtung bis stürmischen Applaus, fördern, allgemein gesprochen die Reputation des Freizeit-Produzenten.[5]

Dergestalt erfundene Lösungsprinzipien transformieren das ‚Wissen, was man tut‘ (die pragmatische Sicht des Handelnden) in das ‚Wissen, was man wie zu tun hat, und warum‘ (in ein kulturelles Know-How des Handelnden, das – jedenfalls prinzipiell – auch an andere vermittelt, auch von anderen übernommen werden kann). Aber damit ist natürlich eher ein ‚logischer‘ als ein empirischer Vorgang thematisiert. Empirisch gesehen weiß der Normal-Heimwerker in aller Regel selbstverständlich (immer) schon das Lösungsprinzip für ein Do-It-Yourself-Problem, vor das er sich gestellt sieht. D.h., ehe er das konkrete Problem selber zu bewältigen versucht, weiß er in aller Regel ‚was (typischerweise) zu tun ist‘, denn normalerweise steht er eben keineswegs vor *grundsätzlich* neuen Problemen, sondern vor längst von anderen Heimwerkern – zumindest aber von Handwerkern – gelösten Problem-Typen, deren individuelle Bewältigung somit durch Abschauen oder durch die Kenntnisnahme von Erläuterungen – sei es nun in direkter oder medial (etwa durch Bastel-Bücher und Do-It-Yourself-Magazine) vermittelter Form (also eben durch Partizipation an der Kultur des Do-It-Yourself) – erleichtert wenn nicht überhaupt erst ermöglicht wird.

Typischerweise also erfindet der Heimwerker keine *prinzipiellen* Problemlösungen. Aber die Widerständigkeit des Materials, die Unzulänglichkeit der Geräteausstattung, die Besonderheit der räumlichen und zeitlichen Gegebenheiten, derlei untypische, unvorhergesehene und oft unvorhersehbare Rahmen-Bedingungen verursachen wiederum auch ein stets vom Einzelnen auslegungsbedürftiges ‚Lag‘ zwischen Aneignung und Anwendung, bilden den (im Allgemeinen ungewollten und ungeliebten) Grund für die Abwandlung tradierter, ja gelegentlich eben sogar für die Erfindung neuer Deutungs- und Bewältigungs-Schemata. D.h., prinzipiell findet und erfindet der Heimwerker *typische* Lösungen für *seine* je konkrete Variante eines Problems, die er eben sozusagen im Schnittpunkt von prinzipieller Problemlösung (die ihm auf einer Palette von völlig exaktem bis zu völlig vagem

---

5   Insgesamt gesehen dient Heimwerken also der Herstellung, Aufrechterhaltung oder Ausgestaltung eines behaglichen bzw. wohnlichen Lebens-Raumes (nach dem es so etwas wie ein menschliches Grundbedürfnis zu geben scheint – vgl. Bollnow 1980).

Wissen bekannt bzw. vertraut sein kann), von konkreten Rahmenbedingungen und von individuellen Voraussetzungen situativ definiert. D.h., er macht im Grunde *nach*, was er an Lösungsmöglichkeiten kennt. Er macht diese solange nach, wie ihm die technischen, materialen, finanziellen, räumlichen, handwerklichen und geistigen Voraussetzungen zuhanden sind, um den typisch erfolgreichen Lösungsweg zu wiederholen. Er repetiert, wenn es möglich ist, die Innovationen anderer und seine eigenen aus der Vergangenheit. Aber einerseits sind die vorgenannten Voraussetzungen in aller Regel *so* eben nicht zuhanden, und andererseits muss er ohnehin die als erfolgreich vorgegebenen Lösungswege auf seine jeweiligen konkreten Rahmen-Bedingungen übertragen.[6] Kulturinnovative Leistungen solcher Art erbringt der Heimwerker also sozusagen routinemäßig (durch Probieren und Tüfteln) und gemeinhin weniger auf der Suche nach Selbst-Verwirklichung im Reich kreativer Freiheit als getrieben vom schieren Pragmatismus im Bereich banaler Notwendigkeit.

2. Motive fürs Selbermachen

Das Wissen, das Können, die Kompetenz des Heimwerkers reicht typischerweise vom dilettantischen Banausentum bis hin zur *quasi-professionellen* Problemlösungsfähigkeit. Gleichwohl: Der Heimwerker ist per Definition *kein* professioneller Handwerker. Gewisse Unterscheidungskriterien zwischen dem Liebhaber des Handwerklichen und dem Berufshandwerker bleiben stets und notwendigerweise erhalten: Zum Beispiel absolviert der Heimwerker – als Heimwerker – keine formelle Ausbildung. Der Heimwerker ist – als Heimwerker – auch kein Lohn- sondern eben Eigen-Arbeiter. Der Heimwerker schöpft mithin auch keine im Bruttosozialprodukt ausgewiesenen Werte. Und Heimwerken geht per se immer mehr oder weniger mit zumindest situativem Dilettantismus, mit ‚Fummelei' und ‚Wurstelei' und ‚Improvisation' einher. Gleichwohl oder gerade deshalb gilt der Heimwerker in seinem unmittelbaren sozialen Umfeld zumeist als (oft ein wenig ‚merkwürdiger') ‚Tüftler', als ‚Bastler', als ‚Problemlöser' und ‚findiger Kopf', der mit seiner (Frei-)Zeit ‚etwas Richtiges', etwas ‚Vernünftiges' anzufangen weiß. Der Heimwerker macht aus seiner (Frei-)Zeit wenn schon nicht ‚das Beste', so doch auf jeden Fall etwas sehr Sinnvolles, weil Nützliches: Er verschönt, bereichert, ‚kultiviert'

---

6   Z.B.: größer als, kleiner als, ein wenig länger, ein bisschen schmäler, seitenverkehrt, usw., usf.
     (vgl. dazu auch LaCoe 1977).

den Haushalt, zur – vorausgesetzten bzw. nachhaltig erwarteten – Freude seiner Familie und zur – durchaus ein wenig neidvollen – Bewunderung seiner Gäste.[7]

Vor diesem Hintergrund betrachtet lassen sich die grundlegenden Motive zum Heimwerken vielleicht so zusammenfassen: 1. Man heimwerkt, weil man damit Kosten spart, weil es billiger ist, als wenn man etwas kauft, weil man sich Sachen leisten kann, die man sich nicht leisten könnte, wenn man sie kaufen müsste. – 2. Man heimwerkt, weil einem Selbergemachtes besser gefällt als Gekauftes, weil es ordentlicher gemacht ist, weil das Selbergemachte den eigenen ästhetischen Vorstellungen besser entspricht. – 3. Man heimwerkt, weil man sich dabei selber verwirklichen kann, weil es Spaß macht und entspannt, weil man es als guten Ausgleich zum beruflichen Stress empfindet.

Dies sind nun aber keineswegs sich ausschließende Motivlagen. Sie prägen vielmehr typischerweise *gemeinsam* das Relevanzssystem ,des' Heimwerkers und treten lediglich bei verschiedenen konkreten Heimwerkern jeweils unterschiedlich deutlich zutage bzw. werden in unterschiedlichem Maße zur ,praktischen Erklärung' der je eigenen Do-It-Yourself-Aktivitäten eingesetzt. ,Irgendwie' spielt z.B. der Aspekt der Kostenersparnis immer eine Rolle, wenn auch typischerweise oft nicht mehr als gegenwärtig relevantes, so doch als den Entschluss zum Heimwerken initiierendes Motiv: Man realisiert seine (Wohn-)Ideen und spart damit, so scheint es, auch noch ,gutes Geld'.[8] Jedenfalls der *Entschluss*, eigenhändig aktiv zu werden, kann also durchaus seine Ursache im Ärger über steigende Handwerkerlöhne und Fertigwarenpreise haben. Aber auch wenn der Entschluss begründet war in der Absicht, seine Frei-Zeit zu investieren, um Geld zu sparen, so lösen sich diese Start-Motivationen im gelingenden Vollzug des Do-It-Yourself typischerweise doch zunehmend ab zugunsten von Wertorientierungen wie ,etwas Nützliches tun', ,kreativ sein', ,sich verwirklichen', usw.

Mehr und mehr keimen im und aus dem gelingenden Werken dann Spaß, Freude, Erholung. Und das erst einmal vollbrachte (und hinlänglich gelungene) Heim-Werk motiviert wiederum nicht nur zu neuen und auch komplizierteren Vorhaben, sondern auch zur Anschaffung von mehr und differenzierteren Werkzeugen, Materialien und vor allem von Maschinen, die nicht nur Funktionsanforderungen befriedigen, sondern eben eine Art *Sogwirkung* provozieren: Man entwickelt immer mehr Fähigkeiten, die sowohl weitere Werkzeuge als auch mehr Zeitaufwand ,fordern'. Man kauft die Werkzeuge und weitet durch die bessere Ausstattung sei-

---

7   Darum wird auch gerne auffällig bzw. ,unübersehbar' plaziert, was dem Selbermacher als besonders ,gelungen' erscheint.

8   Zumindest vordergründig hat Heimwerken, das kann man immer wieder nachlesen (z.B. bei Hepp 1971, Heinze/ Hilbert 1988, Martin 1988), sehr viel mit der Absicht bzw. mit der schieren Notwendigkeit zu tun, Geld zu sparen.

ne praktische Kompetenz wie auch das zu veranschlagende Zeitbudget potentiell aus. Man erlangt in der Verwendung neuer Maschinen neue Fertigkeiten, die wiederum nach einer Ausweitung der technischen Ressourcen und der investierten Zeit verlangen, usw.

Als ‚ungelernter' freizeitlicher Selbermacher muss man aus Fehlern lernen können und wollen, und man muss fähig sein, wenigstens im Notfall zu improvisieren und zu substituieren (Material, zuhandene Geräte, nicht selten auch Lösungen), denn selbst die beste Anleitung (woher sie auch immer kommt, und wie sie auch immer vermittelt wird) erspart – ebenso wie die teuerste Ausstattung der Hobbywerkstatt – dem Selbermacher *nicht* die kreative Applikation auf seine je konkreten Probleme: Zwar ist einerseits das, ‚was zu tun ist', zumeist doch ‚irgendwie' *das Gleiche*, andererseits aber ist das, ‚was zu tun ist', kaum je, ja im Grunde nie wirklich *dasselbe*. Der typische Heimwerker steht typischerweise immer wieder – jedenfalls nachgerade jedesmal, wenn er etwas ‚Neues' beginnt – vor der schlichten Frage, wie jene auch für ihn selbstverständlich gültige Alltagsweisheit des ‚first-things-first' (vgl. Schütz/ Luckmann 1979, S. 75 ff) denn nun jeweils praktisch umzusetzen ist, angesichts dessen, dass sein konkreter individueller Lebensraum kaum je den ‚sterilen' Bedingungen von Handbuch-Schemata und Magazin-Anleitungen gerecht zu werden vermag. Und außerdem: Was ist denn überhaupt ‚das Wichtigste', das zuerst zu tun ist, wenn der ganze Haushalt ohnehin als ‚permanente Baustelle' gesehen und begriffen wird?

Auch die (woher und wodurch auch immer inspirierten) Vorstellungen des Heimwerkers davon, wie es im, am und um sein Haus herum aussehen sollte, welche Dinge man braucht und in welcher Form, Farbe, Ausführung und Qualität, welchen Grad von Funktionalität und Ästhetik seine räumliche Lebenswelt in-Reichweite haben sollte, sind ja nicht konsistent – weder in synchroner noch in diachroner Hinsicht. Das Normalitätsniveau weist, wie ich zu zeigen versucht habe, in der Zeit ebenso wie von Heimwerker zu Heimwerker Unterschiede, Schwankungen auf, die nicht ‚ohne weiteres' mit irgendwelchen vorgängigen Klassen- bzw. Schichtzugehörigkeiten korrelieren. Vielmehr spielen in der Regel (auch) beim Heimwerker hinsichtlich seiner je subjektiven ästhetischen und funktionalen Normalitätsvorstellungen mannigfaltige biographische Relevanzen eine wesentlich Rolle, die wiederum sowohl auf individuelle Sozialisationerfahrungen als auch auf milieuspezifische Gewissheiten und Erwartungen und auf etwelche idiosynkratischen Bezugsgruppenorientierungen verweisen.

Damit soll nun nicht in Frage gestellt werden, dass irgendwelche sozialen ‚Großwetterlagen', in die er strukturell eingebunden ist, den Geschmack des

Heimwerkers mit- und vor-prägen⁹ können. Auch gibt es wohl so etwas wie ein Do-It-Yourself-typisches Geschmacksniveau, das nicht zuletzt durch einschlägige Fachmagazine über die mediale Konstruktion von so etwas wie ‚Idoltypen' reproduziert und stabilisiert wird (vgl. Eckardt 1987). Aber der ‚Klassengeschmack', so es ihn geben sollte, ist das eine, und die individuelle, eigenhändige *Applikation* desselben durch den Heimwerker ist noch einmal etwas ganz anderes. Und auch der – empirisch eher erkennbare – ‚Heimwerkergeschmack' ist, soweit er sich eben distinguieren lässt, relativ amorph, deutlichen Modeschwankungen unterworfen – und lässt sich allenfalls mit solch diffusen Orientierungswerten wie dem der Gemütlichkeit, d.h. dem Streben nach problemlosem Wohlbefinden, das sich räumlich als ‚Behaglichkeit' und ‚Wohnlichkeit' manifestiert, und dem der Repräsentativität, d.h. der Inszenierung eines statusförderlichen Einrichtungs-Niveaus, eines ambitionierten Wohnkultur-Standards umschreiben.

3. Relevanzen beim Selbermachen

Nicht-Heimwerker sind ja nun – mehr oder weniger – *Fremde* im Wirklichkeitsbereich des Do-It-Yourself, mithin reichlich naiv, prinzipiell ein wenig desorientiert, handlungspraktisch etwas ‚vernagelt' und deshalb auch unter dem Gesichtspunkt von Legitimationsbedürfnissen genau genommen von eher rudimentärer Relevanz.[10] Dies mag seltsam, ja hyperskrupulös anmuten, denn wir alle wissen ja nicht nur, dass es Heimwerker ‚mitten unter uns' gibt, wir alle ‚wissen' auch ganz selbstverständlich (wenigstens so ungefähr), was es mit dem Heimwerken auf sich hat, was den Heimwerker ‚auszeichnet' gegenüber dem Nicht-Heimwerker. Dieses ‚Wissen' reicht alltäglich durchaus hin, um Heimwerken als normales Phänomen unserer Kultur anzusehen, und es reicht auch durchaus hin, um bei Be-

---

9   Allerdings bezweifle ich entschieden den simplen Determinismus, wie ihn vor allem Pierre Bourdieu (1982) und manche Anhänger pflegen.

10 Bei Nicht-Heimwerkern lassen sich grob vor allem *zwei* Einstellungen unterscheiden: eine, die das ‚handwerkliche' Geschick des freizeitlichen Selbermachers bewundert und beneidet, und eine andere, die im Heimwerker den kleinkariert und unökonomisch denkenden Menschen schlechthin verkörpert sieht. Sicherlich wäre es auch interessant, etwas über die soziale Verteilung dieser Vor-Urteile zu erfahren. Ich will hier damit jedoch nur andeuten, dass Heimwerker möglicherweise mit Außenperspektiven konfrontiert werden, z.B. durch Sozialforscher, die immer wieder versucht sind, nachzurechnen, wieviel Zeit, Material, Werkzeug, Arbeitskraft und sonstige (etwa soziale) Aufwendungen ein Heimwerk *tatsächlich* gekostet hat. Solcherlei Untersuchungen mögen zwar vielleicht ‚Munition' für Handwerkerinnungen und Heimwerkerhandel im Propagandakampf um Marktanteile liefern, sie verstellen aber vor allem und erst einmal den Blick für den *Eigensinn* des Heimwerkers und seiner Handlungs-‚Logik' im Verkehr mit anderen – heimwerkenden wie nichtheimwerkenden – Zeitgenossen und Mitmenschen, mit Familienmitgliedern, Verwandten, Nachbarn, Freunden. – Vgl. dazu auch Unruh 1979, S. 116-118.

darf den Entschluss fassen zu können, selber *praktisch* damit zu beginnen, heimzuwerken. Aber je genauer wir aus theoretischer Distanz über das Heimwerken und
den Heimwerker nachdenken, umso deutlicher erkennen wir, dass der Heimwerker ein seltsamer, ja ein geheimnisvoller ‚Geselle‘ in unserer Nähe ist, dass sein
spezifisches Wissen und Handeln einer Erfahrungswelt zugehört, die sich absondert von dem, was uns allen, als Mitglieder einer Kultur, an Wissen und Praktiken ganz selbstverständlich gemeinsam ist. Der Heimwerker lebt *als Heimwerker*
– also immer dann, wenn er in die ‚Rolle‘ des Heimwerkers schlüpft – in *seiner*
Welt, die zumindest strukturell keine individuell erfundene, sondern eine teilge-
sellschaftlich (vor-)konstruierte, auf den Zweck des Heimwerkens hin geordnete
Sinnwelt, eine ‚kleine soziale Lebens-Welt‘ ist (vgl. dazu Hitzler/ Honer 1988a).

In dieser kleinen sozialen Lebens-Welt des Heimwerkers gilt, was – aufgrund
der Pluralität der Orientierungen – für die alltägliche Lebenswelt des modernen
Menschen insgesamt zumindest problematisch geworden ist, nämlich: dass jedenfalls dieser *Ausschnitt* aus der Welt (innerhalb einer beschreibbaren – und hier in
einigen exemplarischen Punkten auch beschriebenen – Variationsbreite) vom einen
Heimwerker typisch ‚gleich‘ erfahren wird, wie vom anderen, dass die jeweiligen
Relevanzsysteme hinlänglich kongruent und dass mithin die verschiedenen subjektiven Perspektiven fokussierbar sind. Innerhalb der kleinen sozialen Lebens-Welt
des Heimwerkers können bewährte Deutungs- und Handlungsmuster auch relativ
fraglos aktuell und zukünftig erfolgreich angewandt werden – und zwar sowohl
dann, wenn sie aus eigenen Erfahrungen resultieren, als auch dann, wenn sie sozial (wie auch immer) vermittelt sind: Normalität heißt hier Normalität einer *besonderen* Perspektive – eben des Heimwerkers; Geltung heißt hier Geltung für einen
bestimmten Kontext – eben den des Do-It-Yourself; Typik heißt hier Typik einer
begrenzten Erfahrung – eben der des freizeitlichen Selbermachens.

Die kleine Lebens-Welt des Heimwerkers ist ein sozial ‚organisierter‘, diffuser (Be-)Deutungszusammenhang, eine Welt ohne formale ‚Grenzen‘, ohne offizielle Mitgliedschaften und ohne klare räumliche Verortbarkeit (vgl. in diesem
Sinne auch nochmals Shibutani 1955). Die kleine Lebens-Welt des Heimwerkers
ist ein intentionales Geflecht von Handelnden, Handlungen, Phänomenen und Ereignissen, von Erfahrungen und Praktiken, das unter der Perspektive eines ganz
bestimmten Zweckes, nämlich der Erbringung des Heim-Werks, um den einzelnen
‚Teilnehmer‘ sich verspinnt (vgl. dazu Unruh 1979). Die Rede von der kleinen sozialen Lebens-Welt des Heimwerkers impliziert somit *vor* allen sich hieran knüp-
fenden *soziologischen* Überlegungen ein Verständnis des Heimwerkers als einem

handelnden Subjekt, das selber (mundan-)phänomenologisch zu reflektieren ist.[11]
Das bedeutet vor allem, dem einzelnen Heimwerker die letztinstanzliche Kompetenz für den *Sinn* seines Wissens, seines Tuns und Lassens zuzubilligen (vgl. Schütz 1974, S. 13). Und dies wiederum heißt eben, (vor-)schnelle externe ‚Erklärungen‘ seines Verhaltens zu stornieren zugunsten des vielleicht schlicht anmutenden Versuchs, *seine* Sicht der Dinge zu rekonstruieren, ihn also erst einmal zu *verstehen*.[12]

Dabei lässt sich zwar ein allgemeiner Deutungsrahmen erkennen, innerhalb dessen bestimmte Handlungsweisen und -vollzüge als ‚Heimwerken‘ erscheinen. Und es lässt sich auch konstatieren, dass dieser Deutungsrahmen Heimwerken vom Nicht-Heimwerken für den Heimwerker – grosso modo – ähnlich abgrenzt wie für den Nicht-Heimwerker. Aber man entdeckt dabei z.B. *auch*, dass das, was dabei thematisiert ist, nur eine Grob-Markierung darstellt, die individuell stets überschritten und unterlaufen wird, dass die Wissens- und Handlungsareale des einzelnen Heimwerkers tatsächlich nie so ganz in den allgemeinen Deutungs-Rahmen passen, dass er also nicht nur als *genereller* Typus eine soziale Teilkultur repräsentiert, sondern dass er eben stets auch als *individueller* Typus sich zwischen den Strukturen einnistet und –wortwörtlich – *seine* eben *ihm* entsprechende kleine Welt zusammenbastelt, deren Sinn manchmal ‚querliegt‘ zur kollektiv gültigen Bedeutung.

Diese ‚Abweichungen‘ sind aber wieder verstehbar als Konsequenzen der Applikation von in der Heimwerker-Welt vorhandenen Deutungsmustern auf konkrete Lebens- und Handlungssituationen, die ihrerseits aus subjektiv zuhandenen, biographisch ‚gewachsenen‘ Relevanzsystemen resultieren. D.h. das Sonderwis-

---

11   „Das menschliche Subjekt ist ein Handelnder, eingelassen in eine Welt, die seine Welt ist. Es ist ein leibliches Subjekt." (Taylor 1986, S. 194) – Lebensweltlich betrachtet ist Handeln eine besondere Form der Erfahrung, nämlich eine *vorentworfene* Erfahrung. Indem das Subjekt eine Erfahrung entwirft und den Entwurf ‚einholt‘, handelt es. Der gemeinte Sinn des Handelns ist identisch mit dem Um-zu-Motiv des Handelnden. D.h., er kann vom Hier und Jetzt aus eine Handlung als ausgegrenzt abgeschlossen entwerfen und handelt dann, um zu diesem projizierten Handlungsergebnis zu gelangen. Er kann aber auch nach den Entstehungsbedingungen seines aktuellen Entwurfes fragen, kann auf das ihm zugrundeliegende Erlebnis bzw. auf die ihm zugrundeliegende Einstellung reflektieren. Er entwirft dann eine Handlung, weil diese oder jene Erfahrung ihn dazu bewegt. Das echte Weil-Motiv ist ein Rückgriff auf ein abgeschlossenes, vorausliegendes Erleben (vgl. dazu Schütz/ Luckmann 1979, bes. S. 253ff). Phänomenologisch relevant aber ist vor allem, dass der tatsächlich gemeinte Sinn des Handelns immer nur in Selbstdeutung und kontextrelativ gegeben ist, denn: Sinn ist Sinn-für-ein-Subjekt.

12   Dabei ist natürlich zu berücksichtigen, dass jeder Sinn, den ich dem Heimwerker als *seinen* Sinn unterstelle, abweichen kann von *dem* Sinn, den er selbst seinen Erfahrungen verleiht. Ich erfasse stets nur Fragmente seines tatsächlichen Erlebens, und ich verstehe stets nur möglicherweise und näherungsweise den von ihm subjektiv tatsächlich gemeinten Sinn, denn der tatsächlich gemeinte Sinn eines Handelnden und das, was von einem Interpreten als ‚gemeinter Sinn‘ gedeutet wird, ist *prinzipiell* nicht identisch. Letzteres ist nur ein Näherungswert zum ersteren (vgl. hierzu Eberle 1984, S. 45ff, Hitzler 1993).

sen des Heimwerkers ist, wie sein individuell verfügbares Wissen überhaupt, zum größten Teil über und durch andere vermittelt; es ist sozusagen sozial ‚abgeleitet‘. Abgelagert, erinnert und angewandt allerdings wird es aufgrund *subjektiver* Relevanzen, also entsprechend dem, was *ihm* – warum auch immer – mehr, weniger, kaum oder gar nicht dringlich, wichtig, bedeutsam erscheint. Aber auch wenn das, was er subjektiv weiß, empirisch vor allem aus dem aufgebaut wird, was in der Heimwerker-Welt an Wissen verfügbar ist, so setzt sich andererseits logisch doch auch dieser Teil des sozialen Wissensvorrats aus – vergangenen und gegenwärtigen – individuellen Bewusstseinsleistungen zusammen. Individuelle, lebenspraktisch bewährte Erfahrungen werden an andere Selbermacher vermittelt und allmählich teilkulturtypisches ‚Allgemeingut‘ (vgl. auch Berger/Luckmann 1969, bes. S. 63).

Die ‚Kultur‘ des Do-It-Yourself besteht demnach vor allem aus – von Mitglied zu Mitglied unterschiedlich angesammelten und sedimentierten – Gewissheiten darüber, wie und warum man dieses und jenes womit und unter Berücksichtigung wovon selber ‚machen‘ kann und – dem normativen Anspruch nach – auch selber machen sollte.[13] Allgemeiner formuliert: Was als Do-It-Yourself-Problem zu gelten und wie ‚man‘ es prinzipiell zu bewältigen hat, das steckt die sozial approbierten Grenzen dieser Kultur ab. Aber das wichtigste Ordnungsprinzip des *individuellen*, heimwerkerspezifischen Wissensvorrates ist eben das der subjektiven *Relevanz* einschlägigen Wissens. D.h., der einzelne Heimwerker rekurriert in dem Maße auf die ‚Kultur‘ des Do-It-Yourself, wie er sie zur Bewältigung seiner Handlungs- und Deutungsprobleme braucht. Damit leistet er aber immer auch einen – üblicherweise nicht als solchen intendierten – Beitrag zur Existenz dieser ‚Kultur‘. Denn die soziale Konstruktion auch dieser kleinen Wirklichkeit beruht auf sinnkonstitutiven subjektiven Bewusstseinsleistungen, die sich durch Handeln vergegenständlichen und zu ‚Tatsachen‘ verfestigen, welche ihrerseits in Sozialisationsprozessen vermittelt werden und wiederum die hingenommenen oder verinnerlichten Bedingungen sinnkonstitutiver Akte der vergesellschafteten Einzelnen bilden.

Gerade am Beispiel des Heimwerkers, der so gar nichts Geheimnisvolles an sich zu haben, in dem sich die ganze Banalität des Alltags nicht nur widerzuspiegeln, sondern sozusagen zu ‚verdoppeln‘ scheint, zeigt sich mithin (einmal mehr) augenfällig, dass ‚wir‘ nicht in *einer* Sinnwelt leben, sondern ‚hinter‘ vielen Sinnhorizonten, deren jeweilige ‚Verbindungen‘ erst noch ‚aufzuklären‘ sind. D.h., jede Welt versteht sich zwar *in sich selber* sozusagen *von selbst*, stellt aber nach ‚außen‘ ein Darstellungsproblem dar. Um ‚koexistieren‘ und im Hinblick auf die-

---

13 Kultur ist, in Anlehnung an Goodenough (1957) gesprochen, das, was man ‚haben‘ muss, um in einer akzeptablen Art und Weise handeln, um eine übernommene Rolle spielen zu können.

se und jene pragmatischen Notwendigkeiten gegebenenfalls auch ‚kooperieren'
zu können, ist deshalb jeder Mensch darauf angewiesen, die Welt, wie er selber
sie sieht, soweit zu abstrahieren, dass sie als etwas erscheint, was hinlänglich mit
dem korrespondiert, was eben der andere sieht. Denn es sind fremde und seltsame Welten um uns herum – sobald man anfängt, sie (in ihrem ‚Eigensinn') zur
Kenntnis zu nehmen. Und es sind fremde und seltsame Welten, in denen wir selber leben – sobald man sie mit anderen Augen betrachtet.[14]
Ronald Hitzler schreibt (1994, S. 94):

> „Seit die mit sozialen Ungleichheiten befassten Soziologen sich immer schwerer tun, gesell-
> schaftliche Phänomene (Ereignisse, Prozesse, Interaktionsformen, individuelle Handlungswei-
> sen) zu ‚erklären', seit nach den klassischen (marxistischen und bürgerlichen) Klassentheorien
> mehr und mehr auch die zeitgenössischen Schichtungstheorien immer obsoleter werden, entde-
> cken die Ungleichheitsforscher den Lebensstil (wieder)."

Wenn und in dem Maße, wie diese (Wieder-)Entdeckung einhergeht mit der Einsicht, dass man das, was hier ‚Lebensstil' genannt wird, erst einmal (wieder) jeweils von seiner *immanenten* Sinnstruktur her beschreiben und verstehen muss,
kann man die Rekonstruktion kleiner sozialer Lebens-Welten vielleicht auch als
Beiträge zur aktuellen Lebenstil-Forschung ansehen. Vielleicht erweist sich irgendwann die Lebensstil-Forschung aber auch als ein Zwischenschritt in der Entwicklung der Soziologie von der normativen Sozialmetaphysik (in allen ihren etablierten Varianten) hin zur interpretativen *Erfahrungs*-Wissenschaft.

Literatur

Berger, Peter L./ Luckmann, Thomas (1969): Die gesellschaftliche Konstruktion der Wirklichkeit.
    Frankfurt a.M.: Fischer
Böhringer, H. (1984): Stil und Sachlichkeit. Gedanken zum Ornament. In: Merkur, Jg. 38. 6, S. 609-618
Bollnow, Otto Friedrich (1980): Mensch und Raum. Stuttgart u.a.: Kohlhammer
Eberle, Thomas S. (1984): Sinnkonstitution in Alltag und Wissenschaft. Bern/ Stuttgart: Haupt
Eckardt, Jörg (1989): Freizeitidole – der Heimwerker in Heimwerker-Zeitschriften. In: Hoffmann-No-
    wottny, Hans-Joachim (Hrsg.): Kultur und Gesellschaft. Gemeinsamer Kongress der deutschen,

---

14   Während die Ethnologen längst begriffen (und beherzigt) haben, dass man fremde Kulturen nicht
     dadurch versteht, dass man ihre ‚Eigenwilligkeiten' in die Denkschablonen der eigenen Kultur
     übersetzt, betrachten viele Soziologen die mannigfaltigen sozialen ‚Veranstaltungen' im Rahmen
     moderner Gesellschaften immer noch als ‚selbstverständliche', als mit dem normalem Alltagswissen
     zumindest des hellwachen Erwachsenen bereits hinlänglich erfasste, mithin besonderer Auslegungsan-
     strengungen *nicht* bedürftige ‚Tatsachen'.

österreichischen und schweizerischen Gesellschaft für Soziologie in Zürich 1988. Beiträge der Forschungskomitees, Sektionen und Ad-hoc-Gruppen. Zürich: Seismo, S. 656-660

Eckardt, Jörg (1987): Zu medialen Konstruktion des Heimwerkers. Bamberg (Diplomarbeit)

Gross, Peter (1988): Zur gesellschaftlichen Bedeutung und Bewertung der Schattenarbeit. In: Gross, Peter/ Friedrich, Peter (Hrsg.): Positive Wirkungen der Schattenwirtschaft? Baden-Baden: Nomos, S. 9-51

Gross, Peter (1987): Positive Wirkungen der Schattenwirtschaft. In: Arbeit und Sozialpolitik, Jg. 41. 12, S. 338-348

Gross, Peter (1986a): „Selbst ist der Mann". In: Bamberger Universitätszeitung 7/1985, S. 3-7. Wiederabgedruckt in: Werkspuren, Jg. 25. 7, S. 45-52

Gross, Peter (1986b): Bei sich selbst zu Hause sein. In: Blätter für Wohlfahrtspflege, 7-8, S. 177-180

Gross, Peter (1986c): 12,5 Millionen Hijacker? In: gdi-impuls, Jg. 4. 2, S. 3-12

Gross, Peter (1985): Bastelmentalität: ein ‚postmoderner' Schwebezustand? In: Schmid, Thomas (Hrsg.): Das pfeifende Schwein. Berlin: Wagenbach, S. 63-84

Goodenough, Ward (1957): Cultural Anthropology and Linguistics. In: Georgetown University Monograph Series on Language and Linguistics, Vol. 7. 9, S. 167-173

Heinze, Rolf G./ Hilbert, Josef (1988): Haushaltliche und gemeinschaftliche Selbstversorgung – Wohlfahrtsressource oder `Armutsfalle'? In: Gross, Peter/ Friedrich, Peter (Hrsg.): Positive Wirkungen der Schattenwirtschaft? Baden-Baden: Nomos, S. 133-149

Hepp, Robert (1971): Do it yourself. In ders.: Selbstherrlichkeit und Selbstbedienung. München: Beck, S. 43-64

Hitzler, Ronald (1994): Sinnbasteln. In: Mörth, Ingo/Fröhlich, Gerhard (Hrsg.): Das symbolische Kapital der Lebensstile. Frankfurt a.M./ New York: Campus, S. 75-92

Hitzler, Ronald (1993): Verstehen – Alltagspraxis und wissenschaftliches Programm. In: Jung, Thomas/Müller-Doohm, Stefan (Hrsg.): Wirklichkeit als Deutungsprozess. Frankfurt a.M.: Suhrkamp, S.223-240

Hitzler, Ronald (1989): Die Maschinen des Heimwerkers. In: Rammert, Werner/Bechmann, Gotthard (Hrsg.): Jahrbuch 5 von ‚Technik und Gesellschaft'. Frankfurt a.M./ New York: Campus, S. 206-218

Hitzler, Ronald (1988a): Leben und Arbeiten. In: Gross, Peter/Friedrich, Peter (Hrsg.): Positive Wirkungen der Schattenwirtschaft? Baden-Baden: Nomos, S. 244-257

Hitzler, Ronald (1988b): Lebensstile und Freizeiträume. In: Freizeitpädagogik, Jg. 10. 3-4, S. 156-164

Hitzler, Ronald (1985): Wir Teilzeit-Menschen. In: Die Mitarbeit, Jg.34. 4, S. 344-356

Hitzler, Ronald/ Honer, Anne (1988a): Der lebensweltliche Forschungsansatz. In: Neue Praxis, Jg. 17. 6, S. 496-501

Hitzler, Ronald/ Honer, Anne (1988b): Reparatur und Repräsentation. In: Soeffner, Hans-Georg (Hrsg.): Kultur und Alltag (SB 6 von ‚Soziale Welt). Göttingen: Schwartz, S. 267-283

Honer, Anne (1993): Lebensweltliche Ethnographie. Wiesbaden: Deutscher Universitätsverlag

Honer, Anne (1991): Die Perspektive des Heimwerkers. In: Garz, Detlef/ Kraimer, Klaus (Hrsg.): Qualitativ-empirische Sozialforschung. Opladen: Westdeutscher Verlag, 1991, S. 319-342

Honer, Anne (1990): „Was man halt so braucht". In: Baerenreiter, Harald/ Kirchner, Rolf (Hrsg.): Der Zauber im Alltag? Hagen: Studienbrief der Fernuniversität, S. 66-75

Honer, Anne/ Unseld, Werner (1988): „Die Zeit darf man natürlich nicht rechnen". In: Gross, Peter/ Friedrich, Peter (Hrsg.): Positive Wirkungen der Schattenwirtschaft? Baden-Baden: Nomos, S. 219-226

Kerbusk, Klaus-Peter (1983): Drastisch und von Dauer: Die Do-it-yourself Welle. In: Burgdorff, Stephan (Hrsg.): Wirtschaft im Untergrund. Reinbek b. Hbg.: Rowohlt, S. 75-91

LaCoe, D.E. (1977): Do-It-Yourself-Work around the House. U.C.L.A. (Unpublished paper, prepared for Dossier Commitee)

Luckmann, Benita (1978): The Small Life-Worlds of Modern Man. In: Luckmann, Thomas (ed.): Phenomenology and Sociology. Harmondsworth: Penguin, S. 275-290

Luckmann, Thomas (198): Lebenswelt und Gesellschaft. Paderborn u.a.: Schöningh

Martin, Engelbertine (1988): Do-it-yourself als Form der Schattenwirtschaft. In: Gross, Peter/ Friedrich, Peter (Hrsg.): Positive Wirkungen der Schattenwirtschaft? Baden-Baden: Nomos, S. 123-132

Riggins, Stephen H. (1990): The power of things: The role of domestic objects in the presentation of self. In: Riggins, Stephen H. (ed.): Beyond Goffman. Berlin/ New York: de Gruyter, S. 341-367

Schütz, Alfred (1974): Der sinnhafte Aufbau der sozialen Welt. Frankfurt a.M.: Suhrkamp

Schütz, Alfred/ Luckmann, Thomas (1979): Strukturen der Lebenswelt. Band 1. Frankfurt a. M.: Suhrkamp

Shibutani, Tamotsu (1955): Reference Groups as Perspectives. In: American Journal of Sociology, Vol. 60. 6, S. 562-568

Taylor, Charles (1986): Leibliches Handeln. In: Metraux, Alexandre/ Waldenfels, Bernhard (Hrsg.): Leibhaftige Vernunft. München: Fink, S. 194-217.

Unruh, David (1979): Characteristics and Types of Participation in Social Worlds. In: Symbolic Interaction, Vol. 3. 2, S. 115-129

Kollegialität und Kontrolle im Betrieb
Am Beispiel der Alkoholismus-Laienhilfe

1. Freiwillige gegen Alkoholgefährdung

In der Debatte um die Finanzierbarkeit sozialer Sicherungssysteme wird – zwischen Sozialstaatsmaßnahmen und Selbsthilfeexperimenten (vgl. z.B. Gross 1984c und d; Alber 1985) – in jüngerer Zeit zunehmend auch der Umbau sozialmedizinischer Vernetzung innerhalb von größeren Industrieunternehmen und Organisationen des öffentlichen Rechts thematisiert. Insbesondere die Alkoholgefährdung von Mitarbeitern erfordert als Dauerproblem eine verbindliche ‚Karriere'-Regelung (vgl. Ziegler 1984). Modellcharakter mit bundesweit zu registrierender Signalwirkung für derartige Umstrukturierungsbemühungen hat eine Gruppe von Helfern für alkoholgefährdete Kollegen, die 1976 in einer württembergischen Maschinenfabrik aufgrund einer Betriebsvereinbarung initiiert worden ist: Zwischen der Betriebsleitung und dem Betriebsrat dieser Firma wurde damals ein rechtswirksames Abkommen getroffen, das die ‚Karriere' von arbeitsauffälligen ‚Trinkern' bis hin zur Entlassung formalisiert. Teil dieser Betriebsvereinbarung war auch die Gründung eines ursprünglich sechzehn- und zum Zeitpunkt der Abfassung dieses Textes neunzehnköpfigen ‚Sozialhelferkreises', der sich aus freiwilligen und – euphemistisch gesprochen – ehrenamtlichen[1] Mitarbeitern des Unternehmens, das in den 1980er Jahren etwa 6000 Beschäftigte zählt, zusammensetzt (vgl. Langensee 1982). Diese ehrenamtlichen Sozialhelfer sollen in den ihnen jeweils vertrauten Arbeitsmilieus als kollegiale Vor- und Fürsorgeinstanzen wirken.[2] Das in der untersuchten Firma von Geschäftsleitung, Betriebsrat und betrieblicher Sozialberatungsstelle gemeinsam getragene Hilfe-Projekt gilt sowohl bei der Industrie als auch bei den Gewerkschaften als Pioniermaßnahme für das Management des Problemfeldes ‚Alkoholismus im Betrieb'.

---

[1]   Es ist die Frage, ob hier tatsächlich von ‚Ehrenamt' im strengeren Sinne gesprochen werden kann (vgl. Pankoke/ Pankoke-Schenk 1986).

[2]   *Der Idee nach* zielt das Modell auf das, was Braun (1982, S.458) die „zukünftige Arbeit organisierten Helfens" nennt: Es soll dazu beitragen „solche Beziehungen zu aktivieren, zu unterstützen und beratend zu begleiten, in denen ein natürliches Verhältnis zwischen Hilfebedürftigem und Helfern noch möglich ist."

Für den Helferkreis wählte die Sozialarbeiterin der Firma Betriebsräte und Vertrauensleute, ausführende und leitende Angestellte, Facharbeiter, Kaufleute und Ingenieure aus nach Kriterien fachlicher und ‚menschlicher' Kompetenz und Prominenz und im Hinblick auf einen repräsentativen Querschnitt durch das Berufsgefüge des Unternehmens. Die so rekrutierten Freiwilligen wurden ab 1977 ein Jahr lang einmal monatlich von der Sozialarbeiterin und einem externen Psychologen darauf ‚geschult', ihren alkoholgefährdeten Kollegen „durch sinnvolles Beraten und Handeln" zu helfen (Langensee 1977, S. 154). Schon bald wurde dabei – zumindest nominell – das Aufgabenfeld der Helfer vom ‚Alkoholproblem' auf das ‚Gesamtgebiet zwischenmenschlicher Probleme' erweitert. Explizit intendiert war also eine nicht-hierarchisch-fixierte, partnerschaftliche und solidarische Laien-‚Selbsthilfe' unter Aufklärung sozialer und personaler Hintergründe von im Betriebsalltag wahrgenommenen individuellen Alkoholgefährdungen. Die kollegiale Fürsorgeaktivität besteht im Wesentlichen in der Einleitung und Durchführung einzelfallspezifisch geeignet erscheinender Maßnahmen. Diese reichen vom ‚kollegialen Gespräch' über ambulante Sozialtherapie und die Hinwirkung auf eine einverständliche stationäre ‚Entziehungskur' bis hin zur Reintegration des ‚geheilten' Klienten in sein familiales und betriebliches Milieu. Der Helferalltag heute in dem untersuchten Betrieb wird strukturiert durch monatliche Helferkreis-Sitzungen, die der Koordination, dem Informationsaustausch und der wechselseitigen Unterstützung dienen, sowie – im Bedarfsfalle – durch Beratungsgespräche mit der Sozialarbeiterin.

Für diesen Helferkreis (und *nicht* für das Alkoholproblem) interessiere ich mich aus verschiedenen Gründen. Um es in der Diktion von Peter Gross (z.B. 1983 und 1985a) auszudrücken: Sind die Sozialhelfer im Betrieb Protagonisten, Vorläufer oder Träger einer neuen kollegialen Solidarität? Realisieren sie die (Wieder-) Entdeckung solcher Werte wie Altruismus und Philanthropie, Verantwortungsbewusstsein und zwischenmenschliches Engagement in erwerbswirtschaftlichen Produktionseinheiten? Oder untergraben sie als Instanz gerade die noch verbliebenen, unzeitgemäßen weil unwägbaren, informellen mitmenschlichen Vernetzungen in diesen Bereichen? Komplettieren sie – subjektiv ungewollt – die zweckrational auf Leistungsoptimierung ausgerichteten Überwachungsinteressen gegenüber dem den Produktionsprozess störenden individuellen Faktor? – Das Interesse des Projektes richtet sich also nicht auf das Alkoholproblem selber, sondern auf das explizite und implizite *Wissenssystem,* das die Helfergruppe charakterisiert. Die Untersuchung hat dementsprechend den Status einer kognitiven Ethnographie (vgl. Franke 1973; vgl. auch Hitzler/Honer 1988), die dazu beitragen soll, Freiwilligenpotentiale anhand von Motivationsstrukturen einer begrenzten Anzahl von Arbeitnehmern zu rekonstruieren, die bereit sind, über ihre berufliche Tätigkeit hinaus bestimmte soziale Aufgaben (in diesem Fall der Suchtkrankenhilfe) in der Firma, der sie angehören, zu übernehmen (vgl. auch Heine u.a. 1984).

Ursprünglich war geplant, das ‚natürliche Setting‘ des Helferkreises methodenplural zu erfassen. D.h., ich wollte über einen längeren Zeitraum an der alltäglichen Betriebswirklichkeit teilnehmen und dabei die Praxis der Helfer in Beratungen, Sitzungen und sonstigen Aktivitäten beobachten, mehrphasige Intensivinterviews mit verschiedenen Gesprächsstrategien durchführen, Repräsentanten von thematisch relevanten inner- und außerbetrieblichen Entscheidungsinstanzen und Bezugsgruppen befragen und eine Dokumentenanalyse vornehmen. Dieses Vorhaben scheiterte jedoch sozusagen an den Schranken des Feldes bzw. vor den Toren der Firma: Nachdem die Sozialarbeiterin Bedenken gegen meine beabsichtigte Dauerpräsenz im Betrieb geäußert hatte, lehnte die Unternehmensleitung nicht nur meinen Wunsch nach partizipatorischer Erkundung, sondern auch die Durchführung von Interviews während der Arbeitszeit ab. Zugestanden wurde mir aber schließlich immer noch die Möglichkeit, in firmeneigenen Räumen die Mitglieder des Helferkreises außerhalb ihrer Arbeitszeit zu interviewen.

Befragt habe ich schließlich in ‚offenen‘, themenzentrierten Interviews zunächst 16 der 19 Mitglieder des Helferkreises sowie die Sozialberaterin der Firma. Dabei wurde unter anderem die komplexe Verflechtung des Helferkreises mit der gesamten ‚Betriebskultur‘, d.h. mit den heterogenen und zum Teil auch antagonistischen Interessengruppierungen, ersichtlich (vgl. Pettigrew 1979). Da diese Verflechtung sich als relevant erwies für das Verstehen voluntativen prosozialen Handelns der Helfer, weil hierbei latente und manifeste Bezugsgruppenorientierungen ins Blickfeld rückten, habe ich dann, sozusagen in einer empirischen Gegenbewegung zur bislang erfassten ‚Innenperspektive‘, Umfeld- und Vergleichsbefragungen vorgenommen. D.h., die Mitglieder eines aus Geschäftsleitung und Verwaltung, Betriebsrat und Gewerkschaften, werksärztlichem Dienst und Betriebskrankenkasse, Sozialberatung und Selbsthilfegruppen ‚beschickten‘ Arbeitskreises wurden vermittels Leitfadeninterviews thematisch befragt. Außerdem wurde ein Expertengespräch mit einem Spezialisten für Alkoholprobleme in einer Anstalt des öffentlichen Rechts durchgeführt.

2. Zum Wissenssystem des Helfers[3]

Wenn wir aufgrund des somit zuhandenen Materials versuchen, so etwas wie das
‚typische' Rollenselbstbild des freiwilligen Sozialhelfers im Betrieb zu rekonstruieren, dann fällt zunächst auf, dass dieser seine Funktion weniger als problem-
lösend denn als problemfeststellend und problemberatend einschätzt.[4] (Dahin-
ter steht die Grundannahme, dass Alkoholabhängige tatsächlich unheilbar krank
sind und dass sie nur ‚trockengesetzt' und prinzipiell jederzeit ‚rückfällig' werden können.) Der Helfer definiert sich im Wesentlichen als Ansprechpartner, als
Bezugsperson, als Vermittler mit relativ hoher zwischenmenschlicher Kommunikationskompetenz. Unter ‚Helfen' versteht er ein System von Aktivitäten, das vom
tätigen Zuhören über ‚direktes und offenes' Ansprechen auch *potentieller* Klienten
bis hin zum ‚Komplott' im Betrieb und in der Familie alkoholgefährdeter Kollegen reicht. (Das ‚Komplott' soll dazu dienen, den ‚Leidensdruck' zu verschärfen
und den Alkoholiker zu einer ‚freiwilligen' Entziehungskur zu veranlassen.) Als
‚erfolgreich' sieht der Helfer sein Wirken typischerweise dann an, wenn der Klient wieder ‚zufriedenstellend' seine Arbeit verrichten und ein enthaltsames und
normales Familienleben führen kann.

Des Helfers Dilemma besteht unter anderem darin, dass er es einerseits als
sinnvoll erachtet, bereits in einem diffusen ‚Vorfeld' der Alkoholgefährdung aktiv zu werden (was etwa zu aufklärender Öffentlichkeitsarbeit führt), dass er aber
andererseits glaubt, ohne die ‚innere' Bereitschaft des problematisch gewordenen anderen, sich helfen zu lassen, sei Hilfe ‚eigentlich' gar nicht möglich. (Was
eben dazu führt, dass er oft abwartet, bis jemand ‚von sich aus' Hilfe erbittet oder
bis jemandem aufgrund äußerer Sanktionen seine Hilfebedürftigkeit ‚drastisch'
vor Augen geführt werden kann.) Faktisch reagiert der Helfer auf einen Indikato-
renkomplex, der als ‚Auffälligkeit' definiert ist, und der sich zusammensetzt aus
als beobachtbar geltenden Phänomenen wie wiederholtes Fernbleiben von der Arbeit, häufigere ‚Alkoholfahnen' und ein Maß an Trunkenheit, das es ‚notwendig'
macht, den betreffenden Mitarbeiter (wegen des ‚Sicherheitsrisikos', das er darstellt) von seinem Arbeitsplatz zu entfernen.

Die Helferideologie basiert auf der Strategie, ‚einer harten und einer weichen
Hand'. Typisch für eine ‚weiche' Maßnahme ist das kollegiale Gespräch ‚unter vier
Augen', typisch für den ‚harten' Zugriff ist das bereits erwähnte ‚Komplott', die
‚verschwörerische' Konstruktion von umweltlichen Sanktionen, die einige Ähn-

---

3   Das Folgende ist, in leicht modifizierter Form, übernommen aus Honer 1987.
4   Dieses Selbstverständnis korrespondiert mit dem, was in der Sozialpsychologie, in Abgrenzung
     zu den Praktiken von ‚aid' und von ‚charity', als ‚intervention' bezeichnet wird (vgl. Wispe
     1972).

lichkeit mit dem Verfahren aufweist, das Harold Garfinkel (1977) als „erfolgreiche Degradierungszeremonie" beschrieben hat. Seine eigene Funktion im ‚Komplott' sieht der Helfer eher als ‚katalysatorische' an: Wissend, dass ihm selber normalerweise die formalen Voraussetzungen fehlen, ‚Druck' auszuüben, wirkt er vor allem auf Reaktionen Dritter hin. Diese Dritten, bei denen es sich um Familienangehörige, insbesondere aber um Vorgesetzte des jeweiligen Klienten handelt, ordnet der Helfer auf einer pragmatischen Wertskala ein, die etwa vom positiv besetzten Kooperationswilligen bis zum negativ eingestuften, sogenannten Ko-Alkoholiker reicht. Als kooperativ gilt, wer engagiert beim ‚Komplott' mitzieht, als ko-alkoholisch angesehen wird, wer ‚mit der Sache' nichts zu tun haben will, geeignet erscheinende Maßnahmen nicht mitträgt oder hintertreibt, wer den Trinker deckt, entschuldigt oder in Schutz nimmt.

Hieran dürfte bereits deutlich werden, dass der Helfer normalerweise nicht daran zweifelt, dass sein Wirken prinzipiell ‚richtig und gut' sei: Er handelt aus der Gewissheit der ‚Therapienotwendigkeit'. Er hilft, seinem Selbstverständnis nach, dem problematischen anderen ‚wieder auf die Beine', trägt jedenfalls dazu bei, schlimmere Folgen (wie etwa eine mögliche Kündigung) abzuwenden. So sieht er sich auch legitimiert bzw. moralisch gehalten, ‚die Augen offenzuhalten'. Zwar weiß der Helfer, dass er unter Kollegen auch als ‚Spitzel', als ‚Alkoholpolizist', als „Handlanger" der Betriebsleitung bzw. der Sozialarbeiterin bezeichnet wird. Aber diese Etikettierung als ‚Sozialkontrolleur' erklärt er aus Missverständnissen, mangelndem Problembewusstsein und im Extremfall aus der Böswilligkeit oppositioneller Minderheiten in der Firma. Trotzdem liegt ihm typischerweise durchaus daran, dem wahrgenommenen Verdacht, zu ‚spionieren', entgegenzuwirken.

Dieser Verdacht hängt offensichtlich mit dem Identifizierungsschema ‚Auffälligkeit' zusammen, mit dem der Helfer im Betriebsalltag operiert und das sich eben aus Indizien wie physische Merkmale, Verhaltensunregelmäßigkeiten und soziale Devianzen zusammensetzt, welche summarisch als Anzeichen gelten dafür, die Krankheit ‚Alkoholismus' zu diagnostizieren. Das Problem, warum ein Alkoholiker als ‚krank' definiert wird, und welche Konsequenzen sich daraus ableiten, wird für den Helfer typischerweise überlagert von der interpretatorisch offenbar relevanteren Gewissheit, dass der Alkohol ‚die Probleme' *schaffe*. Die Argumentationsfigur ist einigermaßen verblüffend: Nicht alle Leute, die Probleme haben, werden Alkoholiker. *Also* ist Alkoholismus eine Krankheit. D.h., der Helfer konstatiert symptomrekonstruktiv ‚Alkoholgefährdung' und bewältigt *dabei* bereits subjektiv befriedigend die je konkrete Verursachungsproblematik unter Rückgriff auf ein erlerntes, rezeptartig appliziertes Expertenwissen.

Interessant ist nun, dass, sozusagen als besondere Konsequenz dieser Ideologie, der Alkoholiker *hilfepragmatisch* als Virtuose der Verstellung und der Maskerade, als sozial erfolgreicher Alltags-Schauspieler gehandhabt wird (vgl. Feuerlein 1982). Die Interaktionsstrategie des Helfers gegenüber seinem Klienten basiert tatsächlich weitaus weniger auf der Krankheits-Diagnose denn auf dem dramaturgischen Generalverdacht: Im Umgang mit dem Alkoholiker muss man bereit sein zuzuhören, man muss auf ihn eingehen, stets ruhig und gelassen bleiben und ihn dazu ermutigen, sich ‚alles von der Seele zu reden‘. Unter Verzicht auf ‚Besserwisserei‘ evoziert der Helfer in dem, was er als ‚ganz normales Gespräch‘ bezeichnet, die Demaskierung der ‚wirklichen Probleme‘ des Klienten durch diesen selber. Als solche gelten vor allem die Auswirkungen des Alkoholismus auf die sozialen Beziehungen, insbesondere die ‚Folgekosten‘ für Angehörige, ebenso finanzielle Schwierigkeiten und Leistungsverfall. Hingegen wird die Schädigung der eigenen Gesundheit bis hin zum Tod als wenig überzeugungskräftig eingeschätzt und offenbar auch in den Unterredungen mit dem Klienten normalerweise nur beiläufig thematisiert.

Als legitime Motivation für das Helfersein gilt vor allem die eigene Erfahrung, aus der sozusagen ‚natürliche‘ Sensibilität und Kompetenz abgeleitet werden. Insbesondere der Helfer-Typus des ‚trockenen‘ Alkoholikers beansprucht eine nahezu fraglose Zuständigkeit für den konkreten Problembereich. Er ist derjenige, der selber Krankheit, Katharsis und Regeneration erlebt hat und sich dadurch zur Hilfe für andere gleichsam biographisch berufen sieht (vgl. Egan 1979, S. 20). Andere Referenzmuster verweisen auf die christliche Soziallehre, auf den bürgerlichen Humanismus, auf quasi-genossenschaftliche Solidarität, auf philanthropische Gemeinschaftsorientierung und – insbesondere – auf einen nahezu zweckrationalen Pragmatismus.[5]

Der Typus des ‚Pragmatikers‘ ist in der von mir befragten Gruppe am häufigsten vertreten. Er sieht seine Funktion als Helfer im Wesentlichen darin, ‚problematische‘ Kollegen mehr oder minder autoritär, gelassen oder humorvoll ‚wieder auf den rechten Weg‘ zu bringen. Der Pragmatiker pflegt gute Kontakte im Betrieb, insbesondere mit der Begründung, informiert sein zu müssen, um ‚richtig‘ helfen zu können. Das typische Selbstbild des Pragmatikers stützt sich weniger auf seine Helferrolle als auf seinen beruflichen Status, seine sonstigen betrieblichen und außerbetrieblichen Funktionen und auf das, was er selber sein ‚allgemeines Pflichtbewusstsein‘ nennt. Der Pragmatiker ist an der Aufrechterhaltung bzw. Wiederherstellung geordneter Verhältnisse interessiert – in der Firma ebenso, wie in der

---

5   Letzterer meint eine Form des relativ ‚unpathetischen‘ Helfens, in der „Einsicht, dass man sich
     den tatsächlichen Verhältnissen beugen muss“ (Bellebaum 1980, S. 94).

Familie. Er thematisiert typischerweise auch am intensivsten Interrollenkonflikte zwischen ehrenamtlichem Helfersein und bezahltem Arbeitnehmersein. Er neigt dazu, andere Mitglieder des Helferkreises als zu ängstlich und unsicher im Umgang mit Alkoholikern einerseits und mit Vorgesetzten andererseits einzuschätzen und Vorgesetzte durchschnittlich als zu wenig für das Alkoholproblem engagiert zu betrachten. Der pragmatisch orientierte Hilfeleistende korrigiert Devianzen vor allem deshalb, weil sie eine Irritation der von ihm akzeptierten Normalität darstellen. Konkret: Der freiwillige Sozialhelfer schöpft als Arbeitnehmer Ressourcen aus der Teilhabe an einem zweckrational geregelten Betriebsgeschehen und ist deshalb pragmatisch motiviert, dazu beizutragen, Störungen desselben zu vermeiden bzw. zu beheben. Aus dieser Perspektive erscheint ihm auch die Möglichkeit der Entlassung eines ‚irreparablen' Alkoholikers durchaus legitim.

Die Reichweite des Hilfeanspruchs ist also nicht nur durch in der Betriebsvereinbarung formalisierte Übereinkünfte limitiert, sondern auch durch begründet unterstellte Eigeninteressen der Helfer selber. Zugleich ist jedoch auch eine gewisse – zumindest verbale – Eigendynamik der Hilfebereitschaft zu konstatieren. D.h., der Helfer zeigt sich typischerweise bereit, sich stärker für seine Klientele einzusetzen, als es vom abstrakten ‚Karriereplan' her notwendig wäre. Interaktiv entsteht für ihn das, was Georg Simmel (1968, S. 356) eine „Verpflichtung zur Fortsetzung des Wohltuns" genannt hat, welche eben möglicherweise daraus resultiert, „dass man die Befriedigung über die eigene gute Tat auf denjenigen projiziert, der zu ihr Gelegenheit gegeben hat."[6]

Diese Eigendynamik der freiwilligen Verpflichtung verweist nun auch auf subjektive Motive jener objektiven Tendenz helfenden Handelns, sich zu institutionalisieren, sich ‚auf Dauer' zu stellen. Funktional reagiert der Helfer ja immer wieder auf die gleichen, manchmal sogar auf dieselben Bedürftigkeiten. Daher ist damit zu rechnen, dass der Helferkreis längerfristig nicht nur eigene Milieustrukturen ausbildet, sondern dass er sich allmählich zu einem sozialtherapeutischen ‚Betrieb im Betrieb' verselbständigen wird. Allgemein gesprochen ist zu gewärtigen, dass die Institutionalisierung innerbetrieblicher Helfer-Netze eine Zunahme ‚pathologischer Notsituationen' provoziert, dass solche para-professionellen Sub-Organisationen[7] ihre Klientele *expansiv* reproduzieren und als Dauerthema stabilisieren. Deviante Verhaltensweisen, die die Produktionseffektivität stören, lassen

---

6   Rassem (1979, S. 232) konstatiert in diesem Sinne explizit nicht-zynisch: „Der soziale und
     politische Sinn des Helfens ist die Dankbarkeit jener, denen geholfen wurde."
7   Der Terminus ‚para-professionell' wird hier in einem anderen Sinne gebraucht als etwa bei
     Gershon/ Biller (1977), denen zufolge die Sozialhelfer wohl eher der Kategorie der ‚Volunteers'
     zuzuordnen wären. Angesichts der Genese und der vermuteten Weiterentwicklung der untersuchten
     Formationen erscheint es aber plausibel, von Para-Professionalität zu reden.

sich hier jedenfalls relativ problemlos an die Zuständigkeit intermediärer Betreu-
ungs- und Kontrollinstanzen delegieren.

3. Funktionen kollegialer ‚Selbsthilfe'

Der untersuchte Helferkreis erweist sich mithin, vereinfacht gesprochen, als exemplarisch für das, was Peter Gross (1984b) die „Transformation des Helfens unter den Bedingungen moderner Sozialstaatlichkeit" genannt hat: Während Helfen
prinzipiell zu den alltäglichen Selbstverständlichkeiten des menschlichen Lebens
gehört[8], also eine ‚Urkategorie des Gemeinschaftshandelns' darstellt, wird es im
modernen Sozialstaat professionalisiert, verrechtlicht und bürokratisiert (vgl. Luhmann 1979; Gross 1985a und b; Gross/ Hitzler/ Honer 1986). Konkret: Bei der se-
kundärsozialisierenden Schulung der Helfer wird, wissenssoziologisch ausgedrückt,
die quasi-natürliche Kompetenz des Alltagsmenschen zur ‚selbstverständlichen'
Hilfeleistung durch Vermittlung von Sonderwissen irritiert, in Frage gestellt und
als Verfahrenstechnik ‚neu' erlernt. Dadurch erfährt sich der Helfer subjektiv als
‚Laie', der erst vom Experten systematisch in die Lage versetzt werden muss, eine
Aufgabe ‚korrekt' zu bewältigen.[9]) Einerseits wird also dem Helfer eine betreu-
ungsbedürftige Klientel zugewiesen, andererseits wird er selber auf den Status eines supervisions- und betreuungsbedürftigen Klienten professionell legitimier-
ter Experten festgeschrieben (vgl. hierzu Bittner 1981). Dies legt natürlich nahe,
zu fragen, ob diese Form des Helfens seiner soziokulturellen Funktion nach nicht
wirklich einfach ein mit den subjektiv ‚besten' Vorsätzen gepflasterten Weg zu
neuen Qualitäten sozialer Kontrolle darstellt (vgl. Klingemann 1986; Huber 1987).
   Eine Grundannahme in der Ideologie des Helfens ist ja offensichtlich, dass
es – wie auch immer erkennbare – hilfsbedürftige Mitmenschen und Zeitgenossen
gibt. Diese werden vor allem dann relevant, wenn sie als faktische oder potentielle Unruhe- und Konfliktherde wahrgenommen werden. Als hilfsbedürftig gilt vor
allem, wer geltende Wertordnungen und Normengefüge stört oder durchbricht.
Und Hilfe wird geleistet im Sinne eines Regulativs instabiler bzw. destabilisie-
render Phänomene. Helfen ist demnach ein konfliktpräventives soziales Handeln.
Ein Handeln also, das konkret darauf abzielt, Lebenssituationen anderer, als die
Problem- oder Notsituationen definiert sind, zu verändern (vgl. hierzu Bellebaum

---

8   Vgl. bereits Peyser 1934; zur Sozialgeschichte des Helfens vgl. Lück 1985 und Scherpner 1962.
9   „Jede Professionalisierung einer Problemlösung ist begleitet von einer Laisierung derjenigen,
      welche nicht professionalisiert sind. *Den Laien gibt es nur in Opposition zum Profi."* (Gross
      1984a, S. 8, Hervorhebung von mir) – Zur wissenssoziologischen Typologie vgl. Sprondel 1979;
      zu den ‚Produktions-Methoden' vgl. Wolff 1983; als Beispiele praktischer Indoktrination siehe
      Egan 1979 und Brammer 1973.

1986). Gerade diese ‚systemstabilisierende' Funktion des Helfens muss aber normalerweise aus impliziten Hinweisen im Gespräch *rekonstruiert* werden, weil sie im subjektiven Relevanzsystem des Helfers eher als nichtintendierte Nebenfolge aufscheint, denn als expliziter Handlungssinn. Als *ausdrücklicher* Zweck der Installation des Sozialhelferkreises lassen sich systemstabilisierende Funktionen hingegen in den Stellungnahmen einschlägig engagierter Interessengruppierungen des Unternehmens identifizieren. Dabei fällt auf, dass seitens der Geschäftsleitung die intendierte soziale Kontrollfunktion zwar euphemisiert, aber keineswegs verhehlt wird, während aus der Perspektive der Arbeitnehmervertreter der Helferkreis tatsächlich als so etwas wie eine *gegen* Kapitalverwertungsinteressen erkämpfte kollegiale Selbsthilfeorganisation erscheint.

Zusammengefasst: Die bisherigen Auswertungen lassen u.a. typische Rollenselbstbilder der freiwilligen Sozialhelfer erkennen; außerdem zeigt sich eine signifikante ‚Ideologie' des Helfens; es werden handlungspraktische Wissensschemata deutlich, ebenso wie Motive zur ehrenamtlichen Mitarbeit; aufgezeigt werden können auch Interessen und Eigendynamiken des Helfer-‚Milieus' und die Ambivalenz von Betreuung und Kontrolle im Betrieb. Aufgrund rekonstruierter Einstellungs- und Kompetenzmuster scheint es möglich, eine Typologie von Helfern zu erstellen und ‚idealtypische' Situationsdefinitionen zu differenzieren. Zu bestätigen scheint sich schließlich vor allem, dass die Helfer jenseits ihrer subjektiven Motivation, die durchaus auf so etwas wie ‚Selbsthilfe' abhebt (vgl. hierzu auch Reis 1985), eben ‚objektiv' zur Kontrolle devianter Verhaltensweisen, die der Produktionseffektivität zuwiderlaufen, beitragen (vgl. Gibbs 1977). Oder anders ausgedrückt: *Hinter* den in Betriebsvereinbarungen festgeschriebenen sozialen Fürsorgemaßnahmen stehen vor allem Kosten-Nutzen-Analysen der Unternehmensleitung, die in verschärfter und ‚objektivierter' Überwachung auffälliger Betriebsangehöriger unter dem Gesichtspunkt privatwirtschaftlicher Interessen eine Möglichkeit zur Eindämmung der Kostenexplosion im Sozial- und Gesundheitsbereich erkennt.

Literatur

Alber, Jens (1985): Die Krise des Wohlfahrtsstaates. In: Ortmann, Friedrich/ Sachße, Christoph (Hrsg.): Arbeitsmarkt, Sozialpolitik, Selbsthilfe. Kassel: Gesamthochschulbibliothek, S. 13-36
Bellebaum, Alfred (1980): Hilflose Helfer. In: Caritas, Jg. 81. 3, S. 84-98
Bellebaum, Alfred (1986): Helfen als gesellschaftliches Problem. In: Deutscher Caritasverband (Hrsg.): Ehrenamt und Selbsthilfe. Freiburg i. Brsg.: Lambertus, S. 9-43

Bittner, Ulrike (1981): Ein Klient wird ‚gemacht'. In: v. Kardorff Ernst/ Koenen, Elmar (Hrsg.): Psyche in schlechter Gesellschaft. München u.a.: Urban & Schwarzenberg, S. 103-137

Brammer, Lawrence M. (1973): The Helping Relationship. Englewood Cliffs, N.J.: Prentice-Hall

Braun, Hans (1982): Die ‚Modernisierung' des Helfens und das Unbehagen an der Hilfe. In: Die Neue Ordnung, Jg. 36. 6, S. 451-460

Egan, Gerard (1979): Der fähige Helfer. Gelnhausen: Burckhardthaus-Laetare

Feuerlein, Wilhelm (1982): Ärztliche Forderungen zur Bekämpfung des Alkoholismus. In: Deutsches Ärzteblatt, Jg. 79. 2, S. 71-74

Franke, Charles O. (1973): Die technographische Erforschung kognitiver Systeme. In: Arbeitsgruppe Bielefelder Soziologen (Hrsg.): Alltagswissen, Interaktion und gesellschaftliche Wirklichkeit. Band II, Hamburg: Rowohlt Taschenbuch Verlag, S. 323-337

Garfinkel, Harold (1977): Bedingungen für den Erfolg von Degradierungszeremonien. In: Lüderssen, Klaus/ Sack, Fritz (Hrsg.): Seminar: Abweichendes Verhalten. Band III, Frankfurt a.M.: Suhrkamp, S. 31-40

Gershon, Michael/ Biller, Henry B.(1977): The other helpers. Lexington, Mass. and Toronto: Lexington Books

Gibbs, James P. (1977): Social control, deterrence, and perspectives on social order. In: Social Forces, Jg. 56. 2, S. 408-423

Gross, Peter (1983): Die Verheißungen der Dienstleistungsgesellschaft. Opladen: Westdeutscher

Gross, Peter (1984a): Wir können alles – aber nichts dafür. In: gdi-impuls, Jg. 3. 1, S. 3-12

Gross, Peter (1984b): Transformationen des Helfens unter den Bedingungen moderner Sozialstaatlichkeit. In: Brennpunkte sozialer Arbeit, Jg. 1, S. 31-46

Gross, Peter (1984c): Der Schatten des Fortschritts. In: Opielka, Michael (Hrsg.): Die ökosoziale Frage. Frankfurt a.M.: Fischer, S. 199-211

Gross, Peter (1984d): Reißt das soziale Netz – oder nur der Vorhang? In: Deutscher Caritasverband (Hrsg.): Der Sozialstaat in der Krise? Freiburg i.Br.: Lambertus, S. 28-42

Gross, Peter (1985a): Liebe, Mühe, Arbeit. Abschied von den Professionen? In: Soziale Welt, Jg. 36. 1, S. 60-82

Gross, Peter (1985b): Vergebliche Liebesmüh. In: Bellebaum, Alfred/ Becher Heribert J./ Greven, Michael Th. (Hrsg.): Helfen und Helfende Berufe als soziale Kontrolle. Opladen: Westdeutscher, S. 265-291

Gross, Peter/ Hitzler, Ronald/ Honer, Anne (1986): Zwei Kulturen? Diagnostische und therapeutische Kompetenz im Wandel. In: Österreichische Zeitschrift für Soziologie, Jg. 10. 3, S. 146-162

Heine, Wolfgang/ Kube, Ralph/ Merkt, Regine/ Riße, Angela (1984): Rekrutierung und Einbindung ehrenamtlicher Mitarbeiter in der freien Wohlfahrtspflege. In: Soziale Arbeit, Jg. 33. 2, S. 54-61

Hitzler, Ronald/ Honer, Anne (1988): Der lebensweltliche Forschungsansatz. In: Neue Praxis, Jg. 18. 6, S.496-501

Honer, Anne (1987): Helfer im Betrieb. In: Lipp, Wolfgang (Hrsg.): Kulturtypen, Kulturcharaktere. Berlin: Reimer, S. 45-60

Huber, Joseph (1987): Die neuen Helfer. München: Piper

Klingemann, Hans-Dieter (1986): Kontrolle oder Kooperation? In: Zeitschrift für Soziologie, Jg. 15. 4, S. 259-277

Langensee, Gisela (1977): Von der Bezugsperson zum Sozialhelfer. In: Blätter der Wohlfahrtspflege, Jg. 132. 7, S. 152-156

Langensee, Gisela (1982): Suchtkrankenhilfe bei Voith, Heidenheim. In: Waller, Heiko (Hrsg.): Sozialarbeit im Gesundheitswesen. Weinheim und Basel: Beltz, S. 102-112

Lück, Ulrich (1985): Nächstenliebe – ein traditionsreiches Thema im Abendland. In: Bellebaum, Alfred/ Becher Heribert J. / Greven, Michael Th. (Hrsg.): Helfen und Helfende Berufe als soziale Kontrolle. Opladen: Westdeutscher

Luhmann, Niklas (1979): Formen des Helfens im Wandel gesellschaftlicher Bedingungen. In: Otto, Hans-Uwe/ Schneider, Siegfried (Hrsg.): Gesellschaftliche Perspektiven der Sozialarbeit. Band I, Darmstadt und Neuwied: Luchterhand, S. 21-44

Pankoke, Eckart/ Pankoke-Schenk, Monika (1986): Ehrenamtlicher Dienst und ehrenamtliche Verantwortung. In: Deutscher Caritasverband (Hrsg.): Ehrenamt und Selbsthilfe. Freiburg i. Br.: Lambertus, S. 44-65

Pettigrew, Andrew M. (1979): On Studying Organizational Cultures. In: van Maanen, John (Ed.): Qualitative Methodology, Beverly Hills: Sage, S. 87-104

Peyser, Dora (1934): Hilfe als soziologisches Phänomen. Würzburg: Triltsch

Rassem, Mohammed (1979): Metamorphosen des Helfens. In: Ders.: Stiftung und Leistung. Mittenwald: Mäander

Reis, Christina (1985): Was heißt ‚Selbsthilfe'? In: Deutscher Verein für öffentliche und private Fürsorge (Hrsg.): Selbsthilfe (Reihe ‚Arbeitshilfen', Heft 26). Frankfurt a.M.: Eigenverl. d. Dt. Vereins für Öffentl. u. Private Fürsorge, S. 22-37

Scherpner, Hans (1962): Theorie der Fürsorge. Göttingen: Vandenhoeck & Ruprecht

Simmel, Georg (1968): Soziologie. Berlin: Duncker und Humblodt (urspr. 1908)

Sprondel, Walter M. (1979): ‚Experte' und ‚Laie'. In: Sprondel, Walter M./ Grathoff, Richard (Hrsg.): Alfred Schütz und die Idee des Alltags in den Sozialwissenschaften. Stuttgart: Ferdinand Enke, S. 140-154

Wispe, Lauren G. (1972): Positive forms of social behaviour: an overview. In: Journal of Social Issues, Jg. 28. 3, S. 1-20

Wolff, Stephan (1983): Die Produktion von Fürsorglichkeit. Bielefeld: AJZ

Ziegler, Hildegard (1984) (Hrsg.): Alkoholismus in der Arbeitswelt. Hamburg: Neuland

Helfen als zeichensetzendes Handeln
Interpretation einer Alltagsgeschichte

1. Typische Hilfesituationen

Helfen – als Phänomen, das jedermann ganz selbstverständlich zu kennen scheint – wird nicht nur im Alltag, sondern auch in der einschlägigen ‚Anleitungs'-Literatur in aller Regel und quasi pauschal positiv bewertet (vgl. z.B. Brammer 1973, Egan 1979). Auf diese positive Konnotation, die mit dem Begriff des Helfens einhergeht, rekurrieren insbesondere auch organisationsprogrammatische bzw. organisationsideologische Verwendungen des Terminus, der dabei dann oft zur Euphemisierung problematischer Sachverhalte und Ereignisse dient (vgl. z.B. Klingemann 1986, Wolff 1983). Dieses offenbar diffuse Phänomen des Helfens, auch des Helfens in einem programmatischen und praktischen Sinne innerhalb eines organisatorisch klar definierten Rahmens, ist aber jedenfalls eine besondere Form sozialen Handelns (vgl. Schütz/ Luckmann 1984, S. 95 ff.), d.h. ein motiviertes Tun, das andere Menschen im Entwurf miteinschließt (vgl. auch Platzköster 1983). Helfen als soziales Handeln zu verstehen, soll hier demnach heißen, Helfen dem typischen subjektiven Sinn des *Helfers* nach zu verstehen. Diesem subjektiv gemeinten Sinn nach bedeutet Helfen typischerweise tätige Fürsorge für einen als hilfsbedürftig etikettierten anderen bzw. für als hilfsbedürftig etikettierte andere (vgl. hierzu auch Matthes 1962, Peyser 1934). Dieser einfachen Bestimmung können aber mindestens vier verschiedene Situationsdefinitionen zugrunde liegen:

5. Der Klient gilt intersubjektiv als hilfebedürftig und erfährt sich subjektiv ebenfalls als hilfebedürftig;

6. der Klient gilt intersubjektiv *nicht* als hilfebedürftig erfährt sich aber subjektiv als hilfebedürftig;

7. der Klient gilt intersubjektiv als hilfebedürftig, erfährt sich aber subjektiv als *nicht* hilfebedürftig und

8. der Klient gilt intersubjektiv als *noch* nicht (also als potentiell) hilfebedürftig und erfährt sich auch subjektiv als (noch) *nicht* hilfebedürftig.

Die erste Situationsdefinition ist hinsichtlich der Legitimation helfenden Handelns
sicherlich die am wenigsten problematische. Sie führt, soweit sich dies aus dem
vorhandenen Material rekonstruieren läßt, in dem von mir untersuchten Kontext im
Wesentlichen zu einer ‚einvernehmlichen Beratung‘ zwischen Helfer und ‚Klient‘.

Die zweite Situationsdefinition tritt bei meiner Untersuchung sehr selten auf,
ich halte sie aber grundsätzlich für ein virulentes Problem des wohlfahrtsstaatli-
chen Sicherungssystems im Allgemeinen (vgl. hierzu Herder-Dorneich 1982, Her-
der-Dorneich/ Schuller 1983).

Die dritte Situationsdefinition bedarf offenbar der Berufung auf eine ‚objektive‘ Kompetenz zur Auslegung intersubjektiv wahrnehmbarer Anzeichen bzw. von
‚Auffälligkeiten‘. Sie führt in dem von mir untersuchten Kontext im Wesentlichen
zur Indiziensammlung und zu dem, was ich an anderer Stelle (Honer 1987a) als
„Komplott“ bezeichnet habe.

Die vierte Situationsdefinition schließlich problematisiert helfendes Handeln
in hohem Maße. Sie braucht allerlei Erklärungen und Legitimationen, ja sie braucht
im Grunde die Berufung auf außeralltägliche Kompetenz bzw. die Berufung auf
einschlägige Experten (vgl. dazu auch Gross 1984a und b, Sprondel 1979). Diese
vierte Situationsdefinition führt in dem untersuchten Kontext zu dem, was ich als
Aufklärungsarbeit bezeichnen würde einerseits, und zu dem, was ich als soziale
Kontrolle bezeichnet habe (Honer 1987b) andererseits.

Mit einem problematischen Beispiel, das gleichsam zwischen der dritten und
der vierten Situationsdefinition oszilliert, wird sich dieser Beitrag im Folgenden
beschäftigen; d.h. mit einem Handlungsablauf, der wohl normalerweise gar nicht
– jedenfalls nicht fraglos – als ‚Helfen‘ gelten dürfte, der vielmehr als Hilfehan-
deln eben vom subjektiven Sinn des Helfers her rekonstruiert werden muss. Dieses
Beispiel zeigt aber, vielleicht *weil* es problematisch ist, m.E. deutlich, dass Helfen nicht nur oft – was beileibe nicht heißt: nur – als kommunikatives, d.h. zei-
chenverwendendes Handeln stattfindet, sondern dass es darüber hinaus eben auch
Zeichen setzt (sozusagen auf einer zweiten kommunikativen Ebene). Mit „Zeichen setzen“ ist daher, pointierter als etwa bei Schütz (1974, S. 185), so etwas wie
eine sprachliche oder außersprachliche Verdeutlichung gemeint, in gewisser Weise eine Mahnung, etwas in Erinnerung zu behalten, etwas zu beherzigen usw. Anders ausgedrückt: Wenn jemand nach der Prämisse handelt, man müsse schließlich helfen – wem, wobei und wozu auch immer –, dann verweist er auf so etwas
wie eine zumindest (für ihn) gültige moralische Verpflichtung, markiert eventuell
sein eigenes Tun als Konsequenz eben dieser moralischen Verpflichtung, kurz: er
setzt (ein) Zeichen.

2. Die Helfer im Betrieb

Ich habe mich bei der Untersuchung, auf die ich hier rekurriere, mit einer Gruppierung in einem Industriebetrieb befasst, die als Sozialhelferkreis initiiert und etikettiert wurde von einem sogenannten Arbeitskreis, der sich damit beschäftigte, wie Alkoholprobleme in der betreffenden Firma ‚gelöst' werden könnten. Dieser Arbeitskreis, war zusammengesetzt aus Vertretern der Geschäftsleitung, des Betriebsrates, der Gewerkschaften sowie Vertretern aus dem Gesundheits- und Sozialbereich der Firma und einem Vertreter einer ortsansässigen Alkoholiker-Selbsthilfeorganisation. Der Arbeitskreis beendete seinerzeit seine Tätigkeit einerseits mit der Vorlage eines Entwurfs zu einer, später von Geschäftsleitung und Betriebsrat rechtswirksam unterzeichneten, Betriebsvereinbarung zur Regelung der ‚Karriere' von in der Firma Beschäftigten, deren Arbeitsleistung durch Alkoholkonsum öfters oder längere Zeit als merklich beeinträchtigt gilt, und andererseits mit der Gründung besagten Sozialhelferkreises, dessen Mitglieder sich selber ebenfalls als ‚Sozialhelfer' bzw. als ‚Helfer' verstehen und bezeichnen (vgl. dazu auch Langensee 1977 und 1982, Geisbühl/ Urbaniak 1984). Die Etiketten ‚Sozialhelfer' bzw. ‚Helfer' werden zwar in der Betriebsöffentlichkeit, im Kollegenkreis ebenfalls verwendet; man redet hier aber auch von ‚Alkoholspitzeln', von ‚Handlangern der Geschäftsleitung' oder der ‚Sozialarbeiterin' sowie von der ‚Alkoholpolizei' und den ‚Alkoholaposteln' – vor allem, nachdem zu Beginn des Modells im Betrieb das Gerücht kursiert hatte, die Geschäftsleitung wolle Alkohol – und damit vor allem auch den Bierkonsum – im Betrieb verbieten. Darüber, wie bzw. als was die Helfer im Betrieb wahrgenommen werden, habe ich allerdings nur Informationen aus zweiter Hand, da mir seinerzeit nicht gestattet worden war, den Firmenalltag bzw. die alltägliche Praxis der Helfer direkt zu beobachten. Meine Analysen basieren daher materiell auf dem Programm bzw. der Ideologie dieser Aktion ‚Helfer im Betrieb' sowie auf Darstellungen des Selbstverständnisses der Helfer, soweit sich dies über unstrukturierte Gespräche und Leitfadeninterviews und über Dokumentenanalysen hat eruieren lassen.[1]

---

[1]   Befragt habe ich in ‚offenen', themenzentrierten Interviews (vgl. Lueger/ Schmitz 1984) 16 der 19 Mitglieder des Helferkreises sowie die Sozialberaterin der Firma. Dabei wurde unter anderem die komplexe Verflechtung des Helferkreises mit der gesamten ‚Betriebskultur', d.h. mit den heterogenen und zum Teil auch antagonistischen Interessengruppierungen ersichtlich (vgl. Pettigrew 1979). Da diese Verflechtung sich als relevant erwies für das Verstehen voluntativen prosozialen Handelns der Helfer, weil hierbei latente manifeste Bezugsgruppenorientierungen ins Blickfeld rückten, habe ich dann, sozusagen in einer empirischen Gegenbewegung zur bislang erfassten ‚Innenperspektive', die Mitglieder des bereits erwähnten Arbeitskreises vermittels Leitfadeninterview (vgl. Fear 1978) thematisch befragt. Außerdem wurde ein Expertengespräch (vgl. Downs/ Smeyak/ Martin 1980) mit einem Spezialisten für Alkoholprobleme in einer Anstalt des öffentlichen Rechts durchgeführt.

In den Gesprächen haben die Helfer – unter anderem – Geschichten aus ihrer Alltagspraxis *als* Helfer erzählt. In einer dieser Geschichten (die ich in einem
sehr pragmatischen Rekurs auf meine sehr pragmatische Lesart der pragmatischen
Hermeneutik Hans-Georg Soeffners – vgl. z.b. 1980, 1984, 1986 – interpretiere)
schildert der Helfer A. also eine Situation helfenden Handelns, in der die ‚Klienten' sich selber (noch?) keineswegs als hilfsbedürftig betrachten, und in der auch
der Helfer durchaus zu schwanken scheint zwischen der Annahme, ‚intersubjektiv' gesehen liege eine Hilfe-Situation (bereits) vor, und der ‚Befürchtung', dem
sei, jedenfalls dem gesunden Alltagsverstand nach, eben *nicht* so – weshalb auf außeralltägliche ‚Einsichten' zu rekurrieren sei. Diese Geschichte ist aber nicht nur
deshalb ‚problematisch', sondern auch, weil sie wohl selbst im Helferkreis kaum
einhellig als Schilderung einer typischen Hilfesituation akzeptiert werden würde. Trotzdem ist diese Geschichte m.E. zwar vielleicht nicht symptomatisch, aber
doch ‚typisch' für den Helferalltag: Zum einen bildet die Helferrolle bzw. bilden
die Erfahrungen als Helfer den thematischen Rahmen des ganzen Gesprächs.[2] Zum
anderen erzählt Helfer A. diese Geschichte ziemlich am Anfang des Gesprächs,
nämlich gleich nachdem er geschildert hat, wie er selber zum Helferkreis hinzu-
gekommen sei. Daraus schließe ich, dass die Geschichte, jedenfalls subjektiv für
ihn, eine besondere – eben erinnerungs- und erzählwürdige – Bedeutung für die
Situation bzw. die Rolle des Helfers hat. Und dass schließlich dieser Interview-
partner kein pathologischer Sonderfall war, schließe ich wiederum aus strukturell
ähnlichen Erzählungen anderer Helfer.

Neben diesen sozusagen ‚methodischen' Gründen für die Auswahl der Geschichte gibt es aber natürlich auch – und vor allem – inhaltliche Argumente dafür:
Als Schilderung eigener Erlebnisse finden sich Geschichten dieser Art insbesondere bei jenem Helfertypus, der in der befragten Gruppe am häufigsten vertreten ist,
und den ich als ‚Pragmatiker' bezeichnet habe.[3] Der Pragmatiker sieht seine Funktion als Helfer im Wesentlichen darin, ‚problematische' Kollegen mehr oder minder autoritär, gelassen oder humorvoll ‚wieder auf den rechten Weg' zu bringen.
Er pflegt gute Kontakte im Betrieb, insbesondere mit der Begründung, informiert
sein zu müssen, um ‚richtig' helfen zu können. Das typische Selbstbild des Pragmatikers stützt sich weniger auf seine Helferrolle als auf seinen beruflichen Status, seine sonstigen betrieblichen und außerbetrieblichen Funktionen, und auf das,

---

2   Natürlich gibt es auch Abweichungen von dieser Rahmung (vgl. Goffman 1977), diese werden
     jedoch von den Interviewpartnern in der Regel speziell markiert bzw. legitimiert – was bei der
     hier interessierenden Geschichte aber nicht der Fall war.

3   Neben ihm findet sich der Typus des ‚trockenen Alkoholikers', der der christlichen Soziallehre
     Verpflichtete, der des gemeinschaftsorientierten Philanthropen und der, der sozusagen aus der
     Empfindung genossenschaftlicher Solidarität heraus aktiv wird (vgl. Honer 1987a).

was er selber sein ‚allgemeines Pflichtbewusstsein‘ nennt. Der Pragmatiker korrigiert Devianzen vor allem deshalb, weil sie eine Irritation der von ihm akzeptierten Normalität darstellen. Bei der Etikettierung eines Menschen als ‚Alkoholiker‘
verlässt er sich weitgehend auf sein Normalitätsverständnis, dem er durch selektive
Rückgriffe auf sein Sonderwissen als Helfer „die Würde des Normativen" (Berger/
Luckmann 1969, S. 100) verschafft, obwohl oder eben weil er weiß, dass die *Diagnose* eines Alkoholikers auch unter medizinischen Experten als schwierig gilt.

3. Das Wissen der Helfer

Die Diagnosekriterien, die den Helfern bei ihren Schulungen vermittelt und auch
der Betriebsöffentlichkeit in einer Aufklärungsbroschüre bekannt gemacht worden sind, erscheinen bei näherer Betrachtung als eine Ansammlung ausgesprochen vager physischer und sozialer Merkmale, wie z.B. „häufige Erkrankungen
unter Einhaltung der Drei-Tage-Frist" oder „auffälliges Benehmen, unnatürlich
großspurig, forsch auftreten oder sich zurückziehen und meiden von zwischen-
menschlichen Begegnungen" oder „übermäßigen Alkoholkonsum bestreiten, ver-
harmlosen, verniedlichen oder aggressiv reagieren".[4] Nun sind die Helfer zwar
gehalten, Alkoholgefährdung bzw. -erkrankung erst aufgrund von Indizienkom-
binationen und -häufungen zu diagnostizieren, trotzdem aber ist der individuelle
diagnostische Ermessensspielraum natürlich – zwangsläufig – beträchtlich (vgl.
zum Problem diagnostischer Kompetenz auch Gross/ Hitzler/ Honer 1985). Die in
der Betriebsvereinbarung niedergelegte Programmatik empfiehlt bzw. beschreibt
überdies zwar auch, wann der Helfer aktiv werden soll, nämlich erst, wenn er von
einem Vorgesetzten (oder von einer anderen autorisierten Stelle wie z.B. der Per-
sonalabteilung, der Sozialarbeiterin oder dem Betriebsrat) zu einem Gespräch mit
dem ‚betroffenen‘ Kollegen aufgefordert wird. Aber wie die geschilderten Erfahrungen der Helfer zeigen, werden die Vorgesetzten in aller Regel durchaus nicht
in dem von den Helfern erwarteten Maße initiativ. (Die von den Helfern konstatierte Diskrepanz zwischen dem Ausmaß der Alkoholgefährdung und den faktischen bzw. eben den faktisch unterbliebenen Aktivitäten scheint eines der Dau-
erprobleme, die bei den monatlichen Helferkreissitzungen zur Sprache kommen.
Als eine Konsequenz dieser Beratung werden nun Vorgesetzten-Schulungen zum
Alkoholproblem durchgeführt.) Außerdem weist die nicht-betriebsoffizielle Programmatik, wie sie sich z.B. in den Schulungsunterlagen findet, den Helfern klar
drei, allerdings von der Sozialarbeiterin der Firma und einem externen Psycho-

---

4   Zitiert nach: Alkoholkranke brauchen Hilfe, hrsgg. von Geschäftsleitung und Betriebsrat der
    Voith-Werke Heidenheim, Heidenheim 1981, S. 8.

logen didaktisch unterschiedlich gewichtete Aufgabenbereiche zu: 1. die Arbeit
im ‚Vorfeld' der Alkoholerkrankung, 2. das Beratungsgespräch mit dem alkoho-
lauffällig gewordenen Kollegen und 3. die Rehabilitation bzw. Reintegration des
therapierten Klienten in sein betriebliches und soziales Umfeld.

Während die Schulung für die Bereiche ‚Beratungsgespräch' und ‚Rehabili-
tationsarbeit' klare und alltagspraktisch handhabbare Handlungsmuster bereitstellt
(soweit sich dies aus den Dokumenten ersehen lässt), finden sich für die ‚Hilfe im
Vorfeld' eben keine praktikablen, keine situativ applizierbaren Anleitungen. Die
Arbeit im ‚Vorfeld' der Alkoholerkrankung wird den Helfern zwar als wichtige
präventive Hilfemaßnahme nahegebracht, z.B. indem auf die besondere Bedeutung
des ‚direkten Umfeldes', also der Familie, der Freunde und eben auch der Kollegen eines Alkoholgefährdeten hingewiesen wird. Denn allein die Menschen im
direkten Umfeld seien in der Lage, frühzeitig Verhaltensunregelmäßigkeiten und
somit auch eine Alkoholgefährdung festzustellen und nötigenfalls einzugreifen.
Da der Helferkreis explizit als ‚kollegiale' Fürsorgeinstanz etabliert worden ist,
fühlen sich die Helfer folglich auch stets als Teil irgendwelcher ‚direkter Umfel-
der' und als solcher eben in ihrer Helferrolle in besonderem Maße angesprochen
und verantwortlich. Aber bei der Frage, *wie* in diesem Präventivbereich zu agieren bzw. zu helfen sei, vertrauen die Schulungsexperten offenbar auf einmal wieder auf die Alltagskompetenz der Helfer in ihrer Rolle als Arbeitskollegen.[5] Den
Helfern wird nämlich, soweit sich das aus den Dokumenten entnehmen lässt, bei
der Schulung zur Hilfe im ‚Vorfeld' der Alkoholerkrankung lediglich eine diffuse moralische Handlungsnorm für nicht definierte – und somit auch kaum typisch
antizipierbare – Situationen vermittelt.

Dass dem so ist bzw. dass dies von den Helfern subjektiv auch so erfahren
wird, darauf weist auch hin, dass in den Gesprächen immer wieder Unbehagen in
und Ängste und Zweifel gegenüber Situationen geäußert werden, in denen sich
die Helfer zum Handeln gehalten sehen oder wähnen, weil sie – warum auch immer – eine Alkoholgefährdung vermuten, aber eben nur vermuten. Sie sind sich
nicht sicher, einerseits, weil der betreffende Kollege (noch) nicht für Dritte auffällig geworden ist, und andererseits, weil sie nicht wissen, wie sie die Situation
praktisch handhaben sollen, und weil sie auch mit einer mehr oder minder brüs-
ken Zurückweisung rechnen müssen, wenn sie den vermutlichen potentiellen Klienten ansprechen. Weil dementsprechend manche Helfer ihre Zweifel an der Diagnose und ihre Angst vor der Konfrontation thematisieren, neigt wiederum der
‚Pragmatiker' typischerweise dazu, seine Helferkollegen als zu ängstlich und zu

---

5   Welches Problem hierin verborgen liegt, das zeigt etwa Gross 1984a und b; vgl. aber auch Luh-
     mann 1979.

unsicher im Umgang mit Alkoholikern und Alkoholgefährdeten, aber auch im Umgang mit Vorgesetzte (ab-)zuqualifizieren. Zwar kann sich auch der ‚Pragmatiker‘ dem grundsätzlichen Dilemma des Helfers nicht entziehen, einerseits sinnvollerweise bereits im Vorfeld der Alkoholgefährdung aktiv werden zu wollen, andererseits aber auch zu glauben, dass ohne die ‚innere‘ Bereitschaft des problematisch gewordenen Anderen, sich helfen zu lassen, Hilfe ‚eigentlich‘ gar nicht möglich sei. Aber dieses Dilemma hält ihn weitaus weniger als andere Typen von Helfern davon ab, sich in unklare, unbestimmte ‚offene‘ Situationen zu begeben, denn auch er ist, wie die anderen Helfer, von einer grundsätzlichen ‚Therapienotwendigkeit‘ überzeugt, und auch er zweifelt, wie die anderen Helfer, normalerweise nicht daran, dass sein Wirken prinzipiell ‚richtig und gut‘ sei – und dazuhin vertritt er eben typischerweise die Auffassung, dass Zögern und Zaudern auf keinen Fall ein den Lebensnotwendigkeiten angemessenes Handlungsmuster darstelle. Kurzum: Zwar behandelt die folgende Geschichte vielleicht keine für den Helferalltag ‚normale‘ Hilfesituation, aber sie behandelt eine typische Situation, wie sie vor allem dem pragmatischen Helfertypus begegnet (zum Situationskonzept vgl. Hitzler/ Honer 1984).

4. Eine Geschichte des Helfers A. (C-I: 2/10-3/14)

„Em Schichtbetrieb isch ja dr Alkoholismus a bsondre Sach, weil da dr-di Schpätschicht vo obends viere a isch koi Vorgesetztr meh do, nur no a Schichtaufsicht ond der lauft en dr ganza Firma rom. Ond diea Möglichkeit nutzt doch so manchr aus ond trenkt mol an Schoppa meh als ehm guat duat. I han des scho viel gsäha, i han au scho oine verwischt, i derf jo nex saga odr soll nex saga, bloß en meim omittelbara Bereich send amol a paar gwäa, des war d'Tagschicht ond diea send noch achte immr no da gwäsa, no isch mir dr Kraga platzt, no haues dene gseit, also Leit des wär jetzt no bessr, wann ihr hoimganga dädet. Ohhh des hättet se solla höra. Da send zeah Ma übr mi hergfalla, wia a Rudl Welf übr a Schof, des goht Die garnex a ondsoweitr Du hosch ons überhaupt nex zom saga. Des Recht han i au net gkeht, abr grad auf des na, weil i des woiß, wiea weit, dass des kommt, zu oim han i müssa saga, Du hasch nur an Führerschei zom verliera abr dem wo Du ontrwägs ürn Haufa fährschd, der isch vielleicht dot, bloß weil Du et hoimganga bisch ond a paar Schoppa tronka hasch. Des hettet se solla hera, do war was los. Dann hau i gsagt, des isch recht, dass Ihr mir des so laut ond deitlich saget, ie ben natierlich au stocknarret wora ond hau au nemme hinterm Berg ghalta, oi Wort hots andre gäba, no hatta mer recht Händel, des isch recht, han i gseit, i woiß jo wo i na muaß, no werda mer säha wer em recht ischd. I war am andra Dag no net

recht em Betrieb, no send se scho komma ond hend sich entschuldigt. I han gseit,
wenn des nomal vorkommt, no meld i des net Euerm Meischtr sondern no meld
i des ganz wo anderschd. I wär bis zom Herrn X. (Anonymisierung A.H.) ganga,
den Schneid hätt i aufbrocht. Abr diea hend jo gwisst, dass se m Orecht send.“

5. Die Deutung der Geschichte

Helfer A. führt seine Geschichte ein, indem er zunächst für die Schichtarbeit im
Betrieb, speziell für die Spätschicht, Alkoholismus als Sonderproblem konstatiert,
weil eben seiner Meinung nach mangelnde Kontrolle ‚so manche‘ Kollegen veran-
lasse, Alkohol über ein verträgliches Maß hinaus zu konsumieren. Seine Behauptung begründet er mit häufiger eigener Beobachtung einerseits und mit direkter
Konfrontation andererseits, weil und wenn er eben den einen oder anderen Kollegen schon angetrunken ertappt hat. Dass er aber thematisiert, dass er bei solchen
Gelegenheiten ja eigentlich nichts sagen dürfe oder solle, das verweist auf die erwähnten Probleme im Kontext der ‚Hilfe im Vorfeld‘, also in nicht (klar) definierten Situationen. Dass er trotzdem etwas gesagt hat, begründet er aber im Verweis
darauf, dass er das Ereignis als seinem ‚direkten Umfeld‘ zugehörig betrachtet hat:
„Bloß en meim omittlbara Bereich send amol a paar gwää“. Und in diesem direkten
Umfeld empfindet er sich, aufgrund seines diesbezüglichen Helferwissens, eben
sozusagen als ‚alkoholisches Frühwarnsystem‘ – jedenfalls kann er sich selber und
der Interviewerin gegenüber im Rekurs darauf rechtfertigen bzw. entschuldigen.
Dieser ‚account‘ (vgl. Scott/ Lyman 1968) ist vor allem deshalb notwendig, weil
insbesondere alkoholisierte Gruppen und Cliquen im diffusen Bereich präventiver
Hilfemöglichkeiten bzw. Hilfenotwendigkeiten für die Helfer ein ungelöstes und
offenbar als durch gemeinsame Beratungen und Schulungen nicht ‚typisch‘ lös-
bares Problem darstellen. Die Suche nach dem ‚richtigen‘, d.h. erfolgversprechenden Umgang mit solchen ‚Saufbruderschaften‘ gilt unter den Helfern als ‚ziemlich
aussichtslos‘. Also gehen sie in der Regel ‚pragmatischerweise‘ davon aus, dass
in solchen Fällen, trotz vorliegender Alkoholgefährdung, eine Intervention ihrerseits sinnlos und womöglich ihrer weiteren Arbeit insofern gar hinderlich sei, als
aggressive Konfrontationen für unausweichlich, zumindest für sehr wahrscheinlich gelten, die zu dysfunktionalen Solidarisierungen unter den Kollegen und zu
einer Verstärkung des ‚Spitzelverdachtes‘ führen können.

Zwar gelten dem Helfer alle, die den Alkoholiker entschuldigen, die ihn in
Schutz nehmen, oder die mit dem ganzen Thema einfach nichts zu tun haben wollen, als ‚Ko-Alkoholiker‘ und damit als moralisch disqualifiziert, nichtsdestotrotz
muss er bemüht sein, so mit ihnen zu interagieren, dass er sich die Chance erhält,

sie vielleicht doch einmal als Verbündete zu gewinnen. Folglich besteht im Helferkreis anscheinend eine Art von ‚agreement‘, bei bestimmten personellen Konstellationen bzw. Situationen eben nicht einzugreifen, auch wenn davon auszugehen ist, dass eine Alkoholgefährdung bzw. -erkrankung vorliegt (z.B. wenn der betroffene Kollege mit Selbstmord droht, falls der Helferkreis aktiv werde). Allerdings bereiten derartige Fälle, in denen ihm sozusagen Hilfe-Abstinenz abverlangt wird, dem Helfer in der Regel Skrupel, insbesondere wenn sie in dem Bereich auftreten, für den er sich besonders zuständig und verantwortlich wähnt, in der Nähe also vor allem seines Arbeitsplatzes.

Und eben eine solche problematische, nach Helferkonsens ‚eigentlich‘ Abstinenz erfordernde, aber sein ‚direktes Umfeld‘ betreffende Konstellation findet Helfer A. vor: Eine Gruppe Arbeitskollegen, die lange nach Schichtende zechend am bzw. nahe beim Arbeitsplatz zusammensitzen. Dass er in diese ihn offenbar erzürnende Situation verbal eingegriffen hat, bedarf aber ebenso einer Erläuterung wie der weitere Fortgang des Geschehens einer Erklärung bedarf, nämlich die, gegenüber der Interviewerin abgegebene, dass er seiner Erregung habe Ausdruck verleihen müssen, weil er ähnliche Situationen schon öfter erlebt habe. Wenn und indem A. ‚der Kragen platzt‘, (re-)agiert er nicht als Helfer, sondern als verärgerter Arbeitskollege, denn als Helfer ist er gehalten, im Umgang mit (auch potentiellen) Alkoholikern stets ruhig und gelassen zu bleiben, dem Klienten zuzuhören, ihn nicht zu beurteilen, sondern zu beraten. Er aber versucht, seine Kollegen nach Hause zu schicken, damit disqualifiziert er deren Verhalten, weil er persönlich (sozusagen privat) der Ansicht ist, dass es nicht normal – was für ihn als Pragmatiker gleichbedeutend mit ‚nicht richtig, nicht korrekt‘ – sei, sich nach Schichtende noch lange am Arbeitsplatz aufzuhalten, zumal in alkoholisiertem Zustand bzw. auf dem Wege dahin. Als Pragmatiker neigt A. – als Helfer wie als Arbeitnehmer und Kollege – dazu, Störungen der Normalität, d.h. hier Störungen des normalen Arbeitsablaufs, zu beseitigen. Seine Kollegen reagieren offenbar – zunächst zumindest – auf ihn auch nicht als Alkoholhelfer, sondern als unkollegialen Nörgler „des goht Die garnex a“, „Du hosch ons übrhaupt nex zom saga“. Und A. schließt sich auch, wenngleich ‚verspätet‘ und jenseits der erzählten Situation, diesem Standpunkt der gemaßregelten Kollegen an. Selbstkritisch bekennt er gegenüber der Interviewerin: „Des Recht han i au net gkeht“.

Dass A. die Frage nach einem ‚Recht‘ thematisiert, zeigt an, dass er nun bereits wieder als Helfer spricht. Denn unter Kollegen ist es wohl kaum eine Rechtsfrage, ob man andere rügen und ihnen Ratschläge erteilen darf. Unter Kollegen darf man natürlich sagen, was einem passt oder nicht passt – aber als Kollege muss man auch mit den kollegialen Reaktionen leben können, die man bei irgendwel-

chen ungefragten Interventionen zu gewärtigen hat. Ob man ein ‚Recht' habe, in
einer bestimmten Situation auf andere einzuwirken, das scheint mir ein typisches
Funktionärsproblem zu sein: Durch die Zurückweisung seiner Aufforderung seitens der Kollegen sieht A. eben nicht seinen Status als – sich unbeliebt machender
– Gleichgestellter gefährdet, für ihn steht seine Rolle, im Zweifelsfalle seine Autorität als Helfer zur Disposition. Die Aktivitäten des Helfers können von anderen
Betriebsangehörigen zwar missbilligt werden, aber wenn er als Helfer in einer als
hilferelevant definierten Situation handelt, dann handelt er rechtmäßig, dann ist er
‚im Recht'. Und eben diese prinzipielle Rechtmäßigkeit wird auch normalerweise
von den Kollegen nicht angezweifelt – insbesondere gegenüber A. nicht (dem als
einzigem Helfer eine gewisse, wenn auch in dem Spitznamen ‚Alkoholminister'
ironisierte Autorität zugebilligt wird). Dass er aber im fraglichen Falle *als Helfer*
tatsächlich *kein* Recht hatte, etwas zu sagen, kann er zwar gegenüber seinen Kollegen situativ nicht zugeben, aber in der Interviewsituation verweist er mit dem
Eingeständnis seines Un-Rechts auf ein grundsätzliches Handikap der Helferarbeit,
nämlich darauf, dass die Helfer selber über keinerlei formal abgesicherte Sankti-
onsmöglichkeiten verfügen.

  Diesen ‚erklärenden' Rekurs aufs Helferwissen baut A. mit dem Verweis darauf aus, dass er eben auch wisse, was aus Situationen wie der vorgefundenen alles entstehen bzw. wie weit diese eskalieren könnten, denn er hat als Helfer, ja
gelernt, welche Stadien ein Alkoholkranker durchläuft und mit welchen materiellen, gesundheitlichen und sozialen Folgekosten diese Krankheit verbunden ist
(zerrüttete Familienverhältnisse, Arbeitsplatzverlust, Tod). Damit ist der private
Ärger für A. offensichtlich für die angenommenen Erfordernisse der Erzählsitu-
ation hinlänglich durch seine Helferkompetenz legitimiert. Jedoch auch während
der aktuellen Auseinandersetzung mit den Kollegen scheint A. nun zunehmend in
die Helferrolle geschlüpft zu sein. Dass er seiner Schilderung zufolge zu einem
der Trinker gesagt hat: „Du hasch nur an Führerschei zom verliera abr dem wo
Du ontrwägs übrn Haufa fährschd, der isch vielleicht dot", wäre m.E. unter Kollegen wohl eine eher außergewöhnliche Argumentation, weil sie nicht an einen
alltäglichen Eigennutz appelliert, sondern auf ein moralisches Problem, die Schädigung eines Dritten, abhebt. Als Helfer aber weiß A. um die Fruchtlosigkeit von
Appellen an die Vernunft eines Alkoholgefährdeten oder -kranken sich selber gegenüber, um die Uneinsichtigkeit gegenüber den gesundheits- und lebensbedro-
henden Folgen seiner Trunksucht. Dies berücksichtigend zielt die Gesprächsstra-
tegie des Helfers eher auf Verantwortlichkeit bzw. Verantwortungsbereitschaft des
Alkoholkonsumenten gegenüber seinen Mitmenschen ab.

Sein Helferwissen wird A. also zum Bewältigungsschema für eine offene, problematische Situation, die er damit noch während des Aushandlungsprozesses und – gleichsam metakommunikativ – nochmals verstärkt in der kommunikativen Darstellung dieses Ereignisses, im Sinne Goffmans (1977) „rahmt". Die derart belehrten Kollegen aber scheinen den Rollenwandel von A. entweder nicht zur Kenntnis genommen oder nicht gebilligt zu haben. „Des hettet se solla hera" meint A. zur Interviewerin, „do war was los". Nun, in der Tat bräuchte man wohl die Sprechsituation selber, um wissen oder gar beurteilen zu können, was da nun wirklich alles von wem gesagt bzw. getan worden ist. Dass damit aber zumindest das Streitgespräch seinem Höhepunkt zugesteuert war, darauf weist auch die Beschreibung seines eigenen Verhaltens durch A. hin:

> *„Dann hau i gsagt, des isch recht, dass Ihr mir des so laut ond deitlich saget, i ben natierlich au stocknarret wora ond hau au nemme henterm Berg ghalta, oi Wort hots andre gäba, no hatta mer recht Händel, des isch recht han i gseit."*

Was im Einzelnen, insbesondere von den Kollegen gesagt wurde, wissen wir – leider – wiederum nicht, aber offenbar ließ ihre Rede an Klarheit nichts zu wünschen übrig. Dies wiederum scheint A. durchaus entgegen gekommen zu sein, betont er doch gleich zweimal – mit offenbar hämischer Konnotation –, dass es ihm recht sei, etwas gehört zu haben, was seinen Status als Helfer tangierte. Darin erkannte er eine erfolgversprechende Handhabe, um von transzendenter Stelle die ‚Rechtsfrage‘, in Bezug auf die er sich anscheinend ‚stark‘ fühlte, zweifelsfrei zu seinen Gunsten klären zu lassen: „I woiß jo wo i na muass, no werda mer säha, wer em Recht ischd."

Diese Drohung, die Kollegen irgendwo anzuschwärzen bzw. zu verpetzen, ist aber sozial so problematisch, steht so sehr in Gefahr, auch von dritter Seite so negativ interpretiert und womöglich sanktioniert zu werden, selbst wenn er sie in seiner Funktion als Helfer ausspricht, dass A. sie durch den Verweis auf einen außergewöhnlichen Bewusstseinszustand, den des akuten Zornes[6], zusätzlich legitimieren muss. Andererseits aber ermöglicht dem Helfer seine besondere Stellung im Betrieb tatsächlich, sich im Bedarfsfalle an Positionsinhaber zu wenden, die mit genügend Befugnissen ausgestattet sind, um die Legitimität helferischen Handelns durch geeignete Druckmittel zu ‚erhärten‘ und zu ‚sichern‘ (vgl. dazu Berger/ Luckmann 1969, z.B. S. 117-128). Dass dieses hierarchische Bezugsnetz der

---

6   Hier ist mit „außergewöhnlichem Bewusstseinszustand" eine Erfahrungsqualität angesprochen, die sich mit der Subsinnwelten-Konzeption von Schütz (1971) wohl nicht ohne weiteres ‚verrechnen‘ lässt. Es geht eher um eine ‚magische‘ (Gefühls-)Reaktion auf als ‚übermächtig‘ empfundene Situationen im Sinne von Sartre (1982). – Für diesen Hinweis bedanke ich mich bei Ronald Hitzler.

Helfer zumindest ahnungsweise bei den Beschäftigten der Firma bekannt ist, vielleicht sogar in seiner Relevanz von den Mitarbeitern im allgemeinen überschätzt wird, das zeigt dann das weitere Verhalten des trinkfreudigen Kollegenkreises, der sich, anscheinend nachhaltige Sanktionen antizipierend, anderntags offenbar bei A. entschuldigt hat. Dieser wiederum reagiert durchaus nicht kollegial, sondern ganz ‚aus einer höheren Warte'. Er akzeptiert die Entschuldigung nicht einfach, sondern unterstreicht seinen Helferstatus noch einmal, indem er die reuigen Alkoholsünder ermahnt: „Wenn des nomal vorkommt, no meld i des net Euerm Meischtr sondern no meld i des ganz wo anderschd."

Zwar expliziert er den Kollegen gegenüber nicht, wer oder was die Instanz sein könnte, an die er sich wenden würde, aber „ganz wo anderschd" verweist auf etwas, das hierarchisch ‚sehr hoch oben' angesiedelt werden muss. Indem er ankündigt, dass er im Wiederholungsfalle die nächstliegende Instanz in der Betriebshierarchie nicht nur überspringen, sondern weit unter sich lassen würde bei seiner Beschwerde, markiert er implizit, aber wahrscheinlich eindrucksvoll, auch das indirekte Sanktionspotential des Helfers. Der Interviewerin, die sich womöglich fragen könnte, ob A. vielleicht seine Kollegen mit einem Popanz habe beeindrucken wollen, erläutert er auch, an wen er bei dem „ganz wo anderschd" gedacht habe: An Herrn X. offensichtlich voraussetzend, dass jedermann bzw. die Interviewerin weiß, dass es sich dabei um den Personaldirektor handelt. Dass dieser in Betracht gezogene Meldegang nach ‚sehr weit oben' auch für ihn nicht gerade eine selbstverständliche Routineangelegenheit darstellen würde, kann oder will er aber ebenfalls nicht verhehlen: „Den Schneid hätt i aufbrocht".

Aber ‚glücklicherweise' ist dem Helfer A. diese Mutprobe bislang erspart geblieben, haben die Kollegen, die mit ihrem nächtlichen Gelage an der Betriebsordnung gefehlt haben, doch zu guter Letzt eingesehen, dass der Helfer – auch in dieser diffusen Situation und trotz seines vielleicht problematischen Auftretens – richtig, jedenfalls rechtmäßig, gehandelt hat: Der normale Produktionsablauf war gestört, die Störung hatte etwas mit Alkoholkonsum zu tun, und es ist bekannt, dass A., als Helfer, für Alkoholprobleme zuständig ist. Zwar hat A. auf eine etwas unorthodoxe Art und Weise zu ‚helfen' versucht, aber es gelingt ihm – offensichtlich hinreichend nicht nur für sich selber, sondern auch für seine Kollegen –, sein Handeln unter Rekurs auf Helferwissen und Helferkompetenz zu legitimieren.

6. Die Moral der Geschichte

Zweierlei sollte, meiner Intention nach, die Interpretation der Textpassage deutlich machen: Einerseits dass die vom Helfer A. erzählte und erläuterte Geschichte zwar keine für die alltägliche Helferpraxis symptomatische Situation wiedergibt, dass sie aber trotzdem in gewisser Weise ‚typisch' ist für den von Ideologie und Programmatik nur vage skizzierten Problembereich „Hilfe im Vorfeld von Alkoholgefährdung und Alkoholerkrankung". (Wobei ich annehme, dass ideologisch zwar höchstwahrscheinlich die von mir unterstellten Beweggründe und auch einzelne Verhaltensweisen des Helfers A. als inakzeptabel, zumindest als nicht ganz korrekt angesehen, dass sein Eingreifen und auch seine Bewältigung des Falles aber prinzipiell gut geheißen würden.) Andererseits wird m.E. an diesem Beispiel auch verständlich, weshalb weniger ‚pragmatische' Helfer sich eben tunlichst nicht auf dergleichen Auseinandersetzungen mit ‚Cliquen' angetrunkener Kollegen einlassen wollen, selbst wenn sie der Situationsdefinition ‚Hilfe im Vorfeld' bzw. ‚Aufklärungsversuch' zustimmen würden: Standardisierbares bzw. standardisiertes Helferwissen für Situationen dieser Art ist kaum bzw. nur in allzu diffusen Formulierungen vorhanden. Die Grenzen zwischen privater Unduldsamkeit und offiziellem Handlungsbedarf lässt sich vom Helfer kaum feststellen, geschweige denn in der Praxis einhalten. Die Legitimität seines Handelns ist zumindest interpretationsbedürftig und hierarchisch – wenn überhaupt – nur vage abgesichert. Kurz gesagt: Situationen wie die geschilderte sind für den Helfer – in seiner Funktion als Helfer – strukturell unterdeterminiert, und ihre Bewältigung verlangt ihm eine – durchaus unfreiwillige – kreative Leistung ab, einen Balanceakt nämlich zwischen Ideologie und Alltagsverstand.

Damit ist wohl auch deutlich geworden, dass helfendes Handeln eben, wie eingangs schon konstatiert, immer *auch* ‚Zeichen setzt'. Es markiert, bezogen auf verschiedene Adressaten, aber durchaus nicht nur diesen verständlich, durchaus nicht nur von diesen interpretierbar, dezidiert Bedeutsames. Helfendes Handeln setzt zum einen stets *sich*, indem es sich als Akt bzw. als Aktfolge vollzieht, zum Zeichen: als Signal, als Fingerzeig, als moralischer Appell für als sittlich geltendes Denken und Tun schlechthin, und damit als wenigstens implizite Aufforderung, derlei gute Taten nachzuahmen, Gleiches zu tun, kurz: ein sozial anständiges Leben zu führen. Und helfendes Handeln setzt zum anderen Zeichen in seinem Vollzug *mit,* die – sprachlich oder nichtsprachlich – etwas verdeutlichen, verstärken, vertiefen mögen, was den Vollzug begleitet. Helfen ist also, so meine ich, eben *auch* ein zeichenproduzierender Prozess, ist damit eben auch von semiotischem Interesse.

Literatur

Berger, Peter/ Luckmann, Thomas (1969): Die gesellschaftliche Konstruktion der Wirklichkeit. Frankfurt a.M.: Fischer Taschenbuch Verlag

Brammer, Lawrence M. (1973): The Helping Relationship. Englewood Cliffs, N.J.: Prentice-Hall

Downs, Cal W./ Smeyak, Paul G./ Martin, Ernest (1980): Professional Interviewing. New York: Harper and Row

Egan, Gerard (1979): Der fähige Helfer. Grundformen helfender Beziehung. Gelnhausen: Burckhardthaus-Laetare

Fear, Richard A. (1978): The Evaluation Interview. New York: McGraw-Hill

Geisbühl, Wolfgang/ Urbaniak, Helmut. (1984): Zusammenarbeit zwischen Betrieb und psychosozialer Beratungsstelle bei Suchtproblemen. In: Ziegler, Hildegard (Hrsg.): Alkoholismus in der Arbeitswelt. Hamburg: Neuland, S. 29-47

Goffman, Erving (1977): Rahmen-Analyse. Frankfurt a.M.: Suhrkamp

Gross, Peter (1984a): Wir können alles – aber nichts dafür. In: gdi-impuls, Jg. 3. 1, S. 3-12

Gross, Peter (1984b): Transformationen des Helfens unter den Bedingungen moderner Sozialstaatlichkeit. In: Brennpunkte sozialer Arbeit, Jg. 1, S. 31-46

Gross, Peter/ Hitzler, Ronald/ Honer, Anne (1985): Zwei Kulturen? Diagnostische und therapeutische Kompetenz im Wandel. In: Österreichische Zeitschrift für Soziologie, Jg. 10. 3, S. 146-162

Herder-Dorneich, (1982): Der Sozialstaat in der Rationalitätenfalle. Stuttgart: Kohlhammer

Herder-Dorneich, Philipp/ Schuller, Axel (Hrsg.) (1983): Die Anspruchsspirale. Stuttgart: Kohlhammer

Hitzler, Ronald/ Honer, Anne (1984): Lebenswelt – Milieu – Situation. In: Kölner Zeitschrift für Soziologie und Sozialpsychologie, Jg. 36. 1, S. 56-74

Honer, Anne (1987a): Helfer im Betrieb. In: Lipp, Wolfgang (Hrsg.): Kulturtypen, Kulturcharaktere. Berlin: Reimer, S. 45-60

Honer, Anne (1987b): Kollegialität und Kontrolle im Betrieb. In: Zeitschrift für Sozialreform, Jg.33. 11-12, S. 768-778

Klingemann, Hans-Dieter (1986): Kontrolle oder Kooperation? In: Zeitschrift für Soziologie, Jg. 38. 4, S. 259-277

Langensee, Gisela (1977): Von der Bezugsperson zum Sozialhelfer. In: Blätter der Wohlfahrtspflege, Jg. 132. 7, S. 152-156

Langensee, Gisela (1982): Suchtkrankenhilfe bei Voith, Heidenheim. In: Waller, Heiko (Hrsg.): Sozialarbeit im Gesundheitswesen. Weinheim/ Basel: Beltz, S. 102-112

Lueger, Manfred/ Schmitz, Christof (1984): Das offene Interview. Wien: Service Fachverlag der WUW

Luhmann, Niklas (1979): Formen des Helfens im Wandel gesellschaftlicher Bedingungen. In: Otto, Hans-Uwe/ Schneider, Siegfried (Hrsg.): Gesellschaftliche Perspektiven der Sozialarbeit. Band I, Darmstadt und Neuwied: Luchterhand, S. 21-44

Matthes, Joachim (1962): Soziale Stereotypen in der Theorie der Fürsorge. In: Soziale Welt, Jg. 13. 2, S. 139-153

Pettigrew, Andrew M. (1979): On Studying Organizational Cultures. In: van Maanen, John (Ed.): Qualitative Methodology, Beverly Hills: Sage, S. 87-104

Peyser, Dora (1934): Hilfe als soziologisches Phänomen. Würzburg: Triltsch

Platzköster, Andreas (1983): Ein handlungstheoretisches Motivationsmodell des Hilfehandelns. Frankfurt/ Bern/ New York: Peter Lang

Sartre, Jean-Paul (1982): Skizze einer Theorie der Emotionen. In: Ders.: Die Transzendenz des Ego. Reinbek: Rowohlt, S. 255-322

Schütz, Alfred (1971): Über die mannigfaltigen Wirklichkeiten. In: Ders.: Gesammelte Aufsätze. Band I, Den Haag: Nijhoff, S. 237-298

Schütz, Alfred (1974): Der sinnhafte Aufbau der sozialen Welt. Frankfurt a.M.: Suhrkamp

Schütz, Alfred/ Luckmann, Thomas (1984): Strukturen der Lebenswelt. Band II, Frankfurt a.M.: Suhrkamp

Scott, Marvin B./ Lyman, Stanford M. (1968): Accounts. In: American Sociological Review, Vol. 33. 1, S. 46-62

Soeffner, Hans-Georg (1980): Überlegungen zur sozialwissenschaftlichen Hermeneutik am Beispiel der Interpretation eines Textausschnittes aus einem "freien" Interview. In: Heinze, Thomas/ Klusemann, Hans-Werner/ Soeffner, Hans-Georg (Hrsg.): Interpretationen einer Bildungsgeschichte. Bensheim: päd. extra, S. 70-96

Soeffner, Hans-Georg (1984): Strukturanalytische Überlegungen zur gerichtlichen Interaktion. In: Reichertz, Jo (Hrsg.): Sozialwissenschaftliche Analysen jugendgerichtlicher Interaktion. Tübingen: Stauffenburg, S. 189-225

Soeffner, Hans-Georg (1986): Auslegung im Alltag – der Alltag der Auslegung. In: Klein, Jürgen/ Erlinger, Hans-Dieter (Hrsg.): Wahrheit, Richtigkeit und Exaktheit. Essen: Blaue Eule, S. 111-131

Sprondel, Walter M. (1979): ,Experte' und ,Laie'. In: Sprondel, Walter M./ Grathoff, Richard (Hrsg.): Alfred Schütz und die Idee des Alltags in den Sozialwissenschaften. Stuttgart: Ferdinand Enke, S. 140-154

Wolff, Stephan (1983): Die Produktion von Fürsorglichkeit. Bielefeld: AJZ

Mediziner und Patienten

Qualitätskontrolle
Fortpflanzungsexperten bei der Arbeit

1. Die Mystifikation der Schwängerung

> „Langgestreckt und nackt lag sie auf dem Stahltisch in der Mitte eines viel zu weiten Raums (...). Die Vorhänge waren zugezogen, um durch ein mildes Halbdunkel die Entspannung zu fördern; lediglich die riesengroße Operationslampe tauchte die weit geöffneten Schenkel der jungen Frau in weißes Licht. Während eine Krankenschwester diskret die Utensilien vorbereitete, neigten sich Rene und ich abwechselnd über das verängstigte Gesicht und tauschten mit ihr ein Lächeln aus. Wir hatten einen Kassettenrecorder mitgebracht, aus dem leise religiöse Musik erklang. Niemand sprach ein Wort; wir hatten erwogen, Kerzen anzuzünden, uns dann aber doch nicht getraut. Rene reinigte mit ungewohnt langsamen Bewegungen den Gebärmutterhals. Bruno faßte sanft die Hand, die die junge Frau ihm entgegenstreckte, während ich den winzigen Embryo in den Transferkatheter einführte. Aufmerksam betrachtete die junge Frau jede unserer Bewegungen und versuchte, in unserem Gesichtsausdruck Anzeichen für einen günstigen Verlauf des Eingriffs zu erkennen. Offenbar flößte ihr unsere innere Sammlung das nötige Vertrauen ein, denn nach und nach entspannte sie sich. Dieses Schauspiel der Spitzenmedizin war von einer innigeren Mystik durchdrungen als eine weihnachtliche Mitternachtsmesse. Als hätte die offenbare Ohnmacht, die Geburt des Kindes zu bewirken, uns anderen Gesetzen als denen des Meßbaren unterworfen, als wären uns nur unsere Wünsche geblieben, die mit denen dieser Frau eins wurden; als gingen wir mit ihr, von Vivaldis herrlicher Musik begleitet, zur Kommunion. Der Katheter drang ohne Komplikationen durch den Hals der Gebärmutter in deren nicht mehr sichtbare Bereiche vor. Sobald ich mich vergewissert hatte, daß der Embryo den Katheter verlassen hatte und in ihrem Körper blieb, sagte ich leise: ‚Madame, Sie sind schwanger!...‘ Das war alles, was während dieser Zeremonie mit Worten gesagt wurde. Sie lächelte und schüttelte – immer noch mit gekreuzten Armen auf dem Tisch ausgestreckt – den beiden Biologen kräftig die Hand. Rene zog den Kopf zwischen ihren Schenkeln hervor. Die Musik war zum Weinen schön. Einige Minuten später ging sie zu ihrem Mann und sagte nur. ‚Ich bin von allen dreien schwanger.‘“ (Testart 1988, S. 61f.)

Mit diesen wahrhaft ‚ergreifenden‘ Worten beschreibt einer der legendären Pioniere der Reproduktionsmedizin, Jacques Testart, in seinem Buch ‚Das transparente Ei‘ jenen Augenblick, um den es bei Zeugungsbemühungen schlechthin, und mithin natürlich auch bei der *künstlichen* bzw. *medizinisch assistierten* Befruchtung ja ‚eigentlich‘ zu gehen scheint: um den Moment, in dem die Frau *geschwängert* wird. Und wenn man die emotionale Spannung der haupt- und nebensächlich an diesem Geschehen beteiligten Akteure zum Maßstab der relativen Bedeutung einzelner Situationen bzw. ‚Stationen‘ im reproduktionsmedizinischen Gesamtprozess nimmt, dann kann man hier sicher ohne Übertreibung von einem ‚Höhepunkt‘ sprechen – auch wenn der dabei stattfindende Vorgang des Embryotransfers, also der Rückführung der befruchteten Eizelle in die Gebärmutter der Frau, inzwischen (sieht man von den Publicity-Gags eines einschlägig aktiven italienischen Modearztes einmal ab) weitestgehend ‚entmystifiziert‘, d.h. technisiert, routinisiert und damit banalisiert ist. Noch immer ist der Embryotransfer jene Aktion, in der – dem Augenschein nach – der behandelnde Arzt am massivsten an die Stelle des genetischen Vaters rückt, in der er zwar nicht zum Zeuger wird, aber doch gleichsam als Erzeuger in Erscheinung tritt. Und noch immer ist der *gelungene* Emryotransfer das Ereignis, das am ehesten zu guten Wünschen (des medizinischen Personals an die werdende Mutter bzw. die künftigen Eltern) und zu Dankesbezeugungen (seitens dieser insbesondere gegenüber dem Arzt) Anlass gibt.

Dass dem so ist, das erscheint uns, vom ‚gesunden Menschenverstand‘ her, ganz plausibel, und schon gar dann, wenn man die romantische Idylle im Kopf hat, die Testart hier beschreibt.[1] Wir alle denken in der Regel nämlich die künstliche Befruchtung sozusagen analog zur natürlichen Kindszeugung: Bei dieser wird in einem nachgerade monothetischen, zumindest in einem ‚ganzheitlichen‘ Akt penetriert, ejakuliert, selektiert und absorbiert. Dem Erleben (und auch dem sozial gültigen Alltagswissen nach) wird die Schwangerschaft dabei durch das bekannte, hierzu dienliche Zusammenwirken zweier Organismen somit quasi ‚in einem Aufwasch‘ hergestellt.

Die künstliche bzw. medizin-technisch assistierte Fortpflanzung hingegen, die ja – bislang jedenfalls – im Wesentlichen nur dann in Betracht gezogen wird, wenn die natürlichen Bemühungen (hinlänglich lange Zeit) erfolglos bleiben, unterscheidet sich von der biologisch ‚normalen‘ vor allem dadurch, dass dabei das, was zusammenkommen soll, erst einmal separiert, ja isoliert werden muss. Konkreter gesagt: Seiner Grundstruktur nach, also jenseits aller möglichen zusätzlichen Komplikationen, besteht der *avancierte* reproduktionsmedizinische Prozess der Schwangerschaftserzeugung darin, dass die zur Erzeugung eines Embryos notwendigen Bestandteile, nämlich eine Eizelle und eine Samenzelle, ‚gewonnen‘, also aus den Körpern der potentiellen Eltern herausgebracht, ‚gereinigt‘, also vor allem von für eine Befruchtung dysfunktionalen Begleitsubstanzen befreit, und außerhalb des weiblichen Körpers miteinander ‚verschmolzen‘, also zur gemeinsamen Zellteilung stimuliert werden, und dass dieses ‚Produkt‘ in den Gebärapparat der Frau transferiert wird.

---

1   Leider berichtet der Autor nichts darüber, wie der zum Samenspender reduzierte Ehemann die fröhliche Mitteilung seiner Frau über die geteilte ‚Vaterschaft‘ verarbeitet hat.

2. Der unerfüllte Kinderwunsch

Der im strengeren Sinne *reproduktionsmedizinische* Beitrag zur ‚Erfüllung des Kinderwunsches‘ *endet* also typischerweise mit der Feststellung, dass die Einnistung des extrakorporal gewonnenen Embryos erfolgt und gelungen ist. Danach beginnt, entsprechend der ‚Logik‘ ärztlicher Spezialisierungen, eine ‚normale‘ medizinische Schwangerschaftsbetreuung (vgl. Wood et al. 1985, Cohen 1986, Webster 1986) bzw. auch das, was man zur Pränataldiagnostik und Pränataltherapie zählt (Bois 1991, Kaiser 1991; vgl. aber auch Engelhardt jr. 1987, Singer et al. 1990). Und dieser im strengeren Sinne reproduktionsmedizinische Beitrag *beginnt* in aller Regel im Anschluss an eine (erfolglose) gynäkologische und/ oder andrologische Behandlung, die typischerweise die komplexe Diagnose des für den jeweiligen Einzelfall spezifischen ‚Krankheitsbildes‘ sowie eine längere Reihe therapeutischer Maßnahmen umfasst, welche so etwa von ‚Regieanweisungen‘ für das Sexualleben des Paares über Hormongaben bis zum chirurgischen Eingriff reichen.[2] Denn wenn in Gesellschaften wie der unseren der Zeugungsakt trotz entsprechender Bemühungen nicht von Erfolg gekrönt ist, d.h., wenn ein Paar sich ein Kind wünscht, aber keines bekommt, dann wendet es sich heutzutage typischerweise an den Arzt (in der Regel: an einen Gynäkologen).

In der einschlägigen (sozialwissenschaftlichen) Literatur nun werden vor allem die mit dieser Medikalisierung der ungewollten Kinderlosigkeit einhergehenden psychosozialen Problemlagen der betroffenen Paare, insbesondere der betroffenen Frauen, thematisiert (vgl. Bresnik/ Taymor 1979, Seibel/ Levine 1987, Holmes/ Tymstra 1987, Brähler 1990). Immer wieder wird hier z.B. über die emotionale ‚Berg- und Talfahrt‘ der Patienten vor und während der Behandlung und über die ‚Sogwirkung‘ berichtet, die entsteht, wenn man sich erst einmal entschlossen hat, seine ‚Unfruchtbarkeit‘ nicht als ‚Schicksal‘ sondern als zu bewältigendes Handlungsproblem zu betrachten, und wenn man daraufhin den ‚ersten Schritt‘ hin zu einer medizin-technischen Lösung gemacht hat.[3] Zumindest gelten als instabil re-

---

2   Der *formaltypische* Verlauf einer ‚kompletten‘ Unfruchtbarkeitsbehandlung führt vom Erstgespräch und der Anamnese des sterilen Paares über gynäkologische und andrologische Untersuchungen zunächst zu Ratschlägen und ‚konservativen‘ Maßnahmen, und dann zu hormonellen Therapien und eventuellen mikrochirurgischen Eingriffen. Erst ganz am ‚Ende‘ der Behandlungspalette steht schließlich gegebenenfalls die Anwendung eines der reproduktionstechnischen Verfahren im engeren Sinne (Insemination, In-vitro-Fertilisation, Intratubarer Gametentransfer, Intratubarer Zygoten-/ Embryotransfer, Mikroinjektion).

3   Vgl. Delaisi de Parseval/ Janaud 1986, Fischer 1989, Hölzle 1990. – Die in der Literatur unter ethisch-religiösen, juristischen, gesellschaftspolitischen, sozial- und naturwissenschaftlichen und medizinischen Aspekten behandelten Themen kann man grob danach unterscheiden, ob sie sich mit den durch die Reproduktionstechnologie eröffneten *humangenetischen Zugriffsmöglichkeiten* auf die menschliche Frühestentwicklung, oder ob sie sich mit den faktischen

konstruierte Gefühlslagen und das der avancierten Apparate-Medizin als mehr oder
weniger inhärent attestierte kommunikative Defizit (vgl. dazu auch Voß 1994) oft
als Hinweise darauf, dass die Patienten sich während des Geschehens als ‚situa-
tions-ohnmächtig' erleben.

Auch die wenigen *empirischen* Studien, die bislang aus dem Bereich der Sozialwissenschaften zur Reproduktionstechnologie *publiziert* sind, konzentrieren sich
überwiegend auf psychologische Aspekte und *ohne Ausnahme* auf die Problematik
reproduktionsmedizinisch behandelter sub- oder infertiler Frauen bzw. Paare. Neben Fragen der sozialen Akzeptanz der verschiedenen reproduktionstechnischen
Verfahren (vgl. Herrmann 1989, Stauber 1986b) stehen dabei Fragen nach der
psychischen Verarbeitungskapazität und der emotionalen Belastung der Patienten
während der sich ja meist über Jahre hinziehenden Behandlung im Vordergrund.[4]

In dem Forschungsprojekt, das wir mit finanzieller Unterstützung des Schweizerischen Nationalfonds 1992 und 1993 am soziologischen Seminar der Hochschule
St. Gallen durchführen konnten, ging bzw. geht es uns hingegen um die Rekonstruktion der professionellen Wissensbestände von (schweizerischen) Reproduktionsmedizinern (vgl. Gross/ Honer 1991), denn obwohl die für das Geschehen offenbar symptomatische ‚Situationsohnmacht' der Patienten die Frage danach, wer
hier die Situation eigentlich wie definiert, ja nachgerade aufdrängt, wird der *behandelnde* Dritte, wird die Rolle und das Relevanzsystem des *Arztes* bei der artifiziellen Kindeszeugung in der einschlägigen sozialwissenschaftlichen Forschung
vernachlässigt: Trotz der allenthalben zutage tretenden und auch in der Literatur
immer wieder hervorgehobenen ‚neuen Rolle und Funktion' des Reproduktions-
mediziners (vgl. z.B. Schoene 1990) und trotz der v.a. von ärztlicher Seite nach-
haltigen Betonung seiner Verantwortung (vgl. z.B. Petersen 1988, Tauber 1987,
Hepp 1988) ist bislang *seine* Perspektive gegenüber dem gesamten Reprodukti-

---

und denkbaren Problemen der reproduktionstechnologischen *Sterilitätsbehandlung* befassen.
Im ersten Themenkomplex werden vor allem Fragen wie die nach dem Beginn menschlichen
Lebens und der Menschenwürde, nach Möglichkeiten und Grenzen der Genmanipulation und
nach der Notwendigkeit bzw. Wünschbarkeit von Forschungsbeschränkungen und -verboten
behandelt (vgl. z.B. Daele 1985, Müller 1987, Leist 1990, Grosch/ Hampe/ Schmidt 1990,
Baumann-Hölzle/ Bondolfi/ Ruh 1990). Im zweiten Themenkomplex geht es vorzugsweise um
die Technisierung menschlicher Fortpflanzung, um die ‚Instrumentalisierung' der Frau, um die
Kinderwunschproblematik sowie um die durch das Problem der anonymen Samenspende und
der bislang so genannten ‚Leih- und Ersatzmutterschaft' eröffneten rechtlichen, psychosozialen
und moralischen Fragen (vgl. z.B. Stauber 1986a, Brückner 1987, Campana 1987, Litschgi 1987,
Ernst 1988, Hegnauer 1989).

4   Auch der bekannten Studie von Snowden/ Mitchell/ Snowden 1983 (deutsche Übersetzung 1985)
ist zu entnehmen, dass sich ungefähr die Hälfte der 57 dabei befragten Paare bei ihrer Suche nach
Rat und Hilfe nur ungenügend bis gar nicht durch Ärzte informiert erachteten (vgl. hierzu auch
die unrealistisch hohen Erfolgserwartungen, mit denen sich die Paare tragen – Holmes/ Tymstra
1987).

onsgeschehen noch keineswegs exploriert. Dabei hat der Bereich der Reproduktionstechnologie einen sozusagen ‚symptomatischen Charakter' für die Modernisierung der modernen Humanmedizin, weil hier mit exemplarischer Deutlichkeit sowohl der Entscheidungszwang als auch die Definitionsmacht des Arztes zwischen avancierter technischer Machbarkeit hie und problematisierter sozialer Verträglichkeit da zutage treten.[5]

In diesem Sinne versuche ich im folgenden, im wesentlichen anhand eines der Beobachtungsprotokolle aus meiner Feldarbeit in schweizerischen Zentren für Reproduktionsmedizin, eine Vorstellung zu vermitteln davon, was sich zwischen dem *Entschluss*[6], eine (wie gesagt: im strengeren Sinne verstandene) reproduktionsmedizinische Behandlung durchzuführen[7], und der dann wiederum nach wie vor relativ ‚fatalen' Einnistung eines Embryos, *organisatorisch und technisch* gesehen, im wesentlichen ereignet[8]:

3. Die Gewinnung von Ei- und Samenzellen

Die Schiebetür öffnet sich und gibt den Blick frei auf einen kleinen gekachelten Raum, in dessen Mitte eine völlig vermummte, regungslose Gestalt liegt, deren hoch erhobene, gestreckte und gespreizte Beine mit Bändern an Stativen festgehakt sind. Vier andere, ebenfalls vermummte Personen bewegen sich, mit Gerätschaften und Materialien hantierend, im Raum und vermeiden es dabei ganz of-

---

5   Wir gehen dabei bis auf weiteres davon aus, dass ärztliches Wissen – als professionelles Sonderwissen – nach anderen Relevanzkriterien geordnet ist als alltägliches Wissen: dass es der rationalen Erkenntnis und der fortschrittlichen Innovation Priorität einräumt gegenüber den alltäglichen Imperativen des Mitfühlens, Mitleidens und ‚Hier-und-Jetzt'-Helfen-Wollens z.B., oder dass es auf der ‚Verkünstlichung', auf der zunehmenden, auch apparativen Kontrolle und technischen Steuerung natürlicher Prozesse basiert – die gegenüber einem experimentellen Design eben stets sub-optimal verlaufen (vgl. hierzu Böhme 1981, Thomas 1973).

6   Zur analytischen Differenz zwischen dem Entwurf einer Handlung bzw. einer Kette von Handlungen und dem Entschluss, einen solchen Entwurf jetzt zu realisieren, vgl. Schütz/ Luckmann 1984.

7   Ein solcher Entschluss wird gegenwärtig typischerweise zwischen den Hauptbeteiligten, einem ungewollt kinderlosen Paar und dem hierfür kompetenten medizinischen Experten, unter Berücksichtigung von Spezialistenmeinungen konsensuell gefasst (vgl. dazu Honer 1994a).

8   Es geht mir dabei, entsprechend dem von uns verfolgten Konzept der ‚Lebensweltanalyse' (vgl. dazu z.B. Hitzler/ Honer 1984, 1988 und 1991), vor allem darum, einen Einblick in die (Arbeits-) Welt der medizinischen Fortpflanzungsexperten einschließlich der ihnen zuarbeitenden ‚Hilfskräfte' zu gewinnen. Zu den vielfältigen methodischen Problemen, die aus dieser methodologischen Absicht resultieren, habe ich mich ja schon andernorts geäußert (vgl. z.B. Honer 1993a und 1994b). – Starke Korrespondenzen weist diese Unternehmung v.a. auch zum Verständnis einer ‚Ethnographie moderner Gesellschaften' auf, wie es exemplarisch von Hubert Knoblauch (z.B. 1991) vertreten und praktiziert wird.

fenkundig, zwischen die gespreizten Beine zu gehen oder dort gar stehenzubleiben
– dort also, wohin ein gebündelter Lichtstrahl den Blick lenkt. Nun erscheint eine
sechste Person, und die Tücher werden in der Region, wohin das Licht fällt, von
einer der anderen vier aktiven Personen entfernt. Sichtbar wird, in gleisende Hel-
ligkeit getaucht, ein weibliches Genital. Die sechste Person, der Arzt, stellt mich
den im OP anwesenden Schwestern als Soziologin vor, die gekommen sei, um ihre
Arbeit einmal „in vivo" zu erleben, setzt sich dann auf einen niedrigen, bewegli-
chen Hocker zwischen die Beine der liegenden Frau, fordert mich auf, mich hinter ihn zu stellen, führt – nach der inneren und äußeren Sterilisation – einen Stab
in die Scheide der Patientin ein und erläutert mir im weiteren Verlauf ständig den
Sinn und Zweck seiner Handlungen.

    Es geht in diesem Fall darum, eine sogenannte „transvaginale Eizellpunktion"
durchzuführen. Der Eingriff wird unter Vollnarkose vorgenommen, da – wie mir
der Arzt erklärt – die Frau durch einen externen Kollegen ,hyperstimuliert' worden
sei und der Eingriff deshalb ohne Narkose zu schmerzhaft wäre für die Patientin.[9]

    Der Blick des Arztes heftet sich nun auf einen Monitor, dessen schwarz-grauhel-
helles Flimmern – für den geübten Blick erkennbar – Ultraschallbilder eines Ovars
wiedergibt. Während er mit einer Hand den eingeführten Stab bewegt und damit
– via Bildschirm – die als schwarze, kreisförmige Flecken erscheinenden Follikel
ansteuert und mittels eines Fußschalters immer wieder die Punktionsnadel und die
Absaugvorrichtung auslöst, sammelt eine der Schwestern die abgesaugte Follikel-

---

9   Für den hier naheliegenden Schluss, dass die überstimulierten Ovarien der Patientin auf einen
    Behandlungsfehler des ,externen Kollegen' zurückzuführen sein könnten, ist der Nachweis in
    mehrfacher Hinsicht problematisch – einerseits aus medizinischen und andererseits aus metho-
    dischen, der Art der Datensammlung geschuldeten Gründen: Da weltweit nahezu alle reprodukti-
    onsmedizinisch tätigen Zentren das Follikelwachstum für die Eizellentnahme hormonell gesteuert
    induzieren („Superovulation") und nicht den Ovulationszeitpunkt im ,natürlichen' Zyklus der Frau
    beobachtend abwarten, kommt die Stimulationsbehandlung per se einer Art Überstimulation gleich
    resp. wird als „unphysiologisch" bezeichnet, so dass die Grenze zwischen einer zweckgerechten
    Stimulation und dem sogenannten „Überstimulationssyndrom" zum einen durch das vom Arzt
    gewählte Stimulationsschema, das mit der diagnostizierten Sterilitätsursache korrespondieren soll,
    und zum anderen durch den individuell variierenden „response" der Patientin auf das verabreichte
    Medikament bestimmt wird. – Aus methodischer Sicht muss einschränkend festgestellt werden,
    dass die Beschreibung auf der Basis eines Gedächtnisprotokolls erfolgt, das erst zwei Stunden
    später verfertigt werden konnte, weil mir nicht erlaubt war, das ,nicht sterile' Tonbandgerät mit
    in den Operationssaal zu nehmen. Zwar war der Verweis auf den ,externen Kollegen' nach- und
    eindrücklich – und blieb mir deshalb auch im Gedächtnis. Es ist gleichwohl möglich, dass mich
    der Arzt lediglich darauf hinweisen wollte, dass wir es im vorliegenden ,Fall' mit einer nicht
    von ihm selber behandelten Patientin zu tun hatten. In einem späteren Gespräch mit dem damals
    operierenden Arzt jedenfalls wurde meine Nachfrage, ob es sich hier um einen Behandlungsfehler
    seitens des ,externen Kollegen' gehandelt habe, unter Verweis auf die derzeit in Fachkreisen
    stattfindende Diskussion über die Wechselwirkungen der verschiedenen ,Stimulationsschemata'
    und ihre spezifischen wie kumulativen ,Nebenwirkungen', ,beantwortet'.

flüssigkeit in Reagenzgläschen und bedeutet dem Arzt mit einem kurzen „stop", wenn sie ein volles Röhrchen gegen ein leeres austauschen muss. Die Röhrchen werden ihr von einer anderen Schwester abgenommen und in ein auf Körpertemperatur beheiztes Kästchen gestellt, das nach der Operation von einer Helferin abgeholt und ins Labor getragen wird. [10]

Dieser Vorgang variiert von Klinik zu Klinik: Während andernorts ein Laborant gleich im OP die Follikelflüssigkeit unter dem Mikroskop auf Eizellen absucht und den Punkteur über die gefundene Anzahl informiert, wurden hier während der Operation nur die Größe und die Zahl der punktierten Follikel protokolliert. Erst später wurde dann die Zahl der im Labor gefundenen Eizellen vom Arzt telefonisch erfragt.

In diesem Falle saugte die Laborantin über vierzig Eizellen aus der Follikelflüssigkeit an, spülte sie in einem speziellen Medium und setzte sie in mehrere mit frischer Mediumflüssigkeit gefüllte Schälchen um. Die Anzahl der Eizellen wurde auf einem Protokollblatt notiert. Da das Formular nur auf dreißig Eizellen ausgelegt war, notierte die Laborantin weitere zehn auf der Rückseite des Blattes. Der überzählige Rest blieb unprotokolliert. Anschließend wurden die mit dem Namen der Patientin und der Anzahl enthaltener Eizellen beschrifteten Schälchen zur weiteren ‚Nachreifung' in den Inkubator verbracht. Dort blieben die Eizellen zirka vier Stunden – bis zum Zeitpunkt der Insemination.

Etwa eine Stunde später erschien der Ehemann der Patientin im Labor, um seinen ‚Beitrag' zum weiteren Fortgang der Befruchtung zu leisten: Der dazu notwendige Vorgang, der als „Samengewinnung" bezeichnet wird, findet in seiner einfachsten und auch mit Abstand häufigsten Form in aller Regel in einem kleinen (in diesem Labor rosafarben getünchten, fensterlosen) Raum statt, in dem sich außer einer Wasch- und einer (vorzugsweise sesselartigen) Sitzgelegenheit noch eine Schreibunterlage befindet. In dem hier behandelten Fall lag auf dieser Schreibunterlage, einem niedrigen Tischchen, ein Handzettel folgenden Inhalts (im Original französisch, eigene Übersetzung):

„Einige Hinweise für die Samenspende
Die Spermatozoen sind sehr empfindlich gegen Verunreinigungen durch *Waschmittel, Wasser, Speichel* oder *Bakterien.*
Um jede zufällige Verunreinigung zu vermeiden, die spätere Analysen unwiderruflich verfälschen kann, ist es notwendig, peinlich genau die folgenden Hinweise zu befolgen.
Ein Waschbecken und Seife stehen Ihnen zur Verfügung um

10 Die Farbe der Röhrchenflüssigkeit dient übrigens dem medizinischen Hilfspersonal als Mittel zur Beurteilung der operativen Fähigkeiten des jeweiligen Arztes: je öfter sie Blut enthalten, als umso geringer wird die praktische Kompetenz des Arztes eingeschätzt. Besonders handlungsrelevant ist dies für das Laborpersonal, denn je mehr Blut und sonstige Zellbestandteile in der Flüssigkeit sind, desto arbeitsaufwendiger wird im Labor die Suche nach den Eizellen.

- eine sorgfältige Waschung von Händen und Penis
- eine reichliche Spülung mit fließendem Wasser vorzunehmen.

Benutzen Sie die zur Verfügung gestellten Handtücher zum Abtrocknen.

Sammeln Sie die Spermien in dem sterilen Behälter, den man Ihnen gegeben hat, und tragen Sie Sorge dafür, dass er am Ende mit dem Deckel verschlossen wird.

Vielen Dank für Ihre Zusammenarbeit"

Dieses ‚Merkblatt' ist, wie mir gesagt wurde, zwar vor allem für sogenannte ‚anonyme' Samenspender verfasst worden, für Männer also, die gegen Entgeld ihr Ejakulat für eine künstliche Befruchtung zur Verfügung stellen (vgl. Szalmay 1979, Wood/ Leeton/ Kovacs 1980, Schaad 1982, Litschgi 1986), da aber das ‚Merkblatt', wie gesagt, im Masturbationsraum ausliegt, soll es offenkundig auch von den hier sich betätigenden Ehemännern zur Kenntnis genommen werden.

Die Anweisungen sind symptomatisch dafür, wie Rezepte, Anleitungen und dergleichen mehr formuliert sind, nämlich so, dass sie vielerlei Kenntnisse und Befähigungen voraussetzen, dem Leser hierin also fraglos Kompetenz unterstellen, während andere Wissenselemente und erwünschte Aktivitäten übergenau expliziert werden (vgl. hierzu Knorr-Cetina 1984). In solchen formalen Handlungsanweisungen manifestieren sich also zum einen bestimmte Vorstellungen über den Adressaten als einer famosen Mischung aus Volltrottel und Alltagsvirtuose; zum anderen, und das erscheint mir eigentlich spannender, bildet sich in ihnen ein bestimmtes Relevanzsystem ab, enthalten sie ‚latent', worum es ‚dem Verfasser' geht, was ihm wichtig ist und was nicht.

In dem hier vorliegenden Blatt z.B. steht vieles von dem *nicht*, was man in dem in Frage stehenden Raum nun tun und lassen soll. Es war wiederum Jacques Testart, der einen Aspekt des Themas hervorhob, das insgesamt in der *medizinischen* Literatur meist in wenigen Sätzen abgehandelt wird:

„Obwohl die Spermienabgabe die gefahrloseste Phase der FIVETE[11] ist, und wohl auch diejenige sein dürfte, die am wenigsten Schmerzen verursacht, wirft sie gelegentlich ein psychologisches Problem auf, denn dieser Vorgang ist nun ganz und gar nicht medikalisiert: Kein Spezialist kümmert sich um ihn, es gibt keine Anleitungen zur richtigen masturbatorischen Technik." (Testart 1988, S. 58)[12]

---

11   Erläuterung (A.H.): FIVETE ist das französische Kürzel für die In-vitro-Fertilisation.
12   Zumindest in der Schweiz versucht man, das ‚psychologische Problem' dadurch zu lösen, dass den Männern im Zweifelsfall auch erlaubt wird, ihr Sperma von zu Hause in die Klinik mitzubringen. Da aber nach Ansicht der Experten die wenigsten Männer Probleme damit haben, in der ‚Blackbox' im Labor zu masturbieren, sieht man auch keinen Grund, sich weiter mit diesem Thema zu befassen. Sympathie und Aufmerksamkeit aller Beteiligten konzentrieren sich auf die Frau. Der Mann ist im Grunde lediglich als Produzent von möglichst ‚hochwertigem' Sperma relevant.

Das Blatt ist aber, entgegen dem Eindruck, den man vielleicht zunächst haben könnte, auch keine Hygieneanleitung.[13] Ohne hier mit einer Feinanalyse aufwarten zu
wollen, behaupte ich deshalb: Dem Verfasser dieses Merkzettels geht es nicht darum, zu reglementieren, was *im* Masturbationsraum geschieht, sondern schlicht
darum, die Chance zu erhöhen, dass für die weiteren Maßnahmen, die der künstlichen Befruchtung dienen, ein Ejakulat mit möglichst vielen intakten, ‚virulen-
ten' Samenzellen zur Verfügung steht.

Nach der ‚Spermagewinnung' händigt der Produzent den Behälter an die Laborantin aus, die dann durch das sogenannte „swim up"-Verfahren[14] die Samenzellen aus dem Ejakulat löst. Für die sich anschließende Insemination werden die
Spermien auf eine Spritze aufgezogen und dann unter dem Mikroskop tröpfchen-
weise in die Nährflüssigkeit verbracht, in der die Eizellen schwimmen.[15] Während
der Insemination, genauer: in derselben Arbeitsphase, unterzieht die Laborantin die
Eizellen bereits einer ersten ‚Qualitätskontrolle'. Dabei wird morphologisch deren
Reifegrad bestimmt: Die Prüfskala reicht von „1" für unreif bis „3" für reif und
dient der ersten Einschätzung eines möglichen Befruchtungserfolges: „Die reife
präovulatorische Eizelle füllt den Raum innerhalb der Zona pellucida voll aus und
ist rund. Der Cumulus oophorus ist aufgelockert und durchscheinend. Unreifere
Eizellen haben dagegen meist einen dichteren Cumulus, sind nicht abgerundet, und
degenerierte Eizellen zeigen Zeichen der Fragmentation." (Krebs 1989, S. 521f.)

Dieser scheinbar klaren identifikatorischen Beschreibung steht jedoch im Alltag der Laborkraft die *von ihr* pragmatisch zu lösende Aufgabe gegenüber, sozusagen ‚ad hoc' darüber zu befinden, ob die Eizelle rund und die sie umhüllende
Kumuluswolke schon aufgelockert genug ist, um mit einer „3" bewertet zu werden. So betonten auch *alle* Laborantinnen und Laboranten, die ich bei ihrer Arbeit beobachten konnte, dass ihre Qualitäts-Beurteilungen im Grunde weit stärker
nach *subjektiven* als nach objektiven Kriterien geschähen. Dieser ‚Subjektivismus'
wiederum wird durchaus ambivalent eingeschätzt: einerseits ist er Ausdruck individueller Kompetenz aufgrund berufspraktischer Erfahrung, andererseits wider-

---

13 Wäre sie eine solche, müsste m.E. etwa auch so etwas draufstehen wie „Waschen Sie sich bitte
    (zumindest) die Hände, wenn Sie Ihre Spermien im Behälter gesammelt, wenn Sie also das getan
    haben, wozu sie hier sind. Trocknen Sie sich auch wieder ab." Dergleichen aber steht *nicht* auf
    diesem Blatt – und ein anderes gibt es nicht in der, auch ansonsten wenig ‚anregenden' oder gar
    ‚heimeligen' Kabine.

14 Dieses Verfahren wird auch bei zwei Spermiogrammanalysen angewandt, die in der Regel bei
    jedem Samenspender vorab zu diagnostischen Zwecken durchgeführt werden.

15 Die in der Literatur (vgl. Fishel 1986, Lehmann et al. 1986, WHO 1987, Krebs 1989) ebenso
    wie in den verschiedenen von mir untersuchten Labors genannnte Anzahl der zur Befruchtung
    zugefügten Spermien schwankt zwischen Zwanzig- und Zweihundert-Tausend. Es scheint nur
    eine Regel zu geben, und die lautet: nicht *zuviele* Spermien pro Eizelle, um Polyploidie, die aus
    der Befruchtung durch mehr als eine Samenzelle resultiert, zu verhindern.

spricht er dem beruflichen Ideal der Orientierung an objektiven Messverfahren (Fishel/ Jackson 1986).

4. Die Selektion der ‚schönsten‘ Embryonen

Nach der ‚Reifeprüfung‘ werden die nunmehr inseminierten Eizellen dann zurück in den Inkubator verbracht. Die eigentliche *Befruchtung*, d.h. die Verschmelzung der beiden Keimzellen, findet nämlich im Dunkel des Wärmeschranks statt[16], bis die Keimzellen am Morgen des nächsten Tages von der Laborantin der zweiten Kontrolle, der Kontrolle auf ‚Fertilisierungszeichen‘ unterzogen werden. Dazu wird jede Eizelle durch Ansaugen und Ausblasen mehrmals durch die verengte Spitze eines dünnen Glasröhrchens bewegt, um sie durch diese Reibung mechanisch weitgehend von noch anhaftenden Cumuluszellen und von den verbliebenen Samenzellen zu trennen. Die Laborantin notiert auf ihrem Protokollblatt, ob dieses ‚Abschliffern‘ der Zellen „leicht" oder „schlecht" möglich war. Ist es nur „schlecht" möglich, dann wird es als Hinweis auf eventuell vorhandene ‚Antikörper‘ interpretiert. Solche ‚Antikörper‘ können eine Befruchtung verhindern, was dann meistens erneute diagnostische und therapeutische Behandlungen des Paares mit dem Kinderwunsch zur Folge hat.

Nach dem Pipettieren, also nach der ‚manuellen‘ Manipulation der Eizelle wird diese anhand *morphologischer* Kriterien daraufhin kontrolliert, ob sie befruchtet worden ist. D.h., die Laborkraft sucht – visuell – nach Merkmalen, die auf eine Fertilisierung verweisen. Als eindeutiges Zeichen dafür, dass eine Befruchtung stattgefunden hat, gilt das Auffinden der beiden (mütterlichen und väterlichen) „Vorkerne" oder „Pronuclei". In diesem ersten Entwicklungsstadium der befruchteten (nunmehr als „Zygote" etikettierten) Eizelle ist es für die Laborkraft ausgesprochen handlungsrelevant, ob die Zygote mehr als zwei Vorkerne enthält, ob die Eizelle also durch mehr als *ein* Spermatozoon befruchtet worden ist. Ist dies der Fall, liegt also die bereits erwähnte „Polyploidie" vor, werden „diese Eizellen von dem Embryotransfer ausgeschlossen" (Krebs 1989, S. 522), bzw. weniger dezent formuliert: sie werden weggeworfen, denn die Experten gehen davon aus, dass das Vorliegen von mehr als zwei (haploiden) Chromosomensätzen entweder zu schweren Missbildungen des Embryos führt, oder aber – was

---

16   Auch unter den Kontrollbedingungen der modernen Hightech-Medizin bleibt die ‚eigentliche
      Befruchtung‘, der Fusionsprozess zwischen Ei- und Samenzelle, also nach wie vor unbeobachtet,
      verbleibt somit als unbestimmter Moment, der ‚irgendwann‘ in der Dunkelheit des Inkubators
      eintritt. Ein Reporter im Radio der deutschen und der rätoromanischen Schweiz (DRS) hat einmal
      (17.09.1992) gesagt, dass dies im gesamten Prozess der artifiziellen Reproduktion noch „das
      einzig verbliebene Restchen Intimität" sei.

als wahrscheinlich gilt –, dass der Embryo überhaupt nicht entwicklungsfähig ist (vgl. Ven et al. 1985)[17].

Nach ungefähr 18 Stunden im Inkubator wurden im hier beschriebenen Fall *keine* Mehrfachbefruchtungen entdeckt, hingegen konnten bei zwölf Eizellen die Pronuclei ‚eindeutig' ausgemacht werden. Die Entwicklung befruchteter Eizellen zum Vorkernstadium variiert jedoch zeitlich sehr stark (in der Literatur wird sie mit einer Spannweite von 16-29 Stunden ab erfolgter Fertilisation angegeben – vgl. Austin 1989). Und obwohl Reproduktionsmediziner eine zeitlich rasche Entwicklung der befruchteten Eizelle gemeinhin als Zeichen der Viabilität, der Lebensfähigkeit des Embryos deuten, steht bislang der statistische Nachweis einer signifikanten Korrelation zwischen schneller Embryoentwicklung und induzierter Schwangerschaft noch aus. D.h., dass in unserem ‚Fall' zur Zeit der (nach 18 Stunden erfolgten) Fertilisierungskontrolle noch keine zuverlässigen Prognosen über die Anzahl entwicklungsfähiger Embryonen gemacht werden konnten.

Die weitere Entwicklung der befruchteten Eizellen bis zum Embryotransfer wird *nach* dieser Befruchtungskontrolle noch zwei weitere Male protokolliert. Dabei werden jeweils die Anzahl der Zellen (der sogenannten Blastomeren) des Embryos notiert und die Qualität der Embryonen nach „Graden" bewertet. Aus den der Patientin ursprünglich entnommenen Eizellen, von denen vierzig notiert worden waren, entwickelten sich so zunächst 24 als solche identifizierte Embryonen, von denen drei nach dieser Statuszuschreibung wieder ‚degenerierten'. Am Tag des Transfers standen damit 21 in verschiedenen Stadien der Zellteilung befindliche Embryonen zur Verfügung. Aus diesen 21 wählte *die Laborantin* wiederum drei „sehr schöne" für den Transfer aus und separierte sie von den 18 ‚überzähligen' Embryonen, welche sie noch am selben Tag kryokonservierte. [18]

(Umgangssprachlich) als „schöne" oder (in der Fachliteratur) als „ideale" Embryonen werden solche bezeichnet, die „gleichgroße, hellgelb durchschimmern-

---

17 Gesprächsweise legitimieren die Reproduktionsmediziner ebenso wie das medizin-technische Personal diese Selektion typischerweise damit, dass bei Vorliegen von Polyploidie von ihnen nur das getan werde, was ‚die Natur selber auch' mache, dass mit dem ‚Wegwerfen' die natürliche Selektion also lediglich nachgeahmt werde.

18 Angesichts der nach wie vor geringen Erfolgsrate, die von dem Leiter des Labors, einem Biologen, mit 10 bis 15 Prozent angegeben wird, liegen für dieses Paar also noch reichlich Embryonen ‚auf Eis'. Dieses Tiefgefrieren halten die einschlägig befassten Mediziner und Biologen vor allem deshalb für sinnvoll, weil dadurch alle weiteren Embryotransfers während eines normalen Monatszyklus ‚aus der Tiefkühltruhe' durchgeführt werden können, ohne dass die Frau wieder hormonell stimuliert werden muss. – Grundsätzlich wird das Problem der sich laufend ansammelnden, ‚verwaisten', respektive nicht mehr nachgefragten „Frosties" nur ungern vor laufendem Tonband erörtert, da die Gesetzgebung in der Schweiz (Ende 1993) noch im Gange ist und kaum einer der Reproduktionsmediziner veröffentlicht wissen will, dass er für die Embryospende, also für die Freigabe zur pränatalen Adoption votiert.

de, sphärisch angeordnete Blastomeren" (Lehmann et al. 1986, S. 180) aufweisen. Im Labor unseres Fallbeispiels wird „sehr schönen" Embryonen der „Grad
1" erteilt, von dem aus eine Abstufungsskala für Abweichungen vom Idealzustand
bis zum „Grad 4" reicht. Bei diesem „Grad 4" erscheinen die Zellen ‚dunkler' ge-
färbt, die Form der Zellen ‚ungleich' groß und weniger ‚kugelig', und einige Zellen erscheinen ganz ‚fragmentiert'. Obwohl Embryonen vom „Grad 4" unter den
Experten als ‚eher nicht lebensfähig' gelten, wurde auch in dem hier infrage stehenden Labor schon die Erfahrung gemacht, dass sie sich implantieren und zu einer Schwangerschaft führen können.

Bei den von mir in zwei verschiedenen Labors beobachteten ‚Qualitäts'-Prü-
fungen der Embryonen handelte es sich durchweg um *morphologische* Kontrollen.
D.h., die Beurteilung fand (lediglich) anhand mikroskopisch *sichtbarer* Charakteristika statt, ohne dass die Embryonen direkt manipuliert wurden. In der reproduktionsmedizinischen Forschungsliteratur (vgl. Tesarik 1989, Hardy et al. 1990,
Cohen/ Wiemer 1992, Plachot 1992) werden aber auch andere Methoden diskutiert, mittels derer die Viabilität, die Lebensfähigkeit der Embryonen in vitro ge-
testet wird. Diese Methoden werden differenziert in „invasive" und „nicht invasive" Verfahren. Zu den *nicht* invasiven Verfahren zählt neben der geschilderten
morphologischen Beurteilung[19] auch der sogenannte *metabolische* Ansatz.[20] Die
invasiven Methoden lassen sich einerseits in solche, die die weitere Entwicklung
des Embryos *nicht* verhindern[21], und andererseits in solche, bei denen die Keimzellen und die befruchtete Eizelle ‚zerstört' werden müssen, unterteilen.

Die letztgenannten, sozusagen ‚destruktiven' Untersuchungen haben ergeben, dass *chromosomale Anomalien* die Hauptursache für das Absterben der Embryonen vor oder nach dem Transfer darstellen. Da nun jedoch auch „sehr schöne" Embryonen lethale Anomalien tragen können, wird die ‚Qualitätskontrolle'
anhand morphologischer Kriterien inzwischen zwar als ‚einfach' durchführbar

---

19   Dabei werden das Erscheinen der Vorkerne, die Form und Regularität der Blastomeren, sowie
     die Fragmentation des Zytoplasmas und die Teilungsrate des Embryos beobachtet.
20   Dabei werden die Sekretionen des Embryos in das oder dessen Aufnahme bestimmter Stoffwech-
     selprodukte aus dem Kulturmedium beobachtet.
21   Dabei handelt es sich um die sogenannte Embryobiopsie, bei der dem Embryo einzelne Zellen
     (Blastomeren) entnommen und z.B. auf Anomalien hin untersucht werden. Embryobiopsie ist also
     genetisches Screening vor dem Embryotransfer. Sie ist damit eine der Diagnosemöglichkeiten
     zur Identifikation einer (latenten) Erbkrankheit und somit eine Grundlage diagnostischer und
     therapeutischer Maßnahmen, die ein ‚normales und gesundes Kind' sichern, bzw. die verhindern,
     dass ein nichtnormales, ‚krankes' Kind geboren wird. Außerdem erweitert dieses Verfahren die
     Palette der Möglichkeiten einer künstlichen Geschlechtswahl: Neben das „Verhindern oder Verbes-
     sern der Befruchtungschancen für X-oder Y-tragende Spermien und den Geschlechter-selektiven
     Abort" (Jüdes 1983, S. 21) tritt damit das sogenannte „embryo sexing", die Untersuchung (und
     Auswahl) des Embryos auf dessen Geschlechtszugehörigkeit hin.

und mithin als pragmatisch akzeptabel angesehen, ihr klinischer Wert aber wird als ausgesprochen gering eingeschätzt. Hingegen rechnet die reproduktionsmedizinische Forschung damit, dass durch die (negative) Selektion nicht viabler Embryonen mittels neuer Testverfahren die In-vitro-Fertilisation „simpler, cheaper and more efficient" werden wird (Plachot 1992, S. 335f.).[22]

5. Der ‚entzauberte' Embryotransfer

Im hier untersuchten Kliniklabor finden jeden Nachmittag Besprechungen der an der Sterilitätsbehandlung beteiligten Ärzte, Schwestern und Laborspezialisten statt. Bei diesen Treffen werden Stand und Fortgang der Behandlung jeder Patientin besprochen und Termine festgelegt, die später telefonisch an diese weitergegeben werden. So wurde, angesichts der erfolgversprechenden Laborbefunde, auch die hyperstimulierte Frau aus ‚unserer' Fallgeschichte für den späten Vormittag des nächsten Tages zum Embryotransfer einbestellt.

Als die schwangerschaftswillige Patientin auf der Station eintraf, wurde sie von einer der Schwestern in ein leeres Krankenzimmer geführt und angewiesen, sich zunächst zu entkleiden und eines der krankenhaustypischen Flügelhemden anzuziehen, sich dann ins Bett zu legen und zu entspannen, bis der Arzt eintreffe. Als auch der Arzt bereit war, informierte eine Krankenschwester die Laborantin, dass es ‚losgehen' könne. Die Laborantin holte die Schälchen, in denen die Embryos der Patientin schwammen, aus dem Inkubator und brachte diese zusammen mit dem Transferkatheter in einem fahrbaren Kasten zum Krankenzimmer.

Der Embryotransfer findet also *nicht* im OP statt und auch *nicht* in einem der gynäkologischen Untersuchungsräume, sondern eben in einem Krankenzimmer, in dem die Patientin nach dem Transfer noch ungefähr eine Stunde im Bett liegen bleibt. Trotzdem ähnelt der weitere ‚Befruchtungsgang' im Grunde einer gynäkologischen Routineuntersuchung: Im hier beschriebenen Fall erkundigte sich der Arzt zunächst nach dem Befinden der Frau, berichtete ihr, wieviele Eizellen insgesamt befruchtet und wieviele davon eingefroren worden seien, und schilderte ihr dann das weitere Procedere. Sodann bot er der Patientin an, sich ihre Embryos vor dem Transfer unter dem Mikroskop anzuschauen. Diese Besichtigung verlief, was ich im übrigen auch andernorts habe beobachten können, nahezu wortlos.[23]

---

22 Nicht ganz aus dem Blick verlieren sollte man an dieser Stelle vielleicht, dass diese Techniken auch wesentlich zu dem beizutragen vermögen, was man menschliche „Zuchtwahl" nennt: von der Geschlechtswahl des Kindes über weitere gewünschte Merkmale (Aussehen, Intelligenz) bis hin eben zur Züchtung einer „gesündere(n) und höhere(n) Rasse" (Etzioni 1973, S. 12).

23 Die ‚Embryonenschau' wurde von der Patientin lediglich mit einem kurzen, verhaltenen Lachen quittiert. Dieses Lachen drückt m.E. nun nicht unbedingt ‚helles Entzücken' über den für Nicht-

Zwischenzeitlich hatte der Arzt seine steril verpackten Instrumente auf einem Beistelltisch am Fußende des Bettes ausgebreitet und bekräftigte nochmals nachdrücklich die zuvor von der Laborantin gemachte Aussage, dass es sich bei den Embryos um drei „sehr schöne" handle. Nun wurde die wieder auf dem Rücken liegende Patientin vom Arzt in die ‚richtige' Position dirigiert. D.h., sie musste soweit ans Fußende des Bettes rutschen, dass er, zwischen ihren aufgestellten Beinen, bequem ihre Scheide erreichen konnte, um diese zuerst außen und dann – nachdem er den Scheidengang mit einem Speculum gedehnt hatte – auch innen mit einem zwischen eine Zange geklemmten und in eine Flüssigkeit getauchten Wattebausch zu desinfizieren. Während dieser Prozedur bedeutete der Arzt der Laborantin, dass sie jetzt beginnen könne, die Embryonen in den Transferkatheter aufzuziehen.[24]

Nun wurde der Katheterschlauch durch die Scheide und den Zervixkanal in den Uterus geschoben. Dann wurden die in Medium schwimmenden Embryonen in den Uterus gespült. Nach dem Transfer wies der Arzt die Patientin an, noch etwa eine Stunde liegenzubleiben, ehe sie nach Hause gehe, und in den folgenden drei Tagen keine schwere körperliche Arbeit zu verrichten. Ansonsten solle sie ganz ‚normal', wie bisher auch, weiterleben, bis sie zum vorgesehenen Termin für den Schwangerschaftstest wieder in die Klinik komme. Und mit der Aufforderung, sich zu melden, falls irgendetwas ‚Besonderes' sei, falls also z.B. stärker werdende Schmerzen oder anhaltende Blutungen auftreten würden, verabschiedete sich der Arzt wieder.[25]

6. Die Potenz des ‚Dritten im Bunde'

Wie wir gesehen haben ist das eigentliche *reproduktionsmedizinische* ‚trajectory'[26] also wesentlich kürzer und klarer umrissen als das dieses gleichsam umhüllende *biographische* trajectory', das von der ‚ungewollten Kinderlosigkeit' zur

---

Mediziner doch eher ‚fremden' Anblick der potentiellen ‚Kinder' aus, sondern vielmehr eine Mischung aus situativer Verlegenheit und ungläubigem Staunen.

24   Der Transferkatheter besteht aus einer Art Spritzenkolben, an dem statt einer Nadel ein ca. zwanzig Zentimeter langer dünner Schlauch befestigt ist.

25   Im Vergleich zu der eingangs zitierten Schilderung des Schwängerungsvorganges aus der Frühzeit der In-vitro-Fertilisation lässt sich an diesem lapidaren Beispiel also unschwer erkennen, wie sehr der Embryotransfer, also das Zurückspülen der befruchteten Eizelle in den Uterus der Frau, bereits zur unspektakulären Routine im reproduktionsmedizinischen Alltag geworden ist. – Allerdings bemerkte die Laborantin unmittelbar nach diesem ‚Vollzug' mir gegenüber, dass ihr die Atmosphäre beim Transfer gar nicht gefalle; der Arzt sei zwar nicht unfreundlich, aber doch zu unpersönlich, zu kühl und distanziert.

26   Ich übernehme hier diesen Begriff für das soeben skizzierte Bündel zum Teil paralleler, zum Teil aufeinanderfolgender, auf ein Ereignis hin ausgerichteter und (zumindest) dadurch aufeinander bezogener Vorgänge und Aktivitäten von Anselm Strauss (vgl. dazu auch Soeffner 1991).

‚Erfüllung des Kinderwunsches‘, also zur tatsächlichen *Geburt* eines Kindes hin-
führt. Wenn man den hier umrissenen Prozess reduziert auf seine ‚essentiellen‘
organisatorisch-technischen Bestandteile, dann erkennt man unschwer, dass sich
dieses ‚trajectory‘ aus nicht mehr als *vier* Komponenten bzw. ‚Stationen‘ zusammensetzt: 1. Extraktion und Selektion von Eizellen, 2. Extraktion und Selektion
von Samenzellen, 3. Fusion möglichst hochwertiger (‚reifer‘) Ei- und Samenzellen, 4. Transfer des Embroys.

Technisch gesehen, also jenseits aller eingangs angeklungenen Pionierzeit-Ro-
mantik, tut der Arzt – als ‚Vorsteher‘ sozusagen des ganzen medizinischen Dienst-
leistungsapparates – dabei etwas, was strukturell dem ähnelt, was wir bei der ge-
schlechtlichen Fortpflanzung standortgebundener Organismen beobachten können:
Er betätigt sich als Bote, als Zwischenträger, als Vermittler menschlicher Keimzellen, man könnte auch sagen: als Kuppler, der Sperma und Ovum zusammen-
führt. Er wird damit zwar nicht zum Hauptdarsteller, sehr wohl aber zum ‚Regis-
seur‘ der für die Reproduktionsmedizin symptomatischen Dreiecks-Konstellation
aus Eigeberin, Samenspender und technischem ‚Zwischenträger‘, die ich an anderer Stelle schon einmal als „menage á trois“ bezeichnet habe (vgl. Honer 1991).[27]

Technisch gesehen fungiert der Arzt in der Phase der reproduktionstechnischen Behandlung im engeren Sinne als Organisator des Geschehens, als Team-
leiter und ‚Herr der Apparate‘, als Kunst-Hand-Werker und als letztinstanzlicher
Entscheidungsträger (z.B. hinsichtlich der Frage, ob bestimmte ‚Maßnahmen‘ sinnvoll und/ oder notwendig sind). Was der Arzt über Gefahren und Chancen sagt,
was er ‚von der Sache hält‘, was er vorschlägt, und wovon er abrät, das hat hand-
lungsleitenden Charakter für die betroffenen Frauen und Paare, das stiftet Sinn in
Bezug auf deren existenzielle Problemlage. Professionell (mehr oder weniger) ge-
sicherte Überzeugungen werden dabei normativ eingesetzt, um die Patienten ‚in
der Spur‘ zu halten. Kurz: Der Arzt ist es, der aus Menschen mit einem unerfüllten Kinderwunsch im eigentlichen Sinne *Patienten* macht.[28]

Durch dieses Zusammenspiel von technischer Kompetenz und paternalistischer Grundhaltung wird der Arzt – jenseits aller professionellen Verantwortungs-

---

27   Diese künstliche Befruchtungstriade *modernisiert* den ganzen, banalen, quasi-natürlichen Zeu-
     gungsakt, zu dem herkömmlicherweise eben nicht mehr als *zwei* verschiedengeschlechtliche
     Leute nötig waren. Das ist, wenn man so will, sozialer Fortschritt auf den Spuren des technisch
     Möglichen. Und das heißt: Möglicherweise wird es ‚morgen‘ kulturell *normal* sein, dass, was zu
     tun ist, um ein Kind zu zeugen, zu *dritt* (und im Rekurs auf Hightech-Wissen) zu tun, während
     der geschlechtliche Direktkontakt endgültig von seiner atavistischen Zeugungsfunktion entkoppelt
     wird (vgl. dazu auch Gross/ Honer 1990).
28   Schon das Wort ‚Patient‘ definiert den Menschen ja als jemanden, der sich ‚geduldig‘ und ‚folg-
     sam‘ den als ‚therapeutisch‘ legitimierten Anordnungen eines als ‚Mediziner‘ hierfür legitimierten
     anderen unterwirft.

Abwiegelungssemantik (vgl. dazu nochmals Honer 1994) – zum immer dominanteren ‚Dritten im Bunde‘, in jenem Bunde zur (Er-)Zeugung eines Kindes, das die zwei, die ‚natürlicherweise‘ dazu gehören, allein eben nicht zu bewerkstelligen in der Lage zu sein scheinen. Man kann den Sachverhalt aber auch andersherum formulieren: Die soziale Suche nach praktikablen Wegen des medizinischen Umgangs mit ungewollter Kinderlosigkeit stellt den Arzt zwangsläufig vor ein vielschichtiges Entscheidungs-Dilemma, in dem er auf sein *Wissen* um technologische Möglichkeiten ebenso zu rekurrieren, wie professionelle Interessen zu wahren und zugleich ethische Bedenken und die Wünsche und Ängste der Menschen zu berücksichtigen hat (vgl. Freidson 1970; Gross/ Hitzler/ Honer 1989; Gerhardt 1991).

Wie der Arzt mit diesem Dilemma umgeht, wie er in dieser existenziell so bedeutsamen Situation argumentiert und agiert, das ist, weit über die unmittelbar vom Problem ungewollter Kinderlosigkeit betroffenen Menschen hinaus, aber auch für das gesamtgesellschaftliche Ordnungsgefüge von kaum zu überschätzender handlungsleitender Bedeutung, denn der Arzt ist für den modernen Menschen zu einer lebenspraktisch entscheidenden Sinn-Instanz geworden (und wird es in Zukunft aller Wahrscheinlichkeit nach noch stärker werden) für alles, was dieser als mit der *Erhaltung* des Lebens in Zusammenhang stehend ansieht (vgl. Baier 1988, Heim/ Schuller 1990) – und damit auch für alles, was seine Reproduktionswünsche und -nöte betrifft (vgl. dazu auch Honer 1993b).

Nun sind diese Wünsche, die sich darauf richten, die biologische Reproduktion des Menschen zu entfatalisieren, zu manipulieren, ja ein alle menschlichen Kulturen übergreifendes, universalhistorisches Thema – und keineswegs eine Erfindung hypertrophierter technischer Machseligkeit.[29] Aber die *Erfüllung* dieses ‚ewigen‘ Menschheitstraumes scheint hinlänglich zuverlässig eben erstmals mit den neuen Biotechnologien praktisch realisierbar zu werden.[30] Und damit stehen ‚wir‘ nun tatsächlich unabweisbar vor jener von Amitai Etzioni bereits 1973 (S. 11f) formulierten Frage, ob wir „Experimente billigen, mißbilligen oder zu verhindern suchen, in denen versucht wird, Babies mittels künstlicher Befruchtung in

---

29   „In den Bereich der Zuchtwahl gehören die zahlreichen Versuche, das Geschlecht eines Kindes
      manipulativ festzulegen. Seit dem Altertum schon hat sich der Mensch mit diesem Problem be-
      schäftigt. Den verschiedensten Einflüssen wurde eine Bedeutung beigemessen, von der Stellung
      des Mondes bis zur Lage beim Koitus... Weiterhin wurde versucht, das Geschlechterverhältnis
      durch diätetische Massnahmen zu beeinflussen... Eine an Na+ reiche und Ca2+ arme
      Diät soll zur bevorzugten Geburt von Knaben führen.“ (Jüdes 1983, S. 21)
30   Die *praktische Anwendung* des technisch Möglichen allerdings wird nicht nur durch eine restriktive
      Rechtsprechung – gerade in Deutschland und in der Schweiz – stark eingeschränkt, sondern auch
      durch die Berufsverbände der Mediziner selber bislang ausgesprochen skrupulös gehandhabt:
      Entsprechende Richtlinien und Empfehlungen der Ärzteschaft zielen darauf ab, insbesondere
      die sogenannte ‚Leihmutterschaft‘, die heterologe In-vitro-Fertilisation, sowie Manipulationen
      an Keimzellen und Embryonen prinzipiell zu unterbinden.

der Retorte zu züchten und von Menschen Xerox-Kopien anzufertigen?"[31] Kurz: Gegenwärtig lässt sich nur noch schwerlich ignorieren, dass die in der alltäglichen Berufspraxis ausgesprochen unideologische, ja: technizistische Reproduktionsmedizin im Verein mit der Humangenetik als Gesamtunternehmen noch kaum abschätzbare soziale Folgewirkungen im Hinblick auf die ‚Qualitätskontrolle' menschlicher Fortpflanzungsaktivitäten nach sich ziehen wird.

Literatur

Austin, Colin R. (1989): Human Embryos. Oxford: Oxford University Press

Baier, Horst (1988): Ehrlichkeit im Sozialstaat. Zürich: Edition Interfrom

Baumann-Hölzle, Ruth/ Bondolfi, Alberto/ Ruh, Hans (Hrsg.) (1990): Genetische Testmöglichkeiten. Frankfurt a.M.: Campus

Böhme, Gernot (1981): Wissenschaftliches und lebensweltliches Wissen am Beispiel der Verwissenschaftlichung der Geburtshilfe. In: Stehr, Nico/ Meja, Volker (Hrsg.): Wissenssoziologie. Opladen: Westdeutscher Verlag, S. 445-463

Bois, Gabriele du (1991): Genetische Beratung – Ziele und Anwendungsfehler. In: Beckmann, Dorothee/ Istel, Karin/ Leipoldt, Michael/ Reichert, Hansjörg (Hrsg.): Humangenetik – Segen für die Menschheit oder unkalkulierbares Risiko? Frankfurt a.M, New York: Lang, S. 109-116

Brähler, Christa (1990): Familie, Kinderwunsch, Unfruchtbarkeit. Opladen: Westdeutscher Verlag

Bresnik, Ellen/ Taymor, Melvin (1979): The role of counseling in infertility. In: Fertility and Sterility, Vol. 32. 2, S. 154-158

Brückner, Christian (1987): Künstliche Fortpflanzung und heutiges schweizerisches Recht. In: Müller, Hansjakob (Hrsg.): Reproduktionsmedizin und Gentechnologie. Basel: Schwabe, S. 101-111

Campana, Aldo (1987): IVF/ GIFT. Mitteleuropäische Gesellschaft für Reproduktionsmedizin. Schaffhausen

Cohen, Jacques (1986): Pregnancy, Abortion and Birth After in vitro Fertilisation. In: Fishel, Simon/ Symonds, Edwin M. (Hrsg.): In Vitro Fertilisation. Oxford: IRL Press, S. 135-146

---

31 Martin Heidegger hat zu diesem Problem der „life politics" (Giddens 1991) übrigens schon *1942* bemerkt: „Da der Mensch der wichtigste Rohstoff ist, darf damit gerechnet werden, daß auf Grund der heutigen chemischen Forschung eines Tages Fabriken zur künstlichen Zeugung von Menschenmaterial errichtet werden. Die Forschungen des in diesem Jahre mit dem Goethepreis der Stadt Frankfurt ausgezeichneten Chemikers Kuhn eröffnen bereits die Möglichkeit, die Erzeugung von männlichen und weiblichen Lebewesen planmäßig je nach Bedarf zu steuern. Der Schrifttumsführung im Sektor „Kultur" entspricht in nackter Konsequenz die künstliche Schwängerungsführung. (Man flüchte sich hier nicht aus veralteter Prüderie in Unterschiede, die nicht mehr bestehen. Der Bedarf an Menschenmaterial unterliegt derselben Regelung des rüstungsmäßigen Ordnens wie der Bedarf an Unterhaltungsbüchern und Gedichten, für deren Herstellung der Dichter um nichts wichtiger ist als der Buchbinderlehrling, der die Gedichte für eine Werkbücherei einbinden hilft, indem er z.B. den Rohstoff der Pappe für die Einbände aus den Lagerräumen herbeischafft)." (Heidegger 1978, S. 91)

Cohen, Jacques/ Wiemer, Klaus E. (1992): Adavances in methodologies aimed at enhancing the viability of in vitro cultured human embryos. In: Hamberger, Lars/ Wikland, Matts (Hrsg.): Assisted Reproduction. London/ Philadelphia/ Sydney/ Tokyo/ Toronto: WB Saunders, S. 297-311

Daele, Wolfgang van den (1985): Mensch nach Maß? München: Beck

Delaisi de Parseval, Genevieve/ Janaud, Alain (1986): Ein Kind um jeden Preis. Weinheim/ Basel: Beltz

Engelhardt jr., H. Tristram (1987): Gentherapie an menschlichen Keimbahnzellen: Kann und soll die "Schöne neue Welt" verhindert werden? In: Braun, Volkmar/ Mieth, Dietmar/ Steigleder, Klaus (Hrsg.): Ethische und rechtliche Fragen der Gentechnologie und der Reproduktionsmedizin. München: Schweitzer, S. 255-262

Ernst, C. (1988): In-vitro-Fertilisation, Embryonentransfer, GIFT – eine Notwendigkeit? In: Opinio Gynaecologica. Cham, S. 1-8

Etzioni, Amitai (1973): Die zweite Erschaffung des Menschen. Opladen: Westdeutscher Verlag

Fischer, Ina (1989): Der andere Traum vom eigenen Baby. In: Geo-Wissen: Sex – Geburt – Genetik. Hamburg: Verlag Gruner + Jahr, S. 46-58

Fishel, Simon (1986): Growth of the Human Conceptus In Vitro. In: Fishel, Simon/ Symonds, Edwin M. (Hrsg.): In Vitro Fertilisation. Oxford: IRL Press, S. 107-126

Fishel, Simon/ Jackson Peter (1986): Preparation for human in vitro fertilisation in the laboratory. In: Fishel, Simon/ Symonds, Edwin M. (Hrsg.): In Vitro Fertilisation. Oxford: IRL Press, S. 77-88

Freidson, Eliot (1970): Profession of medicine. New York: Harper and Row

Gerhardt, Uta (1991): Gesellschaft und Gesundheit. Frankfurt a.M.: Suhrkamp

Giddens, Anthony (1991): Modernity and Self-Identity. Cambridge: Polity Press

Grosch, Klaus/ Hampe, Peter/ Schmidt, Joachim (Hrsg.) (1990): Herstellung der Natur? Frankfurt a.M., New York: Campus

Gross, Peter/ Hitzler, Ronald/ Honer, Anne (1989): Diagnostische und therapeutische Kompetenz im Wandel. In: Wagner, Franz (Hrsg.): Medizin – Momente der Veränderung. Berlin/ Heidelberg: Springer, S. 155-172

Gross, Peter/ Honer, Anne (1990): Multiple Elternschaften – Neue Reproduktionstechnologien, Individualisierungsprozesse und die Veränderung von Familienkonstellationen. In: Soziale Welt, Jg. 41. 1, S. 97-116

Gross, Peter/ Honer, Anne (1991): Das Wissen der Experten. Forschungsbericht Nr.1 des Soziologischen Seminars der HSG, St. Gallen

Hardy, Kate/ Martin, Karen L./ Leese, Henry J./ Winston, Robert M. L./ Handyside, Alan H. (1990): Human preimplantation in vitro is not adversely affected by biopsy at the 8-cell stage. In: Human Reproduction, Vol. 5. 6, S. 708-714

Hegnauer, Cyril (1989): Grundriß des Kindesrechts und des übrigen Verwandtschaftsrechts. Bern: Stämpfli

Heidegger, Martin (1978): Überwindung der Metaphysik. In: Ders.: Vorträge und Aufsätze. Pfullingen: Neske, S. 67-98

Heim, Nikolaus/ Schuller, Alexander (1990): Der befreite Körper. In: Dies. (Hrsg.): Biomedizin. Reinbek b. Hbg.: Rowohlt, S. 284-297

Hepp, Hermann (1988): Reproduktionsmedizin im Spannungsfeld von Ethik und Recht. In: Gynäkologie, Jg. 21. 1, S. 1-12

Herrmann, Hannelore (1989): Sterilitätstherapie im Meinungsbild von Frauen. In: Geburtshilfe und Frauenheilkunde, Jg. 49. 3, S. 234-247

Hitzler, Ronald/ Honer, Anne (1984): Lebenswelt – Milieu – Situation. In: KZfSS, Jg. 36. 1, S. 56-74

Hitzler, Ronald/ Honer, Anne (1988): Der lebensweltliche Forschungsansatz. In: Neue Praxis, Jg. 18. 6, S. 496-501

Hitzler, Ronald/ Honer, Anne (1991): Qualitative Verfahren zur Lebensweltanalyse. In: Flick, Uwe/ Kardorff, Ernst von/ Keupp, Heiner/ Rosenstiel, Lutz von/ Wolff, Stephan (Hrsg.): Handbuch Qualitative Sozialforschung München: Psychologie Verlagsunion, S. 382-385

Hölzle, Christina (1990): Die psychische Bewältigung der In-Vitro-Fertilisation: eine empirische Studie zu Kinderwunsch und Stressverarbeitungsmechanismen von Sterilitätspatientinnen. Münster: Lit

Holmes, Helen B./ Tymstra Tjeerd (1987): In Vitro Fertilization in the Netherlands. In: Journal of in Vitro Fertilization and Embryo Transfer, Jg. 4. 2, S. 116-123

Honer, Anne (1991): Das Paarungsritual als ‚menage à trois‘. In: Glatzer, Wolfgang (Hrsg.): Die Modernisierung moderner Gesellschaften. Opladen: Westdeutscher Verlag, S. 388-390

Honer, Anne (1993a): Lebensweltliche Ethnographie. Wiesbaden: Deutscher Universitäts-Verlag

Honer, Anne (1993b): Entfatalisierung des Lebens? In: Soziologische Revue, Jg. 16. 3 , S. 272-278

Honer, Anne (1994a): Die Produktion von Geduld und Vertrauen. In: Hitzler, Ronald/ Honer, Anne/ Maeder, Christoph (Hrsg.): Expertenwissen. Opladen: Westdeutscher Verlag, S. 44-61

Honer, Anne (1994b): Einige Probleme lebensweltlicher Ethnographie. In: Schröer, Norbert (Hrsg.): Interpretative Sozialforschung. Opladen, Westdeutscher Verlag, S. 85-106

Jüdes, Ulrich (1983): Eingriffe in die Fortpflanzung. In: Ders. (Hrsg.): In-vitro-Fertilisation und Embryotransfer (Retortenbaby). Stuttgart: Klett, S. 13-24

Kaiser, Peter (1991): Pränatale Diagnostik. In: Beckmann, Dorothee/ Istel, Karin/ Leipoldt, Michael/ Reichert, Hansjörg (Hrsg.): Humangenetik – Segen für die Menschheit oder unkalkulierbares Risiko? Frankfurt a.M.: Peter Lang, S. 165-173

Knoblauch, Hubert (1991): Die Welt der Wünschelrutengänger und Pendler. Frankfurt a.M./ New York: Campus

Knorr-Cetina, Karin (1984): Die Fabrikation von Erkenntnis. Frankfurt a.M.: Suhrkamp

Krebs, Dieter (1989): In vitro-Fertilisation, intratubarer Gametentransfer (GIFT) und intrauterine Insemination. In: Bettendorf, Gerhard/ Breckwoldt, Meinert (Hrsg.): Reproduktionsmedizin. Stuttgart: Gustav Fischer, S. 516-532

Lehmann, Frank/ Diedrich, Klaus/ Van der Ven, Hans/ Al-Hasani, Safaa/ Krebs, Dieter (1986): Aktueller Stand der In-vitro-Fertilisation. In: Schill, Wolf-Bernhard/ Bollmann, Walter (Hrsg.): Spermakonservierung, Insemination, In-vitro-Fertilisation. München/ Wien: Urban und Schwarzenberg, S. 169-190

Leist, Anton (Hrsg.) (1990): Um Leben und Tod. Frankfurt a.M.: Suhrkamp

Litschgi, Mario (1986): Schwangerschaften unter Verwendung von Kryospemia für die donogene und maritogene Insemination. In: Schill, Wolf-Bernhard/ Bollmann, Walter (Hrsg.): Spermakonservierung, Insemination, In-vitro-Fertilisation. München/ Wien: Urban und Schwarzenberg, S. 141-144

Litschgi, Mario (1987): Die artifizielle Insemination mit Samen des Ehemanns und mit Spenders amen. In: Müller, Hansjakob (Hrsg.): Reproduktionsmedizin und Gentechnologie. Basel/ Stuttgart: Schwabe, S. 53-63

Müller, Hansjakob (Hrsg.) (1987): Reproduktionsmedizin und Gentechnologie. Basel/ Stuttgart: Schwabe

Petersen, Peter (1988): Retortenbefruchtung und Verantwortung. Frankfurt a.M.: Fischer

Plachot, Michelle (1992): Viability of preimplantation embryos. In: Hamberger, Lars/ Wikland, Matts (Hrsg.): Assisted Reproduction. London/ Philadelphia/ Sydney/ Tokyo/ Toronto: WB Saunders, S. 327-338

Schaad, Ch. (1982): Heterologous Insemination and Its Medical and Psychological Indications. In: Prill, Hans-Joachim/ Stauber, Manfred (Hrsg.): Advances in Psychosomatic Obstetrics and Gynecology. Berlin/ Heidelberg/ New York: Springer, S. 231-233

Schoene, Wolfgang (1990): Artifizielle Insemination: Der Arzt als Zeugungshelfer. In: Schuller, Alexander/ Heim, Nikolaus (Hrsg.): Biomedizin. Reinbek b. Hbg.: Rowohlt, S. 11-31

Schütz, Alfred/ Luckmann, Thomas (1984): Strukturen der Lebenswelt. Band I2. Frankfurt a.m.: Suhrkamp

Seibel, Machelle M./ Levine, Susan (1987): A New Era in Reproductive Technologies: The Emotional Stages of in Vitro Fertilization. In: Journal of in Vitro Fertilization and Embryo Transfer, Vol. 4. 3, S. 135-140

Singer, Peter/ Kuhse, Helga/ Buckle, Stephen/ Dawson, Karen/ Kasimba, Pascal (Hrsg.) (1990): Embryo Experimentation. Cambridge: University Press

Snowden, Robert/ Mitchell, Geoffrey D./ Snowden, E. M. (1985): Artefizielle Reproduktion. Stuttgart: Enke

Soeffner, Hans-Georg (1991): ‚Trajectory‘ – das geplante Fragment. In: BIOS, Jg. 4. 1, S. 1-12

Stauber, Manfred (1986a): Psychosomatische Aspekte zu Befruchtungstechnologien – Kinderwunsch und sterile Ehe. In: Lanz-Zumstein, Moni (Hrsg.): Embryonenschutz und Befruchtungstechnik. Reihe: Gentechnologie, Band 9. München: Schweitzer, S. 29-48

Stauber, Manfred (1986b). Künstliche Befruchtung. In: Psychosozial, Jg. 30. 9, S. 7-15

Szalmay, Georg (1979): Die heterologe artifizielle Insemination. In: Geburtshilfe und Frauenheilkunde, Jg. 39, S. 756-760

Tauber, Peter F. (1987): Ärztliche Verantwortung angesichts der Herausforderungen der Fortpflanzungsmedizin. In: Schriften des Ärzterates im Bistum Essen, Band 10. Nettetal: Steyler, S. 42-75

Tesarik, Jan (1989): Viability assessment of preimplantation concepti: a challenge for human embryo research. In: Fertility and Sterility, Jg. 52. 3, S. 364-366

Testart, Jaques (1988): Das transparente Ei. Frankfurt a.M.: Schweitzer

Thomas, Keith (1973): Religion and the Decline of Magic. Harmondsworth: Penguin

Ven, Hans van der/ Al-Hasani, Safaa/ Diedrich, Klaus/ Hamerich, Ulrike/ Lehmann Frank/ Krebs, Dieter (1985): Polyspemiy in in vitro fertilization of human oocytes: frequency and possible causes. In: Annals of die New York Academy of Sciences, Vol. 442. 1, S. 88-95

Voß, Andreas (1994): Die Überwindung des Schweigens. In: Schröer, Norbert (Hrsg.): Interpretative Sozialforschung. Opladen: Westdeutscher Verlag, S. 167-177

Webster, John (1986): Embryo Replacement. In: Fishel, Simon/ Symonds, Edwin M. (Hrsg.): In Vitro Fertilisation. Oxford: IRL Press, S. 127-134

WHO Laboratory manual for the examnination of human semen and semen-cervical mucus interaction (1987): Normal values for semen variables. Cambridge: University Press

Wood, Carl/ Leeton, John/ Kovacs, Gabor (Hrsg.) (1980): Artifical Insemination by Donor. Melbourne: Brown Prior Anderson

Wood, Carl/ McMaster, Robert/ Rennie, George/ Trounson, Alan/ Leeton, John (1985): Factors influencing pregnancy rates following IVF and ET. In: Fertility and Sterility, Vol. 43. 2, S. 245-250

Die Produktion von Geduld und Vertrauen[1]
Zur audiovisuellen Selbstdarstellung des Fortpflanzungsexperten

„Der Arzt weiß sich nur zur Mithilfe bei der Natur befugt."
(Gadamer 1993, S. 162)

Wasser – plätscherndes, sprühendes, glitzerndes Wasser. Kinder – spielende, fröhliche, saubere Kinder. Und eine Melodie – eine leichte, heitere, harmonische Melodie. Bewegung, Farbe, Klänge, Licht: Klares Wasser und gesunde Kinder.

Das in etwa sind die ersten Eindrücke eines Videofilms, dessen Titel, „Wunschkinder", in diese Szenerie eingeblendet wird. Die Suggestion liegt fast ‚platt' auf der Hand: Leben, Freude am Leben, lebenswertes Leben, wünschenswertes Leben: Glück, Kinder-Glück, glückliche Kinder: „Wunschkinder". Ein Film also über erfüllte Wünsche, Träume, Hoffnungen? Ein Film von der Sonnenseite des Lebens? Das zweite Insert notiert „Abklärung und Behandlung bei unerfülltem Kinderwunsch". Ein Film also eher über Aktionen, Maßnahmen, Praktiken – nicht etwa im Umgang mit Wunschkindern, sondern mit dem Wunsch nach Kindern, der offenbar offen geblieben ist, bislang? Womöglich ein Lehrfilm, doch – für wen? „Ein Film für Betroffene", so informiert uns die dritte Einblendung, hinein in die Großaufnahme eines strahlenden Kindergesichts. Und eine sonore Männerstimme überlagert die Harfenklänge: „Eigene Kinder: Für viele von uns sind sie eine ganz natürliche, ja selbstverständliche Erfüllung unseres Lebens. Bleibt der Wunsch *unerfüllt,* tauchen oft Zweifel am Sinn unserer Existenz auf. Und wenn wir fröhliche Kinder spielen sehen, kommt nicht selten Trauer und Frustration in uns auf." Ein Film also anscheinend für ‚uns' vom unerfüllten Kinderwunsch ‚Betroffene'.

1. Das paternalistische ‚Wir'

Hier wird, ganz unüberseh- und vor allem unüberhörbar, Wir-Gefühl evoziert, wird ‚Gemeinschaft' konstruiert, für die der *Wunsch* nach ‚eigenen' Kindern konstitutiv ist: Eigene Kinder – das Sinnvehikel des Lebens schlechthin für jeden und alle, das Symbol ‚unserer' vitalsten – individuellen wie kollektiven – Interessen. ‚Wir',

---

[1] Das hier applizierte Verständnis von ‚Produktion' entspricht weitgehend der von Aaron Cicourel (1986) vorgeschlagenen Verwendung des Begriffs. – Vgl. dazu auch Keller 1994.

so die Botschaft, ‚wir‘ brauchen Kinder, ‚wir‘ wollen Kinder, ‚wir‘ sind irritiert, *wenn* wir keine Kinder haben, ‚wir‘ aber auch sind unglücklich, *weil* wir keine Kinder, keine *eigenen* Kinder haben (obwohl wir sie uns wünschen).

    Wer eigentlich bastelt hier dieses amorphe, schillernde, mehrdeutige ‚wir‘? Wer ist es, der hier so emotionsbetont Verständnis und Einfühlungsvermögen für die triste existentielle Befindlichkeit ungewollt kinderloser Paare bekundet? Am naheliegendsten wäre wohl, hinter diesem ‚wir‘ eine Selbsthilfe-Organisation zu vermuten, die Selbstetikettierung vielleicht einer ‚Initiative Unfreiwillig Kinderloser‘, oder allenfalls die einer ‚Gruppe Anonymer Melancholiker‘. Aber, und zwar nur im ersten Augenblick überraschend, tatsächlich ist dieses Video zwar ein Film *für* Betroffene, aber es ist kein Film *von* Betroffenen. Vielmehr handelt es sich um einen Film von denen (und wie ‚wir‘ im Folgenden sehen werden, vor allem auch *über* die), die sich qua Beruf um die Betroffenen kümmern, die den ‚unerfüllten Kinderwunsch‘, die ‚ungewollte Kinderlosigkeit‘ professionell *abklären und behandeln*. Es ist, wie im Folgenden zu zeigen sein wird, ein Film von *Fortpflanzungsexperten*.

    Genauer gesagt, es handelt sich bei dem den hier dokumentierten Beschreibungen und Interpretationen zugrundeliegenden Film-Material um ein Video, das Ärzte Sterilitätspatienten nach dem Erstgespräch mit nach Hause geben.[2] D.h., es handelt sich um eine technisch avancierte Variante zur herkömmlichen *Informationsbroschüre* für Patienten.[3] Hinter dem ‚Gemeinschaft‘ kündenden und entsprechende Gefühle evozierenden ‚wir‘ jener Männerstimme aus dem ‚Off‘ verbirgt sich somit offenkundig jenes ‚uns allen‘ bekannte paternalistische ‚wir‘, wie es in medizinischen Einrichtungen vom Pflegepersonal im Umgang mit Patienten eingesetzt wird („Wie fühlen wir uns denn heute?“). Im letzten Satz der Einleitungssequenz wird das vertrauenschaffende ‚wir‘ denn auch folgerichtig – und zwar für den *ganzen* Film – zugunsten der direkten Patienten-Ansprache aufgegeben: „Dieser Film will *Sie* informieren über die Möglichkeiten und Grenzen der Behandlung von ungewollter Kinderlosigkeit und Ihnen helfen, damit umzugehen.“

---

2   Dieser Videofilm ist 1992 vom reproduktionsmedizinischen Ärzteteam der Frauenklinik eines schweizerischen Kantonsspitals in Zusammenarbeit mit professionellen Filmemachern produziert und von einem schweizerischen Pharma-Unternehmen finanziert worden.

3   Wir haben also keinen Lehrfilm für angehende Reproduktionsmediziner oder deren Hilfspersonal vor uns (auch wenn neuerdings das ‚sponsernde‘ Pharma-Unternehmen den Videofilm auch bei Tagungen von Reproduktionsmedizinern und -biologen vorführen lässt) und auch keinen Dokumentarfilm für die ‚breite Öffentlichkeit‘, sondern *explizit* eine verfilmte Information für Paare, die sich u.a. anhand dieses Videobandes entscheiden sollen, ob sie sich bei *diesem* Ärzteteam in Behandlung begeben wollen. Da (die) Mitglieder des Ärzteteams in dem Film auftreten, dient dieser auf jeden Fall zumindest *auch* ihrer Selbstdarstellung gegenüber (potentiellen) Patienten.

2. Die Konstitution von Laie und Experte

Damit informiert und geholfen werden kann, werden die ‚betroffenen' Zuschauer nunmehr aufgefordert, ein jüngeres Paar durch seine „Stationen" in der reproduktionsmedizinischen Institution bzw. Organisation zu begleiten. Gleich darauf ist das Paar denn auch im Gespräch mit einer Frau zu sehen. Diese Frau vermittelt – aufgrund dessen, was sie sagt, vor allem aber wohl wegen dem weißen Kittel, den sie trägt – dem Zuschauer (und „offensichtlich" auch dem Paar) glaubhaft den Eindruck, eine Ärztin zu sein. (Die ganze Szene stellt also allem Anschein nach eine Sprechstundensituation dar bzw. nach.) Die Ärztin beginnt das Gespräch mit der Feststellung, dass das Paar durch Überweisung eines anderen Arztes an diese Klinik gekommen sei und wendet sich dann an die Frau mit der Frage, wie lange sie nun schon versuche, schwanger zu werden.[4] Die Patientin erläutert, dass sie sich, als sie und ihr Mann angefangen hätten, sich ob ihrer Kinderlosigkeit „Sorgen" zu machen, an ihren Gynäkologen gewandt habe, der bei seinen Untersuchungen jedoch keinen Hinweis habe entdecken können. Der Facharzt habe das Paar deshalb an die Klinik weiter verwiesen, wo es sich nunmehr endlich Aufschluss über die Ursache seiner Unfruchtbarkeit erhoffe.

In diesem von Medizinern produzierten Videofilm werden also *nicht* die Ärzte als diejenigen benannt, die sich hier an (potentielle) Patienten wenden und ihre Dienste anbieten. Damit vermeiden die Her- und Darsteller zunächst einmal das, was ansonsten womöglich als standeswidrige Klientenwerbung gedeutet (und gerügt) werden könnte. Vor allem aber (be-)nutzen sie das Medium Film, um die Konstruktion des (ideal-) typischen Beginns der Arzt-Patient-Begegnung in Szene zu setzen. Und dem Film zufolge ist es eben grundsätzlich der Patient, der sich zum Arzt begibt, von ihm Hilfe für sein Problem erfragt und somit die Experten-Laien-Konstellation (und d.h. auch: sich *selber* als Laie) konstituiert.[5] Polemisch zugespitzt gesagt: Dies ist ein Film von Medizinern (d.h. von Experten) darüber, wie sie sich (ideale) Patienten (d.h. Laien) vorstellen (bzw. wünschen) – ein Film also über die *Vorstellungen* von Experten.

---

4   ei dieser Frage nach der *Dauer* ungewollter Kinderlosigkeit, resp. bei deren Beantwortung durch die im Film präsentierten Paare handelt es sich um ein *typisches* Merkmal der im Videofilm in verschiedenen Konstellationen dargestellten (anamnestischen) Gespräche zwischen Arzt und Patient(en).

5   Für das Experten-Laien-Verhältnis, in seiner besonderen, nachgerade prototypischen Form der Arzt-Patient-Beziehung (vgl. z.B. Freidson 1975, 1979, 1986; dazu auch Foucault 1976 und Lachmund 1987 und 1992), ist zunächst dessen „logische" Konstitution festzuhalten: Nach Walter Sprondel (1979) wird ein Mensch erst dann zum Laien, wenn er sich mit einem Problem an einen Experten wendet, wenn er also dessen Wissen und Können als angemessene Problemlösung akzeptiert.

Der Film als Informations- und Meinungsträger hat somit die Funktion, zwischen der eingangs geschilderten ‚dramatischen‘ Situation kinderloser Paare und einer aktiven Problembehandlung durch die Allianz von Arzt und Patient zu vermitteln. Wenn die Frau erzählt, dass das Paar, als nach zweijähriger Ehe immer noch kein Kind unterwegs gewesen sei, begonnen habe, sich „langsam Sorgen" zu machen, dann präsentiert sie anhand dieser (scheinbaren) Rekonstruktion ihres Erlebens vor allem das *medizinische* Verständnis von Sterilität. Denn die einschlägige reproduktionsmedizinische Definition von Unfruchtbarkeit besagt u.a., dass, wenn nach ein- bis zweijährigem, ungeschützt praktiziertem Geschlechtsverkehr keine Schwangerschaft eingetreten ist, von Unfruchtbarkeit ausgegangen werden kann.[6] Wenn also die Frau im Arzt-Patient-Gespräch diese Zeitangabe macht und von den damit verbundenen „Sorgen" spricht, dann expliziert sie sozusagen das „ideale" Weil-Motiv (nach Schütz, z.B. 1974, S. 122-136), das der Ärztin das Vorhandensein eines biographisch begründeten Handlungsproblems signalisiert und diese ‚veranlasst‘, nun ihrerseits fachlich kompetente Gedanken über die Ursachen der ungewollten Kinderlosigkeit zu äußern.[7]

Indem der Sprecher im dunklen Anzug, der daraufhin ins Bild gerückt wird, die vorausgegangene Sprechstundenszene als „*beispielhaft* für unsere tägliche Praxis" charakterisiert, weist er sich quasi beiläufig als Mitglied der zuvor schon von der Ärztin repräsentierten[8] Medizinergruppe aus (und grenzt sich somit von der für das Genre typischen Rolle des professionellen Moderators ab, obwohl – oder weil – er hier auch dessen Funktion ausübt). Im Unterschied allerdings zur Ärztin wird kurz darauf Titel und Name („Prof. Dr. med." «Name») des Sprechers eingeblendet, womit seine (gesellschaftlich anerkannte) professionelle Autorität – sozusagen als der ‚eigentliche‘ Experte – markiert wird. Diese professionelle Autorität, die seinen Worten ein besonderes, vertrauensbildendes Gewicht verleiht, ist es auch, die den Professor legitimiert, das (Film-)Geschehen zu kommentieren, Relevanzen zu markieren und den anderen, spezialisierteren Akteuren gegebenenfalls Rederechte (für Detail-Erläuterungen) zuzuweisen. Signalisiert, ja ‚in Sze-

---

6 Zur Definition von Sterilität und zur Unterscheidung verschiedener Formen vgl. Speroff et al. 1989, S. 433f; Psychrembel, S. 1586 (Stichwort: Sterilität); Da Rugna 1983, S. 223, Bettendorf 1989, S. 407. – Die erwähnten Zeitangaben sind in der Fachliteratur uneinheitlich.

7 Fast beiläufig macht der Hinweis der Frau auf ihre „Hochzeit" auf die für die (noch in Vorbereitung befindliche) schweizerische Gesetzgebung zur Reproduktionsmedizin wichtige Frage aufmerksam, ob die neuen Befruchtungstechniken nur bei verheirateten oder auch bei im ‚Konkubinat‘ lebenden Paaren zugelassen werden sollen. – Die Richtlinien der schweizerischen Ärzteschaft allerdings sehen die „ärztlich assistierte Fortpflanzung" für beide Paar-,Arten‘ vor (vgl. SAMW 1990, dazu auch Ernst 1991).

8 In der zuvor skizzierten Sprechstundenszene spricht diese davon, dass das Paar „an uns" überwiesen worden sei.

ne gesetzt' wird dadurch v.a. das Selbstverständnis *dieses* Akteurs als *Experte* auf dem Gebiet menschlicher Fortpflanzung. Zugleich wird damit beim Zuschauer eben *Vertrauen* evoziert.[9]

3. Der Eindruck von Genauigkeit

Im Folgenden wird auf der Basis von beruflicher Erfahrung und professionellem Wissen über die Häufigkeit und die Ursachen der Sub- bzw. Infertilität bei Mann und Frau informiert. Unter den Fachleuten besteht Konsens, dass „zehn bis fünfzehn Prozent der Paare" unfruchtbar sind (vgl. z.B. Keller 1984, Mettler 1983). Die implizite Botschaft liegt auch hier wieder auf der Hand: Die mit dem Video angesprochenen, ‚betroffenen Paare' sind keine Freaks, keine seltenen Ausnahmen, keine normabweichenden Sonderlinge.

An der im Film postulierten *prozentualen* Verteilung von Sterilitätsursachen fällt die Geschlechtersymmetrie auf.[10] Die pseudogenau Angabe von ‚Anteilen' – je 40% bei der Frau und beim Mann, sowie 20% gemeinsame Beteiligung – am konstatierten Faktum ‚Sterilität' dient allerdings wiederum weniger der Vermittlung gültiger Daten, als vielmehr dazu, unter Verweis auf anerkannte methodische Instrumente soziale Schuldzuschreibungen zu delegitimieren, also sozusagen mit wissenschaftlicher Attitüde sozialen Frieden (zwischen den Beteiligten und ihren jeweiligen ‚Sympathisanten') zu schaffen oder zumindest darauf hinzuweisen, dass aus medizinischer Sicht kein Anlass (mehr) besteht für einseitige Schuldzuschreibungen. Diese alltagsweltliche Entlastung soll also durch ein rein *statistisches* – mithin eben gerade *nicht* fallspezifisches – Argument erwirkt werden.

(Geflissentlich?) vernachlässigt wird bei dieser Prozentzahlen-Akrobatik überdies ein in der Fachliteratur (z.B. bei Bettendorf 1989), als „idiopathische Sterilität" bezeichnetes Phänomen, das besagt, dass die Medizin in den betreffenden Fällen die Ursachen nicht benennen oder gar erklären kann. Erwähnt wird zwar, dass der *niedergelassene Gynäkologe* Sterilitätsursachen nicht kennt bzw. nicht identifizieren kann. Aber bei den sich hier präsentierenden *Experten* wird ein solches *prinzipielles* Nichtwissen nicht mehr thematisiert. Offenbar wurde es als didaktisch sinnvoll erachtet, die vertrauensbildenden Maßnahmen und die Kompe-

---

9   Ein Professor der Medizin ist – jedenfalls aus der Sicht der Patienten bzw. der Laien – der hierarchisch nachgerade höchstrangige Repräsentant ärztlicher Expertise, und dem, was er sagt, wird deshalb auch per se besondere Aufmerksamkeit und Akzeptanz zuteil. (Wobei diese natürlich gegenüber den je individuellen Trägern solcher Expertenschaft variiert.)

10 In der medizinischen Fachliteratur hierzu aufgeführte Angaben sind nicht einheitlich, allerdings lässt sich offenbar tatsächlich ein Trend zu einer Art Geschlechter-‚Gleichheit' ausmachen (vgl. Keller 1984, Trotnow und Barthel 1985, Runnebaum und Rabe 1987).

tenzdemonstration im Film nicht dadurch zu irritieren, dass explizit auch *eigenes* Nichtwissen eingeräumt würde. Zumindest wird in dieser Phase des Informationsaufbaus der Verweis auch auf eigenes medizinisches Nichtwissen suspendiert zugunsten des Eindrucks, dass die ‚hilfebedürftigen Betroffenen' einen verständnisvollen, medizinisch hochkompetenten Partner gefunden haben, mit dem zusammen sich klären lässt, wo ‚das Problem' liegt.

Nach dem kurzen epidemiologischen Überblick über Sterilität und ihre Ursachenverteilung, dem, wie gesagt, v.a. eine individuell entlastende Funktion zukommt und der zugleich die kompetente *Übersicht* des Experten, der alle Möglichkeiten im Blick und alle Probleme erkannt und damit schon ‚so gut wie' unter Kontrolle hat, demonstriert, stabilisiert der ‚moderierende' Professor seine bisherigen vertrauensbildenden Maßnahmen, indem er „unsere Gruppe von Fachleuten" präsentiert, die „Antworten auf Fragen geben und Lösungswege aufzeigen" wird, zu Problemen, die in den fünf im Videofilm auftretenden Patienten-Paaren buchstäblich *verkörpert* sind.[11] Der ideale Gesamt-Experte repräsentiert also tatsächlich einen geballten Sachverstand, der sozusagen jederzeit zugunsten des Patienten aktiviert werden kann. Und diese versammelte Fachkompetenz wird auch nicht einfach in stummes, technisch-instrumentelles Handeln umgesetzt, vielmehr wird vielfältig kommuniziert, erläutert, rückgefragt und so beim Patienten ein typischerweise zufriedenstellendes ‚Verstehen' evoziert dafür, wie es zu Kinderlosigkeit kommen kann.

4. Die Präsentation von Bildungswissen

Das generelle Thema, die ‚Grundmelodie' sozusagen des Films ist menschliche Unfruchtbarkeit schlechthin. Auf diese gibt es selbstverständlich eine Reihe *medizinischer* Antworten (vgl. dazu z.B. Zander 1983, Schill und Bollmann 1986, Scheidel, Hepp und DeCherney 1990). Es gibt aber bekanntlich auch ein paar Alternativen (z.B. Adoption, Zukunft ohne Kinder), die *nicht* zu den medizinischen Maßnahmen zählen (vgl. dazu auch Gross und Honer 1990). Der Film präsentiert also nicht, was man als ‚Betroffener' oder als Arzt *tun*, sondern was man – nach Meinung der Experten: als Laie – *wissen* muss. Und das, was ‚man' wissen muss, hat

---

11   Womit noch einmal die ‚logische' Konstitution der Experten-Laien-Beziehung deutlich wird: Experten geben anscheinend Antworten auf Fragen von Laien. Tatsächlich aber werden Menschen zu Laien gemacht, indem ihnen Fragen unterstellt bzw. unterschoben werden, zu denen andere Menschen, die sich dadurch als Experten ausweisen, Antworten geben wollen bzw. können.

quasi enzyklopädischen Charakter: ‚Man' muss z.b. offensichtlich wissen, wie die menschliche Fortpflanzung vor sich geht.[12]

Die Beschreibung dieses ‚natürlichen' Befruchtungsvorgangs leitet der ins Bild gerückte Experte mit der Feststellung ein, dass es sich dabei um einen „recht komplizierte(n) Vorgang" handle: Zwei griechische Statuen verkörpern im Folgenden das männliche und das weibliche Prinzip. Diese beiden Hälften, so wird erläutert, müssten zusammenkommen, damit eine Einheit entstehen könne.[13] Mit dieser doch relativ informationsarmen Mystifizierung des Zeugungsaktes, in dem die zuvor schon bei der Ursachenverteilung angesprochene Geschlechter-,Gleichheit' ihre ‚Erfüllung' findet, wird völlig abstrahiert vom ‚banalen' Geschehen des Geschlechtsaktes.[14] (Schematisch) präsentiert werden (lediglich) die für die Zeugung notwendigen körper*inneren* Geschlechtsorgane. Hierbei aber werden dann die aus medizinisch-biologischer Sicht fortpflanzungsrelevanten Elemente des menschlichen Körpers wieder großformatig ins Bild gebracht und erläutert: Anhand vereinfachter Modelle der inneren Genitale werden die für die ‚natürliche' Befruchtung wesentlichen Bestandteile und Stadien des Vorganges ‚sichtbar' gemacht. Die dabei hypostasierte Ordnung und Geregeltheit des Geschehens versinnbildlicht zugleich die systemisch-systematische Geordnetheit des (für den Laien) unsichtbaren natürlichen Geschehens, um dessen Nachvollzug, dessen Rekonstruktion sich die Experten bemühen.

Zur *verbalen* Beschreibung wird, in der Manier einer naturkundlichen Entdeckungsreise ins Körperinnere, der „Sonderrahmen" (Goffman 1977, S. 38ff.) des Sensationellen, des Erstaunlichen als Stilmittel eingesetzt. So wird beispielsweise von den „Samenkanälchen" im Hoden berichtet, sie seien „aneinandergereiht

---

12 Das in allgemeinverständlicher Sprache beschriebene Modell der menschlichen Fortpflanzungsphysiologie, das in Varianten auch in sogenannten Erstgesprächen zwischen Ärztinnen und unfruchtbaren Paaren dargestellt worden ist, an denen ich habe teilnehmen können, bildet das für Arzt und Patient gemeinsame, wenn auch sicher nicht gleich relevante und schon gar nicht gleich verteilte Hintergrundwissen bzw. den systematisch-allgemeinen Bezugsrahmen, vor dem die spezifischeren diagnostisch-therapeutischen Behandlungsschritte entfaltet werden können und von dem aus sich das medizinische Handeln legitimiert. – Auf das eingangs vermittelte Heils- und Erlösungswissen (Kinder und der Sinn des Lebens) folgt im hier behandelten Videofilm mithin nicht einfach nur technisches bzw. Herrschafts- und Leistungs-Wissen, sondern vor allem schieres Bildungswissen (vgl. v.a. Scheler 1980, dazu auch Honer 1993a, S. 22f, sowie Gross/ Honer 1991, S. 14ff).

13 Hierdurch wird implizit jene mythologische Vorstellung angesprochen, wonach der Mensch ursprünglich eine Kugel war, die von den Göttern in zwei Hälften, eine männliche und eine weibliche, geteilt worden ist, welche seither auf der Suche nach einander sind, um sich wieder zu einem Ganzen zu vereinen (vgl. Treusch-Dieter 1990).

14 Die griechische Symbolik verweist trivialerweise auf das Bildungswissen des medizinischen Akademikers, der in humanistischer Manier das profane Geschehen nicht benennt, geschweige denn (dem Laien gegenüber) ‚pornographiert'.

... bis (zu) *drei*hundert Meter lang". Oder es wird als ,plötzliches' Ereignis dramatisiert, wenn die äußere Hülle der Eizelle nach der Penetration durch ein Spermium für alle anderen Spermien undurchdringlich wird. Die Funktion dieser Beschreibungsweise kann, in Anlehnung an Goffman, darin gesehen werden, dass Unerwartetes Aufmerksamkeit zu binden in der Lage ist. Dabei geht es aber eben um Aufmerksamkeit für ein Wissen, das tatsächlich allenfalls für Fachleute handlungsorientierend ist, während es für die hierüber unterrichteten Laien alltagspraktisch bestenfalls als ,kommunikative Ressource', zur interaktiven Performanz von Bildungswissen relevant sein kann, das aber keineswegs eine eigenständige Problemlösung unterstützt, anleitet, ermöglicht.

5. Die Rhetorik der Komplexität

Mit dieser Entfaltung einer quasi-naturwissenschaftlichen und mithin ,legitimen' Sicht[15] wird ein Perspektivenwechsel vollzogen, der das für das zu lösende Problem der Unfruchtbarkeit offensichtlich unzulängliche alltägliche Verständnis des sexuellen Zeugungsaktes ersetzt: Es wird ein Orientierungsrahmen installiert und plausibilisiert, der, im Selbstverständnis der Experten, das *Naturgeschehen* enträtselt und entschlüsselt und die für das Expertenhandeln relevanten Bezugspunkte, die diagnostisch-therapeutischen Kategorien liefert. Präsentiert wird also auch hier, vermittels der offensichtlich nach *deren* Relevanzkriterien vorgenommenen Mikro- und Makroskopierungen, die Problem- und damit die Weltsicht *des Mediziners*.

Der im Film immer wieder getroffenen Feststellung, dass es sich beim ,natürlichen Befruchtungsvorgang' um komplizierte und komplexe Prozesse handle, kommen mithin verschiedene Funktionen zu: Auf der Ebene der *Beschreibung* des biologischen Geschehens dient sie dazu, langwierige Schilderungen abzukürzen und zusammenzufassen. Auf der *legitimatorischen* Ebene verweist sie auf den umfassenden, komplexen Sonderwissensbestand, der im Film ,natürlich' nicht dar-

---

15 Reproduktionsmediziner lassen sich – entsprechend ihrer primären Orientierung – prinzipiell differenzieren in einen *naturwissenschaftlich* orientierten Typus hie und in einen *psychosomatisch* orientierten Typus da. Diese Typisierung ist, soweit ich die Lage überblicke, in der Literatur über Reproduktionsmedizin noch nicht ausgearbeitet, sie lässt sich m.E. aber über einen systematischen Vergleich reproduktionsmedizinischer Fachveröffentlichungen plausibilisieren: Einer der prominentesten Vertreter des *psychosomatischen* Ansatzes in der (deutschsprachigen) Reproduktionsmedizin ist zweifellos Manfred Stauber (vgl. 1988; vgl. aber auch Kemeter und Feichtinger 1986). Zu den primär *naturwissenschaftlich* orientierten Reproduktionsmedizinern hingegen zähle ich beispielweise die Präsidentin der „Deutschen Gesellschaft zum Studium der Fertilität und Sterilität", Liselotte Mettler (vgl. 1983), sowie den Präsidenten der „Schweizerischen Gesellschaft für Fertilität, Sterilität und Familienplanung", Paul J. Keller (vgl. 1984) – *und eben auch das sich hier im Film präsentierende Ärzteteam.*

gestellt werden kann, der aber erst die Voraussetzung für Expertenschaft bildet. Und sie hat darüber hinaus eine präventiv *exkulpierende* Funktion für das faktische Spezialistenhandeln, um das es ja ‚eigentlich' geht: also für die Sterilitätsbehandlung, weil derart vielschichtig zusammengesetzte und systemisch vernetzte Naturvorgänge auch für den Experten, trotz seiner weitreichenden Kenntnis dieser Prozesse, viele Unwägbarkeiten beinhalten. Wenn es also trotz aller Bemühungen zu keiner Schwangerschaft kommt, dann liegt das eben an vielfältigen organisch-funktionellen Abläufen. Damit einher geht überdies ein Appell an die Patienten, *Geduld* zu haben, da angesichts solch komplexer Vorgänge die Behandlung der „Störungen" typischerweise ausgesprochen zeitaufwendig ist bzw. sein wird.

Im Übrigen müssen sich nicht nur Sterilitätspatienten in Geduld üben. Vielmehr ist, wie die Experten errechnet haben, die monatliche Wahrscheinlichkeit, ein Kind zu zeugen, auch für „fruchtbare Paare" relativ niedrig. (Sie liegt bei durchschnittlich 10 bis 15 Prozent). „Mehrere Monate" auf die gewünschte Schwangerschaft zu warten, ist folglich für fruchtbare wie für unfruchtbare Paare nichts Außergewöhnliches, denn das ‚komplexe System' der (menschlichen) Natur unterliegt nur in beschränktem Maße menschlicher Willkür (vgl. dazu Baier 1988, S. 139ff.). Das ist aber, gerade heutzutage in modernen Gesellschaften, kein Grund für Quietismus oder Fatalismus (vgl. dazu Honer 1993b). Denn wie sie mit diesem Film zu demonstrieren suchen, wissen die Experten ja schließlich um das ‚komplexe System' Bescheid und haben mithin die Kompetenz, ‚Störungen' im natürlichen Vorgang ‚besser zu verstehen'. Und was die Patienten dabei verstehen (lernen) sollen, das ist, dass sie bereit sein müssen, sich eben vertrauensvoll und geduldig dem Bemühen der Ärzte zu überantworten.[16]

6. Der Mensch hinter der Technik

Im zweiten Teil des Videos werden, entsprechend dem bekannten medizinspezifischen (Be-)Handlungs-„Dreischritt" von Diagnostik, Therapie und Prognose, resp. Evaluation der Behandlungschancen und denkbarer -‚Nebenwirkungen' (vgl. dazu aus kritischer Innensicht Lüth 1972, sowie Kirchgässler 1986), die (naturwissenschaftlich ‚gesicherten') „Möglichkeiten" der Sterilitätsbehandlung – von der hormonell-medikamentösen Behandlung bis hin zur Mikroinjektion – dargelegt. Im Unterschied zur ersten Filmsequenz werden hierbei die technischen Maßnahmen überwiegend *nicht* anhand von Schaubildern und schematischen Darstellungen

---

16   Wie wichtig eine vertrauensvolle Beziehung zum Arzt für ihre Befindlichkeit und ihr Durchhaltevermögen ist, bekunden sterilitätstherapeutisch behandelte Frauen auch selber in publizierten Erfahrungsberichten (vgl. hierzu z.B. Ulmer-Otto 1989, Klein 1989).

vermittelt, vielmehr werden nun tatsächlich Akteure, Ärzte eben und anderes medizinisches Personal, ‚bei der Arbeit' gezeigt. Dadurch wird der Eindruck erzeugt, dass trotz aller Medizintechnik die Patienten von sorgfältigen, aufmerksamen und kompetent arbeitenden *Menschen* behandelt und betreut werden.

Verstärkt wird der Eindruck von konzentrierter, gewissenhafter medizinischer Arbeit noch dadurch, dass die in der Öffentlichkeit mit Reproduktionsmedizin assoziierten künstlichen Befruchtungstechniken[17] in den Kanon der medikamentösen und operativen Therapiemaßnahmen quasi als ‚ultima ratio', als letztverbleibende Behandlungsformen, integriert sind, also immer erst dann thematisiert werden, wenn es (wirklich) keine andere medizinisch akzeptable Alternative mehr zu geben scheint.[18]

7. Die Definition unrealistischer Patienten-Wünsche

In der Schlusssequenz des Films spricht die – zwischenzeitlich auch per Insert mit Titel und Namen vorgestellte – Ärztin, der ‚wir' schon am Anfang begegnet waren, mit einem Paar, bei dem, wie schon beim anfangs vorgestellten, bisher keine Ursache für die Unfruchtbarkeit hatte diagnostiziert werden können. Bei der inzwischen zweiundvierzigjährigen Frau waren andernorts bereits drei erfolglose Behandlungen mit künstlichen Befruchtungstechniken (In-vitro-Fertilisation und intratubarer Gametentransfer) durchgeführt worden.

---

17 Dabei handelt es sich – neben der älteren, bereits im 19. Jahrhundert angewandten Technik der *Insemination* – vor allem um die *In-vitro-Fertilisation* (IVF), die extrakorporale Befruchtungstechnik, die nach der Geburt von Louise Brown, dem ersten ‚Retortenbaby', 1978, eine mit unterschiedlicher Intensität anhaltende öffentliche und Experten-Diskussion ausgelöst hat (vgl. für viele Hirsch/ Eberbach 1987, sowie van den Daele 1985). Weitere Neuerungen sind der *intratubare Gametentransfer* (GIFT), bei dem die Befruchtung allerdings wieder ‚in vivo' geschieht, und der *tubare Embryotransfer* (TET), sowie – als derzeit avancierteste technische Entwicklung – die *Mikroinjektion*, zu der es zwei Varianten gibt: *ZUSI* (die subzonale Injektion; hier werden einige wenige Spermien unter die äußere Eizellhülle, die Zona pellucida, eingebracht) und *ICSI* (die Intrazytoplasmatische Spermainjektion; hier wird *ein* Spermium direkt in das Zellplasma der Eizelle injiziert).

18 Zur psycho-therapeutischen Begleitung der Patienten während (und gegebenenfalls auch nach) der typischerweise ausgesprochen langwierigen Sterilitätstherapie wird im Videofilm ein einschlägiger Spezialist vorgestellt. Denn auch eine ausgesprochen naturwissenschaftlich orientierte Infertilitätsbehandlung kommt *praktisch* in aller Regel nicht ohne Rekurs auf psychologische Kompetenzen aus, über die die anderen Ärzte eben *nicht* hinlänglich verfügen. Z.B. wird in der einschlägigen Literatur immer wieder konstatiert, die meisten infertilen Paare erlebten während der Behandlung eine emotionale ‚Berg- und Talfahrt' mit Gefühlen wie Angst, Frustration, Wut, Isolation, Schuld usw. (vgl. z.B. Bresnik/ Taymor 1979, Seibel/ Levin 1987, Holmes/ Tymstra 1987). Infolgedessen scheinen ‚irrationale' Hoffnungen und Ängste auf der Seite der infertilen Paare nachgerade symptomatische Elemente der Interaktionsstruktur zwischen Arzt und Patienten zu sein (vgl. hierzu Lasker/ Borg 1989, Goebel 1986).

Diese von irgendeinem „Spezialisten" ohne diagnostischen Befund vorgenommene medizinische Intervention ist hier jedoch nicht der eigentliche Gesprächsgegenstand, sondern dient lediglich dazu, die Charakteristika des Paares bzw. insbesondere der Frau zu verdeutlichen: Diese, so erfährt der Zuschauer, hatte den Kinderwunsch der beruflichen Karriere zuliebe hintan gestellt (da für sie, „eine Doppelbelastung, Familie *und* Beruf, *völlig undenkbar* gewesen" war) und später dann erwartet, dass die „moderne Medizin" ihr doch noch zu einem Kind „verhelfen" können müsste. Auf das Drängen des Paares, von der Ärztin trotz mehrerer vorausgegangener, erfolgloser Behandlungsversuche nun noch weitere Therapiechancen aufgezeigt und angeboten zu bekommen, antwortet diese mit einigen grundsätzlichen Bedenken, v.a. insofern, als sie auf die sinkende Befruchtungswahrscheinlichkeit und die erhöhten Schwangerschaftsrisiken bei „zunehmendem Alter" verweist.[19] Aber auch diese „statistischen Prognosen" bewirken anscheinend keinen Sinneswandel bei dem elternschafts-erpichten Paar, sodass der Ärztin schließlich nur noch bleibt, an die Beiden zu appellieren, doch auch einmal „eine Zukunft ohne Kind" ernsthaft in Erwägung zu ziehen.

Die didaktische ‚Botschaft' dieser Szene besteht also wesentlich darin, dass immer wieder Paare die Mediziner mit ‚unrealistischen' Kinderwünschen konfrontieren, und dass die Ärzte in solchen Fällen bemüht sind, die Patienten von einer nach ihrer Einschätzung voraussichtlich fruchtlosen Therapie abzubringen. Kurz: Es wird demonstriert, dass die Reproduktionsmediziner keineswegs, wie in der öffentlichen Debatte vielfach unterstellt und kritisiert (vgl. hierzu Zipfel 1987, Hunziker 1990), dem „Machbarkeitswahn" verfallen sind oder sich als ‚Schöpfer des Menschen' überschätzen. Vielmehr erkennen zumindest die ‚wirklichen' reproduktionsmedizinischen *Experten* sehr wohl „unüberwindbare Grenzen, welche die Natur uns setzt" – und sie *ane*rkennen sie auch, wohl wissend, dass das ‚komplexe Fortpflanzungssystem', sich weder von geschichtlich-sozialen Verhältnissen steuern, noch von der modernen Medizintechnik außer Kraft setzen lässt.

Zwar lässt die Natur ‚Ausnahmen' zu, und zwar nutzt die moderne Medizin alle Erkenntnis- und Behandlungsmöglichkeiten, um den ‚legitimen' Kinderwunsch zu erfüllen. Gleichwohl bleibt das eigene Kind „ein Geschenk", auf das es eben, so die ‚Moral' der ganzen Film-Geschichte, keinen „Anspruch" gibt.[20] Nun sind

---

19 Allerdings propagiert, wie jüngst eine ARD-Reportage gezeigt hat, derzeit ein italienischer Arzt, dass er gerade Frauen nach der Menopause mit den neuen Befruchtungsverfahren zum (sehnlichst) gewünschten Kind verhelfen könne.

20 Hoffen also auf die Natur und Vertrauen auf die Kunst und Kompetenz des Arztes, das ist der gar nicht so implizite Ratschlag, den die Experten den Patienten mit auf den Weg geben. Dass auf diesem Weg auch bei ‚Problemfällen' durchaus ein Baby liegen kann, illustriert allerdings wiederum ganz emotional die Schlussszene: Eine Frau und ein Mann verlassen die Klinik,

ja einerseits geringe Erfolgsaussichten und riskante Nebenwirkungen einer medizinischen Behandlung keineswegs immer Kriterien dafür, Behandlungen, Therapien zu unterlassen. Und andererseits bieten gerade die neuen Fortpflanzungstechniken herausragende Exempel dafür, dass von der Natur gesetzte Schranken *sehr wohl* verrückbar sind (vgl. dazu nochmals Gross und Honer 1990, sowie Gross 1992). Wenn also das im Video sich präsentierende Expertenteam entschieden hat, anhand des geschilderten Fallbeispiels die Grenzen *seiner* Bereitschaft, medizinisch zu intervenieren, aufzuzeigen, dann benutzt es die verdinglichende Metapher, „unüberwindbare(r) Grenzen, welche die Natur uns setzt", eben *legitimatorisch* – d.h., es stellt, wie Luckmann (1987) schreibt, das, was ist, als das dar, was sein soll.

8. Die Legitimation ärztlicher Entscheidungen

Die subtil[21] in Szene gesetzte Zurückweisung der (missbräuchlichen) Indienstnahme der Medizin durch Patienten wird argumentativ im Verweis auf naturwissenschaftliche Methodik betrieben, die kulturell ja grosso modo noch immer für ein Höchstmaß rational kontrollierter Erkenntnis steht. Interessanterweise werden *unangemessene* Ansprüche also im Rekurs auf dieselbe ‚Logik' der Erkenntnis nihiliert, aus der auch die Verfahren hervorgehen, die jene ‚Begehrlichkeit' der Patienten erst evozieren (vgl. dazu Jonas 1985, Schuller und Heim 1989). Weder die Erkenntnisprinzipien noch die in ihnen begründeten Techniken determinieren aber irgendwelche Antworten auf die Fragen nach der ‚Moral', nach den Grenzen und nach der Quantität ihrer Applikation.[22] Praktisches (Hilfe-)Handeln basiert deshalb zwangsläufig auf moralischen (allenfalls ‚ethisch begründeten') Entscheidungen darüber, was unter welchen Umständen getan werden soll und was nicht – und ist deshalb typischerweise legitimationsbedürftig.

Eben diese *Legitimation* der – symptomatischerweise als ‚Empfehlung' explizierten – ärztlichen Entscheidung (hier: von weiterer Sterilitätsbehandlung abzuraten) liefert die *statistische* – also Einzelfall-*unspezifische* Prognose. Gleichwohl: Die Statistik *begründet* nicht die Entscheidung, sie plausibilisiert sie (bestenfalls).

---

zwischen sich eine Babytragetasche, an der ein Luftballon befestigt ist, mit der Aufschrift „It's a girl".

21   Subtil deshalb, weil eine freundlich und ruhig argumentierende junge Ärztin, also eine *Frau*, sozusagen alternativ zum Stereotyp des autoritären, männlichen Mediziners ins Bild gesetzt wird – gegenüber quasi trotzig auf ihren Forderungen beharrenden, zu vernünftigen Einsichten unfähigen Patienten, die zudem noch mit allen ‚Insignien' eines materialistischen Lebensstils verknüpft werden, in dem aus kulturkritischer Sicht das ‚Kind als Ware' behandelt erscheint.

22   Wie im Video auch die Ärztin bemerkt, könnten bei der Patientin „theoretisch" (immer) weitere Versuche mit den neuen Fortpflanzungstechniken unternommen werden.

Getroffen wird die Entscheidung aufgrund sehr viel umfassenderer, eben *nicht* en detail explizierbarer Kompetenzen des bzw. der Experten.[23] Konkret gesprochen: Wenn die Ärztin dem Paar von weiteren technisch-therapeutischen Maßnahmen abrät, dann tut sie dies vor dem Hintergrund eines Konsenses der medizinischen Profession, wonach es sinnvoll, weil ‚vernünftig' sei, Entscheidungen auf der Grundlage von Erkenntnissen zu treffen, die mit naturwissenschaftlich approbierten Methoden zustande kommen bzw. gekommen sind.[24]

Der autoritative Geltungsanspruch medizinischer Expertisen wird hier also aus der als *gesichert* hypostasierten Einsicht in eine als *objektiv* konstruierte Natur abgeleitet. Diese Legitimation aber als rein taktisches, wenngleich wohl mit paternalistischen Absichten durchgeführtes Täuschungsmanöver zu deklarieren, hieße m.E. seinen Sinngehalt zu verfehlen. Dieses Legitimationsprinzip steht vielmehr im Einklang mit dem für die moderne Medizin ‚gültigen' Verständnis von Natur als einem, wie eingangs ausgeführt, überaus ‚komplexen und komplizierten System', dessen „Geheimnisse" zu enträtseln dem „Man of Knowledge" (Znaniecki 1975) in einem galileisch-kopernikanisch-newtonschen Universum aufgegeben ist, und das ihm zugleich immer wieder ‚objektive' Grenzen setzt. Dass die Experten diese ‚unüberwindbaren' Grenzen gleichwohl als durchaus variabel betrachten – und behandeln –, wird im Schlusskommentar des Videofilms deutlich, wo die „Hoffnung" auf Hilfe bei ungewollter Kinderlosigkeit auf bereits vorhandenes und auf in Zukunft noch erwartbares medizinisches Wissen gegründet wird.

Da Wissenschaft „wesenhaft unabgeschlossen" ist (Gadamer 1993, S. 14), eine *angewandte* Wissenschaft wie die Medizin aber praktisch notwendig auf Entscheidungen basiert, die ihr nicht (zumindest keinesfalls *unmittelbar)* aus den Erkenntnissen der modernen Naturwissenschaft zufließen, findet sich diese Profession in einem nachgerade unlösbaren legitimatorischen Dilemma: Einerseits stützt sich ihre Autorität und auch ihre gesellschaftliche Anerkennung gerade auf ihre (Natur-) Wissenschaftlichkeit, andererseits gelten wissenschaftliche Erkenntnisse per Definition nur bis auf weiteres, was der medizinischen Expertise schlechthin einen prinzipiell zweifelhaften Status verleiht, der ständig durch anderweitige legitimatorische Maßnahmen aufrechterhalten und ‚verbessert' werden muss. Gleichwohl – oder eben deshalb – gelingt es diesem Expertentypus offenkundig, eine dauerhafte Laisierung der Patientenschaft zu installieren und zu stabilisieren

---

23 An der prinzipiellen Nicht-Explizierbarkeit *aller* Elemente, aus denen sich das Wissen (nicht nur) von Experten zusammensetzt (vgl. dazu Schütz/Luckmann 1979, S. 133-223) scheitern ja auch die Ambitionen der Entwickler von Expertensystemen, aus diesen ‚mehr' zu machen als – hochkomplexe – ‚Werkzeuge' *für* Experten bzw. Spezialisten (vgl. dazu z.B. Martens 1992, Becker/ Paetau 1992).

24 Und diese Haltung wiederum scheint heutzutage symptomatisch zu sein für professionelle Problemwahrnehmung und Problemdarstellung schlechthin (vgl. hierzu Hitzler, 1994).

und somit zu gewährleisten, dass der professionellen Kompetenz selbst dann noch vertraut wird, wenn sie unübersehbar erfolglos ist.[25]

Literatur

Baier, Horst (1988): Ehrlichkeit im Sozialstaat. Zürich: Edition Interfrom
Becker, Barbara/ Paetau/ Michael (1992): Von der kognitiven zur interaktiven Adäquatheit? In: Malsch, Thomas/ Mill, Ulrich (Hrsg.): ArBYTE. Berlin: Edition Sigma, S. 133-156
Bettendorf, Gerhard (1989): Idiopathische Sterilität. In: Bettendorf, Gerhard/ Breckwoldt, Meinert (Hrsg.): Reproduktionsmedizin. Stuttgart/ New York: Fischer, S. 407-409
Bresnik, Ellen / Taymor, Melvin L. (1979): The role of counseling in infertility. In: Fertility and Sterility, Vol. 32. 2, S. 154-158
Cicourel, Aaron V. (1986): The Reproduction of Objective Knowledge. In: Böhme, Gernot/ Stehr, Nico (Hrsg.): The Knowledge Society. Dordrecht: Reidel, S. 87-122
Daele, Wolfgang van den (1985): Mensch nach Maß? München: Beck
Da Rugna, Dino (1983): Diagnostik der Sterilität und Infertilität. In: Ders. (Hrsg.): Festschrift Prof. Dr. Otto Käser. Basel/ Stuttgart: Schwabe, S. 222-259
Ernst, Cecile (1991): Künstliche Zeugung. In: Fleiner-Gerster, Thomas/ Gilliard, Pierre/ Lüscher, Kurt (Hrsg.): Familien in der Schweiz. Fribourg: Universitäts Verlag, S.437-451
Freidson, Eliot (1986): Professional Powers. Chicago/ London: University of Chicago press
Freidson, Eliot (1975): Dominanz der Experten. München/ Berlin/ Wien: Urban & Schwarzenberg
Freidson, Eliot (1979): Der Ärztestand. Stuttgart: Enke
Foucault, Michel (1976): Die Geburt der Klinik. Frankfurt a.M./ Berlin/ Wien: Ullstein
Gadamer, Hans-Georg (1993): Theorie, Technik, Praxis. In: Ders.: Über die Verborgenheit der Gesundheit. Frankfurt a.M.: Suhrkamp, S. 11-49
Goebel, Peter (1986): Zum Problemverständnis der heterologen Insemination. In: Psychosozial, Jg. 30. S. 16-20
Goffman, Erving (1977): Rahmen-Analyse. Frankfurt a.M.: Suhrkamp
Gross, Peter (1992): Familie simuliert? In: gdi-impuls, Jg. 10. 1, S. 50-58
Gross, Peter/ Hitzler, Ronald / Honer, Anne (1989): Diagnostische und therapeutische Kompetenz im Wandel. In: Franz Wagner (Hrsg.): Medizin: Momente der Veränderung. Berlin/ Heidelberg/ New York/ Paris/ Tokyo: Springer, S. 155-172
Gross, Peter/ Honer, Anne (1991): Das Wissen der Experten. Forschungsbericht Nr.1, St. Gallen
Gross, Peter/ Honer, Anne (1990): Multiple Elternschaften. In: Soziale Welt, Jg. 41.1, S. 97-116
Hirsch, Günter/ Eberbach, Wolfram (1987): Auf dem Weg zum künstlichen Leben. Basel/ Boston/ Stuttgart: Birkhäuser

---

25 Medizin – auch und vielleicht gerade Reproduktionsmedizin – ist, wie wir auch schon an anderer Stelle ausgeführt haben (vgl. Gross, Hitzler und Honer 1989), eben nur *bedingt* als Wissenschaft zu begreifen, verständlich wird sie vor allem als eine *soziale Kunst*. Und Kunst ist eben immer auch die Kunst der (Selbst-)*Inszenierung* derjenigen, um die es, wie wir (hoffentlich) gesehen haben, in dem hier interpretierten Film tatsächlich vor allem geht.

Hitzler, Ronald (1994): Wissen und Wesen des Experten. In: Hitzler, Ronald/ Honer, Anne/ Maeder, Christoph (Hrsg.): Expertenwissen. Opladen: Westdeutscher Verlag

Holmes, Helen B./ Tymstra, Tjeerd (1987): In Vitro Fertilization in the Netherlands. In: Journal of in Vitro Fertilization and Embryo Transfer, Vol. 4. 2, S. 116-123

Honer, Anne (1993a): Lebensweltliche Ethnographie. Wiesbaden: Deutscher Universitäts Verlag

Honer, Anne (1993b): Entfatalisierung des Lebens? In: Soziologische Revue, Jg. 16. 3, S. 272-278

Hunziker, Ernst (1990): Der Wahn des Machbaren. Fulda: Rauhreif-Verlag

Jonas, Hans (1985): Technik, Medizin und Ethik. Frankfurt a.M.: Insel-Verlag

Keller, Paul J. (1984): Hormonale Störungen in der Gynäkologie. Berlin/ Heidelberg/ New York/ Tokyo: Springer

Keller, Reiner (1994): Verstreute Expertisen. In: Hitzler, Ronald/ Honer, Anne/ Maeder, Christoph (Hrsg.): Expertenwissen. Opladen: Westdeutscher Verlag

Kemeter, Peter/ Feichtinger, Wilfried (1986): Patientenauswahl und Beratung für die In-vitro-Fertilisation. In: Schill, Wolf-Bernhard/ Bollmann, Walter (Hrsg.): Spermakonservierung, Insemination, In-vitro-Fertilisation. München, Wien, Baltimore: Urban & Schwarzenberg

Kirchgässler, Klaus-Uwe (1986): Diagnose und Deutung. Gießen: Verlag der Ferber'schen Universitäts-Buchhandlung

Klein, Renate D. (1989): Infertility. London u.a.: Orlanda Frauenverlag

Lachmund, Jens (1987): Die Profession, der Patient und das medizinische Wissen. In: Zeitschrift für Soziologie, Jg. 16. 5, S. 353-366

Lachmund, Jens (1992): Die Erfindung des ärztlichen Gehörs. In: Zeitschrift für Soziologie, Jg. 21.4, S. 235-251

Lasker, Judith N./ Borg, Susan (1989): In search of parenthood. London u.a.: Pandora

Luckmann, Thomas (1987): Comments on Legitimation. In: Current Sociology, Vol. 35. 2, S. 109-117

Lüth, Paul (1972): Kritische Medizin. Reinbek bei Hamburg: Rowohlt

Martens, Ekkehard (1992): Sokratisch-platonische Tradition im ‚Expertensystem'. In: Zeitschrift für philosophische Forschung, Jg. 46. 1, S. 56-75

Mettler, Liselotte (1983): Medizinisch-gynäkologische Aspekte der In-vitro-Fertilisation und des Embryotransfers beim Menschen. In: Jüdes, Ulrich (Hrsg.): In-vitro-Fertilisation und Embryotransfer (Retortenbaby). Stuttgart: Wissenschaftliche Verlagsgesellschaft, S. 45-68

Pschyrembel Klinisches Wörterbuch (1990), Berlin/ New York: de Gruyter

Runnebaum, Benno/ Rabe, Thomas (1987): Gynäkologische Endokrinologie. Berlin/ Heidelberg/ New York/ London/ Paris/ Tokyo: Springer

SAMW (Schweizerische Akademie der Medizinischen Wissenschaften) (1990): Medizinisch-ethische Richtlinien für die ärztlich assistierte Fortpflanzung. Basel: Sekretariat der Schweizer Akademie der Wissenschaft

Scheidel, Peter/ Hepp, Hermann/ DeCherney, Alan H. (Hrsg.) (1990): Operative Techniken der Reproduktionsmedizin. München/ Wien/ Baltimore: Urban & Schwarzenberg

Scheler, Max (1980): Probleme einer Soziologie des Wissens. In ders.: Die Wissensformen und die Gesellschaft (Gesammelte Werke Band 8). Bern/ München: Francke, S. 15-190

Schill, Wolf-Bernhard/ Bollmann, Walter (Hrsg.) (1986): Spermakonservierung, Insemination, In-vitro-Fertilisation. München/ Wien/ Baltimore: Urban & Schwarzenberg

Schütz, Alfred (1974): Der sinnhafte Aufbau der sozialen Welt. Frankfurt a.M.: Suhrkamp

Schütz, Alfred/ Luckmann, Thomas (1979): Strukturen der Lebenswelt. Bd.1, Frankfurt a.M.: Suhrkamp

Schuller, Alexander/ Heim, Nikolaus (Hrsg.) (1989): Der codierte Leib. Zürich/ München: Artemis

Seibel, Machelle M./ Levin, Susan (1987): A New Era in Reproductive Technologies. In: Journal of in Vitro Fertilization and Embryo Transfer, Vol. 4. 3, S. 135-140

Speroff, Leon/ Glass, Robert H./ Kase, Nathan et. Al. (Hrsg.) (1989): Gynäkologische Endokrinologie & steriles Paar. Berlin: Diesbach

Sprondel, Walter M. (1979): „Experte" und „Laie": In: Sprondel, Walter/ Grathoff, Richard (Hrsg.): Alfred Schütz und die Idee des Alltags in den Sozialwissenschaften. Stuttgart: Enke, S. 140-154

Stauber, Manfred (1988): Psychosomatik der sterilen Ehe. Berlin: Grosse

Treusch-Dieter, Gerburg (1990): Von der sexuellen Rebellion zur Gen- und Reproduktionstechnologie. Tübingen: Konkursbuchverlag Gehrke

Trotnow, Siegfried/ Barthel, Michael (1985): Extrakorporale Befruchtung. In: Reiter, Johannes/ Theile, Ursel (Hrsg.): Genetik und Moral. Mainz: Matthias-Grünewald-Verlag, S. 46-68

Ulmer-Otto, Sabine (1989): Die leere Wiege. Zürich: Kreuz-Verlag

Zander, Josef (Hrsg.) (1983): Die Sterilität. München/ Wien/ Baltimore: Urban & Schwarzenberg

Zipfel, Gaby (Hrsg.) (1987): Reproduktionsmedizin. Hamburg: Konkret Literatur-Verlag

Znaniecki, Florian (1975): The Social Role of the Man of Knowledge. New York: Octagon Books

„In dubio pro morbo"
Medizinische Dienstleistungen zwischen technischen Optionen und ethischen Ligaturen

1. Machbarkeiten und ihre Konsequenzen

Grundlegend für alle Theorien zur Dienstleistungsgesellschaft ist die Annahme, dass die berufliche Arbeit im sogenannten dritten Sektor weit stärker als andere Erwerbstätigkeiten Beziehungen von Mensch zu Mensch einschließt. Sie sollen die – wie es Fourastié (1969, S. 270) ausdrückt – „Spezialisierungen auf das eigentlich Menschliche" ermöglichen (vgl. dazu auch Gross 1983). Betrachtet man hingegen die jüngste Entwicklung technischer Innovationen und die durch diese ausgelöste Kritik in einem Bereich wie der Medizin, welcher ein paradigmatischer Stellenwert für den professionellen Umgang mit dem ‚eigentlich Menschlichen' zugeschrieben wird, dann scheint die mit der Dienstleistungsgesellschaft verknüpfte Hoffnung auf eine menschlichere Gesellschaft nachhaltig, wenn nicht endgültig enttäuscht zu werden. Denn, dass die moderne Medizintechnik das Verhältnis zwischen Arzt und Patient ‚enthumanisiere', ist heutzutage ein allgemein bekannter, geläufiger Topos. Die primär naturwissenschaftliche Orientierung und die durch sie entwickelten technischen Innovationen verdrängen demnach die ‚eigentliche' ärztliche Aufgabe, die in der Zuwendung zum und in der Heilung von als hilfebedürftig angesehenen und als krank definierten Menschen besteht und demnach vor allem eine Art Sozialkunst darstellt (vgl. dazu auch Gross/ Hitzler/ Honer 1989). Dieses zur kulturellen Gewissheit geronnene Stereotyp ist nicht nur Ausdruck landläufiger Medizinkritik und Dauerthema gesundheitspolitischer Diskussionszirkel (vgl. Badura 1993; Gross 1985), sondern offenbar auch Bestandteil des professionellen Selbstverständnisses, respektive von dessen Inszenierung (vgl. z.B. Schipperges 1985; Dunning 1989; sowie Beiträge in Silomon 1983).

Die vielgepriesenen Erfolge der modernen Medizin (vgl. hierzu kritisch McKeown 1982) veränderten das Morbiditäts- und Mortalitätsspektrum der westlichen Gesellschaften. Sie hatten eine höhere Überlebenswahrscheinlichkeit bei Infektionskrankheiten zur Folge – und erhöhten damit eben (zwangsläufig) auch die Zahl chronisch Kranker und sogenannter Defektkranker. Zugleich führten die neuen und

verbesserten Diagnosetechniken dazu, dass heute einerseits Krankheiten in einem
früheren Stadium erkannt und andererseits neuartige Befunde ermöglicht werden,
deren Wertigkeit unklar ist und die mit den herkömmlichen medizinischen Begriffen ‚normal' oder ‚pathologisch' nicht mehr zu fassen sind.

Diese quasi-paradoxen Phänomene indizieren eine historisch-kulturelle Um-
bruchssituation hinsichtlich der sozial gültigen Definition von Gesundheit und
Krankheit, wie sie anhaltend, wenn auch meist nur mittelbar mit Blick auf die Folgen der Medizintechnik, auch im ‚new public health' ausbuchstabiert wird (vgl.
Schwartz/ Badura/ Leidl/ Raspe/ Siegrist 1998). Denn die professionell dilemmatische Situation wird sich voraussichtlich in dem Maße weiter verschärfen, wie die
Zahl der in der bzw. mit Hilfe der Humangenetik entdeckten Erbkrankheiten bzw.
genetisch bedingten Anlagen für bestimmte Krankheiten, die erst in einem späteren Lebensalter und auch dann ‚nur' mit einer bestimmten Wahrscheinlichkeit
ausbrechen, in den kommenden Jahren und Jahrzehnten steigen wird. Zugespitzt
formuliert: Ein ‚Erfolg' der Humangenetik könnte darin bestehen, den Latentkranken sozusagen als biographischen Normalfall zu produzieren. Der humangene-
tisch ‚betreute' Mensch würde damit bereits durch und in der Zeugung im (Zell-)
Kern zum Träger eines Krankheitsbündels, das es – nach dem geltenden Prinzip
der Früherkennung – wenn schon nicht zu therapieren, so doch frühestmöglich zu
diagnostizieren und ‚gesundheitsfördernd' zu umsorgen gilt.

Damit kommt eine keineswegs fatale, aber eine hinsichtlich ihrer Konsequenzen kaum abschätzbare Entwicklung in Gang: Zum einen wird das Angebot und
damit der Zuständigkeitsanspruch medizinischer Hilfeleistungen immer umfassender, zum anderen werden die Erwartungen an eine medizinische ‚Generalbetreu-
ung' – jedenfalls gegenüber unseren heutigen Leistungsansprüchen – hypertrophie-
ren (zur Diskussion der Anspruchsspirale vgl. Luhmann 1983; Herder-Dorneich/
Schuller 1983; Alber/ Bernardi-Schenkluhn 1992). Wie weit sich die Spirale von
Kompetenzausweitung der und Kompetenzanforderungen an die Medizin schon
heute gedreht hat, lässt sich exemplarisch an Bereichen wie Reproduktions- und
Transplantationsmedizin zeigen (und zwar schon vor ihrer Verknüpfung, die die
Klonierungsexperimente mit menschlichen Keimzellen in den Bereich des Denkbaren und potenziell Machbaren gebracht hat): Früher haben Geburt und Tod die
individuelle Lebensspanne markiert, innerhalb derer Irritationen dessen, was als
gesundheitlicher Normalzustand betrachtet bzw. akzeptiert wurde, Hilfeansprü-
che auslösen konnten. In jüngerer Zeit hingegen hat sich zum einen die Geburtshilfe – die ihrerseits das Hebammenwesen vereinnahmt hat (vgl. Böhme 1980) –
durch die Perinatalmedizin inzwischen zur vorgeburtlichen Versorgung erweitert,
welche im Zweifelsfall bereits mit den diversen Techniken der Befruchtungsassis-

tenz beginnt (vgl. Gross/ Honer 1990; Honer 1991 und 1993). Zum anderen wird im Gefolge technologischer Neuerungen der Mensch immer unabweisbarer zur (potenziellen) Organbank – und zwar über den Tod hinaus, dessen medizinische Bestimmung bekanntlich seinerseits ständig umstritten ist (vgl. dazu Leist 1990; Streckeisen/ Roost Vischer/ Salis/ Gross 1992; Schneider 1999).

Hier konkretisiert sich, was Giddens (1991) „Life Politics" nennt: Zuvor schicksalhafte Lebensbedingungen werden – im Gefolge der verallgemeinerten Selbstverwirklichungsidee in modernen Gesellschaften im Verein mit medizin-technischen Innovationen – zu „Optionen", zu Entscheidungschancen und Ent-scheidungszwängen (vgl. hierzu auch Gross 1994a). Damit wird in der für hoch-industrialisierte Gesellschaften am Umbruch zu einer ‚anderen' Moderne als symptomatisch angesehenen ‚reflexiven' Situation die Frage nach der ‚Techno-logie und Politik des Lebens', die Frage also der Herstellung, der Manipulation, der Verlängerung und Verkürzung, der Beendigung von Leben und der Weiterver-wertung lebender Organismen, bzw. überhaupt die Frage der sozial akzeptablen Definition menschlichen Lebens, zu einem zentralen und seit zwei Jahrzehnten anhaltend heftig diskutierten Thema. Dass es auch für den *Beginn* menschlichen Lebens keine naturwissenschaftlichen Kriterien gibt, dass (auch) dieser Beginn vielmehr eine Frage der gesellschaftlichen Definition ist, hat jüngst auch Hubert Markl nochmals klar zum Ausdruck gebracht (vgl. Süddeutsche Zeitung, Nr. 143, 25.06.01). Kurz: Die individuelle Existenz wird entfatalisiert und politisiert (vgl. dazu auch Beck-Gernsheim 1993; Honer 1993).

2. Ärzte in der Anspruchsfalle unter Druck

Auch innerhalb der Medizin werden die technologischen Innovationen und deren (absehbare) Auswirkungen analysiert bzw. projiziert und strukturelle Veränderungs-chancen reflektiert. Aus ärztlicher Sicht resultieren, über die fachlichen Speziali-sierungen hinweg, aus der medizintechnischen Entwicklung mehrere mehr oder minder problematische Konsequenzen:

1. Das traditionelle ärztliche Handlungsschema (Anamnese, körperliche Un-tersuchung, Diagnostik, Therapie) verändert sich informationstechnologisch dahingehend, dass künftig der Arzt-Patient-Interaktion routinemäßig ein standardisiertes Programm zur Vorab-Diagnostik vorgeschaltet wird (vgl. zum Stichwort Expertensysteme z.B. Lüschen 1989; John/ Engelbrecht/ Potthoff 1992). Dadurch dürfte sich für den Patienten der Eindruck der ‚Ap-paratemedizin' verstärken und die raum-zeitliche sowie die emotional-men-tale ‚Entfernung' zwischen Arzt und Patient zunehmen. Die Folge davon

könnte sowohl ein Bedeutungsverlust als auch eine noch stärkere Mystifizierung des Arztes für den Patienten sein – oder auch beides zugleich.

2. Die Erweiterung des herkömmlichen Krankheitsspektrums durch neue diagnostische Verfahren führt zu einer Mentalitätsveränderung des Arztes: seine Entscheidungsunsicherheit wird größer, die Rate der Kunstfehler erhöht sich, vor allem aber wächst seine Neigung zu einer Art Endlos-Diagnostik und -Therapie (dieser Sachverhalt wird in der Medizin unter dem Stichwort „Polypragmasie" abgehandelt; vgl. z.B. Silomon 1983) – nicht zuletzt um nicht juristisch belangt werden zu können. Die medizintechnische ‚Aufrüstung' könnte somit traditionelle, an Sinneswahrnehmungen gebundene ärztliche Untersuchungsmethoden ablösen zugunsten technisch-abstrakter, modellorientierter Diagnoseergebnisse und einer verstärkten Tendenz zur ‚Zahlengläubigkeit'. Die Rede ist von einer Dequalifikation ärztlicher Kompetenz und ebenso von einem Verlust individueller ärztlicher Autonomie aufgrund größerer Abhängigkeit des einzelnen Arztes von anderen medizinischen Spezialisten bei der Diagnose und bei der Interpretation der Befunde (vgl. Hartmann 1983; Schaefer 1983; Mannebach 1999).

3. Aus dem wachsenden Potential diagnostischer Verfahren und der daraus offenbar resultierenden Diagnose- und Therapieunsicherheit des Arztes folgt eine Tendenz zur „Klinifizierung" sozialer Problemlagen, d.h. das immer unerschöpflicher erscheinende Diagnoseangebot beinhaltet eine Art Dauerversprechen, mit der noch nicht eingesetzten Methode doch noch einen somatischen Befund zu entdecken (vgl. Schaefer 1983; auch Baier 1988). Die Zunahme invasiver diagnostischer Verfahren bewirkt, dass die Menschen bereits bei der Abklärung einer möglichen Krankheit zu – der Betreuung und Kontrolle bedürftigen – Patienten werden. Eine wachsende Zahl chronisch Kranker benötigt regelmäßige und dauerhafte Fürsorge und Pflege. Insbesondere muss die therapeutische Langzeitwirkung von Medikamenten und Prothesen (ebenso wie die zu erwartenden nanotechnologischen Therapiemittel) auf die körperliche Homöostase, für die es keine Erkenntnisse aus Tierversuchen gibt, beobachtet und überwacht werden. Die somit von der Ärzteschaft selbst geschürte, hohe Erwartungshaltung der Patienten respektive der Gesellschaft gegenüber den ‚Machbarkeiten' in der Medizin, die die diagnostisch-therapeutische Spirale in Gang hält und antreibt, könnte im Falle des Versagens der Medizin das bisher typische Vertrauen in den Arzt in „Aggressivität" gegenüber dieser Profession umschlagen lassen (vgl. Silomon 1983; Schipperges 1985), zumindest aber das bekannte Phänomen des ‚Ärzte-Hopping' weiter antreiben.

Das heißt, sowohl die Quantität medizinischer Hilfebedürftiger als auch deren Qualifizierung nach verschiedenen Krankheitsweisen wird sich, den Erwartungen der Ärzteschaft zufolge, ausweiten (Schaefer 1983). Mit dem Topos ‚Enthumanisierung der Medizin durch Technik' wird folglich auf vielfältige Handlungsprobleme, ja Handlungsdilemmata des medizinischen Praxis-Alltags verwiesen – und ist eben deshalb gerade dort empirisch zu explorieren. Allerdings finden sich bislang immer noch wenig empirische Studien über den Technikeinsatz und seine Folgeprobleme für das medizinische Handeln (vgl. aber Strauss/ Fagerhaugh/ Suczek/ Wiener 1985; Schnabel/ Wolters 1992; Teile in Badura/ Feuerstein 1994); besonders fehlen Studien zum kommunikativen Entscheidungshandeln im medizinischen Setting vor dem Hintergrund des vermuteten Wandels einer „arztgesteuerten" hin zu einer „patientengesteuerten Medizin" (Mannebach 1999) und im Rahmen neokorporatistischer Verhandlungsstrukturen im Gesundheitswesen (vgl. Feuerstein/ Kuhlmann 1998). Gerade damit aber ließe sich in einem gesellschaftlichen Teilbereich konkretisieren, wie sich in der von Peter Gross generell festgestellten modernen Steigerungsdynamik (‚Optionen und Teilhabe an Optionen') Entscheidungen auswirken, denn es gilt auch hier: „Zu entscheiden ist, wo Traditionen, Routinen und Organisationen, eingeschlossene Ordnungen und Gesetze, nicht in der Lage sind, das Handeln zu lenken, zu befehlen und zu führen, wo Alternativen gegeben sind, die Operationsräume abgeschritten und bewertet werden und eine Möglichkeit gewählt wird, während die anderen, jedenfalls für den Moment der Entscheidung, verblassen. Entschieden werden muss, wenn Unsicherheiten und Ungewissheiten eintreten." (Gross 1994b, S. 5) Zu fragen ist dann, wie und auf welchen Ebenen sich in der Medizin als gesellschaftlichem Teilbereich manifestiert, dass „(i)n einer Gesellschaft, in der gewissermaßen jede Entscheidung den Möglichkeitsraum verändert, (...) sich eine neue Logik einspielen – oder erfunden werden (muss)" (Gross 1994b, S. 6).

3. Einige sich stellende empirische Fragen

Zu fragen ist nach den Problemen und Chancen aktueller medizintechnischer Innovationen für das professionelle Wissen und Handeln klinischer und niedergelassener Ärzte. Im Zentrum des empirischen Interesses stehen dabei die faktischen und erwartbaren Veränderungen überkommener Interaktionsstrukturen zwischen Arzt und Patient. Veränderungen, die sowohl aufgrund der Leistungserwartungen seitens der Patienten als auch infolge einschlägiger gesetzlicher Vorschriften zu gewärtigen sind, aber auch infolge steigender Investitionsrisiken einer sich durch Neuzulassungen hier und enger werdenden Verteilungsspielräumen öffentlicher

Mittel da verschärfenden Konkurrenzsituation – und zwar auf allen Ebenen des
Gesundheitssystems. Es geht empirisch also wesentlich um die Frage nach Per-
sistenzen und Transformationen im kostenintensiven Bereich personenbezogener
Dienstleistungen.

Das empirische Interesse muss foglich auf der Frage liegen, ob überhaupt
und, wenn ja, inwiefern der Arzt durch Technik zum ‚Humaningenieur' wird oder
geworden ist, und inwiefern sich im Praxisalltag technische Innovationszwänge
auswirken. Die prognostizierten Veränderungen des medizinischen Praxisalltags
und des medizinischen Selbstverständnisses lassen sich in drei verschiedenen medizinischen ‚Feldern' aufzeigen, denen ein exemplarischer Stellenwert für die hypostasierte Ausweitung des Hilfepotenzials infolge der Technisierung zukommt:
in der Reproduktionsmedizin, in der Kardiologie/ Nephrologie, die als Exempel
hochtechnisierter *Diagnose* betrachtet wird, und in der orthopädischen Chirurgie,
als Exempel hochtechnisierter *Therapie*, und in beiden zusammen als Exempeln
der Herstellung von Dauerhilfebedürftigkeit. Mit dem Instrumentarium ethnographischer Empirie (wie sie am Seminar für Soziologie in St. Gallen vorzugsweise
unternommen wird) lässt sich das vielfach konstatierte Dilemma der medizinischen
Profession zwischen technischer Innovation und ärztlicher Fürsorge konkretisieren, in seinen verschiedenen Ausprägungen systematisieren und hinsichtlich seiner praktischen Bedeutung rekonstruieren.

Hinter diesem für den ärztlichen Berufsalltag relevanten und folglich vom
Arzt auch als Problem wahrgenommenen Dilemma zwischen Technik und Hilfe
steht jedoch jenes, insbesondere modernisierungstheoretisch virulente, Problem
der Hypertrophie des medizinischen Hilfepotenzials als Konsequenz vielfältiger
technischer Entwicklungen. Diese Hypertrophie resultiert aus dem Ineinandergrei-
fen von Kompetenzansprüchen hier und Leistungserwartungen der Gesellschaft
da. Modernisierungstheoretisch gesehen hat also, so die Hypothese, medizintechnische Innovation insgesamt eine andere (fast gegenläufige) Konsequenz als die
‚kleinen' technischen Veränderungen im ‚kleinen' Praxisalltag: Wird im letzteren
vor allem das Selbstverständnis des Arztes als ‚humaner Helfer' irritiert, so entfaltet
im ersteren die medizinische Profession hierdurch ganz neue, noch kaum erahn-,
geschweige denn abschätzbare Hilfepotenziale (vgl. dazu auch Gross 1984). Dieser Dimension des Themas ist, da sie beim medizinischen Praktiker wahrscheinlich nicht alltäglich präsent sein dürfte, empirisch allenfalls mit so etwas wie ‚reflexiven Interviews' beizukommen, d.h. mit einer Gesprächstechnik, die darauf
abzielt, das Nachdenken über zu vermutende Konsequenzen zu befördern.

Zu fragen und zu hinterfragen ist hierbei, wie sich Hilfe durch Technik verändert, wenn immer mehr Befindlichkeiten und Zustände pathologisiert werden;

wenn die Biographie zu einer latenten Krankheit umdefiniert wird; wenn über Lebensbeginn und Lebensende medizinische Zuständigkeit beansprucht wird. Und wenn, je länger das Leben dauert und je mehr Krankheiten von der modernen Medizin bewältigt werden können, um so mehr andere Krankheiten hinterrücks zum Vorschein kommen. Und wenn auf der anderen Seite durch das Wissen um die medizintechnische Kompetenz der Anspruch generalisiert wird, jegliche vorhandene Hilfe im Falle akuter Erkrankung auch in Anspruch nehmen zu können. Nach wie vor gilt ja sowohl für das schweizerische (vgl. Bernardi-Schenkluhn 1992) als auch für das bundesdeutsche Gesundheitswesen (Alber/ Bernardi-Schenkluhn 1992), dass prinzipiell jedem Bürger die Leistungen des Medizinsystems zugänglich sind. Aber beim (diagnosetechnisch produzierten) Latentkranken nimmt das Vorsorgebedürfnis zwangsläufig sozusagen biographische Dimensionen an, wodurch wiederum auch jenes alte Dilemma hervortritt, das aus der Diskrepanz zwischen diagnostischen und therapeutischen Möglichkeiten und Grenzen erwächst (vgl. nochmals Gross/ Hitzler/ Honer 1989).

4. Dilemmatische Entwicklungen

Der Anspruch, diagnostiziert zu werden, und das Verlangen, ständig ein Bild der aktuellen Krankheits- bzw. Gesundheitslage zu bekommen, wächst natürlich auch mit der medizintechnischen Entwicklung, die – jedenfalls der Tendenz nach – auf eine jederzeitige Abrufbarkeit (biologischer) Zustandsdaten zusteuert. Die immer kleiner und kostengünstiger werdenden, mit-tragbaren Geräte (z.B. Pulszähler, Blutdruckmessgerät, 24-Stunden-EKG-Apparat, Blutzuckermessgeräte) ermöglichen es – und fordern sozusagen dazu auf –, die Hinwendung zur subjektiven Befindlichkeit zunehmend zu ersetzen durch die Produktion ‚objektiver' Daten über den eigenen Organismus bzw. die je akute physische Situation. Auf der Basis solcher Selbst-Kontrolle steigen wiederum die Erwartungen gegenüber dem Arzt: Er soll – und zwar zugleich – mehr Daten, bessere Daten, zufriedenstellende bzw. zumindest den Deutungsbedarf deckende Interpretationen all der Daten, geeignete therapeutische Empfehlungen, mitmenschliche Zuwendung und paternalistischen Trost im Angesicht des Leidens – und selbstverständlich auch Heilung oder zumindest Linderung liefern. Und die institutionalisierte Entsprechung hierzu: Jeder wird jederzeit und im Hinblick auf nachgerade alles zum potenziellen Patienten, zum Objekt medizinischer Betreuung und Kontrolle gemacht.

Das durch Technik aufgeblähte, biographisch immer grenzenlosere medizinische Hilfepotenzial dürfte so auch zu einer Zunahme asymmetrischer Hilfekonstellationen führen, also dazu, dass künftig, statt der zwischen Patient und Arzt (ideal-

typisch) einvernehmlich nachgefragten und angebotenen Hilfeleistungen, vermehrt
Hilfeerwartungen von (potenziellen) Patienten durch medizinische Hilfeleister
zurückgewiesen und frustriert werden zum einen und Hilfeangebote von medizinischen Dienstleistern durch die (potenziellen) Patienten abgelehnt und kritisiert
werden zum anderen. Auf den meisten ‚Feldern' wird dabei zunehmend deutlich
erkennbar, wie im Zuge der Entwicklung von einer kurativen zu einer Präventiv-
medizin asymmetrisches Hilfeverhalten durch die einschlägig befassten Spezialisten forciert wird, die mit immer neuen Krankheitsbildern und Risikofaktoren das
Gesundheitsverhalten zu steuern suchen und dadurch auch die Abhängigkeit der
Laien von der Expertenkultur verstärken (vgl. Baier 1988; Labisch 1992). Reproduktionsmediziner hingegen sehen sich oft mit – ihrer Meinung nach – ‚unrealistischen Erfolgserwartungen' (Hohl/ Urech-Ruh/ Häberle 1992) seitens der Patienten konfrontiert, seitdem Wissen um die neuen Fortpflanzungstechniken allgemein
verbreitet ist. Zugleich wird aber auch das Therapieverständnis und das Verhältnis
von Diagnose und Therapie problematisiert: Einerseits sieht sich die Reproduktionsmedizin dem Vorwurf ausgesetzt, dass die künstliche Befruchtung den ‚organischen' Defekt lediglich überbrücke, aber nicht heile. Andererseits wird von psychosomatisch orientierten Medizinern der ‚vorschnelle' Technikeinsatz kritisiert,
weil dabei die Abklärung der ‚psychosozialen Verursachung' ungewollter Kinderlosigkeit vernachlässigt werde (Mohr/ Schubert/ Jürgensen 1989; Stauber 1988).

Angesichts der skizzierten medizintechnisch erweiterten Optionenvielfalt
und angesichts der sogenannten Kostenexplosion im Gesundheitswesen findet
seit geraumer Zeit eine gesellschaftspolitische Diskussion darüber statt, ob das
bisherige normative Prinzip, dass alle medizinischen Möglichkeiten für alle Ge-
sellschaftsmitglieder zur Verfügung stehen müssen, überhaupt aufrechterhalten
werden kann (oder soll). Hierbei ist jedoch zu konstatieren, dass die Frage der
Rationierung medizinischer Leistungen hinsichtlich ihrer ethisch relevanten, normativen Verteilungsprinzipien (egalitär und/ oder utilitaristisch) verdeckt und als
„allokationstechnische Debatte" (Rommel 2000) verhandelt wird, während die im
engeren Sinne sogenannte neue Biomedizin primär auf ethische Letztbegründun-
gen fokussiert. Ob sich künftig „Differenzakzeptanz" (Gross 1994a), wie sie offenbar beim Gewebe-Matching in der Transplantationsmedizin feststellbar ist, als
ethisches Regulativ einer multioptionalen Medizin verallgemeinern lässt, ist eine
noch offene, empirische Frage.

Da sich vor dem Hintergrund der sogenannten Hochleistungsmedizin somit
auch vielfältige ethische Fragen stellen und in variierenden öffentlich-medialen
Aktualitätsintervallen die Bestimmung menschlichen Lebens und menschlicher
Lebensqualität im Kontext von Euthanasie, Humangenetik (aktuell am Beispiel

der Präimplantationsdiagnostik (PID) und der Stammzellenforschung) und Ab-
treibung ebenso diskutiert werden wie die grundlegenden Ideen von Gesundheit
und Krankheit, von Leben und Tod, muss eine wissenssoziologische Rekonstruktion der Medizinentwicklung im Spannungsfeld von technischer Innovation und
zwischenmenschlicher Hilfekompetenz die Symbolisierungen der verschiedenen
ethisch-normativen Argumentationen ebenfalls miteinbeziehen. Denn gerade für
den medizinischen Bereich trifft die allgemeine Diagnose zu, dass „immer häufiger (...) etwas bestimmt oder getan oder erreicht werden will oder muss, die dazu
verfügbaren Mittel aber vielfältig, unterschiedlich und teilweise hinsichtlich ihrer
Effektivität zur Zielerreichung mehr oder weniger unbekannt sind" (Gross 1994b,
S. 10) – oder, wie etwa die Gen-Et(h)ik-Debatte zeigt, gerade wegen ihrer vermuteten und (teilweise) unerwünschten Effektivität Legitimation erfordern.

Literatur

Alber, Jens/ Bernardi-Schenkluhn, Brigitte (1992): Westeuropäische Gesundheitssysteme im Vergleich.
    Frankfurt a.M.: Campus
Badura, Bernhard/ Feuerstein, Günter (1994): Systemgestaltung im Gesundheitswesen. Weinheim,
    München: Juventa
Baier, Horst (1988): Ehrlichkeit im Sozialstaat. Zürich: Interform
Beck-Gernsheim, Elisabeth (1993): Perspektiven für eine humane Medizintechnologie. In: Unseld,
    Siegfried (Hrsg.): Politik ohne Projekt? Frankfurt a.M.: Suhrkamp, S. 361-384
Bernardi-Schenkluhn, Brigitte (1992): Das Gesundheitssystem der Schweiz. Schriftenreihe der SGGP,
    Nr. 24. Bern: Muri
Böhme, Gernot (1980): Wissenschaftliches und lebensweltliches Wissen am Beispiel der Verwissen-
    schaftlichung der Geburtshilfe. In: Ders.: Alternativen der Wissenschaft. Frankfurta.M.: Suhr-
    kamp, S. 27-53
Dunning, Arend J. (1989): Bruder Esel oder Die sterbliche Hülle. Frankfurt: Campus
Feuerstein, Günter/ Kuhlmann, Ellen (Hrsg.) (1998): Rationierung im Gesundheitswesen. Wiesba-
    den: Ullstein Medical
Fourastié, Jean (1969): Die große Hoffnung des zwanzigsten Jahrhunderts. Köln: Bund-Verlag
Giddens, Anthony (1991): Modernity and Self-Identity. Cambridge: Polity Press
Gross, Peter (1983): Die Verheißungen der Dienstleistungsgesellschaft. Opladen: Westdeutscher
Gross, Peter (1984): Transformationen des Helfens unter den Bedingungen moderner Sozialstaatlich-
    keit. In: Brennpunkte sozialer Arbeit, Jg. 1, S. 20-29
Gross, Peter (1985): Vergebliche Liebesmüh. In: Bellebaum, Alfred/ Becher, Heribert/ Greven, Michael
    Th. (Hrsg.): Helfen und Helfende Berufe als soziale Kontrolle. Opladen: Westdeutscher, S. 265-292
Gross, Peter (1994a): Die Multioptionsgesellschaft. Frankfurta.M.: Suhrkamp
Gross, Peter (1994b): Individualisierung, Pluralisierung und Entscheidung. St. Gallen: Manuskript

Gross, Peter/ Hitzler, Ronald/ Honer, Anne (1989): Diagnostische und therapeutische Kompetenz im Wandel. In: Wagner, Franz (Hrsg.): Medizin. Berlin: Springer, S. 155-172

Gross, Peter/ Honer, Anne (1990): Multiple Elternschaften – Neue Reproduktionstechnologien, Individualisierungsprozesse und die Veränderung von Familienkonstellationen. In: Soziale Welt, Jg. 41. 1, S. 97-116

Hartmann, Fritz (1983): Arzt – Medizin – Technik. In: Silomon, Hero (Hrsg.): Technologie in der Medizin. Stuttgart: Hippokrates, S. 45-66

Herder-Dorneich, Philipp/ Schuller, Axel (Hrsg.) (1983): Die Anspruchsspirale. Stuttgart: Kohlhammer

Hohl, Michael K./ Urech-Ruh, Cornelia/ Häberle, Michael (1992): Wunschkinder. Baden: Kantonsspital

Honer, Anne (1991): Wissen und Wissensverwendung in der Reproduktionsmedizin. In: Glatzer, Wolfgang (Hrsg.): Die Modernisierung moderner Gesellschaften. Opladen: Westdeutscher, S. 205-208

Honer, Anne (1993): Entfatalisierung des Lebens? In: Soziologische Revue, Jg. 16. 3, S. 272-278

John, Jürgen/ Engelbrecht, Roland/ Potthoff, Peter (1992): Explorative Technikfolgenabschätzung des Einsatzes von Expertensystemen in der Medizin. In: Brennecke, Ralph (Hrsg.): Sozialmedizinische Ansätze der Evaluation im Gesundheitswesen. Berlin: Springer, S. 431-441

Labisch, Alfons (1992): Homo Hygienicus. Frankfurt a.M.: Campus

Leist, Anton (Hrsg.) (1990): Um Leben und Tod. Frankfurta.M.: Suhrkamp

Lüschen, Günther (1989): Die Implementation des Computers in der Medizin. In: Gatzemeier, Matthias (Hrsg.): Verantwortung in Wissenschaft und Technik. Mannheim: BI Wissenschaftsverlag, S. 277-301

Luhmann, Niklas (1983): Anspruchsinflation im Krankheitssystem. In: Herder-Dorneich, Philipp/ Schuller, Axel (Hrsg.): Die Anspruchsspirale. Stuttgart: Kohlhammer, S. 28-49

Mannebach, Hermann (1999): Varianz im ärztlichen Handeln. In: Badura, Bernhard/ Siegrist Johannes (Hrsg.): Evaluation im Gesundheitswesen. Weinheim/ München: Juventa, S. 53-72

McKeown, Thomas (1982): Die Bedeutung der Medizin. Frankfurt a.M.: Suhrkamp

Mohr, Jürgen/ Schubert, Christoph/ Jürgensen, Ortrun (Hrsg.) (1989): Management der Unfruchtbarkeit. Berlin: Springer

Rommel, Alexander (2000): Allokationsethik im deutschen Gesundheitswesen. In: Zeitschrift für Gesundheitswissenschaften, Jg. 8. 1, S. 38-57

Schaefer, Hans (1983): Technologie in der Medizin. In: Silomon, Hero (Hrsg.): Technologie in der Medizin. Stuttgart: Hippokrates, S. 229-241

Schipperges, Heinrich (1985): Homo patiens. München/ Zürich: Piper

Schnabel, Peter E./ Wolters, Paul (1992): Einfluss der Medizintechnik auf das Verhältnis von Patient, Arzt und Pflegepersonal. In: Brennecke, Ralph (Hrsg.): Sozialmedizinische Ansätze der Evaluation im Gesundheitswesen. Band I, Berlin: Springer, S. 420-430

Schneider, Werner (1999): „So tot wie nötig – so lebendig wie möglich!" Münster/ Hamburg/ London: LIT

Schwartz, Friedrich W./ Badura, Bernhard/ Leidl, Reiner/ Raspe, Heiner/ Siegrist, Johannes (Hrsg.) (1998): Das Public Health Buch. München: Urban & Schwarzenberg

Silomon, Hero (1983) (Hrsg.): Technologie in der Medizin. Stuttgart: Hippokrates

Stauber, Manfred (1988): Psychosomatik der sterilen Ehe. Berlin: Grosse

Strauss, Anselm L./ Fagerhaugh, Shizuko/ Suczek, Barbara/ Wiener, Carolyn (1985): Social Organization of Medical Work. Chicago/ London: University of Chicago Press

Streckeisen, Ursula/ Roost Vischer, Lilo/ Salis Gross, Corina (1992): Die berufliche Konstruktion des Lebensendes. Bern: Institut für Soziologie

Verordnete Augen-Blicke
Reflexionen und Anmerkungen zum subjektiven Erleben des medizinisch behandelten Körpers

Eine phänomenologisch fundierte und anthropologisch orientierte Soziologie des Körpers und der Sinne wird in jüngerer Zeit – etwa mit Beiträgen zum Riechen (Raab 2001) oder zur Raumorientierung Blinder (Saerberg 2006) – (wieder) forciert (vgl. dazu auch Raab 2008 und Saerberg 2008). Unabweisbar kommt dabei dem Rekurs auf das eigene Erleben und auf die eigene Erfahrung des Forschers bzw. der Forscherin eine kaum zu überschätzende erkenntnisgenerierende Bedeutung zu (vgl. dazu Pfadenhauer 2008 und Kusenbach 2008). Die „Verstrickung" des Forschers bzw. der Forscherin in das je zu Erkundende ist deshalb auch das zentrale Spezifikum lebensweltlicher gegenüber allen anderen Spielarten von Ethnographie (vgl. dazu Honer, z.B. 1993 und 2000, und Hitzler, z.B. 2008). In dieser ‚Logik' fungiert die Subjektivität des Forschers bzw. der Forscherin, neben ihrer konstitutiven Rolle (vgl. Knoblauch 2008), also auch explizit (und reflektiert) als ‚Instrument' der Datengenerierung und -sammlung.

1. Gesichtsverlust

Ohne Ankündigung, mitten in der Arbeit tauchten plötzlich rußartige Schlieren im Sehfeld auf und verbreiteten sich rasch von unten nach oben; eine quasi-automatische Handbewegung bestätigte, dass es sich weder um ein Ereignis in der Außenwelt, noch um eines auf der Augenoberfläche handelte. Dieses Ereignis besetzte fortan nicht nur meine Aufmerksamkeit, sondern sozusagen meine gesamte Existenz und zwang mich im Verbund mit medizinischen Maßnahmen zu einem unbestimmt langen und hinsichtlich seiner Strenge kaum plan- und berechenbaren ‚Innehalten': Mir schien, ich erblindete. Nach dem ersten, panikartigen Erschrecken, das diese spontane Autodiagnose begleitete, bzw. nach der spontanen Autodiagnose, die mit meinem ersten, panikartigen Erschrecken einherging, registrierte ich dann zwar, dass meine Sehfähigkeit nur auf einem Auge und auch da noch nicht vollständig eingebüßt war, gleichwohl war aber nachgerade alles, was ich seit jenem Moment nicht nur im Hinblick auf die optimale Nutzung des medizinischen Versorgungssystems unternommen, sondern vom medizinischen Versorgungssystem an diagnostisch-therapeutischen Behandlungen auch hingenommen hatte, von diesem originären Selbstbefund „Ich werde blind" geleitet.

Denn ‚Sehen' bedeutet auch für mich selber das, was wir bei Helmuth Plessner darüber nachlesen können: ‚Sehen' bedeutet, eine Richtung zu haben (1980, S. 241) und ein Verhältnis von Ferne und Nähe zu haben (1981, S. 333ff.). Schlecht zu sehen und gar *nicht* zu sehen, bedeutet somit für den, der diesen Zustand nicht gewohnt ist, der diese Sinnesfunktion (noch) nicht durch die Schärfung anderer Sinne kompensiert hat: richtungslos zu werden und Distanzen zu konfundieren, also (räumliche, aber daran anschließend ‚merkwürdigerweise' eben auch zeitliche und soziale) Orientierungsprobleme zu haben und sich schwerer bzw. gar nicht (mehr) zurechtzufinden.

Nun sind mir, wie vielen von uns, Probleme mit der Sehkraft an sich keineswegs fremd und neu: Die Dioptrienzahl meiner Augengläser erhöht sich mit unschöner Regelmäßigkeit von Jahr zu Jahr. Kurz: Ich werde je älter um so kurzsichtiger. Auch hatte ich mich rund zehn Jahre zuvor schon einmal einer Laserbehandlung meiner Netzhaut unterzogen. Deshalb war ich auch nicht sonderlich beunruhigt gewesen, als einige Monate zuvor aufgrund einer von mir als ‚leichter' konstatierten Sehstörung in der Augenklinik mittels „Laser-Koagulation" zwei „Hufeisenrisse" auf der Netzhaut des linken Auges ‚geschweißt' wurden.

Dann aber kam das erwähnte Ereignis. Ich hatte den Eindruck, eine Sonnenfinsternis zu erleben, und ließ mich so schnell es irgend ging in die Klinik bringen. Von der dort diensttuenden Ärztin wurde eine „Glaskörperblutung" diagnostiziert. Ob es bereits zu einer Netzhautablösung gekommen war, ließ sich allerdings bei der „Kontaktglasuntersuchung" nicht feststellen, da die Blutung das gesamte Sehfeld des linken Auges verdeckte. Das heißt: weder konnte ich *aus* dem Auge, noch konnte die Ärztin *in* das Auge sehen. Der daraufhin zugezogene „Ultraschallspezialist" setzte nach seiner Untersuchung seine Ansicht durch, dass *keine* Netzhautablösung vorliege. Folglich wurde ich, nach Vereinbarung eines ‚Kontrolltermins', zunächst mit dem Befund ‚entlassen', dass eben keine Netzhautablösung vorliege und man deshalb abwarten wolle, ob sich das Blut von alleine wieder verteilen würde. Falls dies nicht geschehe, müsse das Blut operativ entfernt werden.

Verordnet wurde mir, ich solle, um den (erhofften) Selbstheilungsprozess zu unterstützen, auf keinen Fall lesen, allenfalls dürfe ich ein wenig fernsehen. Auch solle ich körperliche Anstrengungen jeder Art vermeiden, insbesondere keine schweren Lasten tragen oder heben, mich möglichst nicht bücken, am besten in erhöhter Rückenlage ruhen oder erhobenen Hauptes sitzen.

Zurück aus der Klink führte ich mir meine körperliche Lage sozusagen vor das noch verbliebene Auge und bemerkte nach und nach immer mehr Irritationen im Hinblick auf vielerlei alltagspraktische Gewohnheiten: Wie sollte ich arbeiten, wie mich entspannen, ohne zu lesen? Wie konnte ich meine Mobilität wahren, ohne Auto zu fahren? Durfte ich überhaupt noch meine Aktentasche aus dem Institut nach Hause tragen? Galt der Fußweg vom Institut bergauf nach Hause, der mich immer außer Atem brachte, bereits als körperliche Anstrengung? Wie liest man etwas vom Fußboden auf, ohne sich zu bücken? Usw.

Derlei banale Fragen markierten – nach dem pragmatischen Handlungsprinzip des ‚first-things-first' – mein Bemühen, dort wieder Anschluss zu finden, wo das traumatische Ereignis und dessen Auslegung im medizinischen Expertenurteil jäh den gewohnten Gang der Dinge unterbrochen hatte. Genauer und vom gegenwärtigen Stand der Problemerfassung aus gesagt: sie markieren den Beginn jener Umorganisations- und Neuordnungsmaßnahmen, mittels derer ich versuchte, die medizinisch ‚verordneten' Verhaltensmaßregeln ins Verhältnis zu setzen zu den alltäglichen Routinen und zu weiteren, übergeordneten Lebensplänen.

Obwohl ich mich damals noch gar nicht krank fühlte, sondern – nachdem ich den ersten ‚Erblindungs-Schock' überwunden hatte – nur sozusagen ‚vorübergehend beeinträchtigt' wähnte, wirkte sich also die medizinische Expertise über meine Ein-Sichtigkeit sofort auf die Selbst-Wahrnehmung meiner physischen und damit auch auf meine psychische Verfassung aus: Ich wurde von Stund an vorsichtiger, ängstlicher, unbeweglicher. Und doch bzw. gerade deshalb drohten ständig irgendwelche Rempel- und Stolperfallen. Mein Körper erschien mir hochgradig gefährdet: durch jeden unkontrollierten Schritt, durch jede unbedachte Bewegung, aber auch (und mehr noch) durch alles, was um ihn her im Fluss, was im Gange war, oder gar – womöglich unbemerkt – was auf ihn *zu* kam. Alle Geschwindigkeiten schienen sich zu erhöhen, alle Abläufe sich zu beschleunigen, die Welt schlechthin entwickelte mit einem Mal ein wahrhaft atemberaubendes Tempo. Demgegenüber entwickelte ich das dringliche Bedürfnis, mich ständig irgendwo festzuhalten, mein Gleichgewicht zu bewahren, mein Leben zu verlangsamen, Ruhe zu finden. Zum ersten Mal zum Beispiel wurde ich darauf aufmerksam, wie oft am Tage ich mich bislang ganz spontan und ohne einen Gedanken darauf zu verschwenden gebückt und etwas aufgehoben hatte.

Alsbald verbrachte ich mehr und mehr Zeit in halb sitzender, halb liegender Haltung bei geschlossenen Augen. Dabei sinnierte ich – unter vielem anderen – einerseits auch immer wieder über die (bis jetzt offene) Frage nach der *Ursache* der Glaskörperblutung und der Netzhautrisse und über einen womöglich notwendigen operativen Eingriff in mein linkes Auge, andererseits blieb ich zuversichtlich im Hinblick auf die Chancen einer Selbstheilung und hielt so an der Auffassung fest, dass ich ‚im Prinzip' doch gesund und nur vorübergehend körperlich beeinträchtigt sei. In dieser fast ‚oblomowschen' Wartehaltung verbrachte ich immerhin eine Woche.

Tatsächlich lockerte in diesem Zeitraum die Blutung auf, so dass ich vor dem Kontrolltermin mit dem defekten Auge wieder – wie durch eine dicke Milchglasscheibe hindurch – die Umrisse von Personen gegenüber denen von Gegenständen unterscheiden konnte. Mit der aus dieser *Eigenbeobachtung* des Augen-Körpers geschöpften Hoffnung, nunmehr bald wieder meine geplanten Arbeiten aufnehmen zu können, begab ich mich dann, fast schon beiläufig, zur Konsultation in die Klinik.

Meine ganze, sozusagen phänomenal begründete Zuversicht wurde jedoch jählings zunichte gemacht durch die ärztliche Mitteilung, dass die soeben durchgeführte „Kontaktglasuntersuchung" zwei Löcher auf der Netzhaut ‚zwischen zwölf Uhr und halbzwei' zutage gefördert habe, deren Ränder sich ablösten, und dass somit eine alsbaldige Operation unumgänglich sei. Mit dieser Nachricht reduzierten die ophtalmologischen Experten also jene von Peter Gross (1994) so opulent ausgefaltete ‚Multioptionalität' der Welt für mich dramatisch auf eine schlichte, quasi kierkegaardsche Alternative: *entweder* mich standepede operieren zu lassen *oder* in kürzester Zeit tatsächlich auf einem Auge zu erblinden. Die darauf folgenden weiteren Untersuchungen, die nochmalige Erläuterung der Diagnose als „Netzhautlöcher mit umgebender Amotio und starke Glaskörpertrübung", die Schilderung der beiden in meinem Falle prinzipiell möglichen operativen Alternativen, meine schriftliche Zustimmung zur Therapie, die Fragen zu meiner bisherigen Krankengeschichte und die Belehrung über mögliche Komplikationen des Eingriffs sowie meine unterschriftliche Bestätigung der Aufklärung und vieles andere mehr registrierte ich eher ‚mechanisch', als dass ich es noch reflektierend zur Kenntnis genommen hätte. Denn meine ganze Aufmerksamkeit wurde durch den Gedanken an die bevorstehende Operation absorbiert, in die ich bereits durch mein bloßes Verbleiben vor Ort quasi grundsätzlich eingewilligt hatte.

2. Im Guck-Loch

Die gegenüber meinem damaligen subjektiven Befinden so unerwartete und folglich schockartige Mitteilung der unaufschiebbaren Operationsbedürftigkeit, der Austausch der Alltagskleidung gegen das krankenhauseigene, charakteristische ‚Flügelhemd' und vor allem die Verordnung einer „Lochbrille", welche die Augen „justiert" und mich meines ohnehin eingeschränkten Gesichtsfeldes fast vollständig beraubte – das waren die in meiner retrospektiven Wahrnehmung wichtigsten medizinischen Maßnahmen, welche mit einem atemberaubenden Tempo meine „Patientenkarriere" (Goffman 1972) einleiteten und mich vom Status einer ‚Gesunden mit einem partiellen körperlichen Defekt' in den einer ‚uneingeschränkt Kranken' beförderten.

Der therapeutische Sinn der Lochbrille besteht darin, zur Vorbereitung der *operativen* Therapie bzw. zur Überbrückung der Zeit bis zur Operation das Auge im Verhältnis zum Schädel weitestgehend zu fixieren und somit zu verhindern, dass durch die Rollbewegungen, die das Auge beim Sehen üblicherweise macht, das Blut im Glaskörper auf- und umhergewirbelt wird. Abstrakter ausgedrückt: Die ‚normalen' Problemlösungskapazitäten des Gesunden werden künstlich begrenzt bzw. negiert, damit sich der Kranke in seiner labilen Verfassung und seiner verminderten Selbststeuerungsfähigkeit nicht selber (weiter) schädigt, bzw. um die Voraussetzungen zur Wiederherstellung seiner ‚normalen' Handlungskompetenzen zu optimieren. Die Lochbrille repräsentiert somit eine historisch spezifische medizinische Organisation von Krankheit: sie ist eine Konsequenz des damals aktuell gewesenen Wissens einschlägiger Experten um das physiologische Geschehen im Augenkörper, das bei gewissen pathologischen Zuständen für die Therapie ‚unterbunden' werden muss.

Diese Lochbrille aus schwarzem, steifem, vorgewölbtem Tuch, die ich also in der Zeit zwischen der ‚Aufnahme' in die Klinik und der Operation am darauffolgenden Vormittag (bzw. handlungspraktisch genauer: bis vor dem Einschlafen in der Nacht zuvor) zu tragen hatte, befremdete, ja erschreckte nicht nur den mit solcherlei Gerät nicht vertrauten Besucher, für den mein Aussehen und mein Blickverhalten „etwas Insektenartiges" bekam. Diese Lochbrille reduzierte und verwandelte auch nochmals ganz entschieden meine eigene Welterfahrung: Der Blick durch die punktgroße, etwa zwei Zentimeter vom Auge entfernte Öffnung gibt dem Schauenden zunächst kurzzeitig das Gefühl, sich in einem großen, dunklen Raum zu befinden, in dem weit entfernt eine kleine Öffnung angebracht ist, durch die spärlich Licht hereindringt. Wenn man sich dann besser an diesen ‚Raum' gewöhnt hat – wobei offenbar das Sehvermögen die Fähigkeit besitzt, das Räumliche des Zwischenraums zu „negieren" und sich zu „eigen" machen kann – und versucht, hinauszusehen, dann hat man eine Art ‚Schlüsselloch-Erlebnis': Man sieht von dem, was jenseits dieses Loches vor sich geht, eben nur das, was sich zufällig in diesem minimalen Ausschnitt des Sichtbaren abspielt. Nun versucht man dieses Handicap des völlig eingeschränkten Gesichtsfeldes dadurch zu kompensieren, dass man den Blick schweifen lässt, was natürlich nur dadurch möglich ist, dass man ständig den ganzen Kopf in alle möglichen Richtungen dreht – bzw. eben dorthin, wo man Interessantes vermutet. Fatalerweise aber entschwindet eben schon bei einer leichten Veränderung der Kopfhaltung *alles*, was man eben noch gesehen hat, *vollständig* aus dem Blick, so dass das, was das Auge registriert, eher einer Folge von kaum zusammenhängenden Einzelbildern ähnelt als einem kontinuierlich ablaufenden Film. Diese nicht-intendierte ‚Schnitt'-Wahrnehmung durch das Sehmedium hat somit gegenteilige Konsequenzen zu den von Hans-Georg Soeffner (2000) beschriebenen Funktionen der ‚Schnitt-Techniken' der Filmmedien (vgl. dazu auch Soeffner/ Raab 1998).

All das macht das Sehen durch die Lochbrille nicht nur ausgesprochen mühsam, sondern vermittelt einem ein deprimierendes Gefühl der Eingeschränktheit, ja der Ohnmacht, denn der Mensch nicht *hinter*, sondern vielmehr *in* der Lochbrille entbehrt gerade jene ‚sinnliche' Erfahrung einer „unmittelbaren Vergegenwärtigung [...] der Dinge selbst", von der Helmuth Plessner spricht (1983, S. 397). Damit auferlegt die Verordnung der Lochbrille dem kranken Menschen, der sein Leib *ist*, aber seinen Körper nicht mehr *hat* (bzw. genauer: nicht mehr im Griff hat), eine Reduktion seiner sinnlichen Möglichkeiten, verordnet ihm also tatsächlich quasi einen medizinisch zugerichteten, therapeutisch zurechtgestutzten Körper. Dies zwingt ihn – und zwar *unbeschadet* der Frage, ob er angesichts seiner Erfahrung, eingeschränkt, ja ohnmächtig zu sein, Disziplin zu wahren vermag oder womöglich seine Fassung, seine Beherrschung verliert (vgl. dazu Plessner 1982) – dazu der medizinischen Verordnung gegenüber eine „Haltung" einzunehmen: ‚Haltung' manifestiert sich Plessner zufolge ja in zwei Grundformen der Weltzugewandtheit des Leibes, also des Sich-Verhaltens: im Ausdruck (also „frei von jeder Zielbestimmtheit") und in der Handlung (die durch „eindeutige Gerichtetheit" gekennzeichnet ist) (1980, S. 195).

Meine Haltung zur Lochbrillen-Verordnung war, ebenso wie die zu den anderen ‚rites de passage' vor der Operation, zwar ‚eindeutig gerichtet', aber eben *nicht* im Plessnerschen Sinne zielgerichteten Handelns, sondern eher im Sinne einer Abwendung meines Interesses von diesen Geschehnissen zugunsten einer weitgehenden Absorption meiner Aufmerksamkeit durch den in sich kreisenden Dauergedanken an die Operation selber. Diese hat dann anscheinend auch ‚irgendwie, irgendwann und irgendwo' stattgefunden – und zwar offenbar, wie ich danach vom behandelnden Arzt erfahren und auch aus meinen Unterlagen entnommen habe, in Form einer „Episkleralen Silikon-Plombe und Silikon-Cerclage". ‚Mitbekommen' hatte ich davon allerdings lediglich die Verabreichung von Beruhigungsmitteln und die *Einleitung* der Narkose *vor* sowie das Vorhandensein eines – in der Folgezeit immer wieder kontrollierten und gewechselten – Augenverbandes *nach* der Operation.

‚Beruhigungsmittel schlucken' und Narkose ‚erleiden' (i. S. v. einem widerfahren), also die medizin-technisch-medikamentös induzierte Bewusstlosigkeit, erinnert mich, jedenfalls in den *Übergängen* von den bewussten zu den halbbewussten und den bewusstlosen Zuständen, zum einen an die berühmten ‚Sprünge' zwischen den Subsinnwelten, von denen Alfred Schütz schreibt (z.B. in 2003, S. 208; vgl. auch Schütz/ Luckmann 2003, S. 56), zum anderen aber auch an den von Plessner beschriebenen Verlust von Fassung, ja von Haltung und von Exzentrizität in jenen Grenzsituationen des menschlichen Lebens, in denen wir unseren Körper überhaupt nicht mehr (unter Kontrolle) haben, sondern in denen wir völlig auf unsere Kreatürlichkeit zurückgeworfen werden, in denen wir nur noch Leib sind.

Entsprechend habe ich das sukzessive und immer wieder unterbrochene Erwachen aus der durch die Narkose künstlich herbeigeführten Bewusstlosigkeit als Rückkehr auch meiner Exzentrizität, meiner Fähigkeit, mich ins Verhältnis zu setzen zu meiner Welt und zu mir selbst erfahren: Das erste, woran ich mich *postoperativ* erinnern kann, waren – noch ‚ferne' – Schmerzen und eine helle Gestalt, die sich über mich beugte und mit freundlicher Stimme etwas sagte. Dann war ich erst einmal wieder ‚weg'. Dann war ich wieder ‚da'. Und schon wieder ‚weg'. Und so weiter.

Ich habe dieses Erwachen also durchaus *nicht* als mit dem Aufwachen nach dem Schlafen vergleichbar erlebt. Denn diese ‚Rückkehr' in die Wirklichkeit des sozialen Miteinanders dauerte, wie ich rekonstruktiv festgestellt habe, volle zwei Tage. Zwar war ich während der ‚Rückkehr' anscheinend für relevante andere (Schwestern, Ärzte, Besucher) schon ‚ansprechbar', aber für mich selber, für meine ‚innere Dauer' ist diese Zeit sozusagen ‚verloren'. Erst ganz allmählich reduzierten sich die Wechsel von Situationen ‚reiner' Gegenwart (d.h. von Situationen des Erlebens ohne Anbindung an Vergangenes und Zukünftiges) und von Perioden ‚ohnmächtigen' Schlafens, und ich ‚erkannte' wieder zusammenhängendere, sozusagen ‚vollständige' Handlungsabläufe und deren Beziehungen zueinander und konnte ihnen eine Bedeutung, einen Sinn zumessen: Krankenhaus-Alltag.

Dieser Krankenhaus-Alltag ist ja in der einschlägigen ethnographischen Literatur vielfältig beschrieben und sozusagen wohldokumentiert (vgl. für viele die ‚klassischen' Studien von Glaser/ Strauss 1965, von Sudnow 1967, von Strauss/ Fagerhaugh/ Suczek/ Wiener 1985 und auch von Goffman 1972). Auch wenn es in diesem Sinne auch über ‚meine' Station, über meine Erlebnisse mit dem medizinischen Personal und den Mitpatienten und über mein Ringen sowohl um ‚Haltung' als auch um eine akzeptable Position im Organisationsgefüge einiges zu berichten gäbe, beschränke ich mich hier auf den einen Aspekt der *medizinischen* Relevanz einer anthropologischen Betrachtungsweise des Körpers bzw. des – historisch und kulturell variablen – sozialen Umgangs mit dem Körper (vgl. dazu Gross/ Hitzler/ Honer 1989 und Hitzler/ Honer 2005) sowie subjektiver, aber intersub-

jektiv vermittelbarer Körpererfahrungen. Meine Frage lautet also, wie problematisch gewordene bzw. problematisch werdende (stigmatisierte) Körper einerseits
medizin-technisch ‚behandelt' werden, und welche Probleme andererseits aus der
medizin-technischen ‚Behandlung' des Körpers resultieren (können) (vgl. dazu
Gross/ Honer 1990 und Honer 2001).

3. Klappe – Halten oder Weglassen?

Wenn die ‚normale' Position des Menschen zu sich selber exzentrisch ist und die
Fähigkeit (und die Notwendigkeit) meint, sich sich selber zum Gegenstand machen, also in ein Reflexionsverhältnis zu sich treten, sich im Spiegel erkennen zu
können, also zugleich *in* sich und *außer sich* (sich gegenüber und damit für sich)
zu sein (Plessner 1980, S. 309), dann besteht das psychische Korrelat von Krankheit darin, dass eben diese Exzentrizität mehr oder weniger stark eingeschränkt
wird, dass der Mensch (wieder) ‚kreatürlicher', im Sinne Plessners (1980, S. 226)
sozusagen „geschlossener" lebt und eben die Fähigkeit (und die Notwendigkeit),
zu sich selber in reflektierende Distanz zu treten, mehr oder weniger stark einbüßt.
Denn ästhesiologisch gesehen ist die exzentrische Positionalität ohnehin nur ein
Sonderfall der zentrischen, und der partielle oder auch vollständige Verlust der
Exzentrik bedeutet deshalb immer einen Rückgang zu einer zentrierteren Art der
Selbst- und Welterfahrung.

Auf dieses Eingeschränkt-Sein, auf diese relative Ohnmacht des Kranken
gegenüber dem Gesunden antwortet die ärztliche Verordnung (vgl. z.B. Honer
1994a und 1994b). Sie gibt dem Patienten Handlungsanweisungen für den – aufgrund medizinischen Wissens als angemessen definierten – Umgang mit seinem
Körper. Mit einem dergestalt ‚verordneten' Körper zu leben, heißt – der Selbster-
fahrung des Patienten nach – deshalb m.E. vor allem: die Ausübung eigenen Tä-
tigseins, des Für-sich-selber-Zuständigseins überhaupt zu reduzieren bzw. als reduziert zu erfahren, und stattdessen verstärkt fremdes Tätigsein an einem selber,
fremdes Zuständigsein für einen selber zu erleiden, zu ertragen – vielleicht mitunter auch zu genießen.

Nicht erst nach, sondern auch schon vor der stationären Behandlung hatte es
mich stark irritiert, dass ich auf meinen beiden Augen so ‚ungleich' sah. In der Regel musste ich, um etwas annähernd klar erkennen zu können, das defekte Auge zu-
kneifen. Außerdem hatte ich das Bedürfnis, für dieses Auge in besonderem Maße
Sorge zu tragen, d.h. es zu schützen. Deshalb hielt ich das Auge möglichst oft und
möglichst lange geschlossen. Da dies anfänglich aber nicht nur einer Willens-, son-

dern auch einer lästigen Muskelanstrengung bedurfte, suchte ich nach einer ‚technischen‘ Lösung. Und so kaufte ich mir naheliegender Weise eine Augenklappe.

Mit dieser Klappe schlug ich denn auch sogleich erfolgreich mehrere ‚Fliegen‘: Zum einen gewann ich, wie erhofft, ein nahezu klares, wenn auch auf die Hälfte und auf Zweidimensionalität reduziertes Sichtfeld und damit ein Mindestmaß an Handlungssicherheit. Zum anderen sorgte diese expressive Selbststigmatisierung dafür, dass meinem faktischen Kranksein, welchem bislang die nötigen Erkennungszeichen gefehlt hatten dafür, dass es in sozialen Situationen zur selbstverständlichen Entschuldigung etwelcher merkwürdiger Verhaltensweisen von mir hätte hinlänglich relevant werden können, nun die entsprechende Beachtung entgegengebracht wurde: Meine „Moshe-Dajan-Flagge" signalisierte der Umwelt überdeutlich „Hier kommt ein leidendes, mit besonderer Rücksicht zu behandelndes Wesen!"

Zu meiner Irritation und zu meinem Leidwesen war ‚mein‘ Augenarzt jedoch keineswegs begeistert, als ich ihm bei einer Kontrolluntersuchung nach meiner Entlassung aus der Klinik meine ‚Patentlösung‘ vorführte. Gleich nach der Begrüßung fauchte er mich an: „Also zuallererst einmal kommt ja diese verfluchte Klappe weg. Wer hat Ihnen denn *sowas* aufgeschwätzt?" – Darauf ich: „Ich mir selber…" – Arzt: „ja::: nicht" – Ich: „Warum?" – Arzt: „*nie:::* eine Klappe vor dem Auge. *Unter* der Klappe wachsen die Bakterien. Sie müssen doch gut sehen können, wenn Sie die Brille drauf haben. Alles was recht ist…" – Wieder ich: „Ich seh immer *besser*, aber ich seh-, ich bin verunsichert…" – Arzt [zweifelnd-ungläubig]: „ah".

Daraufhin kontrollierte der Arzt das operierte Auge und ermahnte mich schließlich noch einmal: „Sie sind nicht mehr nur auf Ihr rechtes Auge angewiesen, deswegen, in Dreiteufelsnamen, die *Klappe* weglassen! *Ganz* wichtig…" – Darauf ich [verhalten zustimmend und leicht zerknirscht]: „mhm".

Die Relevanzen des Augenarztes, wie sie in den beiden kurzen Gesprächsausschnitten zum Ausdruck kommen, sind offenkundig: In paternalistischer Haltung und unter Verwendung magischer Beschwörungsformeln (‚verfluchte Klappe‘ und ‚in Dreiteufelsnamen‘) sucht er eindringlich auf mein Verhalten einzuwirken. Und in der Tat, auch diese postoperative Verordnung meines Körpers war erfolgreich: Trotz der damals nach wie vor bestehenden Seh-Irritationen sowie der subjektiven Erleichterung und sozialen Entlastung, die die Verwendung der Augenklappe mit sich brachte, benutzte ich ‚das Ding‘ nach jener Ermahnung nurmehr ganz gelegentlich. Aber selbstverständlich resultierte meine Akzeptanz auch dieser fremden Zuständigkeit für meinen Körper nicht etwa aus Autoritätsgläubigkeit und Gehorsam, sondern aus meiner Fähigkeit als ‚mündiger Patientin‘, das Problem mit den

„Bakterien" einzusehen und die Expertise des Ophtalmologen zu meinem eigenen Wohle zu respektieren...

4. Für eine Erweiterung der Lebensweltanalyse in der Soziologie

Dass ich all das, was ich im Vorhergehenden zu beschreiben versucht habe, auch tatsächlich – jedenfalls „ungefähr *so*" – erlebt und erfahren habe, war mir seinerzeit[1] evident, und evident ist mir anhaltend auch eine – allmählich verblassende – Erinnerung an das Beschriebene und vor allem auch daran, *dass* (nicht mehr so genau hingegen *wie*) ich es beschrieben habe. Das Beschreiben geschah als alltägliches Tun (nämlich: Schreiben eines Textes auf einem Laptop) in der Absicht, die in der Subsinnwelt der Theorie gewonnenen Einsichten kommunikativ an (mehr oder minder anonyme) andere zu vermitteln. Die in dieser nicht-alltäglichen, sondern eben theoretischen Bewusstseinsspannung gewonnenen Einsichten wiederum haben jene anderen Subsinnwelten der partiellen Entsinnlichung, der Schmerzen und Ängste, der Tagträume und des Halbschlafs, der Wahrnehmungsdeformationen, der Selbstgefährdung und der – teils gewünschten, teils auferlegten – Fremdsorge-Erfahrungen zum Gegenstand gehabt. Und das alles ist mir jetzt (während ich darüber nachdenke) wieder von theoretischem Interesse, das ich – mehr oder weniger – zugleich in einen jedenfalls für die Kollegenschaft wissenschaftsalltäglich rezipierbaren Text (dieses ,Nachwort') zu „übersetzen" versuche.

Mit dieser reflexiven Schleife habe ich mich nochmals bemüht, aufzuzeigen, dass die Lebenswelt den umgreifenden Sinnhorizont für „mannigfaltige Wirklichkeiten" (Schütz 2003) bildet, weshalb sie eben als das „*Insgesamt* von Sinnwelten" (Honer 1999b, S. 64) zu verstehen ist. Die Lebenswelt des Alltags ist folglich lediglich *eine,* wenngleich pragmatisch „ausgezeichnete" ,Ordnung' der Lebenswelt. Aber keineswegs nur die außeralltäglichen Erlebnisse und Erfahrungen sind fragil, auch die alltäglichen Selbstverständlichkeiten und Wichtigkeiten, ja unsere gesamten alltäglichen Koordinaten-,Systeme' sind ausgesprochen störanfällig, wie wir alle nicht zum wenigsten aus Zuständen sub-normaler (körperlicher) Befindlichkeiten wissen. Infolgedessen bedarf es ständiger (wenn auch oft hochgradig routinierter und mithin fast „unsichtbarer") Anstrengungen, um die Fiktion alltäglicher Normalität aufrecht zu erhalten.

Gleich ,hinter' oder ,unter' diesem gewohnten Alltag betreten wir – freiwillig ebenso wie auferlegt – (zum Teil ganz) andere „Regionen" unserer Lebenswelt.

---

1   In einer kürzeren Fassung zum ersten Mal veröffentlicht hat Anne Honer diesen Text 1999a. Die darin beschriebenen Ereignisse fanden am Übergang zwischen den Jahren 1994 und 1995 statt. (Anmerkung von Ronald Hitzler)

Diese mögen insgesamt der soziologischen Forschung (bislang) faktisch als marginal erscheinen; erkenntnis- ebenso wie gesellschaftstheoretisch jedoch verdienen sie auch in unserer Disziplin eine deutlich höhere Aufmerksamkeit, denn in einer Gesellschaft, in der Menschen mit vielfältigen ‚kulturellen‘ Hintergründen, mit unterschiedlichsten Vorlieben und Selbstverständlichkeiten und mit ausgesprochen heterogenen Wirklichkeitskonstruktionen eine *gemeinsame* Alltagswelt miteinander teilen (sollen), in einer Gesellschaft, in der die Partizipation von Menschen mit besonderten – was üblicherweise meint: mit „abweichenden“ – Arten und Weisen geistig-körperlichen Erlebens und Verhaltens ein nachgerade notorisches (emanzipations-)politisches Anliegen ist, und schließlich in einer Gesellschaft, in der eine wachsende Zahl von Mitmenschen und Zeitgenossen anscheinend – appräsentiert durch den schrittweisen Abbau ihrer sozial als solchen erkennbaren Bewusstseinsleistungen – in einen Zustand ‚veränderten‘ Welt- und Selbsterlebens gerät, der als ‚Demenz‘ lediglich etikettiert, durchaus aber noch nicht verstanden ist (vgl. dazu auch die entsprechenden Vor-Erkundungen zum Forschungsvorhaben von Honer/ Hitzler/ Beer/ Kotsch 2007), in einer solchen – unserer gegenwärtigen – Gesellschaft, die geprägt ist vom Mit-, In- und Gegeneinander nachgerade aller erdenklichen ‚Erlebenswelten‘ (vgl. dazu die Beiträge in Gebhardt/ Hitzler 2006 und in Hitzler/ Honer/ Pfadenhauer 2008; vgl. auch bereits Benita Luckmann 1970, sowie Berger/ Berger/ Kellner 1975) erscheint mir eine auf „Subjektivität“ nicht nur rekurrierende, sondern auf dieser *gründende* Soziologie nachgerade unabdingbar.

Dass das tradierte analytische Instrumentarium der mundanphänomenologischen Beschreibung und Analyse subjektiven Erlebens zentral ist für eine soverstandene Soziologie steht m.E. außer Zweifel (vgl. dazu Honer 1993 sowie Hitzler/ Eberle 2000). Ob neue Konzeptionen, wie die einer ‚Ethnophänomenologie‘ (vgl. Knoblauch/ Schnettler 2001 und Schnettler 2008) sich als (ebenso) nützlich und tragfähig erweisen werden, muss in entsprechenden Studien erprobt und in der einschlägigen Kollegenschaft kritisch diskutiert werden. Schau'n mer mal...

Literatur

Berger, Peter L./ Berger, Brigitte/ Kellner, Hansfried (1975): Das Unbehagen in der Modernität. Frankfurt a.M.: Campus
Gebhardt, Winfried/ Hitzler, Ronald (Hrsg.) (2006): Nomaden, Flaneure, Vagabunden. Wiesbaden: VS
Glaser, Barney/ Strauss, Anselm (1965): Awareness of Dying. Chicago: Aldine
Goffman, Erving (1972): Asyle. Frankfurt a.M.: Suhrkamp
Gross, Peter (1994): Die Multioptionsgesellschaft. Frankfurt a.M.: Suhrkamp
Gross, Peter/ Hitzler, Ronald/ Honer, Anne (1989): Diagnostische und therapeutische Kompetenz im Wandel. In: Wagner, Franz (Hrsg.): Medizin: Momente der Veränderung. Berlin: Springer, S. 155-172
Gross, Peter/ Honer, Anne (1990): Multiple Elternschaften. In: Soziale Welt, Jg. 41. 1, S. 97-116
Hitzler, Ronald (2008): Von der Lebenswelt zu den Erlebniswelten. In: Raab, Jürgen/ Pfadenhauer, Michaela/ Stegmaier, Peter/ Dreher, Jochen/ Schnettler, Bernt (Hrsg.): Phänomenologie und Soziologie. Wiesbaden: VS, S. 131-140
Hitzler, Ronald/ Eberle, Thomas S. (2000): Phänomenologische Lebensweltanalyse. In: Flick, Uwe/ v. Kardorff, Ernst/ Steinke, Ines (Hrsg.): Qualitative Forschung – Ein Handbuch. Reinbek: Rowohlt, S. 109-118
Hitzler, Ronald/ Honer, Anne (2005): Körperkontrolle. In: Schroer, Markus (Hrsg.): Soziologie des Körpers. Frankfurt a.M.: Suhrkamp, S. 356-370
Hitzler, Ronald/ Honer, Anne/ Pfadenhauer, Michaela (Hrsg.) (2008): Posttraditionale Gemeinschaften. Wiesbaden: VS
Honer, Anne (1993): Lebensweltliche Ethnographie. Wiesbaden: DUV
Honer, Anne (1994a): Die Produktion von Geduld und Vertrauen. In: Hitzler, Ronald/ Honer, Anne/ Maeder, Christoph (Hrsg.): Expertenwissen. Opladen: Westdeutscher, S. 44-61
Honer, Anne (1994b): Qualitätskontrolle. In: Schröer, Norbert (Hrsg.): Interpretative Sozialforschung. Opladen: Westdeutscher, S. 178-196
Honer, Anne (1999a): Verordnete Augen-Blicke. In: Honer, Anne/ Kurt, Ronald/ Reichertz, Jo (Hrsg.): Diesseitsreligion. Konstanz: UVK, S. 275-284
Honer, Anne (1999b): Bausteine zu einer lebensweltorientierten Wissenssoziologie. In: Hitzler, Ronald/ Reichertz, Jo/ Schröer, Norbert (Hrsg.): Hermeneutische Wissenssoziologie. Konstanz: UVK, S. 51-67
Honer, Anne (2000): Lebensweltanalyse in der Ethnographie. In: Flick, Uwe/ v. Kardorff, Ernst/ Steinke, Ines (Hrsg.): Qualitative Forschung. Reinbek: Rowohlt, S. 195-204
Honer, Anne (2001): „In dubio pro morbo". In: Brosziewski, Achim/ Eberle, Thomas S./ Maeder, Christoph (Hrsg.): Moderne Zeiten. Konstanz: UVK, S. 141-150
Honer, Anne/ Hitzler, Ronald/ Beer, Thomas/ Kotsch, Lakshmi (2007): Entscheidungsdilemmata und integrative Validation im potenziellen Widerstreit von Recht und Moral. Antrag zur Förderung eines Projektvorhabens an die DFG.
Knoblauch, Hubert (2008): Transzendentale Subjektivität. In: Raab, Jürgen/ Pfadenhauer, Michaela/ Stegmaier, Peter/ Dreher, Jochen/ Schnettler, Bernt (Hrsg.): Phänomenologie und Soziologie. Wiesbaden: VS, S. 65-73
Knoblauch, Hubert/ Schnettler, Bernt (2001): Die kulturelle Sinnprovinz der Zukunftsvision und die Ethnophänomenologie, Psychotherapie und Sozialwissenschaft. In: Zeitschrift für qualitative Forschung, Jg. 3. 3, S. 182-203

Kusenbach, Margarethe (2008): Mitgehen als Methode. In: Raab, Jürgen/ Pfadenhauer, Michaela/ Stegmaier, Peter/ Dreher, Jochen/ Schnettler, Bernt (Hrsg.): Phänomenologie und Soziologie. Wiesbaden: VS, S. 349-358

Luckmann, Benita (1970): The Small Life-Worlds of Modern Man. In: Sociological Research, Vol. 4, S. 580-586

Pfadenhauer, Michaela (2008): Doing Phenomenology. In: Raab, Jürgen/ Pfadenhauer, Michaela/ Stegmaier, Peter/ Dreher, Jochen/ Schnettler, Bernt (Hrsg.): Phänomenologie und Soziologie. Wiesbaden: VS, S. 339-348

Plessner, Hellmuth (1980): Anthropologie der Sinne, Gesammelte Schriften III. Frankfurt a.M.: Suhrkamp

Plessner, Hellmuth (1981): Die Stufen des Organischen und der Mensch, Gesammelte Schriften IV. Frankfurt a.M.: Suhrkamp

Plessner, Hellmuth (1982): Lachen und Weinen. In: Ders.: Gesammelte Schriften VII, Frankfurt a.M: Suhrkamp, S. 201-387

Plessner, Hellmuth (1983): Conditio Humana, Gesammelte Schriften VIII. Frankfurt a.M.: Suhrkamp

Raab, Jürgen (2001): Soziologie des Geruchs. Konstanz: UVK

Raab, Jürgen (2008): Präsenz und mediale Präsentation. In: Raab, Jürgen/ Pfadenhauer, Michaela/ Stegmaier, Peter/ Dreher, Jochen/ Schnettler, Bernt (Hrsg.): Phänomenologie und Soziologie. Wiesbaden: VS, S. 233-242

Saerberg, Siegfried (2006): Geradeaus ist einfach immer geradeaus. Konstanz: UVK

Saerberg, Siegfried (2008): Das Sirren in der Dschungelnacht – Zeigen durch Sich-wechselseitig-auf-einander-Einstimmen. In: Raab, Jürgen/ Pfadenhauer, Michaela/ Stegmaier, Peter/ Dreher, Jochen/ Schnettler, Bernt (Hrsg.): Phänomenologie und Soziologie. Wiesbaden: VS, S. 401-410

Schnettler, Bernt (2008): Soziologie als Erfahrungswissenschaft. In: Raab, Jürgen/ Pfadenhauer, Michaela/ Stegmaier, Peter/ Dreher, Jochen/ Schnettler, Bernt (Hrsg.): Phänomenologie und Soziologie. Wiesbaden: VS, S. 141-149

Schütz, Alfred (2003): Über die mannigfaltigen Wirklichkeiten. In: Ders.: Theorie der Lebenswelt 1. Werkausgabe Band I. Konstanz: UVK

Schütz, Alfred/ Luckmann, Thomas (2003): Strukturen der Lebenswelt. Konstanz: UVK

Soeffner, Hans-Georg/ Raab, Jürgen (1998): Sehtechniken. In: Rammert, Werner (Hrsg.): Technik und Sozialtheorie. Frankfurt: Campus, S. 121-148

Soeffner, Hans-Georg (2000): Sich verlieren im Rundblick. In: Ders.: Gesellschaft ohne Baldachin. Weilerswist: Velbrück, S. 354-370

Strauss, Anselm L./ Fagerhaugh, Shizuko/ Suczek, Barbara/ Wiener, Carolyn (1985): Social Organization of Medical Work. Chicago: University of Chicago Press

Sudnow, David (1967): Passing On. Englewood Cliffs, N.J.: Prentice-Hall

***

Nachwort

„Man kommt aus keinem Feld so heraus, wie man in es hinein geht."
Ronald Hitzler auf dem Weg mit Anne Honer

> *„Warum weiß man klar, was man nicht will, anstatt das, was man mit Freude tut und was einen wirklich interessiert? Was liegt dem zugrunde?"*
> (Anne Honer: Tagebuchnotiz)

> *„Das Fragen ist die Frömmigkeit des Denkens"*
> (Martin Heidegger: Die Technik und die Kehre)

1. „Geburt" einer Idee

In einer Drogerie in Singen am Hohentwiel hat 1974 eine junge Einzelhandelskauffrau als Kosmetikerin gearbeitet: als eine sehr dezente Kosmetikerin – mit einem Sinn fürs Elegante. Intellektuell allerdings hat sie das optische Verschönern anderer Menschen nicht so recht zufrieden gestellt. Deshalb beschloss sie, auf der Abendrealschule die „Mittlere Reife" nachzumachen. Mit 24 Jahren ist sie dann in die gymnasiale Oberstufe gegangen. Und mit 27 Jahren hat sie angefangen, an der Universität Konstanz Soziologie und Politikwissenschaft zu studieren. Quasi vom ersten Semester an wurde sie als Hilfskraft in die Soziologie und Phänomenologie von Thomas Luckmann hinein sozialisiert. Aber die (auch in der Luckmannschen Theorie relevanten) abstrakten Problemstellungen waren ihr – nun ja: sie waren ihr eben zu abstrakt.

Eines Tages hat sie mitgeteilt, dass sie jetzt mit Gertrud Schelly, einer Studienfreundin, zum Bodybuilding gehen werde (damals, Anfang der 1980er Jahre, sagte man tatsächlich noch „Bodybuilding" auch zu dem, was heute Fitnessstudio – oder wie auch immer – heißt). Und dann ging sie tatsächlich sehr regelmäßig in eine ausgesprochen „archaische", eine vor allem grauenhaft nach Schweiß stinkende „Mucki-Bude". In jener Zeit in Konstanz in der Laube hat Anne Honer festgestellt, dass die Welt, in der Bodybuilder (wie gesagt: im weitesten Sinne) leben, keineswegs so „primitiv" war, wie die meisten von uns damals noch zu wissen glaubten. Die Idee, ihre Magisterarbeit über Bodybuilding zu schreiben, fand Thomas Luckmann zwar (zumindest zunächst) einigermaßen gewöhnungsbedürftig. Aber er hatte Anne Honer in den Jahren zuvor als ausgesprochen seriöse Soziologin und Empirikerin kennen und schätzen gelernt. Also akzeptierte er

ihren Plan. Und sie wiederum legte dann jene heute ‚legendäre' Magisterarbeit
vor, die nicht nur thematisch nachgerade singulär war, sondern die eben bereits
auch die „lebensweltliche Ethnographie" begründete: „Körper und Wissen" war
der Titel dieses frühen Werkes (Honer 1983), das heutzutage unzweifelhaft sofort
publiziert werden würde. Damals aber kamen tatsächlich nur die engsten Freunde in den Genuss, diesen innovativen Text lesen zu dürfen bzw. zu können. Aber
immerhin hat Anne Honer mehrere Aufsätze zum Thema publiziert (Honer 1985a
und b, 1986a, 1989a, 1995a und b).

Sozusagen initial auf die Idee gebracht, (solche) kleinen Lebens-Welten eben
so anzuschauen als wären sie *fremde* Welten (Welten mit anderen Kulturen, mit anderen Sprachen, mit anderen Sitten, Gebräuchen, Techniken, anderen Gewissheiten
und Gewohnheiten, kurz: mit anderen Wirklichkeitskonstruktionen als wir sie als
die unseren begreifen, verstehen und auch „glauben"), hat Anne Honer die Lektüre des kleinen Textes „The small life-worlds of modern man" von Benita Luckmann (1970/1978) (vgl. dazu z.B. Honer 1999a, 2003a; sowie mit Hitzler 1984,
1994a und b, 2003a). Und das Besondere ist, dass Anne Honer dabei die Phänomenologie als zentrale, keineswegs als ausschließliche Methode der empirischen
Soziologie einsetzt – obwohl Thomas Luckmann eben dies (den Einsatz der Phänomenologie als ‚interpretativer' Methode) unter Konfusionsverdacht gestellt und
somit eigentlich „streng verboten" hatte. Sie hat aber „natürlich" nie behauptet,
Phänomenologie zu machen, oder Phänomenologie auch nur zu begreifen. Sie will
einfach nur verstehen, wie *die Menschen* die Welt sehen, für die sie sich – keineswegs nur, aber *hier* vor allem als Forscherin – interessiert. Sie will verstehen, was
den Menschen wichtig ist, was sie wann, wie, warum tun usw. Das eben meint für
sie die Rede von der „Lebenswelt" (die sie, anders als manch gewichtiger Phänomenologe, nie mit Alltagswelt einerseits und auch nie mit den *Strukturen* der Lebenswelt andererseits konfundiert. (Das wiederum hat Thomas Luckmann gut gefallen.) Sie hat gesagt: „Ich mach halt Ethnographie von kleinen Lebenswelten.
Ich mach einfach lebensweltliche Ethnographie."

Lebensweltliche Ethnographie ist – jedenfalls bei Anne Honer – also kein Anspruch, sondern eher ein Ausdruck von Selbst-Bescheidung. Bei uns, die Anne Honer sehr bald „infiziert" hatte mit diesem konzeptionellen Virus, war von Selbst-
Bescheidung dann allerdings schnell keine Rede mehr. Wir haben das Konzept, auf
eine sehr frühe Einrede von Hans-Georg Soeffner reagierend, dann auch von „lebensweltliche" in „lebensweltanalytische" Ethnographie umbenannt. Anne Honer
hat das allenfalls halbherzig mitgetragen: bereits der *Begriff* „Lebensweltanalyse"
selber ist ihr ‚eigentlich' zu pompös. Sie will einfach nur beschreiben, um zu verstehen (was den Menschen wichtig ist), und sie will verstehen, um einigermaßen

die Perspektiven der von ihr je untersuchten Menschen beschreiben zu können (vgl.
hierzu z.B. Honer 1986b, 1989a/1994a, 1989b, 1993a, 2000/2004, 2003b; sowie mit
Gross 1991 und mit Hitzler 1988a, 1989, 1991, 1992, 1994c und d, 1997, 2003b).

2. Erprobungen des Konzepts

„Körper" und „Wissen" blieben zentrale Themen ihrer ganzen, (jedenfalls bis auf
weiteres) viel zu früh beendeten Forscherlaufbahn hindurch. Wissen über Körper
und Rückschlüsse daraus über mentale Zustände sowie Prognosen über künftiges
Sozialverhalten fokussierten u.v.a. auch das Relevanzsystem, die Deutungen und
Praktiken einer Gruppe von „freiwilligen Alkoholhelfern" in einer großen Firma,
mit deren Erkundung Anne Honer sich dann in den Jahren 1984/85 befasst hat (Honer 1986c, 1987a und b, 1989c). – Anschließend hat sie sich – im Rahmen eines
von Peter Gross verantworteten DFG-Projektes – als Do-It-Yourself-Gehilfin betätigt, um dergestalt praktisch die Praktiken, Deutungen und Selbstdeutungen von
Heimwerkern zu erkunden (Honer 1990, 1991a, 1994a; sowie mit Hitzler 1988b
und mit Unseld 1988). Im ersten Teil der Dissertation, die sie aus dieser teilnehmenden Feldarbeit entwickelt hat, gibt sie die (bislang) umfassendste Darstellung
der Theorie, Methodologie und Methodik ihrer „lebensweltlichen Ethnographie"
(Honer 1993b). Promoviert wurde sie damit (von Peter Gross und Ulrich Beck)
1992 „summa cum laude" an der Universität Bamberg. Zwischendurch (1988/89)
hat Anne Honer ein halbes Jahr lang beim Jugendamt der Stadt Köln eine standardisierte („quantitative") Erhebung über „Jugend und Freizeit" durchgeführt. Allerdings hat sie – auch dabei – *dieser* Art der Forschung keinerlei positive Aspekte
oder gar Momente persönlicher Befriedigung abgewinnen können.[1]

1991 ist Anne Honer Peter Gross als Mitarbeiterin nach St. Gallen gefolgt
und hat dort ein wiederum von Peter Gross verantwortetes Nationalfondsprojekt
über die Arbeit von Fertilisations- bzw. Reproduktionsmedizinern umgesetzt und
durchgeführt. Dass bei diesen Themen – ganz anders eben als bei Bodybuildern
und Heimwerkern – das Konzept der „lebensweltlichen Ethnographie" kaum in
auch nur annäherungsweise „idealer Form" zu realisieren war, liegt auf der Hand
und stand auch von Anfang an außer Frage. Aber immerhin hat Anne Honer sich
über intensive Lektüre einschlägiger medizinischer Fachliteratur und über die engagierte Schulung in einem mehrmonatigen reproduktiv-medizinischen Weiterbil-
dungsprogramm *für Ärzte* einen solchen (Quasi-) Expertenstatus erarbeitet, dass

---

1   Gefunden hat Michaela Pfadenhauer zwischenzeitlich einige kürzere, in Teilen fast satirisch
     anmutende Feldnotizen von Anne Honer aus ihrer Zeit bei dieser Jugendbehörde („Anne auf
     dem Amt: Ein Cultural Clash" - unpubliziert).

aus den zunächst vereinbarten, kurzen Leitfadeninterviews mit Reproduktionsmedizinern nicht nur lange Quasi-Fachgespräche wurden, sondern dass sie die wesentlichen Stationen künstlicher Befruchtungen, insbesondere Follikel-Entnahmen im OP, die Injektion von Spermien in die Follikel im Labor und die Einsetzung befruchteter Follikel in die Gebärmutter, jeweils unmittelbar vor Ort, also sozusagen „Over-the-Shoulder" (des Mediziners) hat registrierend beobachten können (Honer 1991b und c, 1993c, 1994b, c und d; sowie mit Gross 1990; frühe Vorarbeiten dazu mit Gross/ Hitzler 1985/1989; spätere Nacharbeit dazu Honer 2001 sowie mit Hitzler 2005).

In diesem Kontext hat Anne Honer auch die erste Fassung zu einer Neubestimmung des (in aller Regel bis dato missverstandenen bzw. fehletikettierten) Experteninterviews publiziert (Honer 1994e), das später dann bekanntlich von Michaela Pfadenhauer (2002/2009/2010, 2007) ausgearbeitet und ausgebaut worden ist. Und in die St. Gallener Zeit fiel schließlich auch jene Augenoperation, die Anne Honer in ihrem Text über „Verordnete Augenblicke" festgehalten hat (Honer 1999b/2008), den ich für ein denkwürdiges Zeugnis beobachtender Teilnahme bzw. beobachtenden Erleidens im bestverstandenen Sinne einer selbstreflexiven lebensweltlichen Ethnographie halte.

Von St. Gallen aus hat Hans-Georg Soeffner sie an seinen Lehrstuhl nach Konstanz geholt, wo sie zeitweilig auch für das Sozialwissenschaftliche Archiv zuständig war. Und durch die freundschaftliche Vermittlung von Herbert Willems wurde Anne Honer im Jahr 2000 dann eine Professurvertretung an der Hochschule Vechta übertragen, wo sie u.a. eine prominent besetzte Tagung zum Thema „Umsorgtes Altern" organisiert hat.[2]

3. Erkundungen (in) einer anderen Welt

In Vechta hat Anne Honer sich mehr und mehr dem sie vor allem *phänomenologisch* faszinierenden Thema „Demenz" zugewandt. Eine Frage war und ist ihr (bis heute) geblieben: Wie bekommen wir einen nicht entweder theoretisch vorentschiedenen oder sozusagen esoterisch hemmungslosen Zugang zur Lebenswelt des Dementen? Phänomenologisch jedenfalls ist dieser Zugang „per se" verunmöglicht: Wer dement ist, vollzieht (jedenfalls augenscheinlich und intersubjektiv kommu-

---

2   Referiert haben am 27./28. April 2001 an der Hochschule Vechta nach einer Einleitung in das Tagungsthema von Anne Honer: Achim Brosziewski, Thomas Eberle, Bernhard Haupert, Ronald Hitzler, Stefan Hornbostel, Heidrun Kaupen-Haas, Angela Keppler, Hubert Knoblauch, Manfred Lauermann, Christoph Maeder, Georg Merse, Michael Meuser, Ulrike Nagel, Sighard Neckel, Jo Reichertz, Werner Schneider und Hans-Georg Soeffner. Den Tagungsbericht hat Bernt Schnettler (2001) geschrieben.

3. Erkundungen (in) einer anderen Welt

nizierbar) *keine* phänomenologischen „Operationen". Und wer Phänomenologie treibt und darüber auf eine Art zu berichten vermag, die von anderen „normalen hellwachen Erwachsenen" verstanden werden kann, ist nicht (erkennbar) dement.

Anne Honer hat, ganz Luckmann-Schülerin, sich bei diesem den Rat geholt, eine *Pseudo*-Phänomenologie zu versuchen. Und sie hat, ganz Ethnographin, selbstverständlich *nicht* angefangen, am Schreibtisch Introspektion zu betreiben, sondern sie ist zu den, ja man könnte fast sagen: sie ist „unter" die Dementen gegangen: In einer einschlägig spezialisierten Einrichtung hat Anne Honer zwei Jahre lang fast jede Woche mehrere Stunden als ehrenamtliche Helferin demente Heimbewohner betreut. Sie hat sie gefüttert, hat sie auf Spaziergängen begleitet, hat mit ihnen gespielt und gesprochen und hat dabei vor allem versucht, die Sinngehalte ihres Verhaltens und ihrer Redeweisen zu ergründen.

In Kooperation mit Gerd Naegele, der den Lehrstuhl für Soziale Gerontologie und das Institut für Gerontologie an der TU Dortmund leitet, hat sie ein erstes Konzept zu einem Antrag für ein wissenssoziologisches Projekt über Demenz vorbereitet. Nach ihrer Berufung auf die Professur für Empirische Sozialforschung mit dem Schwerpunkt qualitative Methoden in den Fachbereichen „Sozial- und Kulturwissenschaften" und „Pflege und Gesundheit" der Hochschule Fulda hat sie, insbesondere zusammen mit ihrem damaligen Kollegen Thomas Beer, diese Vorarbeiten dann weiter vorangetrieben und präzisiert. Schließlich haben Anne Honer und Thomas Beer aus Fulda sowie Lakshmi Kotsch und Ronald Hitzler aus Dortmund gemeinsam zwei einschlägige Forschungsanträge an die DFG gestellt. Nachdem diese – m.E. aufgrund einer völligen Fehlwahrnehmung des dem Vorhaben zugrunde liegenden Erkenntnisinteresses durch einen der Gutachter – abgelehnt worden sind, hat Anne Honer, obwohl sie von den vorgängigen Ablehnungen psychisch nahezu vollkommen erschöpft war, sich zusammen mit Thomas Beer, der inzwischen ein Pflegeheim, insbesondere für Demente, in Wiesbaden leitet, ganz stark auf eine wissenssoziologische Analyse der so genannten „Integrativen Validation" konzentriert. (Aus den dabei geleisteten Vor-Arbeiten und im expliziten Anschluss an Anne Honer haben ihre Kolleginnen Helma Bleses und Daphne Hahn in Kooperation mit Thomas Beer einen – inzwischen bewilligten – Antrag auf ministerielle Drittmittelförderung zum Thema „Wirkungsanalyse *emoti*onsorientierter *Komm*unikationsansätze in der Betreuung von Menschen mit Demenz in institutionellen Pflegesituationen – *EMOTI-KOMM"* entwickelt.)

Vor dem Hintergrund des für sie so enttäuschenden Verlaufs ihrer Bemühungen, mit dem von ihr so intensiv bearbeiteten Demenzthema (zu dem sie auch ihre letzten beiden Vorträge gehalten hat – Honer 2010 und 2011) DFG-Drittmittel für die Hochschule Fulda zu akquirieren, hat Anne Honer parallel dazu aber auch an-

dere Themen aus der Gesundheits- und Pflegewissenschaft auf mögliche soziologische bzw. genauer: soziologisch-ethnographische Fragen hin „gescannt" (z. B.
das der Ernährung in Krankenhäusern unter den Bedingungen kulturell vielfältiger
Essgewohnheiten, -sitten und -gebote; aber auch das der neuerdings immer viru-
lenter werdenden Infektionspaniken in Krankenhäusern). Ihre beiden Kolleginnen
Annette Grewe und Beate Blättner, mit denen Anne Honer auch gut befreundet
ist, haben erzählt, dass sie bei ihren letzten gemeinsamen Abenden gleich mehrere neue einschlägige Forschungsideen angerissen habe.[3]

4. Über die Grenzen von Kulturen (hinweg)

Der andere Themenkreis, der Anne Honer v.a. seit dem Antritt ihrer Professur in
Fulda (2004) nachhaltig beschäftigt hat, lässt sich am besten wohl mit „Interkulturelle Kommunikation" etikettieren. Bar jeglicher sozialarbeiterischer Ambitionen war sie fasziniert von der alltäglichen Allgegenwart dieses Phänomens, das
für sie sich konkretisierte bereits im praktischen Aufeinandertreffen von fast unauffällig divergenten Wissensbeständen aller möglichen Gruppierungen von Akteuren, das sich für sie fortsetzte beim Einkaufen und beim Restaurantbesuch, das
sie erlebte in den Versuchen, sich mit der Frau zu verständigen, die ihre Wohnung
sauber hielt, und das vor allem im Miteinander mit ihrem aus dem Kongo stam-
menden Freund Louis Nsakala Tshiabu, ein ständiger Begleiter war. Louis Nsakala Tshiabu nämlich ist für Anne Honer sozusagen multipel fremdkulturell: Er ist
ein Mann, was (angeblich) allein schon in mancherlei Hinsicht kulturelle Diver-
genzen zur Lebenswelt einer Frau impliziert. Er ist kein Soziologe und auch kein
Wissenschaftler einer anderen Disziplin, sondern gelernter Elektriker und Händ-
ler. Er spricht Lingala und französisch und, wie man so sagt, lediglich „leidlich"
deutsch, weshalb Anne Honer sich einiges Französisch sowie ein paar Wörter Lingala (also der Muttersprache von Louis Nsakala Tshiabu) angeeignet und mit ihm
inzwischen eine Art von verbalem Kompromiss in Gestalt eines „Privat-Sprechens"
gefunden hat, der von Dritten kaum verstanden werden kann. Und schließlich ist

---

3   Wir ‚alle' sind sicher, dass sie, wenn sie besser registrieren könnte (bzw. falls sie es doch re-
     gistriert, besser *kommunizieren* könnte), was nicht nur ‚in' ihr, sondern auch (und vor allem)
     um sie herum geschieht, sie uns unzweifelhaft und mit allem ihr eigenem Engagement in der
     „Feldarbeit" wieder ihre so detailgenauen und einfallsreichen Berichte liefern würde. – Nicht
     vergessen werden soll an dieser Stelle auch, dass Anne Honer die „Fuldaer Feldarbeitstage"
     gegründet und 2006 eine Tagung zur „Ethnographie des Wissens" sowie 2008 zusammen mit
     Angelika Poferl eine Tagung über „Interkulturelle Interaktionen" organisiert hat. 2011 werden
     die 3. Fuldaer Feldarbeitstage anlässlich des 60. Geburtstages von Anne Honer unter dem Thema
     „Lebensweltanalytische Ethnographie" stehen.

Louis Nsakala Tshiabu ethnisch ein Bantu, was ebenfalls die eine und andere sich auch im Miteinander-Kommunizieren zeigende kulturelle Differenz zur Europäerin Anne Honer augenscheinlich machte. An solcherlei – und an vielfältigen anderen – Primärerfahrungen schließt Anne Honer nun („natürlich") weitergehende, generalisierte, phänomenologische und wissenssoziologische Fragen an, für die sie wiederum auch ihre Studierenden zu begeistern sucht, sodass diese auch selber dazu animiert werden, kleinere, thematisch konzentrierte, ethnographische Studien in ihrem alltäglichen Umfeld zu machen.

Auf längere Sicht sollte in diesem Kontext auch ein Dortmund-Fulda-Karlsruher Gemeinschaftsprojekt über „Studierkulturen" etabliert werden – und auch über die damit in aller Regel ganz beiläufig einhergehenden bzw. wenig beachteten Probleme der *in diesem Sinne* inter(disziplin)kulturellen Verständigung bzw. des inter(disziplin)kulturellen Verständnisses.[4] Kurz: gerade für Anne Honer lassen sich die Fragen der interkulturellen Kommunikation keinesfalls beschränken auf solche Phänomene, Ereignisse und Strukturen, die einem eben auffallen, wenn einem der Fremde in seiner phänotypischen, habituellen, sprachlichen Fremdheit gar so „offenkundig" als Fremder gegenübersteht. Als Erkunderin multipler kleiner sozialer Lebens-Welten staunte sie eher darüber, wie gut interkulturelle Kommunikation – zumindest scheinbar, aber offenbar praktisch *hinlänglich* scheinbar – *doch* gelingt.[5]

5. Ein Leben in Fragen

Anne Honer als die „Grande Dame"[6] der deutschsprachigen soziologischen Ethnographie zu bezeichnen, wäre völlig verfehlt – vor allem deshalb, weil Anne Honer so gar nichts von einer „*Großen* Dame" an sich hat. Was nicht etwa bedeuten soll, sie sei keine „Fiene" (wie Christoph Maeders Kinder das einmal so kaum nachahmlich schwiizerdütsch ausgedrückt haben, als sie ganz schockiert waren darüber, dass so eine „fiene Dame" sehr gern so schrecklich stinkenden Käse isst). Nein,

---

4   In Karlsruhe und Dortmund läuft das Projekt nun seit dem Wintersemester 2009/10. Norbert Schröer, der Anne Honer auf der Professur in Fulda vertritt, hat darin naheliegender Weise (vgl. z.B. Schröer 2009) den von ihr in Aussicht gestellten Part übernommen.
5   Publikationsreife Texte zu diesem Themengebiet hat Anne Honer vor ihrer Erkrankung leider nicht mehr verfasst. Alles, was ich dazu berichte, resultiert mithin aus intensiven Gesprächen mit ihr. – In das weitere Umfeld der Thematik gehören aber immerhin noch einige Sammelbände, bei denen sie als Mitherausgeberin ausgewiesen ist (Honer mit Kurt und Reichertz 1999; mit Reichertz und Schneider 2004; mit Hitzler und Pfadenhauer 2008; sowie mit Meuser und Pfadenhauer 2010).
6   Mit dem Etikett „Grande Dame" hat Anne Honer einmal in einer Tagungskritik – sehr respektvoll – Benita Luckmann bedacht (Honer 1984).

Anne Honer hat so gar nichts von „Grande" im Verstande des „großen Auftritts".
Eines ihrer prägendsten Merkmale ist ihre – zu unserem Leidwesen oft übergroße
– Zurückhaltung und Bescheidenheit. Nicht nur hat sie nie irgendeinen Konflikt,
sei`s in der Familie, sei's mit irgendwelchen Kolleginnen und Kollegen, evoziert
oder gar provoziert. Es ist fast unmöglich, Streit mit ihr zu bekommen – mit einer
Ausnahme (und eben diese Ausnahme zeigt, dass Anne Honers Konflikt-Enthalt-
samkeit weder einer Konflikt-Scheu noch gar einer Ängstlichkeit zuzuschreiben
ist): Wenn jemand ihren *„ besten Freund "* angreift, dann kann sie „aus dem Stand"
zur ‚Löwin' werden (und ist anschließend meist über sich selber erschrocken).

    Anne Honer ist also nicht nur keine „Grande Dame", sie ist auch nicht (so
etwas wie) die „Mutter" der deutschsprachigen soziologischen Ethnographie. Sie
ist kein „mütterlicher" Typ (denn zum „mütterlichen Typ" gehört ja nicht nur, die
„Kinder" zu lieben, sondern auch, sie in irgendeiner Weise zu *erziehen*). Anne Honer ist vielmehr eine Pionierin, eine Pionierin für eine kleine, aber „feine", für eine
von vielen, vor allem von jungen Kolleginnen und Kollegen sehr geschätzte Variante der Ethnographie. Sie ist eine Pionierin, die sich selber aber nie so gesehen
hat (und auch ihr „bester Freund" hat Anne Honer nie davon überzeugen können,
dass sie es trotzdem ist, denn schließlich sagte er das ja nicht aus *ihrer* Perspektive
heraus, sondern, wie sie wiederum konstatiert, eben aus *seiner*). Anne Honer selber
sieht sich vielmehr immer als kleines, unwichtiges Rädchen im Getriebe großer
Traditionen – zum einen wohl vor allem der Tradition der per se unmanierierten
Schütz-Luckmannschen Mundanphänomenologie, in der sie ganz selbstverständlich „zu Hause" ist, zum anderen eben in der Tradition der ethnographisch arbeitenden Ethnologie, die sie fasziniert und vor deren Protagonisten sie – sozusagen
von Bronislaw Malinowski bis Roland Girtler – hohen Respekt hat.

    Als was auch immer sie wahrgenommen wird und wahrgenommen werden
wird, eines ist Anne Honer ganz gewiss: Sie ist eine leidenschaftliche Fragerin.
Selber sagt sie, sie empfinde sich als „dumm", weil „alle" so viel wüssten, während sie immer nur etwas wissen *wolle*. Dazu, sich nun womöglich selber zu at-
testieren, ihr Fragen sei ein „sokratisches", ist sie viel zu gescheit. Sie fragt auch
tatsächlich nicht „sokratisch": Sie fragt *nicht* in der Absicht, durch Pseudo-Nai-
vität die „tatsächliche" Naivität, Banalität, Trivialität der Meinungen, Annahmen,
Überzeugungen und Gewissheiten anderer Menschen aufzudecken bzw. zu ent-
blößen – obwohl sie durchaus gelegentlich den Eindruck hat, dass nicht *alles* so
klug ist, was – auch in den Wissenschaften – so schlau daher geredet und „per-
formed" wird. Im Großen und Ganzen aber glaubt sie tatsächlich, dass viele klu-
ge Menschen um sie herum sind, die besser nicht merken sollten, wie wenig sie,
ihrer Meinung nach, wisse.

Bei ihrem eigentümlichen Fragen vermittelt sie stets den Eindruck, dass sie tatsächlich etwas von ihrem – ihr am liebsten sehr vertrauten – Gesprächspartner erfahren will; dass sie ihn also weder testen, noch provozieren, noch hofieren will, sondern dass sie ihn eben fragt, weil sie etwas wissen will, von dem sie glaubt (oder zumindest hofft), dass er es wissen könnte. Sie fragt ihn nie mit der (versteckten) Ambition, doch mit dem, was sie zuvor gemeint hat, gegen das recht zu haben bzw. zu behalten, was er ihr sagen kann (oder zu können glaubt). Was sie üblicherweise fragt, das sind aber *keine* Fragen nach („höherem") Kreuzworträtselwissen. Was sie üblicherweise fragt, das sind Fragen nach *nicht* trivialen Zusammenhängen, nach möglichen Plausibilitäten, nach „Erklärungen", die *nicht* „auf der Hand liegen", vor allem aber nach Deutungs-Alternativen. Dergestalt ist Anne Honer die beste, die anregendste Fragerin, die ich je kennen gelernt habe. Sie kann gar nicht genug Antworten bekommen, weil jede Antwort ihr neue Fragen eröffnet. Sie kann sich gleichsam an fragendem Miteinander-Reden „berauschen". Und sie stellt Fragen, auf die ihre Gesprächspartner selber (zumindest alleine) oft gar nicht gekommen wären.

Anne Honer nimmt einen fragend gleichsam in die Verantwortung – in die Verantwortung der Beantwortung. Und deshalb regt sie den von ihr Ge- und Befragten auch nie auf, sondern eben immer an. Sie stellt die gescheitesten Fragen – weil diese den Antwortenden gescheiter machen (oder ihn zumindest glauben machen, sie machten ihn gescheiter). Menschen, die Anne Honer nicht fragt (die zu fragen sie sich nicht traut oder von deren Antworten sie sich nichts verspricht), sind folglich zu bedauern. Ihnen entgeht etwas – vielleicht ist es nichts Wunderbares, aber ganz sicher ist es etwas Wundersames: Ein Lebenszeichen. Das Lebenszeichen von Anne Honer ist das Fragezeichen. Das Fragezeichen aber ist die bescheidene Alternative zum Ausrufezeichen in der Sozialforschung. Wer in seine Begegnungen Ausrufezeichen hineinträgt, denkt allem, was ihm begegnet, vor allem vor, denkt mit dem, was ihm begegnet, kaum mit, und schon gar nicht denkt er „fromm" – und das meint hier: sich vom je Begegnenden (hin-)führen lassend – darüber nach. Die Bereitschaft zu fragen und immer wieder aufs Neue zu fragen vor allem führt dazu, dass man aus keinem Feld so herauskommt, wie man in es hineingeht.[7] Das Ausrufezeichen hingegen wirkt beim Forschen wie eine Teflon-Beschichtung: Es weist ab, was es zu erkunden und zu bedenken gäbe.

---

7   Diese ‚existenzielle' Erfahrung in allen von ihr erkundeten Lebenswelten und somit stets aufs Neue gemacht zu haben, hat Anne Honer gesprächsweise immer wieder bekundet. Dabei hat sie diese Wirkung ihrer Feldforschungen auf sie selber als durchaus nicht unproblematische Konsequenz ihrer ethnographischen Haltung begriffen. Vgl. dazu z.B. Honer 1989b, S. 300, FN 7, bzw. 1994a, S. 90, FN 8, und 1993b, S. 49.

Literatur

Zitierte Texte von Anne Honer:

1983: Körper und Wissen. Die kleine Lebens-Welt des Bodybuilders. Konstanz (Magisterarbeit)

1984: Deutschsprachige sozialwissenschaftliche Emigration und ihre Wirkung. Internationales und interdisziplinäres Kolloquium an der Universität Konstanz, 22.-27.7.1984. In: KZfSS, Jg. 36. 4, S. 844-847

1984 mit Ronald Hitzler: Lebenswelt - Milieu - Situation. Terminologische Vorschläge zur theoretischen Verständigung. In: KZfSS, Jg. 3, 1, S. 56-74

1985a: Beschreibung einer Lebens-Welt. Zur Empirie des Bodybuilding. In: Zeitschrift für Soziologie (ZfS), Jg. 14. 2, S. 131-139

1985b: Bodybuilding als Sinnsystem. Elemente, Aspekte und Strukturen. In: Sportwissenschaft, Jg. 15. 2, S. 155-169

1985/1989 mit Peter Gross und Ronald Hitzler: Zwei Kulturen? Diagnostische und therapeutische Kompetenz im Wandel. In: Österreichische Zeitschrift für Soziologie (ÖZS), Jg.10. 3+4, S. 146-162 – Wiederabgedruckt in: Wagner, Franz (Hrsg.): Medizin: Momente der Veränderung. Berlin u.a.: Springer, S. 155-172

1986a: Die maschinelle Konstruktion des Körpers. Zur Leiblichkeit im Bodybuilding. In: Österreichische Zeitschrift für Soziologie (ÖZS), Jg. 11. 4, S. 44-51

1986b: Bulmer, Martin: The Chicago School of Sociology. In: KZfSS, Jg. 38. 3, S. 618-619

1986c: Rezension zu: Bellebaum, Alfred/ Becher, Heribert/ Greven, Michael Th. (Hrsg.): Helfen und helfende Berufe als soziale Kontrolle. In: Horn, Klaus/ Beier, Christel/ Wolf, Michael: Krankheit, Konflikt und soziale Kontrolle. In: KZfSS, Jg. 38. 1, 175-177

1987a: Helfer im Betrieb. Untersuchungen zur soziokulturellen Funktion einer speziellen Form prosozialen Handelns. In: Lipp, Wolfgang (Hrsg.): Kulturtypen, Kulturcharaktere. Berlin: Reimer, S. 45-60

1987b: Kollegialität und Kontrolle im Betrieb. Am Beispiel der Alkoholismus-Laienhilfe. In: Zeitschrift für Sozialreform, Jg. 33. 11-12, S. 768-778

1988a mit Ronald Hitzler: Der lebensweltliche Forschungsansatz. In: Neue Praxis, Jg. 18. 6, S.496-501

1988b mit Ronald Hitzler: Reparatur und Repräsentation. Zur Inszenierung des Alltags durch Do-It-Yourself. In: Soeffner, Hans-Georg (Hrsg.): Kultur und Alltag (Sonderband 6 von ‚Soziale Welt'). Göttingen: Schwartz, S. 267-283

1988 mit Werner Unseld: „Die Zeit darf man natürlich nicht rechnen". Der Heimwerker und seine Zeiten. In: Gross, Peter/ Friedrich, Peter (Hrsg.): Positive Wirkungen der Schattenwirtschaft? Baden-Baden: Nomos, S. 219-225

1989a: Körperträume und Traumkörper. Vom anderen Selbst-Verständnis des Bodybuilders. In: Dietrich, Knut/ Heinemann, Klaus (Hrsg.): Der nicht-sportliche Sport. Schorndorf: Hofmann, S. 64-71

1989b/1994a: Einige Probleme lebensweltlicher Ethnographie. Zur Methodologie und Methodik einer interpretativen Sozialforschung. In: Zeitschrift für Soziologie (ZfS), Jg. 18. 4, S. 297-312. – Wiederabgedruckt in: Schröer, Norbert (Hrsg.): Interpretative Sozialforschung. Opladen: Westdeutscher, S. 85-106

1989c: Helfen als zeichensetzendes Handeln. Interpretation einer Alltagsgeschichte. In: Archiv für Wissenschaft und Praxis der sozialen Arbeit, Jg. 20. 3, S. 173-185

1989 mit Ronald Hitzler: Vom Alltag der Forschung. Bemerkungen zu Knorr Cetinas wissenschafts-soziologischem Ansatz . In: Österreichische Zeitschrift für Soziologie (ÖZS), Jg. 14. 4, S. 26-33

1990: „Was man halt so braucht." Die Einstellung von Heimwerkern zu ihren Maschinen. In: Baeren-reiter, Harald/ Kirchner, Rolf (Hrsg.): Der Zauber im Alltag? Zur Veralltäglichung technischer Dinge. Hagen (Studienbrief des Fachbereichs Erziehungs-, Sozial- und Geisteswissenschaften der Fernuniversität/Gesamthochschule Hagen. Kurseinheit 1), S. 66-75

1990 mit Peter Gross: Multiple Elternschaften. Neue Reproduktionstechnologien, Individualisierungs-prozesse und die Veränderung von Familienkonstellationen. In: Soziale Welt, Jg. 41. 1, S. 97-116

1991 mit Ronald Hitzler: Qualitative Verfahren zur Lebensweltanalyse. In: Uwe Flick u.a. (Hrsg.): Handbuch Qualitative Sozialforschung. München: Psychologie Verlags Union, S. 382-385

1991a: Die Perspektive des Heimwerkers. Notizen zur Praxis lebensweltlicher Ethnographie. In: Garz, Detlef/ Kraimer, Klaus (Hrsg.): Qualitativ-empirische Sozialforschung. Opladen: Westdeutscher Verlag, S. 319-341

1991b: Wissen und Wissensverwendung in der Reproduktionsmedizin. In: Glatzer, Wolfgang (Hrsg.): Die Modernisierung moderner Gesellschaften. 25. Deutscher Soziologentag. Sektionen, Arbeits- und Ad hoc-Gruppen. Opladen: Westdeutscher, S. 205-208

1991c: Das Paarungsritual als ‚menage à trois'. Zur Modernisierung des Zeugungsaktes. In: Glatzer, Wolfgang (Hrsg.): Die Modernisierung moderner Gesellschaften. 25. Deutscher Soziologentag. Sektionen, Arbeits- und Ad hoc-Gruppen. Opladen: Westdeutscher, S. 388-390

1991 mit Peter Gross: Probleme der Dienstleistungsgesellschaft als Herausforderung für die qualita-tive Forschung. In: Flick, Uwe u.a. (Hrsg.): Handbuch Qualitative Sozialforschung. München: Psychologie Verlags Union, S. 320-323

1992 mit Ronald Hitzler: Hermeneutik als kultursoziologische Alternative. In: Kultursoziologie, Jg.1. 2, S. 15-23, und 3, S. 99-103

1993a: Das Perspektivenproblem in der Sozialforschung. In: Jung, Thomas/ Müller-Doohm, Stefan (Hrsg.): ‚Wirklichkeit' im Deutungsprozess. Frankfurt a.M.: Suhrkamp, S. 241-257

1993b: Lebensweltliche Ethnographie. Ein explorativ-interpretativer Forschungsansatz am Beispiel von Heimwerker-Wissen. Wiesbaden: Deutscher Universitäts Verlag

1993c: Sammelbesprechung: Entfatalisierung des Lebens? Zum Expertendiskurs über Gen- und Repro-duktionstechnologie. In: Soziologische Revue. 3, S. 272-278

1994a mit Ronald Hitzler: Bastelexistenz. Über subjektive Konsequenzen der Individualisierung. In: Beck, Ulrich/ Beck-Gernsheim, Elisabeth (Hrsg.): Riskante Freiheiten. Frankfurt a.M.: Suhrkamp, S. 307-315

1994b mit Ronald Hitzler: Zeitbasteln. Ein Aspekt alltäglicher Sinnkonstruktion. In: Sozialwissenschaft-liche Informationen (SOWI), Jg. 23. 3, S. 214-221

1994c mit Ronald Hitzler: Hermeneutik aus Hagen. Ein Sammelbesprechungsessay. In: Schweizerische Zeitschrift für Soziologie, Vol. 20. 3, S. 786-793

1994d mit Ronald Hitzler: Qualitative Methoden. In: Kriz, Jürgen/ Nohlen, Dieter/ Schultze, Rainer-Olaf (Hrsg.): Lexikon der Politik. Band 2: Politikwissenschaftliche Methoden. München: Beck, S. 389-395

1994a: Aspekte des Selbermachens. Aus der kleinen Lebens-Welt des Heimwerkers. In: Richter, Rudolf (Hrsg.): Sinnbasteln. Beiträge zur Soziologie der Lebensstile. Wien u.a.: Böhlau, S. 138-149

1994b: Die Produktion von Geduld und Vertrauen. Zur audiovisuellen Selbstdarstellung des Fortpflanzungsexperten. In: Hitzler, Ronald/ Honer, Anne/ Maeder, Christoph (Hrsg.): Expertenwissen. Opladen: Westdeutscher, S. 44-61

1994c: Qualitätskontrolle. Fortpflanzungsexperten bei der Arbeit. In: Schröer, Norbert (Hrsg.): Interpretative Sozialforschung. Opladen: Westdeutscher, S. 178-196

1994d: Reproduktionsmedizin als technisches und politisches Problem. In: Ästhetik und Kommunikation, Jg. 23. 85-86, S. 120-124

1994e: Das explorative Interview. Zur Rekonstruktion der Relevanzen von Expertinnen und anderen Leuten. In: Schweizerische Zeitschrift für Soziologie, Vol. 20. 3, S. 623-640

1994 mit Ronald Hitzler und Christoph Maeder (Hrsg.) : Expertenwissen. Die institutionalisierte Kompetenz zur Konstruktion von Wirklichkeit. Opladen: Westdeutscher

1995a: Lebensweltliche Ethnographie und das Phänomen Sport. In: Winkler, Joachim/ Weis, Kurt (Hrsg.): Soziologie des Sports. Opladen: Westdeutscher, S. 45-58

1995b: Bodybuilding als Sinnprovinz der Lebenswelt. Prinzipielle und praktische Bemerkungen. In: Winkler, Joachim/ Weis, Kurt (Hrsg.): Soziologie des Sports. Opladen: Westdeutscher, S. 181-186

1997 mit Ronald Hitzler: Hermeneutik in der deutschsprachigen Soziologie heute. In: Hitzler, Ronald/ Honer, Anne (Hrsg.): Sozialwissenschaftliche Hermeneutik. Opladen: Leske + Budrich, S. 7-27

1999a: Bausteine zu einer lebensweltorientierten Wissenssoziologie. In: Hitzler, Ronald/ Reichertz, Jo/ Schröer, Norbert (Hrsg.): Hermeneutische Wissenssoziologie. Standpunkte zur Theorie der Interpretation. Konstanz: UVK, S. 51-67

1999b/2008: Verordnete Augen-Blicke. Zum subjektiven Erleben des medizinisch behandelten Körpers. In: Honer, Anne/ Kurt, Ronald/ Reichertz, Jo (Hrsg.): Diesseitsreligion. Konstanz: UVK, S. 275-285 – Überarbeitet und erweitert wiederabgedruckt in: Raab, Jürgen/ Pfadenhauer, Michaela/ Stegmaier, Peter/ Dreher, Jochen/ Schnettler, Bernt (Hrsg.): Phänomenologie und Soziologie. Theoretische Positionen, aktuelle Problemfelder und empirische Umsetzungen. Wiesbaden: VS, S. 379-388

1999 mit Ronald Kurt und Jo Reichertz (Hrsg.): Diesseitsreligion. Zur Deutung der Bedeutung von Kultur. Konstanz: Universitäts Verlag Konstanz

2000/2004: Lebensweltanalyse in der Ethnographie. In: Flick, Uwe u.a. (Hrsg.): Qualitative Forschung. Ein Handbuch. Reinbek: Rowohlt, S. 194-204. – Englischer Wiederabdruck unter: Life-world Analysis in Ethnography. In: Flick, Uwe/ Kardoff, Ernst von/ Steinke, Ines (eds.): A Companion to Qualitative Research. London et al.: Sage, S. 113-117

2001: „In dubio pro morbo". Medizinische Dienstleistungen zwischen technischen Optionen und ethischen Ligaturen. In: Brosziewski, Achim/ Eberle, Thomas S./ Maeder, Christoph (Hrsg.): Moderne Zeiten. Reflexionen zur Multioptionsgesellschaft. Konstanz: UVK, S. 141-150

2003a: Lebenswelt. In: Bohnsack, Ralf/ Marotzki, Winfried/ Meuser, Michael (Hrsg.): Hauptbegriffe Qualitativer Sozialforschung. Opladen: Leske+Budrich/UTB, S. 110-112

2003b: Interview. In: Bohnsack, Ralf/ Marotzki, Winfried/ Meuser, Michael (Hrsg.): Hauptbegriffe Qualitativer Sozialforschung. Opladen: Leske+Budrich/UTB, S. 94-99

2003a mit Ronald Hitzler: Kleine soziale Lebens-Welten. In: Bohnsack, Ralf/ Marotzki, Winfried/ Meuser, Michael (Hrsg.): Hauptbegriffe Qualitativer Sozialforschung. Opladen: Leske+Budrich/ UTB, S. 99-100

2003b mit Ronald Hitzler: Lebensweltliche Ethnographie. In: Bohnsack, Ralf/ Marotzki, Winfried/ Meuser, Michael (Hrsg.): Hauptbegriffe Qualitativer Sozialforschung. Opladen: Leske+Budrich/UTB, S. 112-114

2004 mit Jo Reichertz und Werner Schneider (Hrsg.): Hermeneutik der Kulturen – Kulturen der Hermeneutik. Zum 65. Geburtstag von Hans-Georg Soeffner. Konstanz: Universitäts Verlag Konstanz

2005 mit Ronald Hitzler: Körperkontrolle. Formen des sozialen Umgangs mit physischen Befindlichkeiten. In: Schroer, Markus (Hrsg.): Soziologie des Körpers. Frankfurt a.M.: Suhrkamp, S. 356-370

2008 mit Ronald Hitzler und Michaela Pfadenhauer (Hrsg.): Posttraditionale Gemeinschaften. Theoretische und ethnografische Bestimmungen (Reihe ‚Erlebniswelten‘, Band 14). Wiesbaden: VS

2010 mit Michael Meuser und Michaela Pfadenhauer (Hrsg.): Fragile Sozialität. Wiesbaden: VS

2010: Zeit-Konfusionen. Zur intersubjektiven Rekonstruktion des temporalen Erlebens Demenzkranker. In: Hans-Georg Soeffner (Hrsg.): Unsichere Zeiten. Verhandlungen des 34. Kongresses der Deutschen Gesellschaft für Soziologie in Jena 2008. Band 2. Wiesbaden: VS (CD-ROM), Sektion ‚Soziale Ungleichheit und Sozialstrukturanalyse‘, nicht paginiert

2011: Problem-Körper. Einige physische Aspekte der Pflege von Demenzkranken. In: Müller, Michael R./ Soeffner, Hans-Georg/ Sonnenmoser, Anne (Hrsg.): Körper Haben. Frankfurt a.M.: Velbrück, S. 137-147

Sonstige zitierte Texte:

Luckmann, Benita (1970/1978): The Small Life-Worlds of Modern Man. In: Social Research, No. 4, S. 580-596. – Wiederabgedruckt in: Luckmann, Thomas (ed.): Phenomenology and Sociology. Harmondsworth: Penguin, S. 275-290

Pfadenhauer, Michaela (2002/2009/2010): Auf gleicher Augenhöhe. Das Experteninterview – ein Gespräch zwischen Experte und Quasi-Experte. In: Bogner, Alexander/ Littig, Beate/ Menz, Wolfgang (Hrsg.): Experteninterviews. Theorie, Methode, Anwendung. Opladen: Leske + Budrich, S. 113-130; 3. Aufl. Wiesbaden: VS, S. 99-116; englisch: At eye-level. The expert interview – a talk between expert and quasi-expert. In: Bogner, Alexander/ Littig, Beate/ Menz, Wolfgang (eds.): Interviewing Experts. Houndsmills, Bastingstoke: Palgrave MacMillan, S. 81-97

Pfadenhauer, Michaela (2007): Das Experteninterview. Ein Gespräch auf gleicher Augenhöhe. In: Buber, Renate/ Holzmüller, Hartmut (Hrsg.): Qualitative Marktforschung. Konzepte – Methoden – Analysen. Wiesbaden: Gabler, S. 449-461

Schnettler, Bernt (2001): Umsorgtes Altern. Wissenssoziologische Erkundungen im Dienstleistungssektor. In: Soziologie. Forum der Deutsche Gesellschaft für Soziologie, H. 4, S. 94–106

Schröer, Norbert (2009): Interkulturelle Kommunikation. Essen: Oldib

Publikationsnachweise

Bausteine zu einer lebensweltorientierten Wissenssoziologie. In: Hitzler, Ronald/ Reichertz, Jo/Schröer, Norbert (Hrsg.): Hermeneutische Wissenssoziologie. Standpunkte zur Theorie der Interpretation. Konstanz (UVK) 1999, S. 51-67

Das Perspektivenproblem in der Sozialforschung. In: Jung, Thomas/Müller-Doohm, Stefan (Hrsg.): ,Wirklichkeit' im Deutungsprozeß. Frankfurt a.M. (Suhrkamp) 1993, S. 241-257

Das explorative Interview. Zur Rekonstruktion der Relevanzen von Expertinnen und anderen Leuten. In: Schweizerische Zeitschrift für Soziologie, Vol. 20, No. 3/1994, S. 623-640

Der Körper im Interview (Vortrag Bielefeld 1988)

Lebensweltliche Ethnographie und das Phänomen Sport. In: Winkler, Joachim/ Weis, Kurt (Hrsg.): Soziologie des Sports. Opladen (Westdeutscher) 1995, S. 45-58

Beschreibung einer Lebens-Welt. Zur Empirie des Bodybuilding. In: Zeitschrift für Soziologie (ZfS), 14. Jg, 2/1985, S. 131-139

Bodybuilding als Sinnsystem. Elemente, Aspekte und Strukturen. In: Sportwissenschaft, 15. Jg., 2/1985, S. 155-169

Problem-Körper. Einige physische Aspekte der Pflege von Demenzkranken. In: Müller, Michael R./Soeffner, Hans-Georg/Sonnenmoser, Anne (Hrsg.): Körper Haben. Frankfurt a.M. (Velbrück) 2011, S. 137-147

Zeit-Konfusionen. Zur intersubjektiven Rekonstruktion des temporalen Erlebens Demenzkranker. In: Soeffner, Hans-Georg (Hrsg.): Unsichere Zeiten. Verhandlungen des 34. Kongresses der Deutschen Gesellschaft für Soziologie in Jena 2008.

Band 2. Wiesbaden: VS 2010 (CD-ROM), Sektion ‚Soziale Ungleichheit und So-zialstrukturanalyse', nicht paginiert

Die Perspektive des Heimwerkers. Notizen zur Praxis lebensweltlicher Ethnogra-phie. In: Detlef Garz und Klaus Kraimer (Hrsg.): Qualitativ-empirische Sozialfor-schung. Opladen (Westdeutscher Verlag) 1991, S. 319-341

Aspekte des Selbermachens. Aus der kleinen Lebens-Welt des Heimwerkers. In: Richter, Rudolf (Hrsg.): Sinnbasteln. Beiträge zur Soziologie der Lebensstile. Wien u.a. (Böhlau) 1994, S. 138-149

Kollegialität und Kontrolle im Betrieb. Am Beispiel der Alkoholismus-Laienhilfe. In: Zeitschrift für Sozialreform, 33. Jg., 11-12/1987, S. 768-778

Helfen als zeichensetzendes Handeln. Interpretation einer Alltagsgeschichte. In: Ar-chiv für Wissenschaft und Praxis der sozialen Arbeit, 20. Jg., 3/1989, S. 173-185

Qualitätskontrolle. Fortpflanzungsexperten bei der Arbeit. In: Schröer, Norbert (Hrsg.): Interpretative Sozialforschung. Opladen (Westdeutscher) 1994, S. 178-196

Die Produktion von Geduld und Vertrauen. Zur audiovisuellen Selbstdarstellung des Fortpflanzungsexperten. In: Hitzler, Ronald/Honer, Anne/Maeder, Christoph (Hrsg.): Expertenwissen. Opladen (Westdeutscher) 1994, S. 44-61

„In dubio pro morbo ". Medizinische Dienstleistungen zwischen technischen Opti-onen und ethischen Ligaturen. In: Brosziewski, Achim/Eberle, Thomas S./Maeder, Christoph (Hrsg.): Moderne Zeiten. Reflexionen zur Multioptionsgesellschaft. Kon-stanz (UVK) 2001, S. 141-150

Verordnete Augen-Blicke. Zum subjektiven Erleben des medizinisch behandelten Körpers. In: Raab, Jürgen/Pfadenhauer, Michaela/Stegmaier, Peter/Dreher, Jochen/Schnettler, Bernt (Hrsg.): Phänomenologie und Soziologie. Theoretische Positio-nen, aktuelle Problemfelder und empirische Umsetzungen. Wiesbaden: VS 2008, S. 379-388

MIX
Papier aus verantwortungsvollen Quellen
Paper from responsible sources
FSC® C105338

If you have any concerns about our products,
you can contact us on
ProductSafety@springernature.com

In case Publisher is established outside the EU,
the EU authorized representative is:
Springer Nature Customer Service Center GmbH
Europaplatz 3, 69115 Heidelberg, Germany

Printed by Libri Plureos GmbH
in Hamburg, Germany